"十二五"普通高等教育本科国家级规划教材
高等学校心理学专业课程教材

MANAGERIAL
PSYCHOLOGY

管理心理学

（第4版）

主　编　朱永新
副主编　邵爱国

高等教育出版社·北京

内容提要

本书为“十二五”普通高等教育本科国家级规划教材。自初版以来，本书累计印刷40次，被全国各地高校广泛采用，受到广大师生的一致认可。

全书共11章，系统介绍了管理心理学的基本知识和研究成果，涉及以下主题：管理心理学概述、中国古代管理心理思想、西方近代管理心理学的思想和理论、组织系统概述、目标管理心理、人力资源管理心理、时间管理心理、信息管理心理和环境管理心理。本次修订优化了结构体系，有效整合了知识模块，增加了与实践紧密相关的案例，更新调整了章前案例，配套了关联知识点和技能点的微课视频、拓展阅读，在丰富教材内容、推进案例教学的同时，帮助学习者进一步构建学科体系、拓宽学习渠道、夯实知识基础。

本书在保持原版教材特点的基础上，结合学科发展体现了时代特征，是一本全面、系统、富有特色的管理心理学教材。本书可作为高等学校心理学、管理学、人力资源管理等专业本科生、研究生教材，可作为MBA、EMBA等专业学位教育教材，也可供广大管理实践者和社会读者阅读参考。

图书在版编目（CIP）数据

管理心理学 / 朱永新主编. --4版. --北京：高等教育出版社，2021.8（2022.11重印）

ISBN 978-7-04-055581-3

Ⅰ. ①管… Ⅱ. ①朱… Ⅲ. ①管理心理学－高等学校－教材 Ⅳ. ①C93-051

中国版本图书馆CIP数据核字（2021）第025811号

Guanli Xinlixue

策划编辑 陈 容　　责任编辑 陈 容　　封面设计 李树龙　　版式设计 马 云
插图绘制 黄云燕　　责任校对 陈 杨　　责任印制 朱 琦

出版发行	高等教育出版社	网　　址	http://www.hep.edu.cn
社　　址	北京市西城区德外大街4号		http://www.hep.com.cn
邮政编码	100120	网上订购	http://www.hepmall.com.cn
印　　刷	保定市中画美凯印刷有限公司		http://www.hepmall.com
开　　本	787mm×1092mm 1/16		http://www.hepmall.cn
印　　张	21.5	版　　次	2002年7月第1版
字　　数	500千字		2021年8月第4版
购书热线	010-58581118	印　　次	2022年11月第3次印刷
咨询电话	400-810-0598	定　　价	46.80元

物 料 号 55581-00

第4版前言

任何一本经典的教材，都是与时俱进、不断完善、持续改进的产物。

我于20世纪80年代在苏州大学任教时主讲“管理心理学”课程，后与李兰芬、樊琪两位教授合作编写了《管理心理学导论》(江苏人民出版社，1990年版)。这本教材多次重印，深受欢迎，但已停印。为了满足教学实践的需要，由我担任主编、吴荣先副教授担任副主编，在高等教育出版社的支持下，《管理心理学》于2002年7月出版，并在2006年（苏州大学范庭卫任副主编）、2012年（同济大学于国庆任副主编）进行了两次修订。

本书第1版构建了由“目标管理”“人力管理”“信息管理”“时间管理”“环境管理”构成的管理心理学体系。该版教材还汲取了我所承担的国家自然科学基金项目“中华管理智慧之现代价值研究（70071019）”的研究成果。本书第2版扩充了“人员招聘与培训”“人员激励”“人际交往与心理保健”“组织文化”部分章节。本书第3版增加了“创新心理与管理”和“幸福心理与管理”两章内容。这本书先后入选普通高等教育“十五”“十二五”国家级规划教材，累计印刷40次，被数百所相关院校选作“管理心理学”课程的教材，曾荣获第八届全国高校出版社优秀畅销书二等奖，受到广大师生的一致好评。

毋庸置疑的是，任何一次修订，受限于篇幅、时间、编者的精力和所掌握的材料，都会有很多遗憾。经过之前的修订，本书的内容更加丰满，体例的设置也更加与时俱进，尤其是增加了章前引例和章末案例等内容。但在使用的过程中，也暴露出一些不足，如扩充的章节使得教材虽在内容上更加丰富，但章节之间的逻辑结构反而不如第1版清晰，这使得学生在学完本书之后，很难对管理心理学形成一个结构完整、逻辑清晰的知识体系。鉴于此，我们在本次修订中，重点梳理了章节体系，通过精简和补充的手段来平衡各章内容。

一、本次修订的主要内容

（一）引入了系统论的观点

本次修订回归由“目标管理心理”“人力资源管理心理”“时间管理心理”“信息管理心理”“环境管理心理”五大模块构成的管理心理学的内容架构。但与初版不同的是，本次修订创造性地引入了系统论的观点来诠释五大模块与组织系统之间的关系。

本书前三版后记

系统论认为：① 系统是由若干要素（部分）组成的；② 系统有一定的结构；③ 系统有一定的功能，或者系统要有一定的目的性；④ 要素是相对系统而言的，每个要素本身又是一个小系统，包含着很多要素，这个小系统可称为上一级系统的子系统。对于组织这个系统而言，其目的在于通过有效的管理，使自身在竞争环境中实现“可持续存在”。要实现“可持续存在”，往往需要：系统的目标定位要科学合理，系统的核心要素要齐全完整，同时在发展上要充分，在功能上要健全，在互动上要顺畅。要实现这一目的，就必须做好一些重要的要素管理。

一个组织系统中包含很多要素，如目标、人力资源、时间、信息、设备、资金、技术、场地。从资源管理的视角来看，这些要素均可被视为组织的资源。通过管理使这些要素的功能最大化——使组织的资源发挥出最大的价值，是一个系统管理的核心任务。对这些要素的管理，我们可称之为资源管理。

本书着重介绍目标、人力资源、时间和信息这四大要素在管理过程中出现的特定心理现象，即目标管理心理、人力资源管理心理、时间管理心理和信息管理心理。

除此之外，本书还将环境管理中的心理现象纳入管理心理学的研究内容。环境是相对于系统而言的概念。任何系统都有边界，边界之内为系统，边界之外为环境。考虑到要素本身也是子系统，那么，对于某个特定要素而言，其他要素（子系统）就是它的环境。判断某个事物是系统的一部分，还是系统之外的环境，往往取决于系统的边界如何划分。而要努力实现系统“可持续存在”的目的，通过有效管理，为系统或子系统塑造出一个好的环境是至关重要的。在环境塑造的过程中，需要作为管理主体的人和作为管理客体的人（管理对象）积极参与。相应地就会产生特定的心理现象，这类心理现象可称为环境管理心理。

本书所涉及的“环境管理”，是相对于组织内部的人力资源要素（子系统）而言的。在组织这个系统中，其他要素都可被视作人力资源要素在组织内部的环境。也就是说，目标要素、时间要素、信息要素也可被视作人力资源要素的环境。为了便于理解，本书将“环境管理心理”分为“物理环境管理”和“心理环境管理”两部分。

（二）对章节内容重新进行了布局

第一章“管理心理学概述”主要增加了对管理心理学研究目的和研究对象的描述；将上一版的第六章中“人员激励”的内容并入第三章“西方近代管理心理学的思想和理论”。这样调整是因为“激励”不仅是人力资源管理中的内容，也是组织这个系统中其他要素管理的核心任务，它就像一根线，串联所有的要素管理活动，共同促进组织目标的实现。

由于本书引入了系统论的观点，将组织视作一个大的系统，所以在全面介绍组织管理过程中的各类心理现象及规律之前，有必要先基于系统论的视角介绍组织本身。为此，本次修订将上一版的第十二章“组织结构与设计”的主要内容前置为第四章“组织系统概述”。在这一部分，我们增加了有关“组织系统要素”的描述，同时将上一版的第十四章“创新心理与管理”的主要内容并入第四章作为“组织创新及能力提升”一节加以介绍。

第 4 版将人力资源管理心理的内容按照“选”“育”“用”“留”四个模块重新加以组

织。人力资源管理心理是管理心理学的核心模块，在上一版教材中涉及第五、六、七、八章，内容较多。第 4 版将上一版的第六章“人员激励”并入第三章。其余三章在第 4 版中也用了一定篇幅予以介绍，章名则使用了“人力资源管理心理（上）”“人力资源管理心理（中）”“人力资源管理心理（下）”。“人力资源管理心理（上）”主要介绍了“选”“育”，内容包括“人员招聘心理”“人员开发心理”；“人力资源管理心理（中）”主要介绍了“用”，内容包括“领导心理”的大部分内容，同时增扩了“绩效管理”等内容；“人力资源管理心理（下）”主要介绍了“留”，内容包括上一版“人际交往与心理保障”的大部分内容，同时增扩了“人员保留”“离职模型”“薪酬管理”等内容。

第 4 版对“环境”“管理环境”“环境管理”的概念进行了梳理，并重新构建了“环境管理心理”一章的结构及内容。组织文化是构成组织心理环境的核心内容。在本次修订中，我们将第 3 版的第十三章“组织文化”纳入“组织心理环境管理”来介绍，同时，将第 3 版的第十五章“幸福心理与管理”的内容并入“组织文化管理实践”部分，即第 4 版在“组织文化管理实践”一节中重点介绍“跨文化管理”和“幸福文化管理”。

（三）对每章的体例进行了优化

在本次修订中，我们更新了所有“章前引例”，章末增加“案例学习”。新的“章前引例”对案例篇幅进行了严格控制，坚持简明扼要的原则，以便于学习者能够带着问题进行正文的学习。“本章细目”采用了全新的“知识导图”的呈现方式，有助于学习者更好地认识和理解每章的知识体系。

此外，第 4 版还增加了“微课导学”“拓展阅读”“课外拓展”部分的内容。“微课导学”试图通过 10 min 左右的视频介绍每章最核心的内容，帮助学习者对各章关键内容的理解和把握；“拓展阅读”涉及管理故事、经典实验、管理案例等，旨在促进学习者对书中相关知识点、技能点的理解；“课外拓展”是我们推荐的阅读材料，需要学习者从中文期刊数据库中下载全文，深入了解某个领域或某个主题的研究成果。

二、本次修订的编写分工

本次修订特别要感谢苏州科技大学的邵爱国博士，许多具体的工作是他协助我完成的。作为第 4 版的副主编，邵爱国博士对全书章节做了新的编排、修改，更新了全部章节的“章前引例”，组织录制了“微课导学”中的视频，对“案例学习”和“课外拓展”部分的文献进行了选编，并协助我完成了全书的统稿工作。在此次修订中，苏州科技大学的田晓明教授、韦洪涛教授和李锐博士，给予了极大的支持，在章节结构及图书体例上，提出了很多宝贵的建议。同时，他们也都是前三版的重要作者。此外，还要感谢西交利物浦大学的叶海玲老师，以及苏州科技大学的冯悦、王梦娇两位同学，协助我们开展了大量的校对工作。

教材的编写和不断修订再版，凝聚着很多人的努力和贡献。在此，我要感谢第 1 版、第 2 版、第 3 版的全体编写作者，感谢编委会的各位学界前辈和同仁，感谢高等教育出版社的编辑出版人员，是他们的默默付出，才让新版教材以最好的形式出现在读者面前。此外，还要感谢所有参考文献及所用案例的作者，是他们的智慧结晶让本书有了最坚实的支撑！

最后，我要将最真挚的感谢送给所有使用本书的师生、读者，支持本书出版的专家、同仁和朋友！因为你们，让我们有了足够的动力去不断完善它、延续它。由于才疏学浅，书中可能仍有考虑不周之处，恳请所有读者指正。我们将积极汲取经验、摒弃不足，在未来的修订中持续改进、不断完善。

朱永新

2021年5月于北京滴石斋

目 录

第一章

管理心理学概述

学习目标

- 理解管理及管理心理学的概念
- 明确管理心理学的研究目的、研究对象和研究内容
- 熟悉管理心理学与其他学科的关系
- 理解研究管理心理学的重要意义
- 掌握管理心理学研究的基本原则与主要方法

知识导图

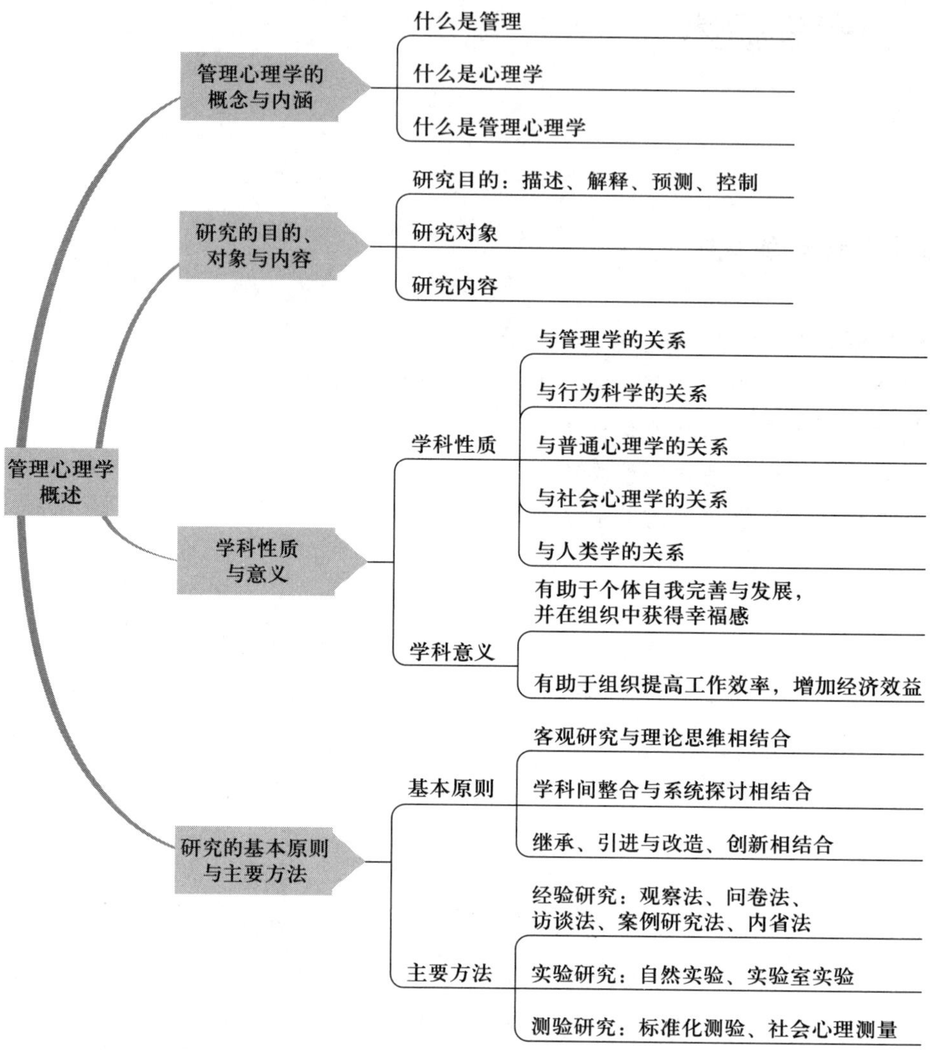
管理心理学概述
管理心理学的概念与内涵
什么是管理
什么是心理学
什么是管理心理学
研究的目的、对象与内容
研究目的：描述、解释、预测、控制
研究对象
研究内容
学科性质与意义
学科性质
与管理学的关系
与行为科学的关系
与普通心理学的关系
与社会心理学的关系
与人类学的关系
学科意义
有助于个体自我完善与发展，并在组织中获得幸福感
有助于组织提高工作效率，增加经济效益
研究的基本原则与主要方法
基本原则
客观研究与理论思维相结合
学科间整合与系统探讨相结合
继承、引进与改造、创新相结合
主要方法
经验研究：观察法、问卷法、访谈法、案例研究法、内省法
实验研究：自然实验、实验室实验
测验研究：标准化测验、社会心理测量

章前引例

为大厦裂缝拉上窗帘①

某大厦因年深日久而墙面出现裂纹，为了保护好这幢大厦，有关专家专门进行了研讨。最初，专家认为，损害大厦的元凶是酸雨。要解决好这一问题，估计要花费上百万美元。

但进一步的分析显示，墙体受到侵蚀最直接的原因是每天冲洗墙壁所含的清洁剂。清洁剂对建筑物有酸蚀作用。随后，一系列问题被提出：

为什么要每天冲洗墙体？因为墙体上每天都有大量的鸟粪。

为什么会有那么多鸟粪？因为大厦周围聚集了很多燕子。

为什么会有那么多燕子？因为墙体上有很多燕子爱吃的蜘蛛。

为什么会有那么多蜘蛛？因为大厦四周有蜘蛛喜欢吃的飞虫。

为什么有那么多飞虫？因为这里适宜飞虫繁殖。

为什么这里适宜飞虫繁殖？因为这里经常开着窗，阳光充足。

由此发现，解决的办法很简单，无须花巨额费用，只要拉上大厦的窗帘，就可避免裂纹的产生。

思考题：

（1）从这个案例中，你能获得什么启发？

（2）管理者应具有哪些能力或素质才能解决好组织中的各类“裂纹”？

分析要点

① 焦禹．为大厦裂缝拉上窗帘［J］，理财杂志，2005（11）：77. 有修改。

微课导学

图 1-1 德鲁克

“管理是任务，管理是纪律，但管理也是人。”这是现代管理学之父德鲁克（P. F. Drucker，如图 1-1 所示）的一句名言。可以说，管理是古往今来人类自我意识所孕育出的最绮丽的花朵。在寻觅着伟人的足迹、探索着著名企业的成功奥秘时，我们会时刻感受到管理的巨大魅力，会被杰出的管理所显示出的惊人力量折服。管理，就像一双无形的手，左右着我们每一个人的生活。而管理之所以如此有魅力，是因为管理对象有“物”也有“人”。“人”既是管理主体，也是管理对象。这意味着，要想做好管理，我们就必须深刻地认识作为管理主体的“人”，以及作为管理客体的“人”。只有充分认识“人”在管理过程中的各种心理现象及规律，管理才能形成最伟大的组织、结出丰硕的果实、促进社会文明的进步，这也是管理心理学的目标和使命。

第一节 管理心理学的概念与内涵

何为管理心理学？顾名思义，管理心理学研究的是管理过程中的心理学问题。要充分理解管理心理学的概念，就要先理解管理及心理学的内涵。

一、什么是管理

何为管理？从中文辞源分析，“管理”二字在古代是分而言之的。“管”字原意为钥匙，《周礼》有“司门掌授管键，以启闭国门”的记载，《左传·僖公三十二年》亦有“郑人使我掌其北门之管”的记载。后来，其义延伸为对于人、财、物的制约与执掌。“理”字原意为治玉，《韩非子·和氏》曰：“王乃使玉人理其璞而得宝焉。”《说文解字》解释为：“治玉治民为理。”后来，其义引申为整治、治平等。在古汉语中，管理是根据事物原有的规律进行治理、整治的活动。为了更好地完成任务、实现各类活动目标，人们需要积极应用各种管理过程中形成的规律，使用各种方法与技术。

管理是人类各种组织活动中虽普遍但重要的一种活动。人类在长期的生活实践中，积累的极为丰富的管理经验，经过分析、总结与发展，逐步形成了一门系统化的学科知识体系——管理学。管理学就是系统研究管理活动的基本规律和一般方法的科学。作为一门科学，管理学的产生与发展的动力主要源自更好地满足现代社会化大生产的需要，其研究的主要目的是探讨如何在现有条件下，通过合理地组织与配置人、财、物等因素，促进生产力水平的大幅度提高。

在现代管理学中，管理一般被认为是一定组织中的管理者在特定的条件下，充分利用人力、物力、财力、信息等资源，通过实施计划、组织、领导、协调和控制等职能，以实现组织目标并取得最大投入产出效率的活动过程。

二、什么是心理学

心理学是研究人的心理现象和规律的一门科学。科学心理学诞生的标志是冯特（W. Wundt）于1879年在德国莱比锡大学创立了世界上第一个心理学实验室。人的心理极为复杂。首先，一个心理活动往往是由不同心理过程（如认知过程、情感过程、意志过程）和个性心理（如需要、动机、兴趣，能力、气质、性格）构成的；其次，在不同的情境下，心理会有不同的特征，并可能表现出特定的规律。心理学便是运用相应研究方法，致力于描述这些心理活动的特征并探索其发生、发展规律的科学。

在心理学中，普通心理学是一门基础的具有入门性质的学科，是心理学的主干学科。根据对不同心理过程或个性心理的研究，心理学逐步产生了一些分支学科，如感觉心理学、知觉心理学、记忆心理学、思维心理学、言语心理学、情绪心理学、人格心理学，等等。此外，根据研究问题的不同领域，在普通心理学的基础之上，心理学逐步构建了另外一些分支学科，如社会心理学、教育心理学、管理心理学、消费心理学，等等。

心理学一般可分为基础心理学和应用心理学两大类。基础心理学主要研究心理学基本原理和心理现象的一般规律，包括心理的实质和结构，心理学的体系和方法论问题，以及感知与注意、学习与记忆、思维与言语、情绪情感与动机、个性倾向性与个性心理特征等。应用心理学研究心理学基本原理在各种实践领域中的应用，包括工程设计、组织管理、市场消费、学校教育、社会生活、医疗保健、体育运动、军事、司法和环境等。

三、什么是管理心理学

显而易见，管理心理学是心理学的一门分支学科，其研究的是管理过程中人的心理现象及其发展规律，目的在于充分利用这些规律更好地进行管理。

在管理实践中，通常都有管理者和被管理者。管理者是管理主体，是在管理实践中承担和实施管理职能的人或组织，包括各级各类领导者、管理者和各种管理机构，负责执行群体或组织的职能。管理者具有主动性、目的性和创造性，处于主动的、主导的地位。如果管理者是人，那么按其在组织中所处的位置和层次，可以分为高层管理者、中层管理者和基层管理者。被管理者，也称管理客体，是管理者实施管理活动的对象，即管理活动的承受者。随着人类认识的深化和管理的科学化、复杂化，在不同时期，我们对管理对象的认识往往有不同的见解。在一个组织中，管理对象主要是指人、财、物、信息、技术、时间、社会信用等一切资源。“管理主体”与“管理客体”互为前提，互相依存，互相作用。在一定条件下，二者可互相转化。

在一个组织中，如果把管理看成一个系统，那么在这个系统中，有人的要素（包括作为个体的人、群体中的人；身为管理者的人，身为被管理者的人），有人之外的要素（如财、物、信息、技术、时间等，可统称为非人管理要素），这些要素的功能及相互作用的情况，共同决定了该系统的目标能否充分实现。如果系统目标能够实现，那么该系统实施的管理活动有着显著的效果。显然，这取决于每个要素的功能发挥及各要素相互之间作用的情况。其中，便涉及作为管理主体的人和作为管理客体的人在系统中所发挥的功能大小，以及他们与其他非人管理要素之间的作用情况。

鉴于此，我们可以认为，管理过程存在很多类型的心理现象及其发展规律。首先，有作为管理主体的人的自我管理心理；其次，有作为管理客体的人的心理（包括个体心理与群体心理）；最后，还有主客体的人在与其他非人管理要素的相互作用中出现的心理，如时间管理心理、信息管理心理、环境管理心理等。这些在管理过程中呈现出的心理现象及其发展规律，都属于管理心理学的研究范畴。

第二节 管理心理学的研究目的、研究对象与研究内容

要想进一步理解管理心理学，我们就需要了解管理心理学的研究目的、研究对象与研究内容。

一、管理心理学的研究目的

心理学研究一般都有描述、解释、预测和控制四个层面的目的。管理心理学也是如此。

所谓描述，就是对管理活动中已经存在的心理现象进行描述。例如，针对组织中存在的员工不满意现象，有必要加以描述：究竟是哪些人不满意？这些不满意的员工是否有共同的特征？如果有，这些共同的特征是什么？这些员工对组织的哪些方面不满意？致力于回答此类问题的研究，其目的都在于“描述”。

所谓解释，就是对于目前管理活动中存在的心理现象进行原因上的探索。例如，那些对组织不满意的员工，究竟出于什么原因不满意？哪些因素会直接导致员工对组织不满意？哪些因素会间接导致员工对组织不满意？对诸如此类问题的探索，可被认为是基于“解释”开展的研究，这类研究的重点在于探索变量之间是否存在因果关系。

所谓预测，就是基于某些条件来预测某种心理现象在特定的情境下是否会出现。例如，基于组织的某些属性、员工的某些人口学特征及其对组织的满意度水平，判断员工离职概率的研究。

所谓控制，就是操控某些条件，使得某种心理现象能够按照预期的方式出现。例如，通过增加员工的福利，提高员工对组织的满意度水平。

对于具体的管理心理学研究而言，有的可能是出于描述和解释的目的，有的可能是出于预测和控制的目的。前者一般属于基础研究，这类研究多是为了对特定的现象有更充分的认识；后者一般属于应用研究，其特点是可应用研究成果直接帮助决策者更好地解决实

践中的问题。其中，基础研究是应用研究的前提，而应用研究则赋予了基础研究更多的现实意义。

二、管理心理学的研究对象

任何研究，都有具体的研究对象。管理活动无处不在，大到一个国家或社会，小到某个特定的个体，都有管理活动的存在。甚至个体自身，也会存在目标定位、心理调适、行为控制和情绪管控等方面的问题，而这些问题解决的本质就是管理。因此，个体、群体、组织或其他社会单位（如家庭、社区、国家或社会等），都可以是管理心理学的研究对象。

鉴于社会单位的类型非常广泛，大多数管理心理学教材将研究对象限制为企业以及企业中的个体与群体，往往不将家庭、学校、社区、国家或社会作为管理心理学的研究对象。但从广义上的管理心理学而言，家庭、学校、社区、国家或社会也应作为管理心理学的研究对象。

三、管理心理学的研究内容

企业是一种特定类型的组织，而每个组织都是一个复杂的系统。一个系统一般具有如下几个特点：系统是由若干要素（部分）组成的；系统有一定的结构；系统有一定的功能，或者说系统要有一定的目的性；要素是相对系统而言的，每个要素本身又是一个小系统，包含着很多要素，这个小系统可称为上一级系统的子系统。

对于企业这个系统而言，其目的在于通过有效的管理，企业自身能在竞争的环境中实现“可持续存在”。要实现“可持续存在”，往往需要系统的目标定位要科学合理，系统的核心要素要齐全完整。同时，这些要素在发展上要充分、在功能上要健全、在互动中要顺畅。

就每一项具体的管理心理学研究而言，其直接目标在于描述、解释、预测或控制。从管理心理学的角度出发，各项研究的开展，最终目标是帮助组织通过有效管理使各要素更充分地发挥功能，更顺畅地互动联系，从而更高效地实现目标。

要想实现这一目标，就要做好一些要素的管理。一个组织系统中包含很多要素，如目标、人力资源、时间、信息、设备、资金、技术、场地。从资源管理的视角来看，这些要素均可被视为组织的资源。通过管理使这些要素的功能最大化——使组织的资源发挥出最大的价值，是一个系统管理的核心任务。对这些要素的管理，我们可称之为资源管理。本书将着重介绍目标、人力资源、时间和信息这四大要素管理过程中出现的特定心理现象，这些心理现象分别被称为目标管理心理、人力资源管理心理、时间管理心理和信息管理心理。

除此之外，本书还将环境管理中的心理现象纳入研究内容。环境是相对于系统而言的概念。任何系统都有边界，边界之内为系统，边界之外为环境。考虑到不同要素本身又是上一级系统的子系统，那么，对于某个子系统而言，其他要素（子系统）就是它的环境。判断某个事物是系统的一部分，还是系统之外的环境，往往取决于系统的边界如何划分。

要想努力实现系统的“可持续存在”，通过有效管理，为系统或子系统塑造出一个好的环境就是至关重要的。在这个环境塑造的过程中，需要作为管理主体的人和作为管理客体的人（被管理者）积极参与，相应地会产生一些特定的心理现象，这类心理现象可称为环境管理心理。需要说明的是，本书所涉及的“环境”，是相对于组织内部的人力资源要素（子系统）而言的。鉴于这部分“环境”也隶属于组织，因此，这部分环境也可被视作组织系统中的要素。

本书将各要素管理中出现的心理现象均纳入管理心理学研究的内容。由于这些心理现象源自管理实践，同时，对这些心理现象及规律的探索可直接应用于管理实践，因此，这部分研究也可被视为管理心理学应用研究的内容。受限于篇幅，本书仅讨论目标管理、人力资源管理、时间管理、信息管理和环境管理中所涉及的心理现象及规律。

鉴于此，本书的结构体系主要包括如下内容：

（1）绪论导入篇，即本书的第一章。主要包括管理心理学的概念与内涵，管理心理学的研究目的、研究对象与研究内容，管理心理学的学科性质与学科意义，管理心理学研究的基本原则与主要方法。

（2）思想演进篇，主要包括中国古代管理心理学思想（第二章）、西方近代管理心理学的思想和理论（第三章），重点介绍人类长期实践中逐步凝练出来的管理心理学思想。其中，第二章重点介绍中国古代文献中包含着的管理智慧。第三章重点介绍科学心理学诞生之后，管理学和心理学家提出的对管理心理学这门学科的发展有着重要影响的思想和理论。

（3）系统概述篇，即本书第四章，主要从组织系统运行的视角，介绍了组织的概念、结构等。

（4）要素管理篇，主要包括目标管理心理（第五章）、人力资源管理心理（第六章、第七章、第八章）、时间管理心理（第九章）、信息管理心理（第十章）和环境管理心理（第十一章）。目标管理心理重点介绍目标的概念、功能，影响目标的心理因素。人力资源管理心理重点介绍“选”“育”“用”“留”过程中的心理现象及规律，即人员招聘心理（第六章）、人员开发心理（第六章）、人员任用心理（第七章）、人员保留心理（第八章）。其中，人员招聘心理重点介绍人员甄选的方法；人员开发心理重点介绍人员培训和职业生涯管理中的心理现象与规律；人员任用心理重点介绍有效领导和绩效管理的相关知识、理论与方法技术；人员保留心理则重点介绍薪酬管理、员工关系管理和心理健康管理等方面的内容。时间管理心理重点介绍时间管理的原则和方法等内容。信息管理心理重点介绍信息沟通、信息与决策这两个方面的心理现象与规律。环境管理心理包括物理环境管理心理和心理环境管理心理。物理环境管理分为自然物理环境和人工物理环境的管理；心理环境管理涉及人际心理环境、群体心理环境和组织心理环境。其中，人际心理环境重点介绍人员密度管理和人际关系管理；群体心理环境重点介绍群体规范、群体士气、群体凝聚力、非正式群体的管理；组织心理环境主要介绍组织文化管理，重点介绍了跨文化管理和幸福文化管理。

我们为什么要采取上述管理心理学的体系？这个体系与国内流行的管理心理学体系有什么区别？当前，国内、外流行的管理心理学体系一般由三部分构成，即个体管理心理、群体管理心理和组织管理心理。个体管理心理包括需要与动机的产生及其特点、激励个体积极性的途径、知觉与态度对行为的影响、员工甄选与心理测验、员工考核与奖励的心理问题、员工的心理卫生等内容；群体管理心理包括人际关系、团体心理、意见沟通、个人与群体的关系、群体的士气与风尚、群体间的竞争与冲突等内容；组织管理心理包括组织中的领导行为、组织结构与发展、组织的心理环境、组织文化等内容。

不难看出，国内流行的管理心理学体系只限于研究人力资源管理问题，这就缩小了管理心理学的内涵，因为人力资源管理只是整个管理系统中的一个子系统，整个管理系统还包括目标管理子系统、信息管理子系统、时间管理子系统以及环境管理子系统（这里的环境是相对于系统内部特定要素而言的）。在这些要素管理中，虽然管理对象与人看似无关，但管理主体毕竟是人，人的因素依然会影响到各要素管理的效果。此外，鉴于要素之间相互影响，共同决定系统的功能，因此，需要将组织视作一个整体来考虑，尽可能多地考虑到全部要素管理所涉及的心理现象及规律。

此外，个体心理、群体心理和组织心理的体系结构，更多体现的是研究对象的差异性，没有充分考虑研究内容与管理情境（管理工作）的有机融合。这使得学习者不易将所学知识与理论同真实的管理情境（管理工作）联系起来，使得学习者所学知识不易发生迁移。

鉴于此，我们认为，本书的结构体系安排有助于学习者更好地理解实践中的问题，有助于学习者将知识与理论迁移到管理实践中，解决具体的问题。

第三节 管理心理学的学科性质与学科意义

管理心理学的产生是社会发展需要的结果。从18世纪的英国工业革命至20世纪初，由于生产力的迅速发展，社会生活发生了巨大的变化，管理心理学被推到了企业管理的前沿。①

一、管理心理学的学科性质

20世纪初，被誉为“科学管理之父”的泰勒（F. W. Taylor）倡导的科学管理运动和被称作“工业心理学之父”的闵斯特伯格（H. Munsterberg）开创的工业心理学是管理心理学形成的重要条件。1912年，美国学者吉尔布雷斯（L. M. Gilbreth）完成了博士论文《管理心理学：精神在判断、指导和实施最少浪费方法中的作用》，首次使用了管理心理学这一概念。但真正

① 刘野.管理心理学产生的历史条件［J］.沈阳师范学院学报（社会科学版），1997，21（2）：115-118.

推动管理心理学产生的是由梅奥（G. E. Mayo）主持开展的“霍桑实验”。1958 年，美国斯坦福大学教授、著名心理学家莱维特（H. J. Leavitt）首次以“管理心理学”命名出版了专著，这意味着管理心理学作为一门学科开始登上历史舞台。

管理心理学是介于管理学和心理学之间的一门交叉学科，也是一门综合性很强的学科。它的跨学科性非常明显，与管理学、行为科学、普通心理学、社会心理学、人类学等学科的联系极为密切。一方面，管理心理学从这些学科汲取养分，吸收这些学科的研究成果；另一方面，管理心理学也为这些学科提供素材，丰富和充实这些学科。

（一）与管理学的关系

管理学是研究管理过程中一般活动规律的科学，它主要讨论管理中一些共同的、带有规律性的问题，如管理的一般性质、管理的基本原则与方法、管理的过程与职能等。管理学涉及哲学、经济学、法学、社会学、数学、心理学、运筹学、决策科学等学科，以及系统论、信息论、控制论等理论，是上述学科和理论在管理过程中的综合运用。从某种意义上说，管理心理学是管理学的一个分支，主要研究管理过程中的心理学问题。

（二）与行为科学的关系

行为科学是研究和探索人们的行为规律的一门科学，它以人为研究对象，以预测和控制人的行为为目的。行为科学诞生于美国。1949 年，芝加哥大学举行的一次跨学科会议首先采用“行为科学”这一概念。1956 年，《行为科学月刊》出版。行为科学是一门综合性学科，涉及心理学、社会学、人类学、生理学、生物学、伦理学等学科。

在管理学理论中，有关人的因素的研究称为“组织行为学”或“组织心理学”。在我国，更多称为管理心理学[①]，它综合运用上述学科的知识，研究组织中人的个体行为、群体行为、领导行为、组织行为的规律。可见，行为科学与管理心理学的人力资源管理部分有交叉联系。管理心理学不但探讨人力资源管理中的心理与行为，也探讨目标管理、信息管理、时间管理和环境管理中人的心理与行为。

（三）与普通心理学的关系

普通心理学是研究人的心理现象及其一般规律的学科，它主要研究心理过程与个性。心理过程包括认知过程（感觉、知觉、记忆、思维、想象等）、情绪情感过程和意志过程；个性包括个性倾向性和个性心理特征等。

管理心理学与普通心理学是特殊与一般的关系。普通心理学是管理心理学的基础，管理心理学则把普通心理学的原理和规律应用到管理过程中，具体分析管理活动中人的心理现象和规律。如普通心理学研究信心、动机、思维、情感、意志等心理现象，管理心理学则研究这些心理现象在管理中的意义，分析它们对目标行为的制约作用，阐述它们对调动人的积极性的意义等。

---

① 徐联仓. 管理心理学的基本内容及其应用［J］. 经济工作通讯，1987（1）：39.

（四）与社会心理学的关系

社会心理学是研究在社会生活条件影响下，个体或群体心理活动发展和变化的规律的科学。它包括三个层次：一是研究个体在社会情境中的心理现象，如社会知觉、社会动机、社会态度等；二是研究个体相互作用的机制，如人际沟通、人际影响、人际关系等；三是研究群体心理，如群体规范、群体凝聚力、群体决策等。

管理心理学与社会心理学是相互影响、相互渗透的邻近学科。人是社会性动物，人的本质是一切社会关系的总和。管理活动在本质上是一种社会实践活动，社会心理学的研究成果必然有助于管理心理学的建设。事实上，管理心理学也正是在社会心理学的影响与渗透下产生的，社会心理学是管理心理学的母体，难怪有人把“管理心理学”称为“工业社会心理学”。

（五）与人类学的关系

人类学是从生物和文化的角度对人类进行全面研究的学科群，研究内容包括人类的生物性和文化性，追溯人类今日特质的源头和演变。

人类学不仅研究人类群体的演化过程，也研究不同群体之间的差异。西方人类学特别注重考察人的体质与文化的关联。一般而言，人类学研究可以分为三大类：第一类是主要研究形态、生理、遗传等人类体质的体质人类学；第二类是主要研究民族文物、文化史、民俗、语言等文化现象的文化人类学；第三类是专门研究先史时代人类的体质和文化的史前人类学。①

其中，文化人类学与管理心理学的关系非常密切。由于文化直接影响着个体的思维方式、行为方式和价值取向，生活在不同文化背景下的个体和群体势必受到相应文化的熏染和影响，因此，人类学的知识和原理对管理心理学的研究和应用具有一定的借鉴意义。

此外，管理心理学与生理心理学、实验心理学、教育心理学等也有一定的联系，此处不再一一详述。

二、管理心理学的学科意义

我们相信，随着社会生产力和科学技术水平的不断提高，随着现代通信与信息传播技术的发展，个体与个体之间、组织与组织之间在物的方面必然会不断缩小差距，而在心理上的竞争将更突出。因而，未来的管理科学必然是以管理心理学为核心内容的科学，而管理心理学研究成果的应用则有助于增强组织的核心竞争力。具体而言，管理心理学研究的开展，具有如下现实意义。

---

① 孙泽厚，罗帆．管理心理与行为学［M］．武汉：武汉理工大学出版社，2003：18.

（一）管理心理学有助于个体自我完善与发展，并在组织中获得幸福感

首先，管理心理学是个体自我完善的良友。以目标管理为例，管理心理学可以帮助个体确定宏伟远大而又切实可行的目标，并调节身心活动，向着这个目标迈进，“咬定青山不放松”，利用一切可以利用的条件与优势实现目标。以人力资源管理为例，管理心理学中的自知与知人、人际关系建立与发展等内容可以帮助个体形成和谐的人际关系，赢得他人的喜爱与尊重。以环境管理为例，管理心理学有助于个体创造良好的工作环境，提高生活、学习和工作的效率。一个人如果能够正确掌握并运用管理心理学的原理，就掌握了自我管理的方法。无论置身于什么场合或情境，他都能寻求最佳的生存方式、最佳的发展方向，都能有效地实现自我的价值，发挥潜能，并对社会的进步做出贡献。

其次，管理心理学强调以人为本，尊重人的内在需要，强调组织目标与个人目标相统一，注重人与岗位、人与组织的匹配，重视员工的成长与发展，鼓励多方面地激励和关怀员工。因此，在具体的管理实践中，管理者若能应用管理心理学的知识，遵循以人为本的原则，必然能够更大程度地满足员工各种类型的需要，使得个体在达成组织目标的过程中，自身也获得更多的幸福感。

（二）管理心理学有助于组织提高工作效率，增加经济效益

管理活动是人类社会实践活动中的一种，它是人类一切有组织的协作活动所不可缺少的，是一切社会生产所必需的。个体的自我活动离不开管理，群众或组织的活动更离不开管理。马克思（K. H. Marx）曾经形象地说明管理在社会活动中的地位与作用：“一切规模较大的直接社会劳动或共同劳动，都或多或少地需要指挥，以协调个人的活动，并执行生产总体的运动——不同于这一总体的独立器官的运动——所产生的各种一般职能。一个单独的提琴手是自己指挥自己，一个乐队就需要一个乐队指挥。”①

正像乐队离开了指挥就无法演奏一样，组织离开了管理就会陷入瘫痪。管理心理学不仅为组织的领导提供了指挥与决策的科学方法，也指出了充分利用各种潜在资源的有效途径。例如，一个组织必须清醒地意识到自己的使命、目标和战略；必须吸引和接纳各种类型的人才，有效地调动每一位员工的积极性；必须有一流的情报系统，使自己在信息化社会里立于不败之地；必须有强烈的时间观念，在有限的时间内创造更多的物质财富和精神财富；必须为员工创造和谐、美好的工作环境，从而提高工作效率；等等。而这一切都离不开管理心理学知识与规律的应用。因此，管理心理学知识与规律的应用必将促进组织的活力，提高组织的效率，帮助组织更好地实现目标、获得效益。这也是许多企业成功的秘诀所在。

---

① 马克思，恩格斯．马克思恩格斯文集：第 5 卷［M］．北京：人民出版社，2009：384．

第四节　管理心理学研究的基本原则与主要方法

方法是一门科学的精髓。正如俄国生理心理学家巴甫洛夫（I. P. Pavlov）所说：科学随着方法学上获得的成就而不断跃进。方法学每前进一步，我们便仿佛上升了一级阶梯，于是我们就展开更广阔的眼界，看见从未见过的事物。① 目前，管理心理学作为一门独立学科还很年轻，这不仅表现为学科理论体系不尽完善，也表现为量化研究方法的使用还不够普遍。因此，有必要对管理心理学研究的基本原则与主要方法进行一些探讨。

一、管理心理学研究的基本原则

辩证唯物主义和历史唯物主义为一切科学研究提供了正确的世界观和方法论，这是管理心理学研究必须遵循的指导思想。同时，管理心理学研究还要考虑以下基本原则。

（一）客观研究与理论思维相结合的原则

管理活动本身是一种客观存在的社会活动，人的心理是对客观存在的反映。管理心理学的研究首先要遵循客观性原则，即对任何管理心理现象都必须按照它的本来面目加以考察，必须在具体的管理活动中加以客观研究，切忌任何主观的猜测与判断。在管理心理学的研究中，研究者要如实地记录研究对象的外部刺激、主观反应和体验，要根据客观的资料和事实得出结论，对于不符合研究者原先构想的材料要实事求是地认真分析，不可随心所欲地舍弃，更不能用虚假或伪造的材料来"维持"自己的观点。例如，在研究精神奖励与物质奖励对于人的激励作用时，研究者不能抱着某种方式更好或某种方式更坏的成见，戴着有色眼镜去过滤事实。

客观研究并不排除理论思维的作用。在各类心理学著作（包括一些管理心理学著作）的方法讨论中，多讨论观察、实验等具体方法，而较少涉及理论思维的作用。其实，任何客观的研究离开了理论思维将寸步难行。我国自然辩证法学者曾经提出，在实验与理论之间存在着一个"循环加速机制"，只有使理论与实验相结合，才能使实验从盲目走向自觉、严格，使理论从含混趋于严密、清晰。具体来说，理论思维在管理心理学研究中起着如下作用：

第一，确定研究选题需要理论思维。只有理论思维才能使我们抓住管理心理学发展的前沿，而不是把前人早已提出过的、废弃了的命题当作新课题，或者选择与现实生活无甚关联的课题。

第二，进行研究设计需要理论思维。管理心理学实验的成功，关键在于实验设计的精

① 转引自：陈元晖．心理学的方法学［J］．心理学报，1960（2）：68–108.

细、巧妙和正确。如何在简化了的条件下对高度复杂的人的心理活动进行观察和实验，如何充分估计研究对象可能出现的各种情况等，都需要理论思维。

第三，处理实验数据和得出结论需要理论思维。如果没有理论思维，那么即使有成功的研究过程也无法得到相应的结论。

（二）学科间整合与系统探讨相结合的原则

图 1-2　西蒙

管理心理学是一门综合性很强的学科，与管理学、行为科学、普通心理学、社会心理学、人类学等邻近学科有着密切的关系。只有及时注意这些学科的发展动向，从这些学科的成果中汲取养分，进行学科整合研究，才能把握复杂的管理活动中的心理规律。这就要求管理心理学研究者具有比较渊博的知识背景。例如，对决策理论有开创性研究并且获得诺贝尔经济学奖、美国心理学会杰出科学贡献奖的西蒙（H. A. Simon）教授（如图 1-2 所示），之所以能在心理学等学科屡有建树，被誉为当代最著名的博学家，是因为他有渊博的知识背景，活跃在学科前沿。如果局限于管理心理学自身的小天地，对其他学科的新动态、新进展不闻不问，必然会使管理心理学难于突破自己。

管理心理学研究不仅要考虑与其他学科的内在联系，也要探讨管理活动内部的系统关系，遵循系统性原则。因此，在研究管理活动中的心理现象时，管理心理学研究者必须在各个要素或因素的前后联系、相互作用的关系中去认识和分析，不能把这些心理现象看作独立存在的东西进行孤立的研究。对此，列宁（V. I. Levin）有一段精辟的论述："在社会现象领域，没有哪种方法比胡乱抽出一些个别事实和玩弄实例更普遍、更站不住脚的了。挑选任何例子是毫不费劲的，但这没有任何意义，或者有纯粹消极的意义，因为问题完全在于，每一个别情况都有其具体的历史环境。如果从事实的整体上，从它们的联系中去掌握事实，那么，事实不仅是'顽强的东西'，而且是绝对确凿的证据。如果不是从整体上、不是从联系中去掌握事实，如果事实是零碎的和随意挑出来的，那么它们就只能是一种儿戏，或者连儿戏也不如。"① 以管理心理学的研究为例，我们在考察一个人、一个企业或一个组织成功的原因时，如果孤立地看问题，只将成功归因于领导决策的正确或有和谐的人际关系，那是远远不够的，应该在更宏观、更系统的基础上发现成功的心理因素的整体效应，才会得出符合实际的科学结论。正因为如此，本书在建构管理心理学的内容体系时，引入了系统论的观点，补充了目标管理（系统要素）、时间管理（系统要素）、信息管理（系统要素）和环境管理（系统要素，相对于子系统而言的环境）等与心理活动有关的内容。

---

① 列宁．列宁全集：第 28 卷［M］．2 版（增订版）．北京：人民出版社，2017：364．

（三）继承、引进与改造、创新相结合的原则

管理心理学在我国的发展历史并不长，但是，人类的管理活动是伴随着人类的诞生而开始的。因此，积极地继承我国古代管理心理学思想的宝贵遗产，引进外国管理心理学的有益成果，对于建立具有中国特色的管理心理学有着十分重要的意义。我国著名心理学家潘菽教授曾多次指出：要把我国的心理学搞上去以适应我国社会主义现代化建设的需要，必须通过四条途径同时努力。这四条途径就是：贯彻马克思主义的辩证唯物论和历史唯物论的理论指导；密切结合我国社会主义现代化建设的实际；积极而有辨别地引进外国心理学中对我国心理学的发展有益的研究成果；发扬我国古代的一些可贵的心理学思想。① 这对于管理心理学也是适用的。我们的研究只有在继承和发扬前人的智慧、引进和消化国外研究的精华的基础上，才能站在学科发展的前沿。

自然，继承也好，引进也罢，都是为改造、创新服务的。我们认为，管理心理学的改造、创新，最根本的要求是中国化，在体系和内容上都要符合中国国情，都要有益于我国社会主义物质文明和精神文明建设的需要。

二、管理心理学研究的主要方法

对管理心理学采用的研究方法有多种分类标准。从认识心理现象的过程上看，可分为获得感性经验材料的研究方法（又称直观法）和获得理性认识的研究方法；从研究的性质上看，可分为经验研究、实验研究、测验研究；从获得资料的方式上看，可分为纵向研究和横断研究；从研究对象的数量来看，可分为个案研究与团体研究；等等。这里，我们着重分析经验研究、实验研究和测验研究在管理心理学中的应用。

（一）经验研究

所谓经验研究，是指在不对事物加以干涉和控制的前提下，获得关于事物发展、变化的资料，并从中提炼出规律性的东西。经验研究在管理心理学研究中运用广泛，常见的经验研究方法有以下几种。

1．观察法

观察法就是有目的、有计划地观察被观察者在一定条件下的言语、行为、表情等反应，并详尽记录、认真分析的一种方法。观察可以以感官为工具，也可以利用录音、录像、照相等现代技术设备加以辅助。

观察从时间上分为长期观察、短期观察和定期观察；从范围上分为全面观察与重点观察；从观察者与被观察者的关系上分为参与观察（研究者亲自参与被观察者的活动）和非参与观察（研究者作为旁观者研究被观察者的活动）；从观察情境的性质上分为自然观察

① 潘菽．致中国心理学会基本理论专业委员会1986年学术年会参加会议的全体同志们的信［J］．心理学探新，1986（4）：1-4.

与控制观察。

为了保证观察的效果，应注意：第一，要有明确的观察目的，有计划按步骤地进行观察；第二，在自然观察中要尽可能使被观察者处于自然状态，观察者有时可以通过纱屏、单向透视玻璃或摄录系统等进行观察。

观察法的优点是简易方便、自然真实，缺点是比较被动，只能消极等待有关现象的发生，难以对所获材料进行量化处理，难以确定某种行为现象的真正原因。

2．问卷法

问卷法是让调查对象回答事前已拟订的问题，然后汇总回答结果并加以研究的方法。常用的问卷有描述、选择和评定三种方式。当调查对象的数量较多时，可以采用随机抽样的方法进行调查。

为了使问卷法收到较好的效果，应注意：第一，可以采用不记名的方式，打消调查对象的思想顾虑；第二，为了避免不真实的回答，可在问卷中安排一些互相矛盾的问题（即编制“测谎题”），如果调查对象的回答都一样，则可剔除这些答卷；第三，为了提高调查的信度和效度，调查者要处理好与调查对象的关系，使调查在轻松和谐的气氛中进行。

问卷法的优点是使用方便、统计迅速，可在较短时间内收集大量资料，缺点是有时信度难以保证，缺乏可靠性。

3．访谈法

访谈法是通过面对面的谈话，直接了解他人心理状态的一种方法。访谈法可分为结构式访谈和非结构式访谈。前者指事先拟好提纲，系统地收集所需要的资料；后者指在尊重受访者的谈话兴趣的前提下进行自由交流，使其流露出内心的真实感受和想法，从而收集所需要的资料。

为了使访谈收到较好的效果，应注意：第一，把握谈话的方向，要顺水推舟、抓住重点；第二，要赢得受访者的信任，必要时可进行适当的说明和保证，如讲明对所谈内容绝对保密，绝不外传，更不能嘲讽等。

访谈法的优点是触及内心深处，缺点是仅凭受访者的口头回答而得出的结论往往缺乏可靠性。因此，访谈法一般不单独使用，多与其他方法结合使用。

4．案例研究法

案例研究法是指研究者通过查阅记录、访谈、发调查问卷和观察等方式搜集关于某个特定的个体或群体的详尽资料，然后进行分析的研究方法。案例研究法特别适用于在新情境中发现问题。

为了使案例研究收到较好的效果，应注意：第一，研究者对新事物要有敏锐的觉察力；第二，搜集的资料要详尽，研究者要有分析众多资料的能力。

案例研究法有助于发现新问题，但不适合探究变量间的因果关系。案例研究法的外部效度较低，研究的结果很难被推广至其他个体或群体。

5．内省法

内省法又称自我观察法、自我分析法，是对自身的心理现象进行观察并加以陈述的一种方法。它可以是口头报告，也可以是书面报告；可以是实验性的，也可以是非实验性的。内省法曾经遭到行为主义学派的猛烈抨击，几乎销声匿迹。但不管怎样，它在心理学的研究中还是有着广泛的应用，甚至反对内省法的人也在使用内省法。根据心理学家伍德沃斯（R. S. Woodworth）的分析，即使在行为主义风行的美国，1958 年发行的 43 种主要心理学期刊的 1 122 篇论文中，仍有 493 篇（44%）在不同程度上使用着内省法。[①] 内省法在管理心理学研究中也有用武之地，尤其是关于自我管理的研究，更加离不开内省法。以时间管理为例，管理心理学研究者可以通过对自我时间知觉、时间观念和时间信念的反思，通过对自我时间花费的分析，对时间管理的心理依据和基本方法做出某些推断和得出结论。

为了保证内省法的效果，应注意：第一，由于内省法中的观察者与被观察者同属一个本体，很难完全摆脱主体的经验、态度等变量的干扰，所以要特别注意对结果进行严格的客观检验；第二，由于内省法的结果要用语言进行报告，而语言本身具有许多模糊和含混之处，且人们因文化背景、个体经验等方面的差异可能对同一词汇形成不同的理解，所以，为了验证报告的严谨与精确，必须尽可能消除报告语言的模糊性和不确定性，控制语言中无关变量的干扰。

内省法对于了解和控制心理现象有一定的积极意义，但它的观察结果受到人的注意规律的制约，主体难以在某种心理活动发生的同时又去关注、监控这种心理活动。另外，运用内省法，要进行重复验证也比较困难。

（二）实验研究

实验研究是在人为干涉与控制的条件下，通过操纵和控制影响事物发展的条件，引起被试产生某种心理现象，发现其中规律的方法。根据对无关变量的控制情况，实验又分为前实验、准实验和真实验；根据实验的环境不同，实验可分为自然实验与实验室实验。

1．自然实验

自然实验又称现场实验，是指在日常生活和工作的情况下，适当控制条件以引起某种心理现象并加以研究的方法。自然实验在管理心理学的研究中应用极多，如梅奥在霍桑工厂进行的通过提供或撤销某些福利措施研究生产量变化的实验，就是典型的自然实验。

自然实验的优点是结合日常生活和工作进行，缺点是不容易精密地控制实验条件。

2．实验室实验

实验室实验是在专门的实验室内，运用一定的仪器和设备严格地控制实验条件以研究心理现象的方法。

实验室实验的优点是能够严格控制各种无关变量对实验结果的影响，缺点是具有很强的“人造”色彩，与实际生活情境相去甚远。在研究比较复杂的社会活动时一般不宜使用。

自然实验和实验室实验的共同优点是主动性（研究者不必消极地等待，可以主动诱导

---

① 马剑侠．自我观察法评析［J］．心理学探新，1986（4）：12-19．

心理现象的产生）和可靠性（实验可以在同样的条件下重复进行，通过多次分析比较，可以准确地揭示因果关系）。

（三）测验研究

测验研究是一种介于经验研究与实验研究之间的方法，它本质上是先从一个定量的个体中收集有关某一问题的常模资料，据此编制出测验题目（标准化量表）作为尺度去研究其他个体。从内容上看，测验研究包括人格测验、能力测验、职业倾向测验、态度测验等。从测验类型上看，管理心理学中运用较多的是标准化测验和社会心理测量。

1．标准化测验

标准化测验的常模资料必须从标准化样本中产生，应能代表将要研究的总体。《韦氏智力量表》《格塞尔发展测验》《明尼苏达多相人格测验》等均属于标准化测验。标准化测验的编制比较复杂，需要有较高的统计、抽样技术支持，主试要经过专门训练，但量表一经编制，运用起来则非常方便，具有广泛的适用性。

2．社会心理测量

社会心理测量是美国心理学家莫里诺（J. E. Moreno）于20世纪30年代提出的。莫里诺用非常简单的问卷向被试分别提出“你最愿意与谁合作”之类的问题，从而发现人与人之间的自发吸引力与群体聚合力等，并且用人际关系矩阵或社交测量图加以表示。社会心理测量在管理心理学中有着直接的应用，如研究群体或组织中某个体或某群体的社会地位指数、受拒指数、吸引率/排斥率等。①

案例学习：

案例名称：《企业社会责任促使员工敬业的内在机制——基于海底捞的案例分析》。

案例来源：马苓，陈昕，赵曙明，等．企业社会责任促使员工敬业的内在机制：基于海底捞的案例分析［J］．管理案例研究与评论，2020，13（3）：274-286.

案例思考题：

1．什么是社会交换理论？

2．海底捞员工的敬业表现如何？

3．让海底捞员工如此敬业的因素是什么？

4．影响员工敬业的因素有哪些？

5．本案例研究使用了哪些研究方法？

本章小结

在现代管理学中，管理一般被认为是一定组织中的管理者在特定的条件下，充分利用

① 孙泽厚，罗帆．管理心理与行为学［M］．武汉：武汉理工大学出版社，2003：11.

人力、物力、财力、信息等资源，通过实施计划、组织、领导、协调和控制等职能，以实现组织目标并取得最大投入产出效率的活动过程。

管理心理学是心理学的一门分支学科，研究的是管理过程中人的心理现象及其发展规律，目的在于充分利用这些规律，以更好地实现管理。管理心理学的研究目的是描述、解释、预测和控制，研究对象是个体、群体、组织或其他社会单位，研究内容主要是目标管理、人力资源管理、时间管理、信息管理和环境管理过程中所涉及的心理现象及规律。

管理心理学是介于管理学和心理学之间的一门交叉学科，也是一门综合性很强的学科。它的跨学科性非常明显，与管理学、行为科学、普通心理学、社会心理学、人类学等学科的联系极为密切。

管理心理学研究有助于个体自我完善与发展，并在组织中获得幸福感，有助于组织提高工作效率，增加经济效益。管理心理学的研究方法众多，分类标准多样，所以要选用适当的方法进行管理心理学研究。同时，在进行研究的过程中尤其要遵循客观研究与理论思维相结合，学科间整合与系统探讨相结合，继承、引进与改造、创新相结合这三大原则。

思考与练习

1. 什么是管理？什么是管理心理学？
2. 管理心理学的研究目的有哪些？
3. 管理心理学的研究对象和研究内容是什么？
4. 研究管理心理学有什么意义？
5. 管理心理学具有什么样的学科性质？它与哪些学科有联系？
6. 管理心理学有哪些研究方法？这些方法的特点是什么？

本章参考文献

课外拓展

1. 周斌．论行为科学、组织行为学与管理心理学的区别与联系［J］．四川教育学院学报，2002，18（5）：25-26.

2. 王晓燕．浅谈管理心理学在企业核心竞争力中的作用［J］．中外企业家，2014（16）：78.

3. 宋冰晶．管理心理学在企业管理中的应用［J］．中外企业家，2014（14）：101，103.

第二章

中国古代管理心理思想

学习目标

- ⊙ 了解中国古代管理心理思想的历史发展阶段
- ⊙ 解释以人为本，并说明其在管理中的运用
- ⊙ 解释以德为先，并说明其在管理中的运用
- ⊙ 解释中庸之道，并说明其在管理中的运用
- ⊙ 解释无为而治，并说明其在管理中的运用
- ⊙ 解释以和为贵，并说明其在管理中的运用
- ⊙ 了解中国古代管理心理思想的内容与体系

知识导图

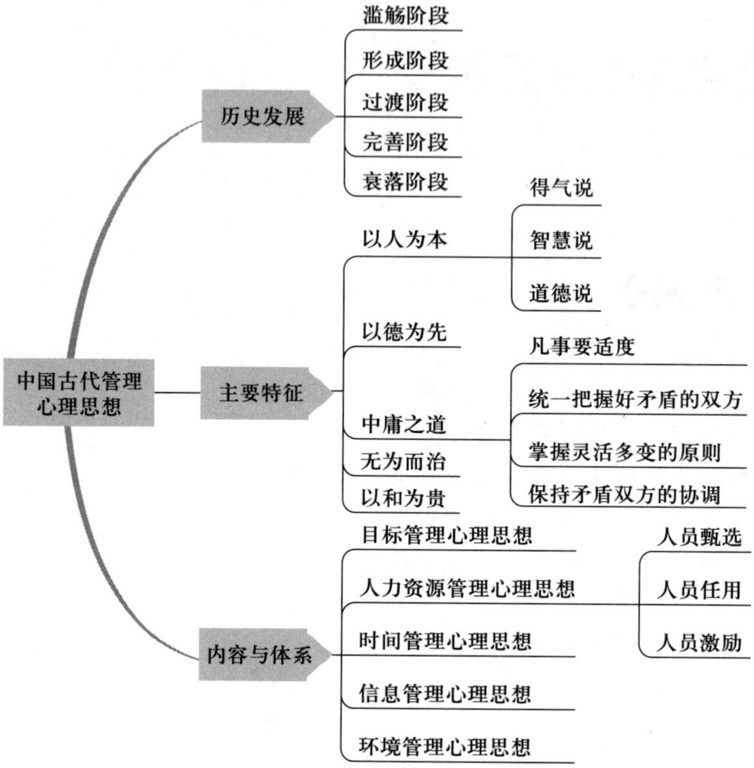
中国古代管理心理思想
历史发展
滥觞阶段
形成阶段
过渡阶段
完善阶段
衰落阶段
主要特征
以人为本
得气说
智慧说
道德说
以德为先
中庸之道
凡事要适度
统一把握好矛盾的双方
掌握灵活多变的原则
保持矛盾双方的协调
无为而治
以和为贵
内容与体系
目标管理心理思想
人力资源管理心理思想
人员甄选
人员任用
人员激励
时间管理心理思想
信息管理心理思想
环境管理心理思想

章前引例

习近平总书记引古典名句谈高素质干部队伍的建设①

我们学习中国历史上的吏治，目的是了解我国历史上吏治的得失，为建设高素质干部队伍提供一些借鉴。

历史是最好的教科书，历史是人类最好的老师。历史记述了前人的成功和失败，重视、研究、借鉴历史，了解历史上治乱兴衰规律，可以给我们带来很多了解昨天、把握今天、开创明天的启示。重视吸取历史经验是我们党的一个好传统。毛泽东同志说："今天的中国是历史的中国的一个发展；我们是马克思主义的历史主义者，我们不应当割断历史。从孔夫子到孙中山，我们应当给以总结，承继这一份珍贵的遗产。这对于指导当前的伟大的运动，是有重要的帮助的。"延安时期，环境那么严酷，任务那么繁重，毛泽东同志仍然十分重视研究和借鉴历史。今天，我们进行伟大斗争、建设伟大工程、推进伟大事业、实现伟大梦想，更需要重视、研究、借鉴历史。这对我们丰富头脑、开阔眼界、提高修养、增强本领具有重要意义。

我国历朝历代都重视官吏选拔和管理，中国历史上凡是有作为的政治家都懂得，"为政之要，惟在得人"、"育材造士，为国之本"的道理，在吏治方面留下了很多思想和做法，其中不乏真知灼见。比如，《墨子》中说"国有贤良之士众，则国家之治厚；贤良之士寡，则国家之治薄"，韩非子说"宰相必起于州部，猛将必发于卒伍"，孟子说"故天将降大任于是人也，必先苦其心志，劳其筋骨，饿其体肤，空乏其身"，诸葛亮说"为人择官者乱，为官择人者治"，司马光提出"凡用人之道，采之欲博，辨之欲精，使之欲适，任之欲专"，龚自珍写道"我劝天公重抖擞，不拘一格降人才"，等等。当然，我国古代吏治思想和做法既积累了丰富的治吏经验，也带有明显的历史和阶级局限，其中有不少封建糟粕，这是我们必须注意的。

正确的政治路线要靠正确的组织路线来保证。历史和现实都表明，一个政党、一个国家能不能不断培养出优秀领导人才，在很大程度上决定着这个政党、这个国家的兴衰存亡。我们党之所以能够始终保持强大的创造力、凝聚力、战斗力，成为革命、建设、改革事业发展的中流砥柱，团结带领人民战胜各种艰难险阻、取得一个又一个胜利，一个十分重要的原因就在于高度重视培养造就能够担当重任的干部队伍。新时代，我们党要团结带领人民实现"两个一百年"奋斗目标、实现中华民族伟大复兴的中国梦，必须贯彻新时代党的组织路线，努力造就一支忠诚干净担当的高素质干部队伍。

思考题：

（1）习近平总书记在讲话中引用的这些典故有何深意？论述了哪些观点？

（2）我们应如何看待我国古代的吏治思想和中华传统文化中的管理智慧？

分析要点

① 节选自：习近平．努力造就一支忠诚干净担当的高素质干部队伍［J］．前线，2019（2）：4–8.

微课导学

管理心理学与其他心理学分支学科一样，既古老又年轻。说它古老，是因为自从有了人类，人类就开始了自己的管理实践，管理心理学思想也开始萌芽；说它年轻，是因为作为一门系统而独立的科学，管理心理学是在20世纪正式诞生的。虽然管理心理学作为一门科学正式出现是在美国，但在我国古代浩如烟海、汗牛充栋的典籍中，蕴含着非常丰富的管理心理思想。系统挖掘和整理我国古代管理心理思想，对于建立具有中国特色的管理心理学体系具有十分重要的意义。

第一节　中国古代管理心理思想的历史发展

中国历史源远流长，五千多年的历史文化造就了中国卓越的过去与璀璨的今天，并留下了浩如烟海的历史文化典籍。在这些典籍中，充满了先哲们的智慧，尤其是大量管理心理思想。经过梳理，这些思想的演进大致可以分为滥觞、形成、过渡、完善和衰落五个阶段。

一、滥觞阶段

这个阶段相当于东周以前的时期。《尚书》《周易》《诗经》等书中包含着中国有文字记载以来流传于早期阶级社会中的许多基本管理理念和原则，其中不少内容对后世产生了深远的影响。《尚书·立政》总结了夏、商亡国的教训，提出了国家管理的核心思想是重德慎刑。对领导者应具备的品质，《尚书·皋陶谟》提出了“九德”：宽而栗，柔而立，愿而恭，乱而敬，扰而毅，直而温，简而廉，刚而塞，强而义。“九德”以德为核心，对领导者在德、才、能三方面进行了较为全面的要求，如表2–1所示。“九德”对后世影响很大，《贞观政要·君道》中就记述了魏征上疏唐太宗要弘扬“九德”。《尚书·洪范》提出了领导者要“敬用五事”，从“貌”“言”“视”“听”“思”五个方面对领导者提出了要求。重视提高领导者的自身素养，是中国古代管理思想中的重要内容。《周易》原为占卜的书，但其中包含着中国最古老的管理思想。在无数次占卜中，古人积累了对客观世界规律性的认识，对天–地–人这一系统中的联系有了最初的把握。这一阶段尽管没有清晰的管理心理学理论体系，但是体现在乾坤八卦、阴阳五行中的朴素辩证法思想，对人和道（规律）的重视，为后来的管理心理思想的发展奠定了基础。

表2–1 “九德”的含义

宽：宽宏大量	栗：严肃恭谨
柔：性情温和	立：坚持主见
愿：举止谦逊	恭：庄重自尊

续表

乱：具有才干	敬：谨慎认真
扰：柔顺虚心	毅：刚毅果断
直：正直不阿	温：温煦和蔼
简：大处着眼	廉：小处着手
刚：秉性刚正	塞：扎实务实
强：坚强勇敢	义：诚实善良

二、形成阶段

先秦时期是中国古代社会的开端，也是古代管理心理思想产生和奠基的时期。春秋战国时期是个大变革的时期，社会形态由奴隶制向封建制过渡。在各种矛盾和冲突的推动下，经济上，土地私有制开始出现；政治上，王室衰微，诸侯争霸；文化上，政治、经济的变动造成文化下移，出现私学，形成了“士”阶层；思想上，经过从西周初到春秋末几百年的积累，人们在摆脱天命思想的过程中，思想已有很大发展。在这些因素的共同作用下，“百家争鸣”应运而生。诸子百家在政治、经济、军事、文化等方面提出了不同的管理主张，传统管理心理思想由此发轫。

“百家争鸣”中形成的对后世产生影响的大小学派有十家左右。儒家、道家、法家、墨家、兵家的管理心理思想主要反映在《论语》《孟子》《荀子》,《道德经》《庄子》,《韩非子》,《墨子》,《孙子兵法》等著作中。诸子百家对经世治国的主张进行了充分的论辩，分别从人性与需要、用人心理、激励心理、领导心理、组织心理等不同方面阐述了管理心理问题。正如《史记·太史公自序》所评述的那样：“天下一致而百虑，同归而殊途。”① 诸子百家中，具有系统性而又对后代产生较大影响的主要有儒家、道家、法家。以孔子（如图 2–1 所示）为代表的儒家所倡导的人本、明德、中庸、修己立人等思想不仅在以后几千年的历史中成为主导性的价值观，而且远播东南亚及欧美各国，对人类思想和文化的发展起到极大的推动作用。道家管理心理思想主要以“道”为中心，讲“无为而治”，偏重于对管理的规律、方式和艺术的探求。以老子（如图 2–2 所示）为代表的道家所主张的“无为”并不是真的要求管理者无所作为，而是所谓“治大国若烹小鲜”②，“无为”是为了更好地“有为”。与儒家重德的管理心理思想有所不同，法家主张以法治国，讲究法、术、势相结合，在管理的制度、技巧、权威等方面提出了不少见解。墨家则主张国富民治，在人际关系上提倡兼相爱、交相利，在用人上主张尚贤，并重视领导者修身亲士，培养“厚乎言行”的德、“辩乎言谈”的才、“既述且作”的实干精神、“摩顶放踵”的工作态度和“非乐节用”的生活作风。此外，兵家全胜而非战的战略思想、知己知彼的信息和决策思

① 司马迁．史记：第 10 册［M］．北京：中华书局，1982：3288．
② 老子［M］．梁海明，译注．太原：山西古籍出版社，1999：108．

想、注重人才心理素质的测评和培训的用人思想、赏罚分明的激励思想，不仅是中国古代管理心理思想中的精粹，而且为海外的管理学者和企业家所推崇，并在管理实际中加以应用。

图 2-1 孔子画像

图 2-2 老子画像

中国是人类历史上最古老的文明国家之一，积累了丰厚的管理经验，在此基础上产生的管理心理思想极其丰富，水准较高。各家学说在争鸣中互相吸取，互相融合，不断丰富，不断深入。因而，这一时期管理心理思想的发展空前繁荣。先秦管理心理思想为后世管理心理思想的发展提供了广阔而深厚的基础。尽管其中不乏对现今管理带来消极影响的方面，但它仍然是对现代管理具有极大借鉴和指导作用的瑰宝。

三、过渡阶段

从汉代至隋代是中国古代管理心理思想的过渡阶段。在这段时期，中国社会经历了“分久必合，合久必分”的民族大动荡和大变迁，同时封建制度也得到大发展，疆土逐渐辽阔，人口增多，经济文化慢慢繁荣起来，为中国封建社会鼎盛时期的到来做好了准备。这一时期的统治者为国家管理制度化做出了贡献，管理心理也独具特色。管理者为了更好地控制规模越来越大的疆域，管理越来越复杂的社会机构，对人才的选拔和任用越来越重视，提出了人员甄选理论并使之逐渐成熟化。

经过南北朝、隋朝，中国的封建社会开始走向唐代的盛世，封建经济趋于成熟，国家体制及各种管理制度趋于定型，管理心理思想形成了一个明显的过渡阶段。

从汉代开始，儒家思想得到充分发展，董仲舒将儒家学说定为独尊，并使之逐步体系化，成为社会的主流思想。也是在这个时期，管理心理思想，尤其是人力资源管理心理思想逐步精致化。从《淮南子》《论衡》，到三国时期刘劭的《人物志》，再到魏晋时期的玄学和北魏贾思勰的《齐民要术》、北齐颜之推的《颜氏家训》等，都包含了丰富的管理心理思想。

四、完善阶段

唐宋作为中国封建社会的鼎盛时期，不但封建制度和文化教育得到发展，而且，中国古代管理心理思想也在这一时期得到进一步完善。唐宋的管理者吸收前朝的管理文化之精华并付诸实践，在理论上和实践上都取得了显著成就。“贞观之治”使社会经济达到了鼎盛，国家体制及各种管理制度趋于定型。李隆基以后，日渐衰落。刘晏和杨炎对唐代的经济管理体制改革都做出过一定贡献，他们对定型了的中央集权制敢于纠正偏差，修改其抑制工商的政策。宋太祖赵匡胤致力于取消藩镇制度，收夺兵权，建立集军、政、财、税权于皇帝的中央集权管理体制。宋代自真宗赵恒以后，国力日渐衰弱，到了神宗赵顼时出现王安石变法，宋朝的手工业和工商业较此前有所发展，经济发展水平也有较大的提高。

从管理心理思想来看，这段时期内具有较大影响的论著都是对前朝文化思想的继承和总结，主要有儒家的程朱理学和兵家的《太白阴经》《武经总要》等。程颢、程颐提出了双重人性论，使人性问题更具有心理学意义。朱熹的“才论”阐述了志、才、学之间相辅相成的关系，认为“有为于世，必兼三者”。陆九渊非常重视德中的“忠信”，认为这是人与动物的根本区别，他还全面、系统论述了修养问题。在这一时期，管理者、理学家和心学家都重视“治心为上”，他们基本沿袭和消化了前朝的管理心理思想，同时儒家的思想开始走向僵化。因此，管理心理思想在宏观上只进行了总结和定型而没有重大突破，但在微观上还是有所成就的。

五、衰落阶段

元明清时期是中国古代管理心理思想的衰落时期。尽管这三个朝代都曾有自己鼎盛的阶段，并且从明代中期开始在封建经济机体中产生了资本主义萌芽，但是从统治者的管理心理思想来看，并无重大建树。由于人们的思想被封建的专制统治禁锢，这段时期的思想家仍陷于儒家经典和宗法的圈子。这一时期的大师级人物是王夫之（如图 2-3 所示），他的学说几乎涉及管理心理学的所有重要问题，对各家各派学说有较为全面的评述，堪称集大成者。不过总的来说，这一时期的管理心理思想除了一些微观技术上的变化，整体上以衰落为主要特点。但是，在这个时期，管理心理思想开始通俗化、普及化，如《容斋随笔》《菜根谭》《呻吟语》等都体现了娴熟的管理智慧和老练的生存艺术。曾国藩、魏源等人的管理心理思想表现出一定的价值和魅力，《三国演义》《水浒》《红楼梦》等文学名著中也蕴含着丰富的管理心理思想。

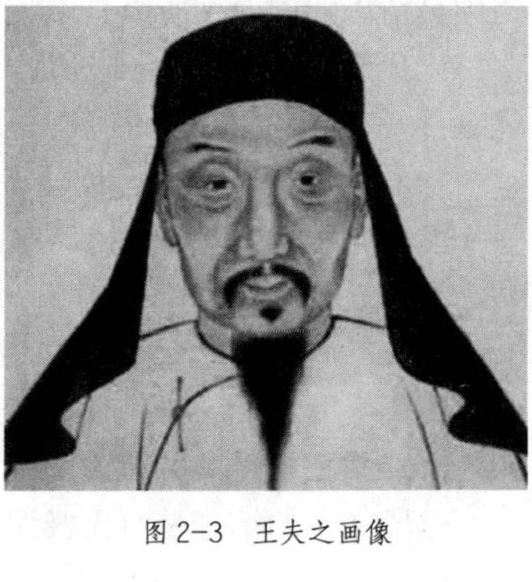

图 2-3　王夫之画像

第二节　中国古代管理心理思想的主要特征

对于中国古代管理心理思想，国内学者已有许多比较深入的研究，如苏东水教授将其概括为“以人为本”“以德为先”“人为为人”。本书将中国古代管理心理思想概括为五个特征：以人为本、以德为先、中庸之道、无为而治和以和为贵。

一、以人为本

中国古代管理文化高度重视人在管理中的作用。自从《尚书·周书·泰誓》提出“惟天地，万物父母；惟人，万物之灵”之后，绵延千年，绝大多数思想家都认同“天地之间人为贵”的思想。而且，中国古代思想家在学派主张上虽然有很大的不同，但在肯定“人贵论”上是一致的。如《孝经·圣治章》中说：“天地之性人为贵。”《黄帝内经·素问·宝命全形论》云：“天覆地载，万物悉备，莫贵于人。”军事家孙膑说：“间于天地之间，莫贵于人。”（《孙膑兵法·月战》）王夫之说：“天地之生，人为贵。”这些观点是从不同的思考和研究的角度得出的相同结论，因而也有差别。一般来说，可以把古代“以人为本”的思想分为得气说、智慧说、道德说等几种类型。这也是古代管理心理思想“以人为本”这一特征的重要思想内涵。

（一）得气说

在中国古代的宇宙观中，阴阳五行思想最具代表性，为许多思想家所认同。《礼记·礼运》中说：“故人者，其天地之德，阴阳之交，鬼神之会，五行之秀气也。”意思是说，人得天地之精气，通过阴阳的交合、神秘莫测的变化，凝结了五行之中最精粹的部分，所以是最为宝贵的。南宋陆九渊的见解与《礼记》相似：“人生天地之间，禀阴阳之和，抱五行之秀，其为贵孰得而加焉。”（《天地之性人为贵论》）禀受阴阳二气是否均衡，是古代思想家判别人与物的区别的标志，陆九渊认为人禀受阴阳二气之中和，获得了五行之中最精华的方面，所以是最为宝贵的。

宋代周敦颐在《太极图说》中对宇宙万物之生成，人“得其秀而最灵”的阐述最为完备：

> 无极而太极，太极动而生阳，动极而静，静而生阴。静极复动。一动一静，互为其根；分阴分阳，两仪立焉。阳变阴合而生水火木金土。五气顺布，四时行焉。五行一阴阳也，阴阳一太极也，太极本无极也。
>
> 五行之生也，各一其性。无极之真，二五之精，妙合而凝。“乾道成男，坤道成女”，二气交感，化生万物，万物生生而变化无穷焉。
>
> 唯人也得其秀而最灵……

这段文字的结论是由无极而生太极，太极动静而生阴阳，阳变阴合而生五行，五行变化而生万物，人得阴阳五行中最优秀的部分，所以既贵且灵。

虽然这种认为人自从得气就不同于其他物类的观点，没有什么科学的根据，但这是古代思想家从现实的人与万物的差异中，寻求人的优越性而获得的一种认识，为后来进一步探索人性问题奠定了基础，这也使中国古代的管理心理思想具备了人性的观点。

（二）智慧说

智慧说是指人的智慧高于其他一切动物，所以人是最聪明和最高贵的。荀子（如图 2-4 所示）说："故人之所以为人者，非特以其二足而无毛也，以其有辨也。夫禽兽有父子而无父子之亲，有牝牡而无男女之别，故人道莫不有辨。"（《荀子·非相》）

图 2-4 荀子画像

在这里，荀子除了提出人在"二足无毛"的形态特征上区别于动物之外，突出强调了"有辨"——即有辨别能力而高于动物。他所说的虽仅是伦理道德上的辨别能力，其实其他方面的辨别能力比比皆是。东汉王充在《论衡》中则更明确："人，物也，万物之中有知慧者也。"他举例说，在人们的印象中，鬼神灾祸只加于人，而不加于其他动物，所以人们有老死之恐惧，其他动物没有。王充指出这是由于动物缺乏对事物因果联系的认识能力，并归结说："倮虫三百，人为之长，'天地之性人为贵'，贵其识知也。"

唐代刘禹锡对人能够假物为用的原因进行了比较深入的分析。他说："植类曰生，动类曰虫。倮虫之长，为知最大。能执人理，与天交胜。用天之利，立人之纪。"① 这里，他指出了人的智力水平的最高表现是能够认识和掌握规律，有了这一点才能利用自然和改造自然。清代戴震也有类似的观点："夫人之异于物者，人能明于必然，百物之生各遂其自然也。"认为人能够认识客观规律，而百物只能安其天性本能自然成长。

以上这些见解，都是基于人与动物的比较而获得的，突出了人的智慧高于动物，得出了人为贵的思想，但是，对于人的智慧是天生的还是后天习得的，没有阐述清楚。王夫之对此有比较精辟的论述，他认为，人与禽兽在智慧上的差别在于："禽兽终其身以用天而自无功，人则有人之道矣。禽兽终其身以用其初命，人则有日新之命矣。有人之道，不谌乎天；命之日新，不谌其初。"（《诗广传·大雅》）即禽兽只能运用与生俱来的能力，而人则能在先天的基础上通过锻炼和学习发展自己。他在《续春秋左氏传博议·吴徵百牢》中还说："夫天与之目力，必竭而后明焉；天与之耳力，必竭而后聪焉；天与之心思，必竭而后睿焉。可竭者天也，竭之者人也。"这里，王夫之更明确地指出在人的智慧发展中先天素质即"可竭"（发展的可能性）与后天的努力即"竭之"（客观环境和个人努力）之间的关系。从现代心理学的观点来看，人与禽兽的差别不仅是先天遗传素质不同，后天的发展也不一样，强调了人的智慧高于禽兽，只有人才能通过后天的努力学习和刻苦锻炼提

① 刘禹锡．天论下［M］// 刘禹锡．刘禹锡集．上海：上海人民出版社，1975．

高自己的智慧，所以人自然是更高贵的。

（三）道德说

中国古代思想家十分重视伦理道德，以道德论人性和人生修养，乃至管理社会和国家。道德是人与禽兽区别的重要标志，由此也论证了“人为贵”的思想。荀子说：“水火有气而无生，草木有生而无知，禽兽有知而无义，人有气、有生、有知，亦且有义，故最为天下贵也。”（《荀子·王制》）即主张生命由简单到复杂，生命的品质也由低级到高级，只有到了人才“有气、有生、有知，亦且有义”，才是最为高贵的。荀子能够从生命发展的历程来认识人的本质特点是难能可贵的。汉代董仲舒在《举贤良对策》中指出：“人受命于天，固超然异于群生，入有父子兄弟之亲，出有君臣上下之谊，会聚相遇，则有耆老长幼之施。粲然有文以相接，欢然有恩以相爱，此人之所以贵也。”他以人伦秩序和行为规范来认识人的高贵。

作为中国传统道德基础的“仁”，其根本含义就是“以人为本”。所谓“仁者人也”（《礼记·中庸》），“仁者爱人”（《孟子·离娄下》），都表达了管理者的基本原则和管理价值观。孟子说：“君仁，莫不仁；君义，莫不义。”（《孟子·离娄下》）只要管理者能够真正地实行仁政，管理一定会产生较好的绩效，因此管理者要以“仁”为己任，推行人本管理。孟子认为人性本善，如“圣人与我同类者”（《孟子·告子上》），“尧舜与人同耳”（《孟子·离娄下》）。圣人与一般人不同之处是“圣人先得我心之所同然耳”（《孟子·告子上》），就是说圣人比一般人先发现了人的本心中对仁的追求，他们的区别就在于对本心中善性的先得与后得。所以，孟子认为只要努力去做，“人皆可以为尧舜”（《孟子·告子下》）。先秦儒家提倡的这种鲜明的主体意识极大地激发了个体在道德追求上的自觉性，从而实现了管理的和谐与成功。

中国古代管理心理思想的人本特色，主要表现在以“人道”代替“天道”，相信人的智慧和力量，重视人的价值和地位，考虑人际和谐，善于运用人的智慧和计谋等。在传统的儒家文化影响下，人的道德力量在管理中具有特别重要的作用，这种思想对现代管理产生了巨大的影响。当西方的各个管理学派在管理上取得较大成就，同时也遇到困惑的时候，中国古代人本特色的管理心理思想为之注入了新的生命力，并受到海外学者及企业家的格外关注。在中西方管理文化交流日益深入的今天，中国古代管理心理思想的人本特色必将闪耀出新的光辉。

二、以德为先

以德为先提倡贤人政治，崇尚以德治国，强调管理者的道德素质，这是以儒家为代表的我国古代管理心理思想的共同特征。

流传下来的许多古老经书和典籍体现了中国古代管理者把德放在首位的思想。《尚书·皋陶谟》中提到了以德为核心的“九德”要求。《诗·大雅·丞民》载有“民之秉彝，好是懿德”，指民众的本性是喜爱有德之人。《礼记·大学》载：“自天子以至于庶人，壹是皆以修身为本。”在《论语·为政》中，孔子说：“为政以德，譬如北辰居其所而众星共之。”《墨子·修身》中写道：“士虽有学，而行为本焉。是故置本不安者，无务丰末……”东汉王符在《潜夫论》中说：“德也者，苞天地之美。”

以儒家为代表的古代管理心理思想认为德的主要内容是仁、义、礼、智、信，考察德的指标有十一项，即强志、重信、轻财、守道、明察、诚实、自省、实干、谦虚、睿智、无私，实现的方法是“身修而后家齐，家齐而后国治，国治而后天下平”。“修己安人”包含了根本性的管理方法。“身修”是让管理者做出道德示范，通过榜样影响被管理者的行为，从而达到“天下平”的目的。这种管理讲究的是：管理者并不提出具体的管理要求而被管理者在道德威望下自然达到良好状态。

中国古代管理心理思想特别强调管理者的表率作用，尤其在德的方面。孔子认为“政者正也”，他把管理道德化，要求管理者自身要正，因为“其身正，不令而行；其身不正，虽令不从”（《论语·子路》），认为管理者本身的行为有着巨大的影响力，百姓是否服从统治，取决于管理者本人有无道德感召力。管理者在实施管理时如果以自身高尚的品德来教育部下，则管理者就好像北斗星一样处于群星环绕的位置，具有权威性和凝聚力。李世民在《贞观政要·君道》中指出：“若安天下，必须先正其身，未有身正而影曲，上治而下乱者。”可见，管理者通过修身养性成为有德之人，其威信自然提高，被管理者就会自觉接受他的影响和领导，管理者也就真正拥有了权力。

在人才选拔中，中国古代各个时期的管理者都重视德。例如，清代康熙皇帝的用人标准是“国家用人，当以德器为本，才艺为末”，“才德兼优为佳”。但是，德才兼备的标准在实践中较难做到，所以康熙只能要求“以立品为主，学问次之”，还说：论才则以德为本，故德胜才谓之君子，才胜德谓之小人。

现代管理心理学认为，品格因素作为一种非权力影响力，是反映管理者内在素质最重要的指标。优秀的品格因素会给管理者带来较大的影响力和良好的威信，使被管理者产生敬重感，将管理者作为学习的榜样，对管理者的威信与权力起着很大的作用。而在形成管理者品质的各要素中，道德品质占据着很重要的位置，因为道德品质直接影响到管理者行为的性质与管理者工作的效能。一个组织的管理者的道德品质直接影响整个组织的风气和其他成员的道德水平，重德的柔性管理在组织管理中逐渐显示其特有的效能。中国古代“以德为先”的管理心理思想与此有暗合之处，在现代社会中更有继承和发扬的必要性。

三、中庸之道

中庸之道堪称中华管理智慧中的精粹，很多杰出的华人企业家成功的奥秘就源于他们在管理中奉行的中庸之道。中庸思想由来已久。《尚书·盘庚中》中有“各设中于乃心”的论述，《论语·尧曰》中也有追述尧对舜的告诫“允执其中”的记载。孔子发扬了殷周以来尚中的思想，他说：“中庸之为德也，其至矣乎！民鲜久矣。”（《论语·雍也》）孔子明确地把中庸看作最高的道德范畴。《礼记·中庸》则进一步把“中”和“和”看作“天下之大本"和"天下之达道"。后世许多思想家也都对这一思想加以继承和发扬。我们要把握好这一思想的丰富内涵，使其在现代管理中发挥出应有的作用。

《礼记·中庸》对"中庸"的解释是"执其两端，用其中于民"。程颐对此的解释是"不偏之谓中，不易之谓庸"。朱熹则解释道："中者，无过无不及之名也；庸，平常也。"他们都从不同的方面揭示了中庸的内在含义。在管理中，我们不能简单地用折中主义的观点来解释它，而应正确理解这一概念所包含的内在哲理。中庸之道在管理中的运用大致包括以下几方面。

（一）凡事要适度

作为一种重要的管理原则和方法，中庸之道反对处事走极端，主张任何事都要遵循一个适当的"度"。《论语·先进》记载："子贡问：'师与商也孰贤？'子曰：'师也过，商也不及。'曰：'然则师愈与？'子曰：'过犹不及。'""过"就是过火，"不及"就是火候不到，过和不及都是孔子所反对的。由此得出处理事物的方法：无过无不及。这一思想在《论语·子路》中也有论述："不得中行而与之，必也狂狷乎！狂者进取，狷者有所不为也。"这里，"狂"就是过，"狷"就是不及，两者都是孔子不提倡的，管理中应提倡的是"中行"，凡事都要适中和适度。

（二）统一把握好矛盾的双方

管理中经常要面对如何把握好矛盾双方的问题。对此，孔子有精辟的论述："吾有知乎哉？无知也。有鄙夫问于我，空空如也。我叩其两端而竭焉。"（《论语·子罕》）这体现了中庸思想的一个重要特征——从事物对立的两面找出解决问题的答案，即所谓的"执两用中"。这样就能统一考虑到矛盾中对立的两极，不至于出现偏颇，在对立面的互补中取得一种整合效应。

（三）掌握灵活多变的原则

中庸之道的"中"在管理中还要求遵循灵活多变的原则。刘劭曾这样说："夫中庸之德，其质无名。故咸而不碱，淡而不醴，质而不缦，文而不缋。能威能怀，能辩能讷；变化无方，以达为节。是以抗者过之，而拘者不逮。"（《人物志·体别》）这里说明了中庸的一个重要原则是要能根据事物的变化相应地变通。只有这样，才能真正掌握它的要领。中庸之道正是以这种灵活多变而见长。

（四）保持矛盾双方的协调

《礼记·中庸》中说："中也者，天下之大本也；和也者，天下之达道也。致中和，天地位焉，万物育焉。""中和"实际上体现了儒家中庸思想中对矛盾对立面之间调和和渗透的追求。中和的目的是追求人与人、人与社会、人与环境之间的和谐。但儒家所说的和并不是无原则的和。对此，孔子有明确说明："君子和而不同，小人同而不和。"（《论语·子路》）也就是说，君子能坚持自己的意见而绝不随便苟同附和；小人则相反，没有自己的观点而人云亦云。由此可以看出，孔子反对在管理中人云亦云、盲目附和，而是追求一种有原则的协调与和谐。中和的思想不仅可以减少春秋战国时期礼崩乐坏状况下的各种矛盾和冲突，维持社会稳定，而且对于我们今天创造和谐的管理、增强组织凝聚力也具有非常积极的意义。

四、无为而治

中国古代管理心理思想的又一重要特征是无为而治，这是由道家提倡并产生广泛影响的管理原则。“无为”是道或天道的一项重要属性，并非无所作为。老子说：“道常无为而无不为。”人道要效法天道，就管理者来说，“无为”是指人适应自然，自觉服从客观规律的管理行为和过程。道家的管理宗旨就是通过“无为”，最后达到“无不治”的管理效果。具体来说，“无为而治”在管理实践中具有以下作用：

第一，“无为”可以减少管理所遇到的心理阻力，避免引起反感。道家认为，以智取天下，别人还之以智；以力为出发点，别人还之以力。《老子》认为“智慧出，有大伪”。治天下者机智巧诈，被治理者反而因之作奸作伪。因此，在管理中，管理者不人为破坏自然规则，顺应自然，就能够防止被管理者出现抵触心理，使他们在不知不觉中接受管理要求，实施有效管理。

第二，“无为”可以减少冲突。道家认为，过分的利益引诱，会导致相互争斗。管理者既要满足被管理者的合理需要，又要防止贪欲带来损害。“圣人为腹不为目”，道家主张生活简单，反对追求官能享乐。管理者，“清心寡欲”，即不过分注重利益，就会有利于管理。

第三，“无为”可以充分发挥组织机构的作用。老子有句名言：“治大国若烹小鲜。”后有人这样诠释它：“夫鱼扰之则溃，民扰之则乱。”组织中一旦建立起稳定的组织结构，明确各自的分工职责，就应充分发挥其作用。管理者应适当超脱，避免主观、随意决策，不干扰日常的管理工作，这样能够就能达到“功成事遂，百姓皆谓我自然”的境界。

道家的“无为论”其实是最优管理原则。从正面看，无为而治主张开明、自由；从反面看，无为而治反对蛮干妄为，粗暴干涉。这种“无为而治”的管理心理思想是中国古代管理心理的精髓之一，在现代管理中正发挥着越来越重要的作用。道家管理思想在国外也受到关注，海德（J. Heider）的《领导之道：〈道德经〉的远古智慧》便是一个例子。

拓展阅读

海德的《领导之道：〈道德经〉的远古智慧》

海德，临床心理学博士。1982年，《人本心理学杂志》(*Journal of Humanistic Psychology*) 刊载了海德的论文《懂得事物规律的领导》(*The Leader Who Knows How Things Happen*)。海德从《道德经》中选取了12章，对这12章内容进行了重新阐释，指出这12章内容对现代领导、精神治疗医师和教育工作者有指导价值。

1985年，海德的《领导之道:〈道德经〉的远古智慧》(*The Tao of Leadership: Leadership strategies for a New Age*)出版。在这本书中，他简明扼要地从领导管理思想的角度对《道德经》每一章的内容予以阐释。

海德的《领导之道:〈道德经〉的远古智慧》是一本畅销的“道家管理”书，不仅不断再版，而且被译为多种语言出版，还曾被制作成录音带销售。

五、以和为贵

在中国古代，无论是儒家还是兵家，都主张追求管理中的“和”。这种“和”既是“和谐”“协调”，也有“合作”的含义，因而它实际是我国“和合文化”的精髓。无论是管理国家、家族或是群体，都应该追求和谐。和谐是管理成功的标志，是管理追求的理想境界。

《论语·学而》中说“礼之用，和为贵。先王之道，斯为美”，强调先王治理国家的可贵之处就在于使国内上下达于和谐。孔子对于管理国家特别强调“以和为贵”。他说:“盖均无贫，和无寡，安无顷。”(《论语·季氏》)荀子也说:“农夫朴力而寡能，则上不失天时，下不失地利，中得人和，而百事不废。”(《荀子·王霸》)孟子则更明确地提出:“天时不如地利，地利不如人和。”(《孟子·梁惠王下》)儒家大师都重视“和”，把它看成治国的最重要因素。

兵家则以《孙子兵法》为代表，提出了“不战而屈人之兵，善之善者也”的思想，主张通过“攻心”的方式来使敌方心悦诚服，避免因激烈对抗、攻城略地、伤亡流血而造成不必要的损失。在纷繁复杂、矛盾重重的社会生活中，上下和谐、人际协调，是国家安定、社会发展的先决条件。

“以和为贵”的管理思想具有极其辩证的思想内涵。“和”是指五味调和，八音和谐之意，即多种滋味调配才能有美味佳肴，多种音节和谐才能产生优美的音乐。日本著名企业经营战略家上野明在概括成功企业的特征时说：不单纯重视“和为贵”的想法，而且重视“和而不同”的想法。下级对上级能坦率提出反对意见，上级能谦虚地倾听部下的反对意见的厂风，是优秀企业的共同点。这段话集中反映了中国古代“以和为贵”的管理思想之精华。因此，在现代管理中我们应该充分发挥“以和为贵”的管理特色，争取管理上最佳的“和谐”和最好的“合作”，以最小的成本获取最高的利润。

第三节　中国古代管理心理思想的内容与体系

中国古代有非常丰富的管理心理思想，但大多数散见于经史子集之中，一些学派或学者虽有自己的逻辑体系，其中不少与现代管理心理学颇有异曲同工之妙，但总的说来，仍然比较零碎。现依据现代管理心理学的体系爬罗剔抉，希望能更为清晰地把握中国古代管理心理思想的基本内容。

一、目标管理心理思想

目标是整个管理活动的出发点和归宿，正如美国管理学家孔茨（H. Koontz）等人在《管理学》一书中所说的：拥有某种长远的计划工作部门几乎已成为精心管理的一种标志。

中国古代虽然没有明确提出目标管理的概念，但类似的思想却是比较丰富的。古人说的“不谋万事者，不足谋一时；不谋全局者，不足谋一域”就是要人们具有长远的战略目标。被誉为世界管理学“圣典”的《孙子兵法》也把目标或方向作为首要问题。《孙子兵法》中提出的关系“国之大事，死生之地，存亡之道”的“五事”和“七计”都把目标作为重要的战略提出。所谓“经五事”是：一曰道（目标、方向），二曰天（时机），三曰地（环境），四曰将（人力），五曰法（制度）。所谓“校七计”是：主孰有道（一要看上级主管决定的方向正确不正确），将孰有能（二要看主要管理者的能力强不强），天地孰得（三要看时机和环境条件好不好），法令孰行（四要看规章制度执行得严不严），兵众孰强（五要看人力、物力等力量强不强），士卒孰练（六要看队伍的教育培训搞得好不好），赏罚孰明（七要看赏罚执行得严明不严明）。《孙子兵法》认为，通过对“五事”“七计”的分析，“吾以此知胜负矣”。也正因为此，《孙子兵法》非常注重运筹帷幄，精心计划，设定目标：“夫未战而庙算胜者，得算多也；未战而庙算不胜者，得算少也。多算胜，少算不胜，而况于无算乎？”这说明，在战争之前，计划越周密，就越可能战胜敌人。同样，制订战略、设定目标也是个人或组织取得成功的前提条件。

目标，在古代又称“志”，志向远大即目标远大。孔子说：“三军可夺帅也，匹夫不可夺志也。”（《论语·子罕》）孔子认为“志”对于个人具有十分重要的意义。明代思想家王守仁也指出，“志不立，如无舵之舟、无衔之马”（《教条示龙场诸生》）[①]，说明失去目标就会像没有舵的小船随波逐流，像没有缰绳的马四处乱撞。

远大而恰当的目标是管理活动成功的前提。日本管理学家土光敏夫认为，目标应该具有这样的性质：从现状来看，要实现它是有困难的，甚至是不可能的，是需要人们有所飞跃的。中国古代学者也认识到这个问题，明确提出了“志当存高远”的命题。墨子的“志功”学说认为，功是志外化于具体事业上的具体成就，志大才能功大。北宋张载更直截了当地指出，“志大则才大，事业大，故曰‘可大’，又曰‘富有’；志久则气久，德性久，故曰‘可久’，又曰‘日新’”，认为志向远大恒久是事业、才能以及品德发展的根本保证。

中国古代学者不但重视设定目标，而且注重实施目标的心理因素。《滕王阁序》中的“穷且益坚，不坠青云之志”，以及《晁错论》中的“古之立大事者，不惟有超世之才，亦必有坚忍不拔之志”等不朽名句，都说明坚忍不拔、百折不挠的意志品质对于实现目

① 王守仁．传习录续篇·教条示龙场诸生［M］// 燕国材．中国心理学史资料选编：第2卷．北京：人民教育出版社，1990：274．

标具有特殊的意义。《荀子·劝学》中精辟地分析了设定目标与实施目标的辩证关系："是故无冥冥之志者，无昭昭之明；无惛惛之事者，无赫赫之功。"意思是说，如果没有远大的志向，就难以有远见卓识；但如果不能埋头苦干、努力实践，也难以取得巨大成功。因此，荀子主张在具有远大而明确的目标后必须锲而不舍地去加以实践："故不积跬步，无以至千里；不积小流，无以成江海。骐骥一跃，不能十步；驽马十驾，功在不舍。锲而舍之，朽木不折；锲而不舍，金石可镂。"只要不懈地追求目标，总会如愿以偿，摘取胜利的果实。

二、人力资源管理心理思想

人是管理活动最重要的资源。正如德鲁克所说：企业或事业唯一的真正资源是人，管理就是充分开发人力资源以做好工作。国际商用机器公司（即 IBM）创建人沃特森（T. Waltson）也充满自信地说：你可以接管我的工厂，烧掉我的厂房，但只要留下我的那些人，我就可以重建国际商用机器公司。

人在中国古代管理心理思想中占有十分重要的地位。孙膑说："间于天地之间，莫贵于人。"《汉书·武帝纪》也说，"盖有非常之功，必待非常之人"，认为要想取得不同寻常的成功，就必须得到不同寻常的人才的鼎力相助。

人力资源管理心理思想是中国古代管理思想中的重头戏，内容十分丰富，主要涉及甄选、任用、激励等方面。

（一）人员甄选心理思想

人员甄选在中国古代称为"知人"。知人是用人的基础。中国最古老的历史文献《尚书》就已提出"知人"的必要性："知人则哲，能官人。"意即只有聪明睿智的人，才能了解别人，才能用人得当。刘劭在《人物志》中也写道："夫圣贤之所美，莫美乎聪明。聪明之所贵，莫贵乎知人。知人诚智，则众材得其序，而庶绩之业兴矣。"意思是说，善于知人是圣贤聪明智慧的最显著的特征，也是最可贵的品质。只有知人善任，才能人尽其才，使国家各方面的事业兴旺发达。

中国古代学者不仅认识到知人的重要性，而且了解知人的困难，如《庄子·列御寇》指出："凡人心险于山川，难于知天。天犹有春秋冬夏旦暮之期，人者厚貌深情。故有貌愿而益，有长若不肖，有顺狷而达，有坚而缦，有缓而悍。"其大意是，人的心理比山川还要险恶，比苍天还要高深莫测。自然界的春秋冬夏旦暮的循环往复还有定时，人却善于掩饰，不显露于外表，把情感埋藏在内心深处，很难进行测度。

关于知人的方法，中国古代也有比较系统的论述。庄子曾借孔子之口讲了知人的九种方法：

> 故君子远使之而观其忠，近使之而观其敬，烦使之而观其能，卒然问焉而观其知，急与之期而观其信，委之以财而观其仁，告之以危而观其节，醉之以酒而观其侧，杂之以处而观其色。九徵至，不肖人得矣。（《庄子·列御寇》）

《吕氏春秋·论人》提出的“八观六验”知人法也颇具特色：

> 凡论人，通则观其所礼，贵则观其所进，富则观其所养，听则观其所行，止则观其所好，习则观其所言，穷则观其所不受，贱则观其所不为。喜之以验其守，乐之以验其僻，怒之以验其节，惧之以验其特，哀之以验其人，苦之以验其志。八观、六验，此贤主之所以论人也。

“八观”的大致意思是说，如果一个人比较通达，就观察他礼遇的是哪些人；如果一个人处于显贵地位，就观察他推荐的是哪些人；如果一个人富有，就观察他供养的是哪些人；如果一个人听取他人的意见，就观察他的实际行动；如果一个人闲暇无事，就观察他有哪些爱好；如果一个人在学习，就观察他说了哪些内容；如果一个人贫穷，就观察他所不能接受的是什么；如果一个人处于贫贱的地位，就观察他不做哪些事情。

“六验”的内容主要是通过一定的方法诱导出相应的情感，观察一个人在这些情感支配下的所作所为，了解其本性。被日本人称为“经营之神”的松下幸之助对“六验”的方法非常赞赏，他说:《吕氏春秋》“六验”中的名言，曾经帮助他物色了众多的人才。他还具体解释了如何运用“六验”：一是使一个人高兴（喜），借此考验他安分守己的能力。设法使一个人高兴，然后观察他会不会有所节制。如果得意忘形，就不能加以重用。二是使一个人快乐（乐），借此考验他有什么癖好。设法使一个人快乐，他的癖好（如喝酒、打麻将、纵情女色等）就会暴露无遗。三是使一个人发怒（怒），借此考验他控制自己的能力。如果一个人缺乏自控、意志薄弱，在工作上自然难以有所成就。四是使一个人恐惧（惧），借此考验他的信念。如果一个人遇到可怕的事都能保持自己的立场，凛然无惧，这种人必可大用。五是使一个人哀伤（哀），借此考验他的为人。这是因为一个人在极度悲伤的时候，最容易表现出他的为人。六是使一个人痛苦（苦），借此考验他的意志。那些受到苛刻的待遇或陷入困境就颓废丧志的人，绝不会成大器。

刘劭对于知人问题也多有论述且颇具特色。他认为人员甄选中经常会有这样那样的失误，如道听途说、各自立度、屈服财势、滞于一端等，因此主张通过“八观”来详加考察。所谓“八观”是：

> 一曰观其夺救，以明间杂；二曰观其感变，以审常度；三曰观其志质，以知其名；四曰观其所由，以辨依似；五曰观其爱敬，以知通塞；六曰观其情机，以辨恕惑；七曰观其所短，以知所长；八曰观其聪明，以知所达。（《人物志·八观》）

其中第一条是要求人们在观察人时必须深入其行为的深层结构，而不要只看那些表面的东西，否则就会被那些互相损益、彼此间杂的现象迷惑；第二条是要求人们在观察他人时要善于通过此人在变化状态下的各种反应，了解此人在稳定状态下的特征；第三条是要求人们通过观察一个人的气质，了解其各种异状殊名的才能和性格；第四条是要求人们在观察他人时注意其行为的来龙去脉，从而把握此人那些似是而非、似非而是的特点；第五条是要求人们在观察他人时要分析爱与敬这两种情感，从而了解此人的前途是否通达；第六条是要求人们在观察他人时通过此人的情绪欲望表现来辨明其贤明或卑鄙的志向；第七条是要求人们在观察他人的某些方面的短处时，注意此人在某些方面的长处；第八条是要求人们在观察他人时，要注意分析此人的聪明程度，以把握其所达之才是什么。在这里，刘劭精辟地分析了表面现象与深层结构、动态反应与稳定特征、气质与才能性格、情绪欲望与前途志向、短处缺点与长处优点诸方面的辩证关系，在今天看来也不失其意义。

战国时期，魏国人李悝提出用“五视”识人、用人。“五视”是：居视其所安，达视其所举，富视其所与，穷视其所为，贫视其所取。“五视”即考察一个人在安全时满足于什么，在居官时推荐什么样的人才，在富足时支援、接济哪些人，在不得志时有怎样的表现，在贫困时对待财物的态度如何。这样才能断定一个人是否为贤才。

（二）人员任用心理思想

人员甄选是人力管理的基础，人员任用则是人力管理的关键。如果任用不当，不仅达不到知人的目的，还会造成人才资源的浪费。刘劭在《人物志·效难》中分析过“用人”的诸种难处：

> 上材已莫知，或所识者在幼贱之中，未达而丧；或所识者，未拔而先没；或曲高和寡，唱不见赞；或身卑力微，言不见亮；或器非时好，不见信贵；或不在其位，无由得拔；或在其位，以有所屈迫。是以良材识真，万不一遇也；须识真在位识，百不一有也；以位势值可荐致之士，十不一合也。或明足识真，有所妨夺，不欲贡荐；或好贡荐，而不能识真。

这里，刘劭分析了用人过程中主观、客观两方面的困难。从客观方面来看，或者人在年少未能显露才华而早逝，或者人在未及提拔已先丧，或者举荐者人微言轻不受重视，或者推举意见不合时宜而遭否决，或者不在其位得不到较好的任用表现机会，或者虽在其位但遭到种种阻挠压制。所以，能够被识别甄选的人才大概只有万分之一，其中在一定的职位中辨别到的良才又只有百分之一，而能得到最适宜的任用的，又只有十分之一。从主观方面来看，有的人虽能识鉴真才，但由于害怕自己的地位受威胁而不想推荐；有的人虽有任用良才的愿望，但由于缺乏识别能力而无以推荐。这就是所谓“实知者患于不得达效，不知者亦自为未识”。

中国古代学者对人员任用的方法与原则也提出了若干弥足珍贵的意见。一是“不縻不疑”。《孙子兵法·谋攻》写道：

> 君之所以患于军者三：不知军之不可以进，而谓之进；不知军之不可以退，而谓之退，是谓縻军。不知三军之事，而同三军之政者，则军士惑矣。不知三军之权，而同三军之任，则军士疑矣。三军既惑且疑，则诸侯之难至矣，是谓乱军引胜。

这说明，如果不懂得军队不可进或退而强行令其进退，就会束缚军队手脚；如果不懂得军队内部事务而去干预，就会使将士不知所以；如果不懂得用兵的权谋而干涉军队的指挥，将士就会产生疑虑。同样，在管理过程中，管理者必须尊重和信任被管理者，而不能疑神疑鬼，动辄干涉。唐太宗李世民说：“朕历选前王，但有君疑于臣，则下不能上达，欲求尽忠极虑，何可得哉？”这也说明，用人者若怀疑于被用者，就不能充分发挥被用者的作用。中国古代流传着不少用人不疑的佳话。例如，汉代大将冯异久镇关中，威名显赫。有人给光武帝刘秀上书，说冯异“威权至重，百姓归心，号为咸阳王”，图谋造反。冯异因此惶惧不安，慌忙上书表明心迹。刘秀召见冯异后，将谗毁他的奏章请他过目，并说：“将军之于国家，义为君臣，恩犹父子，何嫌何疑，而有惧意？”（《后汉书·冯岑贾列传》）仍命冯异为大将军。

二是“能与任宜”。刘劭认为，人的才能具有个体差异性，“人材不同，能各有异”（《人物志·材能》），在任用时必须考虑到这种个体差异性，使具有某种才能的人处于最合适的岗位上。宋代王安石对此也有论述，他认为，用人应该做到：使大者小者，长者短者，强者弱者，无不适其任者焉。其如是，则士之愚蒙鄙陋者，皆能奋其所知以效小事，况其贤能智力卓荦者乎？（《材论》）只有让最适合的人从事最合适的工作，人适其职，职得其人，才能真正做到世无弃人，人尽其才。我国古代也有不少这方面的事例。如汉高祖刘邦在总结自己成功的原因时曾说：“夫运筹策帷帐之中，决胜于千里之外，吾不如子房。镇国家，抚百姓，给馈饷，不绝粮道，吾不如萧何。连百万之军，战必胜，攻必取，吾不如韩信。此三者，皆人杰也，吾能用之，此吾所以取天下也。项羽有一范增而不能用，此其所以为我擒也。”（《史记·高祖本纪》）可以说，刘邦的成功之道就在于实现了“能”与“任”的最佳结合。

三是“材与政合”。刘劭认为，在人员任用时不仅要能与任宜，而且要材与政合，即根据不同的政情和民众心理来任用一定的人才。他写道：

> 王化之政，宜于统大，以之治小则迂；辩护之政，宜于治烦，以之治易则无易；策术之政，宜于治难，以之治平则无奇；矫抗之政，宜于治侈，以之治弊则残；谐和之政，宜于治新，以之治旧则虚；公刻之政，宜于纠奸，以之治边则失众；威猛之政，宜于讨乱，以之治善则暴；伎俩之政，宜于治富，以之治贫则劳而下困。故量能授官，不可不审也。（《人物志·材能》）

他认为，每一种人才都有某种特定的能力，并适合在特定的政治领域中发挥优势。在某个领域里显示出才华，并不意味着在另一种政治背景下也能顺利施政，甚至可能南辕北辙，一败涂地。所以，必须根据不同的政，选拔宜于创立、适合此政的人才。只有为政择才、按政寻才、量能授官，才能政治清明，国泰民安。

四是“用长避短”。我国古代学者非常重视人员任用的扬长避短问题。唐太宗李世民把“人之行能，不能兼备，朕弃其所短，取其所长”奉为用人的原则。清代魏源则分析了长与短的辩证关系：“不知人之短，不知人之长，不知人长中之短，不知人短中之长，则不可以用人，不可以教人。”（《默觚·治篇》）用人要做到大材大用，小材小用，无才不用，但真正的无才之人是极为少见的，所以用人的关键是“用长弃短”。清代诗人顾嗣协在《杂兴》诗中形象地说明了用长弃短的道理：“骏马能历险，犁田不如牛；坚车能载重，渡河不如舟。舍长以就短，智者难为谋。生才贵适用，慎勿多苛求。”

（三）人员激励心理思想

IBM 的创建人沃特森说：一个企业成功的关键在于它能激发职工的力量和才智，企业的活力来自企业的信念及其对职工的吸引力。事实上，如何充分地调动人的积极性，最大限度地提高工作效率，是人力资源管理必须认真加以研究的重要课题。

我国古代兵家很注重人员激励问题，《尉缭子·战威》中提出："夫将之所以战者，民也。民之所以战者，气也。气实则斗，气夺则走。"唐代李筌也认为，只有"激人之心，励士之气"，才能"发号施令，使人乐闻；兴师动众，使人乐战；交兵接刃，使人乐死"。（《太白阴经·励士》）总之，只有激励士气，才能赢得战争的胜利。古代兵家总结出一整套行之有效的激励手段，对于现代人力管理很有借鉴意义。

一是榜样激励，即用管理者自身的良好行为激励被管理者。《尉缭子·战威》说："故战者必本乎率身以励众士，如心之使四肢也。志不励则士不死节，士不死节则众不战。"只有将帅身先士卒，才能使士卒听从指挥。因此，激励的根本要旨就是用管理者自身的榜样去影响人们。

二是关怀激励，即通过管理者的关怀和厚爱去激励被管理者。《孙子兵法·地形》说："视卒如婴儿，故可与之赴深溪；视卒如爱子，故可与之俱死。"意思是把士兵看作自己的婴儿，他们就可以与你共同涉艰履险；把士兵看作自己的爱子，他们就可以与你共同拼死疆场。《尉缭子·战威》指出："夫勤劳之师，将必先己。暑不张盖，寒不重衣，险必下步，军井成而后饮，军食熟而后饭，军垒成而后舍，劳佚必以身同之。如此，师虽久而不老不弊。"如果管理者不能与被管理者同甘共苦，不能吃苦在先享乐在后，他们之间就不可能有深厚的心理联系，被管理者也不可能保持昂奋的士气。相反，如果对被管理者怀有深厚的情感，像父母那样无微不至地关心他们，就能激励人心，使士气久盛不衰。

三是赏罚激励，即通过奖励和惩罚等强化手段来激励被管理者。《吴子兵法·治兵》说："进有重赏，退有重刑。行之以信。审能达此，胜之主也。"《孙膑兵法·威王问》也说："夫赏者，所以喜众，令士忘死也；罚者，所以正乱，令民畏上也；可以益胜，非其急者也。"这说明古代兵家多把奖赏和惩罚作为激励士气的有效手段。通过奖赏，管理者可以进一步肯定英勇奋战的积极行为；通过惩罚，管理者可以否定和制止贪生怕死的消极行为。赏罚激励的关键是要公平合理，诸葛亮在《赏罚》一文中专门论及这个问题："赏以兴功，罚以禁奸，赏不可不平，罚不可不均。赏赐知其所施，则勇士知其所死；刑罚知其所加，则邪恶知其所畏。故赏不可虚施，罚不可妄加，赏虚施则劳臣怨，罚妄加则直士恨。""赏于无功者离，罚加无罪者怨，喜怒不当者灭。"如果滥赏无功、滥罚无过，那么只有众叛亲离、怨声载道。

四是仪式激励，即通过举行各种仪式来渲染气氛、鼓舞斗志。我国古代兵家很重视仪式的激励功能，如夏后氏誓众于军中，殷人誓众于军门之外，周人誓众于将交白刃之时等。

五是投险激励，即把被管理者置于危险的境地，使他们决一死战，以求生存。《孙子兵法·九地》写道："帅与之期，如登高而去其梯；帅与之深入诸侯之地，而发其机，焚舟破釜……聚三军之众，投之以险，此谓将军之事也。"意思是说，将帅赋予军队任务，就像登高而抽掉梯子一样，使他们有进无退。率领军队深入敌国，就要像击发弩机射出箭矢一样，使他们一往直前。烧掉船只，砸烂饭锅，断其退路，表示进则生，退则死，战必胜，不战则亡，刺激军队殊死奋战，这就是所谓"置之死地而后生，投之亡地而后存"。这种投险激励，在现代管理学中称为"救灾式管理"，即利用灾难式的情况来激发管理者和全体员工的危机感和责任感，使他们最大限度地发挥出潜力，产生特殊的效果。

三、时间管理心理思想

早在一百多年前，马克思就指出："正像在单个人的场合一样，社会发展、社会享用和社会活动的全面性，都取决于时间的节省。一切节约归根到底都归结为时间的节约。正像单个人必须正确地分配自己的时间，才能以适当的比例获得知识或满足对他的活动所提出的各种要求一样，社会必须合乎目的地分配自己的时间，才能实现符合社会全部需要的生产。因此，时间的节约，以及劳动时间在不同的生产部门之间有计划的分配，在共同生产的基础上仍然是首要的经济规律。这甚至在更加高得多的程度上成为规律。"① 这就深刻揭示了时间在整个生产活动中的意义，并说明了世界上的一切财富都是由劳动时间转化而成的规律。在管理活动中，马克思的论断同样适用。

中国古代学者对时间的价值也有一定的论述。《庄子·知北游》说："人生天地之间，若白驹之过隙，忽然而已。"晋代陶渊明的《杂诗》云："盛年不重来，一日难再晨。及时当勉励，岁月不待人。"宋代苏东坡非常珍惜时间的价值，曾写诗道："无事此静坐，一日似两日。若活七十年，便是百四十。"（《司命宫杨道士息轩》）他认为静坐读书可以延长人的生命价值。后来人们稍改他的这首诗来讽刺那些浪费时间的人："无事此静卧，卧起日将午，若活七十岁，只算三十五。"

中国古代兵家关于"兵贵神速"的思想也反映了一定的时间价值观念。《孙子兵法·九地》说，"兵之情主速，乘人之不及，由不虞之道，攻其所不戒也"，认为用兵要迅速快捷，乘敌人措手不及的时机，选择敌人料想不到的道路，攻击敌人毫无戒备的地方。《尉缭子·战权》也主张"兵贵先"："权先加人者，敌不力交；武先加人者，敌无威接。故兵贵先。胜于此，则胜彼矣；弗胜于此，则弗胜彼矣。"

中国古代学者还论述到若干时间管理的方法。一是把握今天，现在即做。明代文嘉的《今日歌》是很有代表性的："今日复今日，今日何其少！今日又不为，此事何时了？人生百年几今日，今日不为真可惜！若言姑待明朝至，明朝又有明朝事。为君聊赋《今日诗》，努力请从今日始。"清代康熙皇帝在他的政治管理活动中实践了这一思想："今日留一二事未理，明日即多一二事矣。若明日再务安闲，则日后愈多壅积，万机至重，诚难稽延。"把握今天是时间的流逝性和不复返性的反映，既然时间一去不复返，昨天已经过去，明天还未到来，就必须把握住今天。宋代朱敦儒曾从反面说明了这个道理："元是西都散汉，江南今日衰翁。从来颠怪更心风，做尽百般无用。屈指八旬将到，回头万事皆空。云霄鸿雁草间虫，共我一般做梦。"（《西江月·元是西都散汉》）当一个人满头青丝换白发，再想追回逝去的时光，已是水中捞月不可能了。

二是见缝插针，提高效率。古人很重视提高时间的利用率。如晋代葛洪说："不饱食以终日，不弃功于寸阴；鉴逝川之勉志，悼过隙之电速；割游情之不急，损人间之末务；

① 马克思，恩格斯．马克思恩格斯全集：第30卷［M］．北京：人民出版社，1995：123．

洗忧贫之心，遣广愿之秽。息畋猎博弈之游戏，矫昼寝坐睡之懈怠……”（《抱朴子·勖学》）这里实际上有两层意思：一是“不饱食以终日”，即充实自己的生活，使活动尽可能紧凑完善；二是“损人间之末务”，即废除那些斗鸡走狗、打猎游戏、迎来送往等与活动目标无关的内容，集中精力于目标活动。中国古代的车胤囊萤、孙康映雪、沈隰士“怀书而耕”、董遇“三余”读书等都是这方面的典范。另外，中国古代学者也初步认识到时间统计的意义，朱熹的“自督”、司马光的“日检”都可称为时间统计的滥觞。

四、信息管理心理思想

美国学者唐纳利（J. H. Donnelly）等人在《管理学基础——职能、行为、模型》一书中指出：管理的成绩在很大程度上取决于在组织中所有各级管理能否获得信息和及时地使用信息。信息是把整个组织结合起来的黏合剂。在现代社会，信息在管理系统中的地位愈显重要。正如奈斯比特（J. Naisbitt）所说：在我们的新的社会里，战略资源是信息。它不是唯一的资源，但却是最重要的资源。

中国古代兵家的“知彼知己”观点，可以说是最早的信息管理心理思想。《孙子兵法·谋攻》写道，“知彼知己者，百战不殆；不知彼而知己，一胜一负；不知彼，不知己，每战必殆”，认为了解敌我双方的情况是战争胜利的关键，并在《孙子兵法·地形》中进一步说：

> 知吾卒之可以击，而不知敌之不可击，胜之半也；知敌之可击，而不知吾卒之不可以击，胜之半也；知敌之可击，知吾卒之可以击，而不知地形之不可以战，胜之半也。故知兵者，动而不迷，举而不穷。故曰：知彼知己，胜乃不殆；知天知地，胜乃不穷。

大意是说，不仅要“知彼知己”，还要“知天知地”，只有掌握环境、时机等各方面的信息，才能真正地把握战争的主动权，赢得胜利。

为了把握竞争对手的信息，《孙子兵法·行军》举了 32 例，说明观察和判断敌情的原则和方法，如：“敌近而静者，恃其险也”；“远而挑战者，欲人之进也”；“无约而请和者，谋也”；“奔走而陈兵车者，期也”；“半进半退者，诱也”；等等。大多是根据某种信息和征兆来获取新信息、推断敌情的。

为了充分收集信息，孙武在《孙子兵法·用间》中还专门讨论了使用间谍掌握敌情的问题：

> 故三军之事，莫亲于间，赏莫厚于间，事莫密于间。非圣智不能用间，非仁义不能使间，非微妙不能得间之实。微哉！微哉！无所不用间也。
>
> 凡军之所欲击，城之所欲攻，人之所欲杀，必先知其守将，左右，谒者，门者，舍人之姓名，今吾间必索知之。

孙武认为在战前必须依靠间谍获取敌方的情报，而只有才智过人、用心精细、手段巧妙的将帅才能取得间谍的真实情报。孙武进而把间谍分为五类：因间、内间、反间、死间和生间。所谓“因间”，是指利用敌国乡里的普通人作为间谍；所谓“内间”，是指收买敌国的官吏作为间谍；所谓“反间”，是指收买或利用敌方派来的间谍为我效力；所谓“死间”，是指故意散布虚假情况，让敌方间谍知道而传给敌方，敌人上当后往往将其处死；所谓“生间”，是指派往敌方侦察后，亲自返回报告敌情的人。“五间俱起，莫知其道，是谓神纪，人君之宝也。”

《吴子兵法·论将》记载了利用“人力侦察”来获取对手信息的方法：

> 武侯问曰：“两军相望，不知其将，我欲相之，其术如何？”起对曰：“令贱而勇者，将轻锐以尝之，务于北，无务于得，观敌之来，一坐一起，其政以理，其追北佯为不及，其见利佯为不知，如此将者，名为智将，勿与之战矣。若其众灌哗，旌旗烦乱，其卒自行自止，其兵或纵或横，其追北恐不及，见利恐不得，此为愚将，虽众可获。”

中国古代信息管理很重视信息传递工具的利用。西周的烽火台（人类最早的通信设备）、春秋以前的置邮、秦代的驿道等，都是收集信息的有力措施。如三国时，关羽起兵攻打曹操的樊城，但又怕自己的根据地荆州被东吴乘虚夺去，所以派人在荆州与樊城间筑起若干烽火台，如发现东吴军队袭击荆州，便立即在烽火台燃起烽火，以便及时返兵救援。东吴大将吕蒙深知信息的重要性，首先用计巧夺沿江的烽火台，然后神不知鬼不觉地占领了荆州。直至关羽被曹军徐晃击败准备回荆州时，才发现根据地已被吕蒙占领。

中国古代也重视建立信息的网络系统，疏通信息的传递渠道。如《新唐书·刘晏传》记载，刘晏令“诸道巡院，皆募驶足，置驿相望，四方货殖低昂及它利害，虽甚远，不数日即知，是能权万货重轻，使天下无甚贵贱而物常平，自言如见钱流地上。每朝谒，马上以鞭算”。这位唐代的财政大臣为了迅速掌握全国各地经济信息，利用朝廷一向以驿道快马传递公文的办法，设置知院官，收集各地庄稼好坏、价格波动的情报。知院官按时将信息传递给转运使，这样数日内就可收集全国各地的经济信息。

中国古代的信息管理还注重信息的心理影响，采用适宜的信息刺激。现代心理学的研究表明，对于受教育水平高、阅历深者宜提供双面信息，而对于受教育水平低、阅历浅者宜提供单面信息。《孙子兵法·九地》中也提到，“犯之以事，勿告以言，犯之以利，勿告以害”，意即只驱使士卒做事情，而不告诉他们这样做的原因；驱使士卒完成某项任务时，只告诉他们有利的一面，而不告诉其危险的一面。这显然是主张提供单方面的信息刺激。

中国古代的信息管理心理思想对科学决策产生了很大的影响。《孙子兵法》关于决策心理有一个著名的论断：“夫未战而庙算胜者，得算多也；未战而庙算不胜者，得算少也。多算胜，少算不胜，而况于无算乎？吾以此观之，胜负见矣。”（《孙子兵法·始计》）孙武的决策心理思想是以“全胜而非战”为目标，以全面的信息管理为前提，并且包含有三条原则：“善之善者”的优选原则；“践墨随敌”的调控原则；“奇正相生”的变化原则。所谓“善之善者”的优选原则，就是科学的决策必须来自多项方案的选择，没有选择就没有决策。《孙子兵法》中的优选原则包含两方面的内容。一是“百战百胜，非善之善者也；不战而屈人之兵，善之善者也”（《孙子兵法·谋攻》），即要以能否实现“不战而屈人之兵”的最高理想为标准。二是能够超出众人所知，超出力战取胜的境界。“见胜不过众人之所知，非善之善者也；战胜而天下曰善，非善之善者也。故举秋毫不为多力，见日月不为明目，闻雷霆不为聪耳。”（《孙子兵法·军行》）所谓“践墨随敌”的调控原则，就是决策确定以后，由于情况不断发生变化，在实施过程中要有反馈，及时调整纠偏。虽然孙武没有能从信息反馈系统的角度来阐述这一思想，但足以从一侧面反映他十分重视信息反馈对决策的重要意义。所谓“奇正相生”的变化原则，其含义特别丰富，奇正是指军队作战时的变法和常法，在战法上明攻为正，暗袭为奇；按一般原则作战为正，采用特殊战法为奇。“三军之众，可使必受敌而无败者，奇正是也。”（《孙子兵法·兵势》）意思是统帅全国军队在遭受到进攻时保持不败的原因，是因为奇正等方法用得恰到好处。应该说，奇兵、正兵，奇法、正法等都是决策中的备选方案，这种备选方案越多就越能够应付各种不同的局面，所以即使突然遭到攻击也不会失败。“战势不过奇正，奇正之变，不可胜穷也。奇正相生，如循环之无端，孰能穷之？”（《孙子兵法·兵势》）作战的情形不过奇正两种情况，然而奇正的变化却是无穷无尽的，奇正相互转化就像圆环一样永远没有尽头。不过在作战中，善于出奇者容易取得胜利。

五、环境管理心理思想

管理活动总是发生于一定的时间和空间之中，如何创造一个和谐的利于管理活动发生的空间，就是环境管理问题。环境管理心理思想在中国古代源远流长，中国古代神话《大禹治水》《精卫填海》《女娲补天》等中都有反映了原始的环境管理精神和劳动人民环境管理思想的内容。

中国古代学者非常重视环境对于人的个性的影响，如墨家就从“染于苍则苍，染于黄则黄”的人性素丝说出发，要求人们选择良好的环境。《墨子》记载：“子墨子言见染丝者而叹，曰：染于苍则苍，染于黄则黄，所入者变，其色亦变。五入必，而已则为五色矣。故染不可不慎也。”人之于环境如同丝之于染料水一样，放入不同颜色的染料水，就会染上各不相同的颜色。《荀子·劝学》中也有类似的论述：“蓬生麻中，不扶而直；白沙在涅，与之俱黑。兰槐之根是为芷，其渐之滫，君子不近，庶人不服。其质非不美也，所渐者然也。故君子居必择乡，游必就士，所以防邪僻而近中正也。”大意是说，飞蓬生长在麻中间，不去扶它也会自然而直；白沙放在黑沙土里，就和黑土一样黑。如果把名叫白芷的香草浸泡在臭水中，君子就不会接近它，普通人也不会佩戴它。并非白芷的本质不好，而是用以浸泡的水使然。所以君子居家必定要选择好的乡居，出游必定接近有学问、有品行的人，用来防止邪僻而接近正直的人。

荀子把外界环境给予个人的影响称为“注错”或“渐”，把个人不断接受外界的影响称为“积靡”或“积”。他不但看到环境对人的影响——“可以为尧禹，可以为桀跖，可以为工匠，可以为农贾，在势注错习俗之所积耳”（《荀子·荣辱》），也看到了人能够抵御环境的影响——“肉腐出虫；鱼枯生蠹。怠慢忘身，祸灾乃作。强自取柱，柔自取束”（《荀子·劝学》）。不良环境在自身抵抗力强的人面前是无法乘虚而入的。

明代思想家王廷相把环境分为两个层次，即社会风气的大环境和居住交往的小环境，并论述了这两种环境对人的影响：

凡人之性成于习，圣人教以率之，法以治之。天下古今之风，以善为归，以恶为禁久矣。（《家藏集·答薛君采论性书》）

深宫秘禁，妇人与嬉游也；亵狎燕闲，奄竖与诱掖也。彼人也，安有仁孝礼义以默化之哉？习与性成，不骄淫狂荡，则鄙亵惰慢。（《慎言·保傅篇》）

社会风气这个大环境好，会使人心归善；居住交往这个小环境差，则会使人心归恶。那些终日深宫秘禁，与女人嬉游玩乐、亵狎燕闲的公子哥儿，必然形成“骄淫狂荡”“鄙亵惰慢”的不良品质。

《列女传·母仪》记载了“孟母三迁”的故事：

邹孟轲之母也。号孟母。其舍近墓。孟子之少也，嬉游为墓间之事，踊跃筑埋。孟母曰：“此非吾所以居处子。”乃去，舍市傍。其嬉戏为贾人衒卖之事。孟母又曰：“此非吾所以居处子也。”复徙舍学官之傍。其嬉游乃设俎豆，揖让进退。孟母曰：“真可以居吾子矣。”遂居。

孟母为了教育孟子，不惜三次搬迁，直到有一个良好的环境。这是古人重视环境对人的影响的一个典型例子。

中国古代学者不仅考察了环境对于人的个性形成的影响，也注意到物理环境与心理环境的辩证关系。《礼记·乐记》说：“人心之动，物使之然也。感于物而动，故形于声。”刘勰的《文心雕龙·物色》更道出了心理世界与物理世界的息息相通：

春秋代序，阴阳惨舒，物色之动，心亦摇焉……是以献岁发春，悦豫之情畅；滔滔孟夏，郁陶之心凝；天高气清，阴沉之志远；霰雪无垠，矜肃之虑深。岁有其物，物有其容，情以物迁，辞以情发。一叶且或迎意，虫声有足引心。况清风与明月同夜，白日与春林共朝哉！

大意是说，春和秋交替着，阴沉的天气使人感到凄凉，暖和的天气使人感到舒畅，景物的变化，使人的心情也跟着动荡起来。新年春光明媚，情怀欢乐而舒畅；初夏阳气蓬勃，心情烦躁而不宁；秋天天高气清，思虑阴远而深沉；冬天大雪纷纷渺无边际，思虑严肃而深沉。唐代诗人常建的《题破山寺后禅院》一诗，则形象地表达了深山古寺安宁、恬静的气氛对于愉悦群鸟、空旷人心的作用：

清晨入古寺，初日照高林。
曲径通幽处，禅房花木深。
山光悦鸟性，潭影空人心。
万籁此都寂，但余钟磬音。

现代环境管理心理学已从多维视野来分析环境的心理功能，但中国古代学者关于这个问题的论述仍是很有启发意义的。

通过以上初步的归纳整理，我们发现，中国古代有着极其丰富的管理心理思想的遗产。但是必须看到，其中绝大部分还有待于进一步的发掘与整理，这是摆在我们面前的一项紧迫而艰巨的任务。

案例学习：

案例名称:《儒家思想在企业管理中的应用——以海尔集团为例》。

案例来源：吕艺高．儒家思想在企业管理中的应用：以海尔集团为例［J］．淮海工学院学报（人文社会科学版），2017，15（10）：84-86.

案例思考题：

1．海尔集团是如何贯彻儒家人本思想理念的？

2．在人才管理中，海尔集团是如何应用中庸之道的管理思想的？

本章小结

中国古代管理心理思想的历史发展主要经历了五个阶段。一是滥觞阶段。《尚书》《周易》《诗经》等书中的不少内容对后世产生了深远的影响。二是形成阶段，先秦时期是中国古代管理心理思想产生和奠基的时期。春秋战国时期的“百家争鸣”形成了对后世产生影响的大小学派，分别从人性与需要、用人心理、激励心理、领导心理、组织心理等不同方面阐述了管理心理问题。三是过渡阶段，从汉魏至隋，管理心理思想走向精致化，出现了刘劭的《人物志》等有影响的专著。四是完善阶段，唐宋作为中国封建社会的鼎盛时期，中国古代管理心理思想也在这一时期得到进一步完善。五是衰落阶段，即元明清时期，尽管这三个朝代都曾有自己鼎盛的阶段，但是从统治者的管理心理思想来看，并无重大建树。

中国古代管理心理思想主要有以人为本、以德为先、中庸之道、无为而治、以和为贵五大特征。这五大特征在目标管理、人力资源管理、时间管理、信息管理和环境管理等方面具有丰富的管理心理思想内容，是古代遗留下来的思想宝库，也是古代文化对世界的贡献。系统挖掘和整理我国古代管理心理思想，对于建立具有中国特色的管理心理学体系具有十分重要的意义。

思考与练习

1．中国古代管理心理思想的发展阶段有哪些？

2．如何理解以人为本？在中国特色的管理中如何运用这一思想？

3．如何理解以德为先？在中国特色的管理中如何运用这一思想？

4．如何理解中庸之道？在中国特色的管理中如何运用这一思想？

5．如何理解无为而治？在中国特色的管理中如何运用这一思想？

6．如何理解以和为贵？在中国特色的管理中如何运用这一思想？

本章参考文献

课外拓展

1. 赵国祥，张德宗．中国古代管理心理学思想史纲［J］．心理学动态，1995（4）：51–56.

2. 范庭卫，朱永新．先秦道家管理心理学思想及其现代价值［J］．苏州大学学报，1998（3）：21–27.

3. 张弛．韩非的管理心理学思想初探［J］．陕西师范大学学报（哲学社会科学版），2002（S3）：374–376.

4. 邵爱国，朱永新．中庸之道与现代人力资源管理［J］．中国人力资源开发，2005（6）：58–61.

5. 戴湘，周荣森．儒家文化的影响与超越：中国家族企业文化案例研究［J］．统计与决策，2007（11）：155–157.

第三章

西方近代管理心理学的思想和理论

学习目标

- 掌握人性的假设及对应的管理模式
- 了解霍桑实验的内容，领会该实验的意义
- 理解主要的激励理论
- 尝试在实践中运用激励的方法

知识导图

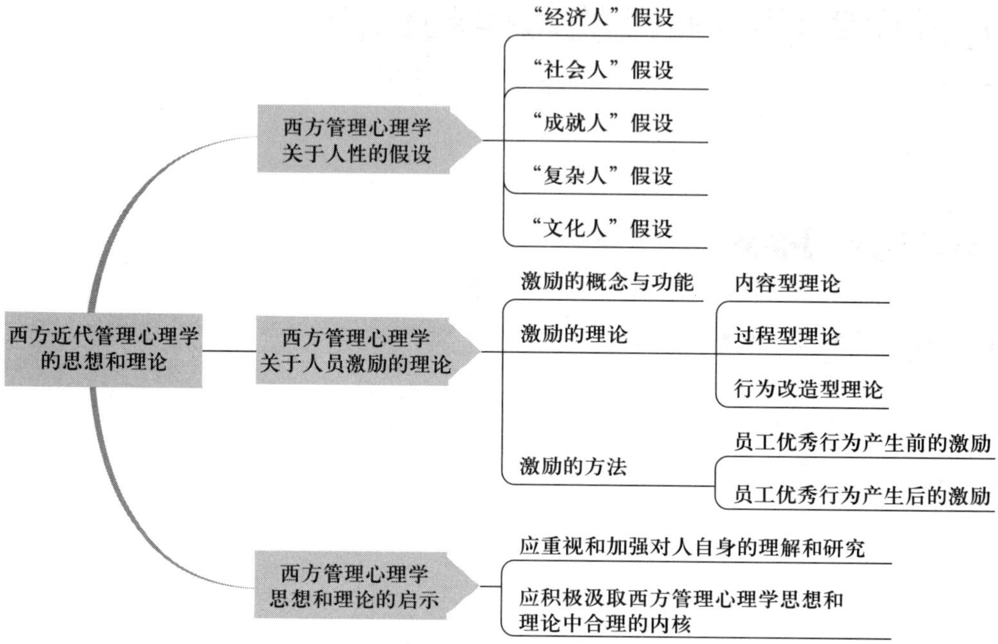

西方近代管理心理学的思想和理论
西方管理心理学关于人性的假设
“经济人”假设
“社会人”假设
“成就人”假设
“复杂人”假设
“文化人”假设
西方管理心理学关于人员激励的理论
激励的概念与功能
激励的理论
内容型理论
过程型理论
行为改造型理论
激励的方法
员工优秀行为产生前的激励
员工优秀行为产生后的激励
西方管理心理学思想和理论的启示
应重视和加强对人自身的理解和研究
应积极汲取西方管理心理学思想和理论中合理的内核

章前引例

只管三个人①

美国著名的艾森豪威尔将军是第二次世界大战中盟军的指挥官。在诺曼底登陆以前，一次他在打高尔夫球，新闻记者采访他："前线战势紧急，您怎么还有心情在这里打球啊？"艾森豪威尔说："我不忙，我只管三个人：大西洋有蒙哥马利，太平洋有麦克阿瑟，喏，在那边捡球的是马歇尔。"

艾森豪威尔手下有百万大军，诺曼底登陆也事关重大，难道他真的只管三个人吗？

思考题：

（1）艾森豪威尔将军"只管三个人"的做法基于何种"人性假设"？这是一种什么样的管理模式？

（2）在现实组织管理中，艾森豪威尔的做法对我们有何启示？

分析要点

① 我只管三个人[J]. 新东方，2005（Z2）：23. 有修改。

微课导学

管理心理学虽然有着悠久的历史，但它作为一门系统而独立的学科，还不到百年。1958 年，莱维特首次以“管理心理学”命名出版了他的专著，这意味着管理心理学作为学科开始登上历史舞台。经过此后 60 多年的发展，管理心理学的理论和实践有了较大的发展，为世界各国所重视。本章将着重介绍西方重要的管理心理思想演进的过程及思想理论基石。

第一节 西方管理心理学关于人性的假设

在组织管理实践中，究竟采取何种管理模式或方法，往往取决于管理者对人性的认识。梳理西方近代管理心理学的发展史，我们不难发现，各种理论的提出与管理模式的发展，都是围绕“人性假设”展开的。西方管理实践对人性的看法基本遵循经济人—社会人—成就人—复杂人—文化人的“人性假设”路线发展。

一、“经济人”假设

“经济人”假设是西方经济学中最基本的前提假设，也是最早被提出的有关“人性”的假设。

（一）基本观点

“经济人”（rational economic man）直译为“理性 - 经济人”，又称“实利人”。“经济人”假设起源于享乐主义的哲学观点和劳动交换的经济理论。“经济人”假设认为：人的行为都是为了最大限度地满足自己的私利；人打算做的一切都是为了扩大他们在未来将获得的利益；人都是受经济利益驱使的，企业家作为“经济人”而追求尽可能多的利润，工人作为“经济人”则要得到尽可能多的工资；一般人生性厌恶工作，并且设法逃避；大多数人都需接受严格管理才能促使他们努力完成工作目标；大多数人都乐于为人所督导，回避责任，不具雄心。

“经济人”假设的主要代表人物有泰勒、闵斯特伯格、吉尔布雷斯等（如图 3–1、图 3–2、图 3–3 所示）。

图 3–1 泰勒

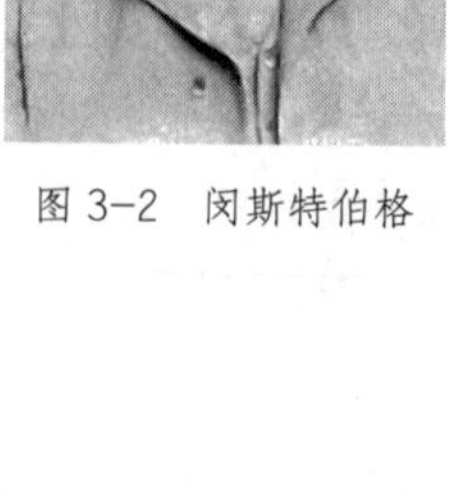
图 3–2 闵斯特伯格

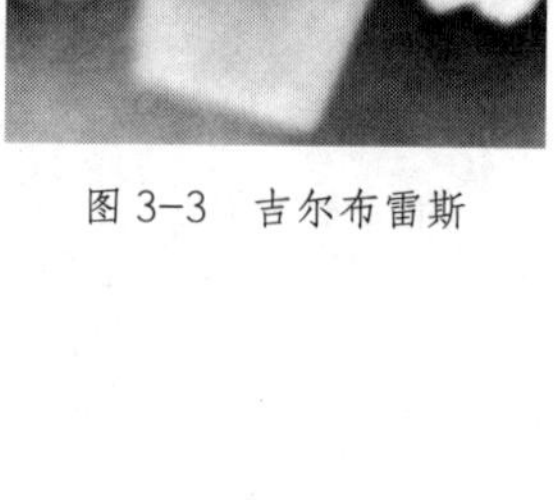
图 3–3 吉尔布雷斯

拓展阅读

科学管理之父：泰勒

泰勒花了20多年的时间以极大的热情来寻求从事每一项工作的“最佳方法”。1900年左右，泰勒在伯利恒钢铁厂进行了著名的搬运生铁的实验。为了提高效率，泰勒为工人们设计了一套标准动作和作息时间，使他们的日产量提高到47~48吨。此后，泰勒又通过一系列试验，逐步建立了一套科学管理制度。人们常常尊称他为“科学管理之父”。

泰勒根据科学方法分析人在劳动过程中的机械动作，省去多余的笨拙动作，确定最精确的工作方法，实行完善的统计和监督，并采用了明确工作责任、计件工资和奖惩制度。这的确是当时管理上的“科学成就”，也大大改变了过去“放任型”管理的混乱状况，明显地提高了生产效率。

但是，这些制度也有其致命弱点。首先，它把人视为为追求实利才肯工作的经济人，工人希冀的是得到更高的报酬，老板追求的是赢得更大的利润，同是为经济诱因所驱使。如果离开了金钱的刺激，人们就会像逃避瘟疫一样逃避工作、逃避责任。泰勒甚至主张完全用金钱来调动人的工作积极性。其次，泰勒把一切都标准化，甚至把人也视为没有情感的标准化的机器，无视人的主动性与思维能力，一味地强调纪律与服从，对工人的思想感情则漠不关心。泰勒认为，如果人能像牛一样愚蠢，就可以让他们俯首帖耳地按照他所设计的标准动作进行工作，那么生产效率会更高。最后，他还主张把管理者和工人严格分开，反对让工人参与企业管理。这就必然对工人的生产积极性产生了影响，从而影响了生产率的提高，也进一步激化了企业内部的矛盾。这些制度引起了工人的不满与反感。

美国麻省理工学院教授麦格雷戈（D. M. McGregor，如图3–4所示）在《企业中的人的方面》一书中将“经济人”假设概括为X理论。X理论认为：大多数人天性懒惰，不喜欢工作，并尽可能逃避工作；

图3–4　麦格雷戈

由于大多数人不喜欢工作的本性，所以管理者必须对其施以强迫、控制、指挥，甚至以惩罚相威胁，才能使其为完成组织目标而努力；大多数人天生缺乏进取心，不愿承担风险与责任，没有雄心，企求安稳，并甘愿受人领导、接受指挥；人生来就习惯于明哲保身，反对变革，把自身安全看得高于一切；人缺乏理性，易受外界和他人的影响做出一些不合时宜的举动。

（二）管理模式

基于“经济人”假设，在管理实践上所采取的措施可归纳为三个主要特点：

第一，以“任务管理”为重点。整个管理工作的出发点和落脚点都是完成生产任务、提高生产率，而从来不考虑员工的感情、自身特征和精神需要。在此特点指导下的管理叫作任务管理。

第二，“胡萝卜加大棒”的策略。所谓胡萝卜，是指在激励手段上，满足员工的物质追求，如用金钱来刺激员工的工作积极性，保持行为的动力。所谓大棒，是指运用惩罚手段来迫使员工的行为与组织目标保持一致，如严厉惩罚消极怠工者。

第三，少数人参与管理。“经济人”假设认为管理工作只是少数人的事，而与广大员工无关。普遍采取“命令与统一”的管理方式，认为员工与管理者之间具有不可超越的界限，员工唯一的职责就是服从指挥。

（三）管理启示

虽然“经济人”假设和 X 理论在发达资本主义国家中已经过时，但在个别中小企业中还能看到实行 X 理论的制度和方法，可见其思想影响还是相当深远的。在我国，“经济人”假设和 X 理论对企业的管理也有着重要的启发意义。

我国企业中现行的就是按劳分配的原则，在许多生产型企业，还实行计件的工资制度，这对于调动生产者的积极性、提高生产率是必要的。物质奖励不仅是对生产者的物质需求的满足，也是对其工作能力、努力程度、教育投入等各方面的肯定与鼓励，是对其精神需求的一种满足。但是，管理实践中也出现了滥发奖金的现象，认为只要“钱书记”做动员，“奖厂长”做总结，员工的积极性就会得到充分的调动，企业中的各种问题就会迎刃而解，结果，个别企业把扣发奖金作为管理的唯一手段，并以此作为压制和打击员工的合理批评的手段。这些情况都在不同程度上与“经济人”假设和 X 理论有相似之处。因此，了解“经济人”假设和 X 理论的内容，有助于我们发现并改正管理方式和方法中的错误。

二、“社会人”假设

“社会人”假设的提出，源自 1924 年开始的一项实验——霍桑实验。

（一）霍桑实验

1．照明实验

1924 年，在美国西部电气公司所属的霍桑工厂，一个由心理学家在内的多方面专家参加的研究小组在该厂开展了一项关于照明与工人个人工作效率之间关系的实验，目的是证明可以通过改善照明条件来提高工作效率（如图 3–5 所示）。然而，实验的结果却使专家们感到十分困惑：照明条件得到改善的实验组和照明条件保持不变的对照组在近四年的生产中产量并没有显著的差异，平均每人每周的继电器装配数都从原来的 2 400 台增为 3 000 台。虽然产量增加了，但无人知道个中原因。于是，检查部主任彭诺克邀请当时在哈佛大学任教的梅奥（如图 3–6 所示）参加实验。

图 3–5　霍桑实验现场

图 3–6　梅奥

梅奥来到霍桑工厂后，组成了新的研究小组，终于探明了整个实验中两个组产量都有提高的原因：参加实验的工人感到自己是被选择的“特殊人”，从而产生了自豪感与自信心，形成了积极参与的责任感；同时，实验中，管理人员与工人之间、工人与工人之间建立了融洽的关系。由此说明，良好的心理状态和融洽的人际关系比良好的照明条件更有利于提高工作效率。

2．福利实验

梅奥选择了6个彼此关系较好的女工，在实验前通过各种渠道与她们沟通意见，鼓励她们通力合作。梅奥在实验早期提供了一些福利措施，如延长休息时间、增加工资、提供免费茶点等，结果产品的数量和质量都得到了提高。如果按照“经济人”假设的观点，一旦撤销这些福利措施，产量就一定会下跌。但是奇迹出现了：产量仍在持续上升。梅奥通过调查发现，这依然是良好的心理状态和融洽的人际关系在起作用。福利实验表明，良好的心理状态和融洽的人际关系在调动积极性、提高产量方面，是比提供福利更重要的因素。

3．面谈实验

从1928年开始，梅奥及其助手用了两年左右的时间，同霍桑工厂的21 126名工人进行了面谈。谈话时，梅奥等人避免任何道德说教、劝告，而是耐心地倾听工人的意见和不满，并详细记录。结果，这也带来了产量的大幅度提高。梅奥认为，这是因为工人们长期积在心中的不满得到了发泄，心情轻松舒畅。因此，他提出，新型的领导必须善于倾听和沟通工人的意见。

4．非正式团体实验

梅奥等人发现，工人中似乎存在着自发组成的“非正式团体”。非正式团体有其特殊的情感、规范和倾向，左右着成员的行为。成员把彼此的感情看得非常重要，为了避免伤害感情，他们宁可拒绝物质利益的诱惑。他们把团体不成文的“规范”也看得非常重要，为了符合团体规范，有些工人在产量较多的时候会隐瞒产量并放慢工作速度，避免成为“冒尖者”；在产量较少时会加快速度以免成为“落后者”。此外，成员非常重视团体的利益。因此，梅奥指出，如果管理者只专心于自己的所谓效率逻辑而忽视了这些非正式团体的特殊规范与情感，则难以实现目标。

（二）假设提出

1933年，梅奥完成了总结上述实验与理论的名著《工业文明中的社会问题》，正式提出了“社会人”（social man）假设。

具体来说，“社会人”假设对人性的理解主要有以下几点：人所受到的最主要的激励不是来源于金钱，而是来源于人的全部社会需要的满足，包括良好的人际关系、社会地位和成就等；由于工业革命以及工作合理化的结果，许多工作本身原有的意义已不存在，因此，人们从工作的社会关系中去寻找乐趣和意义；人在所处群体的社会力量中所受的影响，比管理中的激励和控制对他的影响更大；工人的工作效率，随着上级能满足工人社会需求的程度而改变。

与“经济人”假设相比，“社会人”假设更强调人的社会性需求，突出人际关系对个体行为的影响。与“社会人”假设相应的管理实践有如下几个特点：

第一，管理者除了应该注意工作、完成生产任务外，更应该注意关心员工，满足员工在从事某项工作过程中的各种社会需要。

第二，管理者不应只注意计划、组织和控制等，而应更重视员工间的人际关系，培养和形成他们的归属感和整体感。

第三，管理者应重视团体对个人的影响和团体的奖惩制，不主张个人奖励制度。

第四，管理者的职能不应局限于计划、组织、指挥和控制等自上而下的活动方面，而应在上级和下级之间起联络员的作用（一方面，要注意倾听员工的意见，了解其感情和需要；另一方面，要及时将员工的意见和需要向上级呼吁、汇报）。

第五，让员工参与管理，满足其社会性需要，使得对员工的外来控制转变为员工的自我控制，让员工为达到企业目标而努力工作。

（三）管理启示

基于"社会人"假设，梅奥提出了一种新型管理方式——"参与管理"。以这种管理方式为基础的斯坎伦计划（Scanlon Plan）曾使不少濒于破产的企业柳暗花明，绝处逢生。斯坎伦计划是由美国人斯坎伦（J. Scanlon）提出来的。20 世纪 30 年代，在经济危机的影响下，斯坎伦所在的钢铁厂濒临破产。这时，斯坎伦提出了改革方案，建议成立劳资双方联合委员会，共同商讨降低成本、提高产量和提升质量等重大问题，并发动全体员工提出合理化建议。此外，还实行集体分红制度，超产部分按一定比例作为员工的集体奖励。这个计划提高了员工的"参与度"，使他们感到自己是组织的一部分，是为了共同的目标而工作的，从而减少或消除了劳资对立，增强了归属感，结果大大提高了生产率，使企业扭亏为盈。

从"社会人"假设的观点出发，让员工参与管理，的确在某种程度上可以缓和劳资矛盾。例如，丰田公司就组织了工人俱乐部，鼓励工人提出一些合理化建议，即使公司最终并不采纳这些建议，也会对提出建议者予以象征性的奖励。一些企业还专门设立了所谓的"健康管理室"，用以调解公司内部纷争的场所。尤其是日本还采用了"终身雇佣制"，使员工对公司产生了一种安全感和依附感，把自己的一生与企业的命运联系在一起。实行这些措施的目的在于为企业带来更大的利润，但也确实在激发动机、调动员工的积极性等方面收到了一定的效果。

三、"成就人"假设

（一）假设提出

"成就人"（self-actualizing man）又称"自我实现人"。"成就人"假设的主要代表人物有马斯洛（A. H. Maslow，如图 3–7 所示）、麦格雷戈、阿吉里斯（C. Arggris）和赫茨伯格（F. Herzberg）等。

图 3–7　马斯洛

20 世纪 50 年代后期，随着美国心理学家马斯洛的需要层次理论的提出和行为科学的兴起，一些管理学者感到人际关系的满足还不足以解释人的全部行为的动力，人不只是社会人，还是成就人。人们工作的一个重要精神源泉就是充分、完善地发挥自己的潜在能力，完成自我实现。

马斯洛把人的需要看成一个具有五个层次的金字塔（后又扩展到七个层次），由低到高分别为：生理需要、安全需要、归属与爱的需要、尊重的需要和自我实现的需要。我们将在下一节详细阐述需要层次理论，此处不再赘述。

“成就人”假设认为，“社会人”假设虽然比“经济人”假设提高了人的需要境界，但也只涉及第三和第四个层次，而忽视了员工常常最关心、最重视的问题，即成就的需要——对工作的胜任感、他人对自己工作成就的承认和赞赏。赫茨伯格认为，这恰恰是存在于工作本身的“动力因素”，而前四个层次则是“保健因素”。他提出，保健因素固然重要，离开它，人们就会不愉快或不满，以至于不能安心工作。但仅有保健因素也只能使员工不抱怨，而不会使他们从内心感到满足并追求最大的效率，不会使他们追求更高的目标、取得创造性的成就。因此，管理者不能撇开工作任务的性质和意义去考虑物质诱因和人际关系因素，而应尽可能使工作安排得更有意义、更富有挑战性。

1960 年，麦格雷戈完成了《企业的人事》一书，书中总结并归纳了马斯洛等人的观点，结合管理问题，提出了 Y 理论。Y 理论与 X 理论是根本对立的。表 3–1 为 X 理论和 Y 理论的比较。

表 3–1　X 理论与 Y 理论的比较

比较维度	X 理论	Y 理论
对待人的倾向	不信任	接纳，促进人力资源的改良
对人的假设	本性懒惰	要求成功，负责任
工作兴趣	低	高
工作努力的条件	在压迫下工作	合适的培训和被承认

Y 理论认为：人们总是勤奋的，人们一般都乐于使用自己的体力和能力，如果环境条件有利，工作就如同游戏或休息一样自然；人们对于自己参与的目标，能够实现自我指导与自我控制，外来的控制和惩罚的威胁并不是实现组织目标的唯一方法；人们投身于组织目标在很大程度上是为了获得成就感；人们在适当条件下，不但能接受而且会追求责任，逃避责任、缺乏雄心和强调安全大多是经验的产物而非人的天性；人们大多有解决问题的丰富的想象力和创造力，但在现代工业的条件下，一般人的智力潜力中只有一小部分得到了开发。

（二）管理主张

根据“成就人”假设和 Y 理论，管理措施也应有相应的改变，主要表现在以下几个方面。

1. 管理重点的转变

“成就人”假设不像“经济人”假设只重视物质因素和工作任务，也不像“社会人”

假设只重视人的作用和人际关系，而是把重点转移到人的工作环境上，认为管理的任务就是创造一种适宜的工作环境，提供所需的工作条件和服务，使员工能够充分地挖掘自己的潜力，发挥自己的才能，即能够充分地自我实现。正如麦格雷戈所说：管理的任务只是在于创造一个适当的环境——一个可以允许和鼓励每一位员工都能从工作中得到"内在奖励"的环境。

2．管理者职能的改变

"成就人"假设认为，管理者的主要职能既不是"经济人"所说的生产的指导者，也不是"社会人"所说的人际关系的调节者，而只是一个工作设计师和服务者。其主要任务就是设计合理的工作环境，并为发挥员工的聪明才智创造适宜的条件，减少和消除员工在自我实现的过程中遇到的障碍。

3．奖励方式的改变

"成就人"假设既不主张像"经济人"假设那样依靠物质刺激，也不主张像"社会人"假设那样依靠人际关系来调动员工的积极性，而主张通过内在的激励来满足员工的成就需要。麦格雷戈认为，对员工的奖励可分为外部奖励和内部奖励：外部奖励如工资、提升、良好的人际关系等；内部奖励是指员工在工作中获得知识、增长才干、充分发挥自己的潜力等。只有后者才能充分满足员工的成就需要或自我实现的需要，从而极大地调动起员工的积极性。

4．管理制度的改变

"成就人"假设既不像"经济人"假设那样采取监督、控制人的管理制度，也不像"社会人"假设那样采取改善人际关系的管理制度，而主张采取保证员工能充分地表露自己的才能、达到自己所希望的成就的制度。阿吉里斯曾就此在一个工厂进行过一项实验。该厂的一个组主要从事收音机装配工作。在管理制度改革前，组内 12 名女工按照工业工程师的设计，有明确的分工，如领班、包装、检验等。实验开始时，阿吉里斯让这些女工按照她们自己的想法组织生产，如果产量因此而下降也不扣工资，产量提高则增加工资。实验开始后第 1 个月，产量下降了 70%，6 个星期后情况更糟，但 8 个星期后产量开始回升，15 个星期后产量超过了实验前，而且成本下降、质量提高，用户对质量的批评信件减少了 96%。

应当指出，阿吉里斯的实验结果的外部效度（指研究结果和实验效果的普遍性或可应用性）是值得怀疑的。这里举出这个实验，只是为了说明从"成就人"假设出发实行制度改革的趋向。

（三）管理启示

"成就人"假设是在资本主义工业发展到高度机械化的条件下提出来的。随着生产的进一步发展，工人工作的专业化程度日益增高，工人被束缚在狭窄的工作范围内，重复简单、单调的动作，看不到自己的工作与整个组织任务的联系，工作"士气"很低，由此才应运而生了"成就人"假设，并出现了相应的管理措施，如工作扩大化、工作丰富化等。

"成就人"假设中的一些管理措施是值得我们借鉴的。例如，如何在不违反集体利益的原则下为员工创造适当的客观条件，以利于员工充分发挥个人的才能。又如，把奖励措施分为外在和内在两类，与我们所说的物质奖励和精神奖励有一定的类似，可以吸收其中对我们有用的奖励形式。再如，这种假设中包含着企业管理者要相信员工的独立性、创造性的含义，对我们也有很大的启发。

四、“复杂人”假设

（一）理论提出

长期的研究和实践证明，无论是“经济人”假设、“社会人”假设，还是“成就人”假设，虽然各有其合理的一面，但并不适用于一切人。因为人是复杂的，不仅因人而异，而且同一个人在不同的年龄阶段、不同的时间和不同的地点会有不同的表现，人的需要和潜力，随着年龄的增长、知识的增加、地位的改变，以及人与人之间关系的变化而各不相同。根据“复杂人”假设，研究者提出了一种全新的管理理论，称为“领导权变理论”。“权变”是指应根据具体情况，采取适当的管理措施。由于它既不同于 X 理论，也不同于 Y 理论，有人把它称为超 Y 理论。

“复杂人”（complex man）假设是由沙因（E. H. Schein，如图 3-8 所示）在 20 世纪 60 年代末 70 年代初提出来的。1970 年，莫尔斯（J. J. Morse）和洛尔施（J. W. Lorsch）① 发表了《超 Y 理论》一文，后来又完成了著作《组织及其成员：权变法》，系统地阐述了“复杂人”假设对于人性的理解：人的需要是丰富而复杂的，人们正是带着形形色色的需要加入了组织，而且人的需要是伴随着人的发展和客观环境的变化而变化的，每个人的需要都各不相同，所处的需要的层次也因人而异；人们在同一时间内有各种需要和动机，它们会发生相互作用并结合为统一的整体，形成错综复杂的动机模式；人在组织中的工作和生活条件是不断变化的，因此会不断产生新的需要和动机，即在生活中的某一特定时期，动机模式的形成是内部需要和外在环境相互作用的结果；一个人在不同组织或同一组织的不同部门工作，会产生不同的需要；由于人的需要不同、能力各异，其对于不同管理方式也会有不同的反应，因此，没有一种适合于任何时代、任何组织和任何个人的普遍的、行之有效的管理方法。

图 3-8 沙因

（二）管理主张

基于上述理解，“复杂人”假设认为，以“经济人”假设、“社会人”假设和“成就人”

---

① 即洛希。编者注。

假设为依据的科学管理法、人际关系论和现代管理论，都是追求一种普遍适用于一切环境的管理原则和组织法则。但是，现实生活中并不存在符合任何情况的原则和法则。应把上述三种假设结合起来，充分考虑个体与组织、正式组织与非正式团体、物质条件与社会心理因素、企业目标与个体目标等各项因素及其相互关系，根据具体情况采取相应的措施。也就是说，要因人而异、因事而异，不能千篇一律。

例如，组织的性质不同，员工工作的固定性也会不同，因此，有的组织需要采取较固定的组织形式。在组织任务不甚明确、工作混乱的情况下，只有采取比较严格的管理措施，才能使组织秩序走上轨道；如果组织任务明确、分工合理，则可以更多地采取授权形式，使员工充分发挥其主观能动性。此外，根据“复杂人”假设，管理者要善于观察员工之间的个体差异，根据具体情况采取灵活多变的管理方法。

五、“文化人”假设

（一）假设提出

20 世纪 80 年代初期，组织文化管理时兴起来，日裔美国管理学家、管理学教授大内（W. Ouchi，如图 3–9 所示）提出了 Z 理论。大内于 1981 年著写了《Z 理论——美国企业界怎样迎接日本的挑战》一书。Z 理论认为，人的行为及价值选择，是由所处的文化决定的，有什么样的文化，就会有什么样的人的行为。组织文化就是以主导价值观为核心的观念系统，以及与之相适应的管理制度和组织行为的总和。管理的要点就是要建立一种适合于组织发展的组织文化，提高员工对组织的认同感和归属，以改变人的态度和行为，从而获得较高的管理效果和效率。这种以组织文化为指导的人性假设就被称为“文化人”（cultural man）假设，归结为一句话，就是要用正确的组织文化引导人、约束人、凝聚人、塑造人。

图 3–9　大内

（二）管理主张

“文化人”假设的基本思想有以下几个方面：

组织对员工实行长期或终身雇用，使员工与组织同甘共苦，并对员工实行定期考核和逐步提级晋升制度，使员工看到组织对自己的好处，因而积极关心组织的利益和企业的发展。日本企业最重要的特点是“终身雇佣制”，它不仅是一项单独的政策，而且把日本人多方面的生活和工作结合在一起。

组织管理者不仅要让员工完成生产任务，而且要注重员工培训，培养他们能适应各种工作环境需要，成为多专多能的人才，从而积蓄组织的内部人才资源，也为有志于得到提升的员工提供机会。

管理过程既要运用统计报表、数字信息等鲜明的控制手段，也要注意对员工的经验和潜在能力进行诱导。

组织决策采取集体研究和个人负责的方式，由员工提出建议，集思广益，由管理者做出决策并承担责任。

上下级关系融洽、平等。管理者对要关心员工，让员工多参与管理。

大胆引进没有经验的新员工。因为新员工比较容易接受组织文化，不大会产生抵触或拒绝的态度，而管理的关键就在于员工认同组织文化。

（三）管理启示

在以组织文化为指导的组织中，管理者所扮演的角色是文化设计师和行为楷模。也就是说，管理者要以身作则，严格遵守组织的各项规章制度，做好员工的榜样，把组织的价值观人格化。同时，管理者还要在组织中尽力营造出一种很强的企业文化氛围。组织文化是企业中的每位员工所信奉的理念、价值观、想法及行为的模式。当遇到问题时，组织文化提供了正确的途径来约束员工的行为（员工做事的方式），并对问题进行概念化、定义、分析和解决。组织文化要依靠员工的岗前培训来得以落实，使员工认同，并在具体工作中体现。同时，组织还要编制员工手册并进行培训和示范，运用组织内部正式和非正式的联络方式，不断深化组织文化。

不同性质的组织需要不同的组织文化，不同国家、地区的组织也具有不同的文化，组织文化是管理者在对过去成功和失败经验进行总结的基础上营造出来的，并将继续指导各项活动。不过有一点是肯定的，不论组织文化的内涵如何，其结果都是一样的，那就是员工的高归属感，统一的经营、管理和用人的理念，组织的高凝聚力、高生产力、追求创新等。

例如，IBM 常被描绘成冷静的、正规的、不愿冒险的公司，这就是其组织文化的特征；而谷歌公司却是有着快速的节奏、宽松的工作环境、崇尚个性自由的文化氛围。上述两种组织文化截然不同，但都源自相当成功的企业。

在我国，也有因强调组织文化而获得成功的例子，如华为公司就制定了著名的《华为基本法》，从而将组织核心价值观用规章制度固定下来。

第二节 西方管理心理学关于人员激励的理论

为了实现系统目标，组织需要调动所有员工的积极性，这一过程就是人员激励。围绕人员激励，西方管理心理学家开展了大量的研究，并总结出了很多理论。事实上，人员激励贯穿组织管理始末。在各种组织要素的管理中，如何做到充分激励员工，始终是一个重要的方面。我们认为，激励就是一根线，可以将所有要素管理的活动穿在一起，共同促进组织系统目标的实现。

一、激励的概念

所谓激励，就是影响人们的内在需要或动机，从而加强、引导和维持行为的活动或过程。激励通常和动机联系在一起。动机是激发并维持一个人的活动以达到一定目的的内在动力。激发动机必须有内在条件和外在条件。激发动机的内在条件是需要，动机是在需要的基础上产生的。

动机是需要的表现。当人的需要在强度上达到一定水平，并且有满足需要的对象存在时，就会激发动机。驱使人们产生一定行为的外部条件称为诱因，它是激发动机的另一个重要因素。诱因可以是物质形式的，也可以是精神形式的。诱因分为正诱因和负诱因：能够引起个体趋向或接受的诱因是正诱因；反之，驱使个体逃离或躲避的诱因是负诱因。需要和诱因是激发动机的两个必要条件。只有存在某种需要，并在诱因的作用下，人才会产生从事活动的动机。

因此，在组织管理中，激励一般指的是组织创造满足员工各种需要的条件，激发员工的工作动机，使其产生实现组织目标的特定行为的过程。在员工被充分激励的情况下，需要会被满足，高昂的斗志和情绪会被激发——个人的潜能将更因此而被充分挖掘。

二、激励的功能

组织建立一项科学的激励制度，除了可以促进组织目标的达成，还有以下几个方面的作用。

（一）吸引人才

一项富有激励效果的机制，可以吸引优秀的人才。在许多组织中，特别是那些竞争力强、实力雄厚的组织，往往都会通过各种优惠政策、丰厚的福利待遇、快捷的晋升等激励手段来吸引组织需要的人才。

（二）开发员工潜能

激励作用于人，可充分调动人的积极性、主动性和创造性，使人的潜能被最大限度地发挥。对于组织和管理者来说，激励是永恒的主题。美国心理学家詹姆斯（W. James）在对员工激励的研究中发现，按时计酬的分配制度仅能让员工发挥20%～30%的能力，如果受到充分激励，员工的能力就可以发挥出80%～90%，这两种情况之间的差距就是有效激励的结果。

（三）留住优秀人才

激励的本质是满足人的需求，需求的满足则使人产生价值感：满足的需求越多，价值感就越强烈。对于组织中的个体而言，最终的去留往往取决于对“去”（离职）和“留”

（稳定在组织中）这两个选项的价值判断。组织的激励则加重了“留”的价值，产生更大的人才吸附力。

（四）造就良性竞争环境

激励不仅直接作用于个体，还间接影响他人和周围的环境。科学的激励制度包含一种竞争的精神，它的运行能够创造出一种良性的竞争环境，进而形成良性的竞争机制。在具有竞争性的环境中，员工会感受到环境的压力，这种压力将转变为员工努力工作的动力。正如麦格雷戈所说：个人与个人之间的竞争，才是激励的主要来源之一。在这里，员工工作的动力和积极性成为激励的间接结果。

三、激励的理论

自 20 世纪二三十年代以来，管理学家、心理学家和社会学家从不同的角度研究了应怎样激励人的问题，并提出了许多激励理论。这些理论大体上可以分为三类：内容型激励理论、过程型激励理论和行为改造型激励理论。

（一）内容型激励理论

内容型激励理论着重对激励的原因与起激励作用的因素进行研究。有吸引力的薪资、良好的工作条件和友善的同事对于多数人而言都是很重要的，而饥饿（对于食品的需要）或者寻求一份稳定工作的意愿（对于工作安全感的需要）对于激发人们树立奋斗的目标（努力赚钱购买食品或去争取稳定的公司任职）也同样是激励因素。在内容型激励理论中，最有名的是需要层次理论、ERG 理论、成就需要理论和双因素理论。

1．需要层次理论

马斯洛在 20 世纪 50 年代后期提出了需要层次理论，其基本观点如下。

（1）需要的类型

需要层次理论认为个体具有五种需要，分别是：生理需要、安全需要、归属与爱的需要、尊重的需要和自我实现的需要。这五种需要是由低级到高级进行排列的。

① 生理需要

作为需要层次理论中最底层的需要，生理需要的内容包括对食物、水、空气、住所等的需要。对大多数人来说，这类需要最容易满足。一个出色的管理者应该明白，当员工主要被生理需要激励时，他（她）并不关心工作本身，而会接受任何能满足其生理需要的工作。满足生理需要，在组织环境中包括向员工提供合适的薪酬、良好的工作环境等。个体在进入更高层次的需要之前，主要集中于满足生理需要。生理需要如果不能基本得到满足，它就会妨碍人的活动。

② 安全需要

安全需要有：稳定的居所、工作场地安全、有秩序、安全感、可预见性等。寻求满足安全需要的个体的首要目标是减少生活中的不确定性。这在儿童身上表现得最为明显。父母吵架不和、家庭成员分离、众多意外事件的干扰，都会给儿童造成不安定、不可预测和不安全的感觉，这会影响儿童健康成长。而生活有规律、对未来有规划的家庭环境，对儿童成长十分有利。安全需要对员工来讲是指工作有保障，有申诉制度，有合适的养老保险、医疗保险制度等。

③ 归属与爱的需要

归属与爱的需要包括寻求友谊和归属感。当生理需要与安全需要被满足之后，归属与爱的需要便会浮现。马斯洛认为，成熟的爱是两个人之间的健康、亲密的关系，即彼此关心、尊敬和信任。人类需要爱他人，也需要被爱。当这类需要不能被满足时，人会感到孤独、空虚。也有学者把归属与爱的需要称为社交的需要。管理者应该认识到，当归属与爱的需要成为主要的激励来源时，员工会把工作视为建立友善的人际关系的契机。那些注重员工这类需要的管理者十分强调同事间的接纳、业余活动（如组织体育比赛、文艺表演、公司庆典等）和团队规范的重要性。

④ 尊重的需要

尊重的需要包括两方面：一方面是要求他人对自己的重视，相应地产生了威信、认可等情感；另一方面是要求自尊，与此相应地产生了胜任、自信等情感。这两类情感一般都来自个人所从事的有益于集体和社会的活动，因此，自尊与他人的尊重是努力的结果。组织管理者可以通过给予若干外在的成就象征，如评定职称、晋级、加薪等，也可以用责任和机会等以内在上满足员工获得尊重的需要。

⑤ 自我实现的需要

需要层次理论的顶端是只有在所有较低层次需要都满足以后才被激起的需要——自我实现的需要。自我实现的需要源自自我充实与满足，涉及个人的不断发展，充分发挥自己的潜能，富于创造性和独立精神等。追求自我实现的员工致力于提高解决问题的能力。注重自我实现的管理者会采用让员工进行工作设计的方式，或者采用给予班组自由安排工作任务的权力等多种激励方式以发挥员工的一技之长。

（2）需要的特征

按照马斯洛的观点，在人的发展过程中，在后一种较高层次的需要充分出现之前，比它低层次的需要必须得到适当的满足。具体而言：当一种需要被满足之后，它的激励作用就会下降，另一种需要便会逐渐浮现并取而代之，因而个体始终处于追求满足需要的状态之中；需要体系对于多数人而言是很复杂的，因为多种需要同时影响着个体的行为；一般而言，只有当低层次的需要被满足之后，更高一层的需要才会被激活并影响个体的行为；满足高层次需要比满足低层次需要的途径更多；未满足的需要将支配意识并调动有机体的能量去获得满足。已经满足的需要就不再是活动的推动力。新的需要会取代已满足的需要而成为未满足的需要。

当然，个人需要结构的发展过程不像陡立的、间断的阶梯一样，并非每一低层需要都要完全地满足后较高层的需要才出现。它更多呈现波浪式演进的性质。马斯洛先提出五个需要层次，后来又在尊重的需要和自我实现的需要之间增加了求知的需要和审美的需要。求知的需要包括好奇心、求知欲、探索心理，以及对事物的认知理解。审美的需要是指个体因追求匀称、整齐、和谐、鲜艳、美丽等特征而引起的心理上的满足。

马斯洛认为自我实现的需要得到满足的人会产生高峰体验。高峰体验是自我实现者的特征之一。

马斯洛的研究成果受到了极大关注。研究表明，越高层次的管理者就越能有效地满足其尊重的需要与自我实现的需要，部分原因在于高层管理者的工作具有挑战性，从而为其自我实现提供了可能；而员工则可以通过影响其所在班组甚至组织来满足其高层次需要。

2．ERG 理论

奥尔德弗（C. Alderfer）于 1969 年提出了 ERG 理论。他认为，人的需要可以分为三大类：生存需要、关系需要和成长需要。它们的英文的第一个字母分别是 E、R、G，所以称为 ERG 理论。

生存需要（exsistence need）：涉及保证生存的最基本的需要，包括衣着、饮食、住所、薪酬、工作条件等，类似于需要层次理论中的生理需要和物质型的安全需要。

关系需要（relatedness need）：是指维持重要人际关系的需要，包括与上下级、同级、个人、集体等关系的和谐等，相当于需要层次理论中的人际型的安全需要、归属与爱的需要、尊重的需要。

成长需要（growth need）：包括个人在事业、前途等方面的创造性、发展和成长的努力，相当于需要层次理论中的尊重的需要与自我实现的需要。

与需要层次理论不同的是，ERG 理论认为多种需要可以同时存在，高层次的需要可以不必以低层次需要的满足为前提。也就是说，在生存需要和关系需要都没有得到满足的情况下，一个人也可以为成长需要而工作。

奥尔德弗的基本观点包括三个方面：

第一，各个层次的需要获得满足越少，则这种需要越为人们所渴望追求。例如，用于满足生存需要的工资越低，人们越是渴望获得更多的工资。

第二，较低层次的需要越是获得满足，对高层次的需要的渴望越大。例如，生存需要被满足后，个体对关系需要和成长需要的追求越强烈。

第三，较高层次的需要越是不能满足或者缺乏，则对较低层次的需要的追求越多。这就是所谓的“挫折－倒退”模式。例如，一个人对事业、成就、理想缺乏追求，则会更多地追求生存需要。

3．成就需要理论

成就需要理论是美国心理学家麦克利兰（D. C. McClelland）在 20 世纪 50 年代提出来的。他认为，人的需求是不断发展的，人在满足生理需要以后，有权力、社交和成就三种基本需要。

权力需要是指影响与控制其他人的欲望。权力需要是管理成功的基本要素之一。权力有个人权力和社会权力之分。个人权力的发展有依赖他人、相信自己、控制他人、自我隐退等不同阶段。

社交需要是指建立友好亲密的人际关系的愿望。负有全局责任的管理者把这种需要看得比权力还重要。

成就需要是指达到标准、追求卓越、争取成功的需要。

根据麦克利兰的理论，所有的人，无论受教育水平如何，都需要权力、社交、成就，但是，三种基本需要排列的层次和重要性是不同的。成功（中年以上）的经理强调高成就需要，并且强烈需要独立自主和高权力，而对社交需要则相对降低。年轻的新经理的权力需要较低，而社交需要与成就需要较高。

对于需要状况不同的人，激励措施是不同的。对于高成就需要的员工，管理者必须为他们提供超常的、具有挑战性但是经过努力可以完成的工作任务，及时对他们的工作绩效进行准确反馈，增强员工的责任意识。对于高权力需要的员工，管理者必须让他们尽可能地安排和控制自己的工作，努力让他们参与决策的制订过程，尤其是与自身有关、影响重大的决策的制订。高权力需要的员工喜欢独自把工作做到最好，管理者要尽量把一个完整的工作任务交给他们去完成，而不是让他们完成其中的一部分。对于高社交需要的人，管理者应该确保他们作为团队的一员从事工作。高社交需要的员工更容易从一起工作的他人那里得到满足，而不是工作本身，因此，管理者应该给予他们大量的表扬和认可，委托他们对新员工进行接待和培训。

4．双因素理论

20 世纪 50 年代末，赫茨伯格及其同事采用“半结构面谈法”，对 9 个工业企业中的 203 名工程师和会计进行了工作满意感的调查，问题涉及“你在什么时候对工作特别满意”“你在什么时候对工作特别不满意”，要求人们详细回答。从回答中，赫茨伯格等人总结出人们对工作满意因素的回答与对工作不满意因素的回答是不同的。

根据上述的调查，赫茨伯格提出了他的“双因素理论”。该理论有两个独创性的观点。首先，该理论说明了对工作的满意感和不满意感不是单一连续体的两个极端，当中至少包含了两个状态：没有不满意与没有满意。“满意”的对立面是“没有满意”，而“不满意”的对立面应该是“没有不满意”。其次，它强调有些工作因素能够引起对工作的满意感，赫茨伯格称为“激励因素”，而另一些因素则只能防止不满意感的产生，赫茨伯格称为“保健因素”。

保健因素只能消除或减少不满情绪，没有激励员工的作用，主要为外部因素，即组织的政策及管理、监督者、工作条件、人际关系、地位，以及职务保障等。如果不具备这些条件，就会引起员工的不满等消极情绪。当管理者针对这些因素进行改进时，组织具备了这些条件，可以预防与消除员工的不满，然而却不能直接起激励作用。也就是说，只会使员工没有不满意，而不会使员工感到满意。保健因素主要有：组织的政策与管理制度，技术监督，与上级的关系，与同级的关系，与下级的关系，薪酬，职业保险，个人生活，劳动条件和职位。

激励因素起积极调动作用，主要为内部因素，包括成就感、赏识、工作本身、责任、提升与发展。当这些因素缺乏时，员工处于很低或没有工作满意感的状态，但是影响不大；而当这些因素得到改进之后，员工则可获得高度的满意感，进而体现出较高的绩效。激励因素主要有：成就、赏识、晋升、工作本身、发展前途和责任。

激励因素与保健因素对于激励员工的工作积极性来说都很重要。一个组织为了保持员工原有的积极性，就应该注意保持或完善保健因素；为了提高员工的积极性，则应当在激励因素上多下功夫。只有激励因素与保健因素双管齐下，组织才能全方位调动员工的积极性。

5. 四种内容型激励理论的关系

四种内容型激励理论的关系如图 3-10 所示。ERG 理论将需要层次理论作为理论基础，两者之间具有一定的相似性：自我实现的需要与尊重的需要对应成长需要；归属与爱的需要与关系需要相似；安全需要与生理需要构成了生存需要的基础。这两种理论的主要区别在于：需要层次理论提出了“满足 - 上进”原则的静态的需要体系，而 ERG 理论则提出基于“挫折 - 倒退”原则的灵活的三种需要分类。

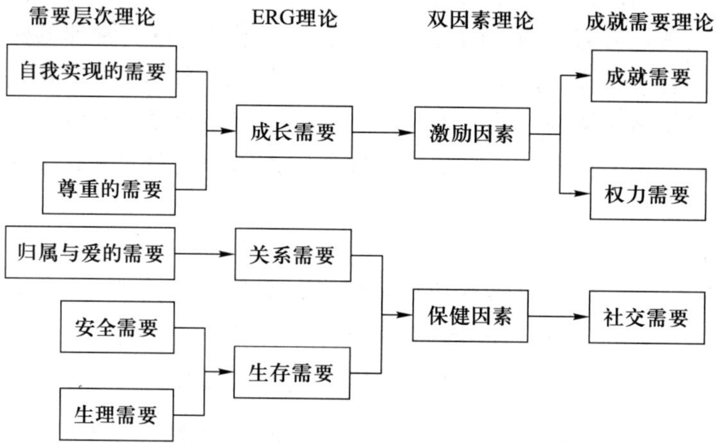

图 3-10 四种内容型激励理论的关系

双因素理论的提出基于需要层次理论和 ERG 理论。如果需要层次理论中的安全需要与生理需要获得满足，则保健因素获得了实现；同样地，如果 ERG 理论中的关系需要与生存需要得到满足，则保健因素也获得了满足。激励因素则注重和满足个体更高层次的需要或成长需要。

成就需要理论不承认个体低层次的需要。如果个体满足了其工作中的保健因素，则社交需要也得到了满足；如果工作本身具有挑战性、为个体的发展提供了机遇，就会产生激励作用。上述条件的满足将会引导个体实现其成就需要。

（二）过程型激励理论

内容型激励理论有助于管理者了解那些与工作有关联的、激励员工的特殊因素，然而它并没有说明员工为了完成工作目标是如何对行为方式进行选择的。而过程型激励理论正是试图解释和描述整个过程，包括动机的形成和行为目标的选择等。如个体为了获得更高的薪酬，他会付出更大努力。比较著名的过程型激励理论有期望理论、目标设置理论和公平理论。

1. 期望理论

期望理论，也叫“过程型 E 理论”，是美国行为学家弗鲁姆（V. H. Vroom，如图 3-11

所示）于1964年在《工作与激励》一书中提出来的。该理论认为，一种行为倾向的强度取决于对这种行为可能带来的结果的期望强度，以及这种结果对行为者的吸引力。该理论可以用下列公式表示：

图3-11　弗鲁姆

$$M=f\left(E\times V\right)$$

V为效价，也称“诱力”，是指一个人对某项活动可能产生的结果的价值评价。例如，一位员工从经验和直觉中得出以下结论：如果自己在工作上取得优异成绩，奖金必然增加。奖金增加就是结果，而这种结果具有多大的吸引力，该员工是否喜欢这个结果，取决于个体的主观评价。对一个迫切需要金钱的人或者很看重金钱的人来说，吸引力可能很大；而有的人经济很宽裕，不看重金钱，奖金对他们的吸引力就很小，甚至是零；也有的人不希望奖金增加，例如，他们担心与同事关系变僵，奖金的增加对他们的吸引力就是反作用。因此，效价的变动范围为 -1～+1。如果对活动结果非常排斥，则效价为 -1；如果对活动结果强烈渴望，则效价定为 +1。

E为期望值，是指一个人对某项活动产生某一结果的可能性的判断。例如，一个学生对自己考取大学这一结果的可能性的判断，就是期望值。期望值变动的范围为0～1。应当注意的是，期望值是个体主观评价的概率，而不是实际情况的客观概率。

M为动机，即促使一个人采取某一活动的内驱力的强度。仅有高的效价或高的期望值不足以产生强的动机。只有当效价和期望值都比较高时才能产生比较高的动机。

根据期望理论，要有效地激发员工的工作动机，就需要处理好以下几对关系。

（1）努力与成绩（绩效）的关系

人们总是希望通过一定的努力达到预期的目标。如果一个人认为通过自己的努力，有把握达到预定的目标，即主观上认为达到目标的概率很高，这个人就会充满信心，激发出强大的工作动机。反之，当一个人总感到他虽然可以实现目标，但难度太大，通过努力也不会有很好的绩效时，就会失去信心，缺乏动力；同样，如果目标太低，唾手可得，他就认为没有必要去达到此目标，从而失去内部的动力。由此可见，努力与成绩的关系取决于个体对目标的期望值。期望值是个体对目标的一种主观估价，它既受个体的个性、情感、兴趣、动机等主观因素的影响，也受个体的社会地位、外界环境以及他人的期望等社会客观因素的影响。

（2）成绩与奖励的关系

一个人的工作取得了成绩，总希望得到他人和社会的承认或赏识。奖励就是对个体或团体工作成绩的肯定和报酬。奖励是综合的，既包括物质上的，也包括精神上的。如果一个人认为取得成绩后能得到合理的奖励，就可能产生工作热情，否则可能没有积极性。组织的目标，如果没有相应的有效的物质奖励和精神奖励来强化，时间一长，这个组织的全体成员为该组织做贡献的动机就会逐渐消退。

（3）奖励与满足需要的关系

满足人的需要是一切工作的出发点和落脚点，奖励作为一种手段也必须满足人的需要。人的需要的多样性，决定了奖励内容和奖励效价的复杂性。人们在年龄、性别、资历、社会地位和经济条件等方面都存在着差异。同一种奖励，对于不同的人所具有的效价不同，吸引力也不等。为了提高奖励的效价和吸引力，充分激发人的积极性，就必须根据各人的需要，采取多种内容和形式的奖励，以挖掘人的潜力，提高工作效率。

期望理论后来得到了进一步的发展，认为工作绩效取决于几个主要成分，即第一水平输出和第二水平输出、期望、工具性和效价。下面对这些变量分别进行界定并解释其作用。

第一水平输出是指与工作本身相关的行为结果，具体包括绩效水平、出勤率和工作品质。

第二水平输出是指由第一水平输出所产生的回报（包括正面的和负面的），具体包括加薪、升职、上级的认可、同事的接纳和工作安全。

期望是指个体所认知的关于付出努力后取得成功业绩的可能性。期望既可以认为主观努力水平与客观业绩之间没有任何联系，也可以认为个体特定的努力行为必会产生相应的业绩。期望值是一个在 0～1 波动的变化的量值，0 表示个体行为不会引发特定的第一水平输出，1 表示个体行为必定会引发特定的第一水平输出。例如，如果一名员工对自身努力将产生高绩效水平的期望值非常低，那么该员工可能不会付出太多的努力。

工具性是指个体所认知的关于取得成功业绩后得到第二水平输出的可能性，其量值的变化范围为 -1～+1。-1 表示第一水平输出与第二水平输出呈负相关关系，+1 表示第一水平输出与第二水平输出呈正相关关系。假如一名员工努力工作并以高水平完成任务，如果其工作没有得到恰当的回报——即高水平地完成任务与得到恰当回报之间没有体现出正向的关联，该员工的工作动机就可能会动摇。又如，在一个公司中一个非常多产的员工已经到达其所能得到的工资的最高水平，该员工就不大可能再受到激励而努力工作。

效价是指个体对于特定的第二水平输出的偏好与估价。当第二水平输出为个体所需要时，则效价为正；当第二水平输出为个体所回避时，效价为负；当个体对于第二水平输出持中性立场时，效价为 0。引起正的效价的输出包括从事有意义的工作、工作有安全感、获得高薪、赢得朋友和同事的尊重。引起负的效价的输出则是人们所极力避免的，如被解雇、丧失升职机会和遭受性别歧视等。

2．目标设置理论

目标设置理论由美国马里兰大学管理学、心理学教授洛克（E. A. Locke，如图 3-12 所示）于 1967 年最先提出。洛克认为，外来的刺激（如奖励、工作反馈、监督的压力）都是通过目标来影响动机的。目标能引导活动指向与目标有关的行为，使人们根据难度来调整努力的程度，并影响行为的持久性。目标本身就具有激励作用，目标能把人的需要转变为动机，使人们的行为朝着

图 3-12 洛克

一定的方向努力，并将自己的行为结果与既定的目标相对照，及时进行调整和修正，从而实现目标。这种使需要转化为动机，再由动机支配行为以达到目标的过程就是目标激励。目标设置理论自提出以后，许多学者在研究中加以发展，不断对它进行补充完善，现已成为内容丰富、影响越来越大的新的激励理论。

洛克等人认为，目标之所以能起到激励的作用，是因为它能促使人们对现实能力与达到目标所需要的能力做出比较。如果认为自己与目标有差距的话，就会感到不满意；如果相信能达到目标，就会更加努力地工作，以实现目标。目标成功地实现了，人们就会感到胜任与成功。目标能提高绩效的原因是，目标使期望达到的绩效类型与水平变得明确。目标设置过程如图 3–13 所示。

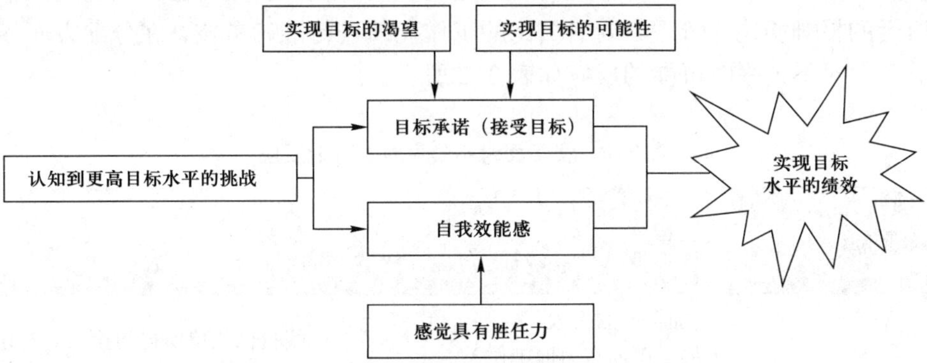

图 3–13　目标设置的过程

当人们受到挑战要达到更高目标的时候，一般要有以下过程：

第一，评估实现目标的渴望和实现目标的可能性，两者会共同影响人们的目标承诺。目标承诺是指个体被目标吸引，认为目标重要，持之以恒地为实现目标而努力的程度。由上级指定目标，或是个体参与设置目标，哪一种方式更能导向目标承诺、增加个体的绩效呢？研究发现，合理指定的目标（所谓合理，即目标有吸引力，也有可能实现）与参与设置的目标有着相同的激励力量。这两者都比只是简单地设置目标而并不考虑目标的合理性要更有效。当个体认为目标能够实现，而实现目标又有很重要的意义时，对目标的承诺就加强了。激励物对产生目标承诺的作用较为复杂。一般来说，对无法达到的目标提供奖金只能降低目标承诺。对于中等难度的任务给予奖金最能提高目标承诺。

第二，评估目标的实现有助于提高自我效能感。自我效能感就是个体对自己在解决某种问题时能做得多好的一种自我判断，它以个体对全部资源的评估为基础，包括能力、经验、训练、过去的绩效、关于任务的信息等。高的自我效能感有助于个体长期坚持某一种活动，尤其是当这种活动需要克服困难、战胜阻碍时。研究发现，当告诉被试的成绩不理想时，高自我效能感的被试比低自我效能感的被试继续努力的时间要长。

当目标承诺与自我效能感水平高的时候，人们就会受到激励从而为达到目标的水平去努力工作。

3. 公平理论

公平理论是美国心理学家亚当斯（J. S. Adams）于 1967 年提出来的。亚当斯认为，一方面，员工所得的绝对报酬（即实际收入）会影响他们的工作积极性；另一方面，员工的相对报酬（即与他人相比较的相对收入）也会影响他们的工作积极性。

产出与投入是员工与他人进行比较时考虑的两个变量。产出是员工从工作中所得到的东西，包括薪酬、福利与声望。投入是所做出的贡献，如工作时间、付出的努力、单位生产数量和从事工作的资格。公平理论关注的是相关人员所感受到的产出与投入，所以不一定很精确。

把自己所付出的劳动与所得的报酬，同他人付出的劳动与所得的报酬相比较，这是横向比较。除了横向比较外，还有个人前后变化的纵向比较，即用自己现在得到的报酬与自己过去所得的报酬相比。管理者要对员工的工作业绩进行准确考核，在分配方面尽量做到公平。员工面对不公平时可能的反应如表 3–2 所示。

表 3–2　员工面对不公平时的可能反应

不公平的类型	反应类型	
	行为上	心理上
报酬过高产生的不公平	增加自己的投入 （如，更加努力地工作） 减少自己的所得 （如，在假期中工作）	说服自己相信所得与投入是等值的 （如，自己比别人工作更加努力，因而得到更多报酬）
报酬过低产生的不公平	减少自己的投入 （如，降低努力程度） 增加自己的所得 （如，增加工资）	说服自己相信别人的投入比自己的投入多 （如，认为他人更有资格获得更多）

组织管理中有两种公平，即分配公平和程序公平。分配公平是指员工感觉到的薪酬数额分配的公平性，程序公平则是指员工所感觉到的薪酬或其他结果的决定方式的公平性。研究表明，分配公平和程序公平是交互影响的。许多研究者认为，程序公平比分配公平更具有持续效应。格林伯格（J. Greenberg）提出，组织的程序公平可以通过四条途径得到增强：让员工在决策过程中有发言权，尤其在诸如薪酬设计、绩效考核标准制订等重要管理措施中有参与的机会；使员工有修正程序和改正差错的机会，在管理政策或措施的实施过程中，如果员工有机会参与修订程序或改正差错，他们将会体验到程序公平；使管理政策和规章制度保持一贯性，特别是使奖励政策和薪酬制度保持稳定，并且建立规范的政策修订制度，这是树立程序公平的关键环节；使组织决策减少偏差，公正地处理部门之间的利益冲突，保证程序公平。

在实际操作过程中，许多组织为了避免员工产生不公平的感觉，往往采取各种手段，在组织中造成一种公平合理的气氛，使员工产生一种主观上的公平感，或采用秘密约见、单独发奖的办法，使员工互不了解彼此的收支比率，以免员工互相比较而产生不公平感。

（三）行为改造型激励理论

行为改造型激励理论的重点是研究怎样转化和改造人的行为，如何使人的心理和行为从消极变为积极。这种类型的激励理论主要有条件反射理论和归因理论。

1．条件反射理论

斯金纳（B. F. Skinner）提出了操作性条件反射的概念，这种条件反射的特点是人或者动物必须通过自身的行为或操作才能得到强化，所以称为操作性条件反射。斯金纳认为，人的行为是受外部环境刺激所调节、控制的，改变外界刺激有助于改变行为。

强化就是对一种行为的肯定或否定（奖励或惩罚），至少在一定程度上会决定这种行为在日后是否会重复发生。根据强化的性质和目的，强化可分为正强化和负强化。在管理上，正强化就是奖励那些组织需要的行为，从而加强这种行为。正强化的方法包括奖金、对成绩的认可、表扬，改善工作环境与人际关系，晋升，安排挑战性的工作，给予学习与成长的机会等。负强化是在个体表现出期望的行为时，撤销个体所厌恶、回避的刺激，以增强组织所期望的行为。例如，如果员工一个月没有迟到记录，就可以减少下个月上夜班的天数。这样，员工为了减少上夜班的天数，就会努力按时上班。

组织在管理中运用强化法时要遵循以下原则：要有目标体系，遵循目标强化的原则；小步子前进，分阶段设立目标，并对目标予以明确规定和表述，每个小目标都及时给予强化，以增强员工信心；贯彻及时反馈、及时强化的原则；实行奖惩结合以奖为主的原则，因为正强化比负强化更有效；贯彻精神奖励和物质奖励相结合的强化原则；贯彻公开、公平、公正的原则。

2．归因理论

归因理论最早是由海德（F. Heider）从关于社会知觉的人际关系认知理论发展而来的。归因理论是说明和推论人的活动的因果关系的理论。有人把归因理论称作认知理论，即通过改变人的自我感觉、自我认知来达到改变人的行为的目的。从最终目标来看，归因理论也是一种行为改造理论。

根据美国心理学家韦纳（B. Weiner）的研究，在现实中，根据内因与外因、稳定与不稳定、可控与不可控，一般人对行为的成功或者失败常做出以下归因：努力程度，能力水平，工作任务难度，个人运气与机会。其中，努力程度、个人运气与机会是不稳定因素，能力水平和工作任务难度是稳定因素。

归因方式不同，人们的行为反应也不同。总体而言，当个体将成功归因于能力水平高和努力程度高等内部因素时，他会感到骄傲、满意、信心十足，而将成功归因于任务容易和运气好等外部因素时，产生的满意感则较少。相反，如果当个体将失败归因于缺乏能力或不够努力时，则会产生羞愧和内疚，而将失败归因于任务太难或运气不好时，产生的羞愧和内疚则较少。归因于努力比归因于能力，对成功或失败均会产生更强烈的情绪体验：努力而成功，体会到愉快；不努力而失败，体验到羞愧。努力而失败也应受到鼓励。因此，若能学会归因管理、善用归因理论，管理者就可以实现激励和改造员工行为的目的。

四、激励的方法

每一个员工的需要是不同的，即使是同一个员工，在不同的人生阶段或者在不同的场合，需要也会发生变化。因此，管理者对员工的激励方法应该视具体情况而定。常用的激励方法有以下几种。

（一）员工优秀行为产生前的激励

1. 目标激励

目标激励，就是确定适当的目标，激发动机以调动人的积极性。目标激励的作用通常表现在两个方面。第一，经过努力，目标实现的可能性越大，人们就越感到有信心，激励作用也就越强。因此在管理的过程中，管理者要不断为员工设立可以看到的、在短时间内经过努力可以达到的目标。如果目标定得太远，员工会有一种虚无缥缈的感觉。第二，目标效价即目标实现后满足个人需要的价值越大，社会意义越大，就越能鼓舞人心，激励的作用就越强。当员工受到富有挑战性目标的刺激时，就会迸发出极大的工作热情，特别是事业心很强的人，愿意接受挑战。目标提出来以后，管理者要协助下属制订详细的实施计划，在随后的工作中引导和帮助他们努力实现目标。

2. 责任激励

所谓责任激励，就是让每个员工认识并担负起应负的责任，激发其为所承担的任务而献身的精神，满足其成就感。责任激励可以采用不同的形式。例如，职务的委任、工作任务的委托等。大部分员工愿意承担一定的责任。一个人如果能接到上级交给的、与自己能力相当或略大于自己能力的任务（责任），就会感到上级对自己的重视或重用，从而体验到自己的价值，努力去完成这个任务。管理者的责任就是要帮助员工重视并担负起各自的责任。

3. 工作激励

工作激励是一种直接激励。工作激励就是让员工对工作过程本身感到有兴趣、有吸引力，从而调动员工的工作积极性。增强工作本身的内在意义和挑战性，使员工具有自我实现感，使工作内容丰富化和扩大化，美化工作环境，播放背景音乐等，都可以提高工作的吸引力。管理者还可以通过员工与岗位的双向选择，使员工对自己的工作有一定的选择权。

4. 事业激励

让员工把个人事业的发展与组织的前途命运紧密地联系在一起，可以充分调动员工的内在潜力。如果组织的事业发展了，个人的事业也能得到发展，员工就会认真地考虑怎样才能把工作做好。如果一个人是在为一项事业而工作，他就很少会对薪酬过分敏感，会全身心地投入工作。

5. 参与激励

现代员工都有参与管理的要求和愿望，创造和提供机会让员工参与管理是调动员工积极性的有效方法。管理者应努力建立员工参与管理、提出合理化建议的制度，提高员工的主人翁意识。让员工参与管理，管理者可以听到更多的关于组织发展的好建议；对员工来说，可以形成对组织的归属感、认同感，进一步满足自尊和自我实现的需要。

6．尊重激励

“尊重人是企业的成功之道。”在对惠普公司20位高级管理人员的调查中，有18位都主动提到，公司的成功在于“惠普之道”。惠普公司创始人休利特（B. Hewlett）说：惠普之道就是关怀和尊重每一个人，承认他们的个人成就。因此，个人的尊重和价值是惠普之道的极重要的因素。

在管理过程中，管理者应尊重员工的价值取向和独立人格，尤其尊重组织中的“小人物”和普通员工，让员工的自我价值在工作中得到肯定。这样，员工就会对工作充满热情，有益于相互合作，从而促进组织团队精神和凝聚力的形成。

7．情感激励

所谓情感激励，就是通过建立良好的情感关系，激发员工的士气，从而达到提高工作效率的目的。常见的情感激励方式有“让工人坐头排”制度，生日祝贺礼（领导亲自祝贺，送生日蛋糕，举办生日晚会、生日舞会等），帮助员工操办婚丧嫁娶，帮助联系员工的子女入托入学，员工生病时前去看望，帮助解决员工的困难，开展送温暖活动等。情感激励要求管理者做到以下三点：一是善于体察人心，及时感受到员工的思想和情感变化，并根据这些变化采取相应的措施；二是善于根据人的不同特点，选择不同的情感交流方式；三是要真诚，要真正关心、尊重和信任员工，不搞形式主义。

8．培训与发展机会激励

当今世界日趋信息化、数字化、网络化，一方面，知识的更新速度不断加快，知识的老化速度也日益加快；另一方面，新的知识领域在不断地涌现。因此，当今社会的学习是终身学习，当今社会的教育是终身教育。员工虽然在实践中不断丰富和积累着知识，他们仍然需要进行专业技能学习、短期培训、长期进修，这些可以丰富他们的知识，培养他们的能力，给他们提供进一步发展的机会，提高他们在现代社会中的适应能力和竞争能力，满足他们自我实现的需要。

9．提供弹性福利计划

福利是薪酬的重要组成部分。在组织管理中，管理者应该让福利发挥出必要的激励作用。弹性福利计划被认为是一种有效的激励方式。弹性福利计划又叫自助式福利计划，即由组织给予员工一定的福利点数，员工可在点数范围内随意挑选自己喜欢的福利项目，满足员工的多元化需求。弹性福利计划考虑到了不同员工在不同阶段的需要，提高了员工的满意度，有效地激励了员工，同时还帮助管理者加强了对福利成本的有效管理。

10．开展职业生涯管理

目前，越来越多的组织重视职业生涯管理。组织应在了解员工的个性特点、兴趣、专长和爱好的基础上，协助员工共同制订个人职业生涯规划，使员工和组织共同成长。对组织来说，员工的成长会给组织带来高绩效；而对于员工来说，组织帮助其制订职业生涯规划将使其感受到组织的关心，产生强烈的归属感。

（二）员工优秀行为产生后的激励

1．经济激励

虽然人们的物质生活水平已经显著提高，经济利益与激励之间的关系已经弱化，但是经济利益和物质需要始终是人类的第一需要，是人们从事一切社会活动的基本动因。所以，经济和物质仍是激励的主要形式。组织除了可以采取工资的形式，还可以采取奖金、优先认股权、组织支付的保险金等形式，对员工的成绩给予奖励。但是，经济激励要有一个比较明确的标准。例如，做出什么样的贡献可以得到奖金等。

2．晋升激励

晋升激励就是将表现好、素质高的员工提拔到高一级的岗位上去，以进一步调动其工作积极性。这是绝大多数组织都在使用的一种激励方法。一方面，高层次的岗位需要更强的责任心和事业心；另一方面，晋升可以调动员工的积极性。晋升要掌握一定的标准，最符合条件的人才能得到晋升，不能因为晋升了一个人，打击了其他多数人的积极性。

3．荣誉激励

荣誉是众人或组织对个体或群体的崇高评价，是满足人们自尊需要、激发人们奋力进取的重要手段。对于一些工作表现比较突出、具有代表性的先进员工，管理者可以采取评比先进、颁发奖状、大会表扬等形式。荣誉激励成本低廉，但效果很好。然而，有些组织在荣誉激励上存在着评奖过滥、过多等不良现象，如评优中的“轮庄法”“抓阄法”“以官论级法”“老同志优先、体弱病残者优先”等，都使荣誉的“含金量”大大降低，这些做法必须予以纠正。

4．股权激励

股权激励是用明天的利润激励今天的员工，用社会的财富激励自己的员工。[①] 传统意义上的股票期权计划是一种用来奖励高层管理者或者重要员工，将他们的利益与组织及股东的利益联系起来的一种方式。现在，组织使用股票期权来吸引、奖励和留住各个级别的员工。股票期权计划是一种与员工分享组织的所有权并获得对组织目标一致承诺的有效方式。

股票期权计划有时作为员工福利计划的一部分，有时也作为员工的努力与组织的绩效相联系的组织文化的一部分。但是，为员工提供股票期权计划的组织相信这一计划是有激励价值的。通过允许员工购买组织的股票，组织希望员工以此提高生产率，成为组织的合伙人，并且最终促使股票价格上升。股票期权计划已经成为那些处于削减预算和裁员困境中的组织鼓舞员工士气的最有效方法。

5．强化激励

所谓强化激励，是指对人们的某种行为给予肯定和奖励，或者撤销人们所厌恶、回避的刺激，使期望的行为巩固、加强；或者对某种行为给予否定和惩罚，使不期望的行为减少的过程。肯定性的激励方法主要是表扬和奖励。奖励可以分为物质奖励和精神奖励。在

---

① 斯内尔，伯兰德．人力资源管理：第15版［M］．张广宁，主译．大连：东北财经大学出版社，2011：353-356.

实践中，管理者要掌握适宜的奖励时机。适宜奖励的时机很多，根据奖励时间的快慢差异，可以分为及时奖励和延时奖励；根据奖励时间间隔的有无，可以分为规则奖励和不规则奖励。否定性的激励方法主要是批评和惩罚。为了达到良好的效果，批评和惩罚应该讲究艺术。在批评下属时，管理者应先找出他们的长处给予肯定，然后提出批评，在严肃友好的气氛中结束批评。这种批评方式较符合人们的心理需求，既保全了下属的面子，又有利于下属及时改正错误或缺点。惩罚的方式有降级、罚款、降薪等。

在员工激励中，肯定性的激励效果远大于否定性的激励效果。因此，管理者要注意以表扬和奖励为主，以批评和惩罚为辅。

第三节 西方管理心理学思想和理论的启示

基于人性假设的演进和各种激励理论的提出，我们不难发现，西方组织管理实践中的很多思想和理论是建立在对人性的不断深入了解和对员工需要水平及结构充分认识的基础之上的。尽管这些思想和理论，在面对纷繁复杂人类心理或行为面前有自己的盲区，但它们确确实实推进了我们对组织管理情境下人的心理与行为的理解，由此形成的管理模式，在特定的时空背景下，提高了组织管理的效能。因此，这些思想和理论的基本主张、演化过程及应用模式，对建立具有中国特色的管理心理学，提出更适合中华文化的管理思想和理论，都有很多值得借鉴和思考的地方。具体的启示有以下两个方面。

一、应重视和加强对人自身的理解和研究

管理者对于人自身的理解会影响他对管理措施的选择，诱发不一样的管理模式，进而影响管理的效果和效率。无论是人性假设，还是各种激励理论，都加强了我们对组织管理情境下人的心理与行为规律的认识和理解。可以说，没有对人自身问题的探索，就没有西方管理心理学在过去一百多年中所取得的巨大成就。

马克思和恩格斯指出："我们的出发点是从事实际活动的人……这种观察方法并不是没有前提的。它从现实的前提出发，而且一刻也不离开这种前提。它的前提是人，但不是某种处在幻想的与世隔绝、离群索居状态的人，而是处在一定条件下进行的、现实的、可以通过经验观察到的发展过程中的人。"① 因此，无论是管理心理学家，还是组织管理实践者，对于这些假设或理论不能机械理解、照搬照抄，而应积极开展研究，探索不同时代、文化和组织背景下的人的心理与行为的特征与规律。

与西方不同的是，中国有着特定的政治、经济和文化背景，组织的发展环境、人民的需求水平与结构也在不断变化。因此，有必要建构具有中国特色的管理理论，探索与组织、员工相匹配的管理模式。要实现这一目的，不仅要研究人的一般属性，更要加强对

① 马克思，恩格斯．马克思恩格斯全集：第3卷［M］．北京：人民出版社，1960：30.

“从事实际活动的人”的研究，尤其是加强对新时代中国特色社会主义背景下人们的心理状况的调查与研究。只有如此，才能把握时代脉搏，使管理心理学在中国的发展能有一个坚实的基础；使我们的组织都能找到一个可充分激发自身活力、挖掘自身潜能的管理模式；使所有参与组织管理实践中的人都能最大限度地达成自己的目标，满足自身的合理需求。

二、应积极汲取西方管理心理学思想和理论中合理的内核

西方管理心理学发展历程中的每一种思想或理论多是对以往的思想或理论的否定之否定，因而每一种思想或理论尽管有若干不完善之处，甚至存在着根本缺陷，但都会有一些可取之处。如以“经济人”假设为基础的泰勒制，虽然漠视人的社会心理因素，但泰勒在人的生理机制和劳动系统化的科学研究基础上发展科学管理原则，大大提高了生产效率，成为现代管理的基本思想。同时，西方管理心理学家深入实际进行观察、访谈、实验的研究作风，注重定性与定量分析相结合、主观假设与客观验证相统一的工作方法等，也是值得我们借鉴与学习的。

案例学习：

案例名称:《浅析人员激励机制在我国企业中的作用——以华为为例》。

案例来源：谢伟琳．浅析人员激励机制在我国企业中的作用：以华为为例［J］．劳动保障世界，2019（5）：1，3.

案例思考题：

1．根据作者的描述，在华为公司在人力资源管理中，使用了哪些激励措施？

2．这些激励措施的理论依据是什么？

本章小结

西方管理实践对人性的看法基本遵循“经济人—社会人—成就人—复杂人—文化人”这一人性假设路线在发展，分别对应着“经济人”假设、“社会人”假设、“成就人”假设、“复杂人”假设和“文化人”假设。

激励是组织管理中的核心问题，也是管理中的一项重要职能。围绕激励及其理论的探索，奠定了管理心理学这门学科的基石。激励理论可以分为三类：内容型激励理论、过程型激励理论和行为改造型激励理论。内容型激励理论着重对激励的原因与起激励作用的因素进行研究，包括需要层次理论、ERG 理论、成就需要理论和双因素理论。过程型激励理论试图解释和描述员工为了完成工作目标是如何对行为方式进行选择的，包括期望理论、目标设置理论和公平理论。行为改造型激励理论的重点是研究怎样转化和改造人的行为，如何使人的心理和行为变消极为积极，包括条件反射理论和归因理论。

常用的激励方法有两大类：优秀行为产生前可采用的方法、优秀行为产生后可采用的

方法。前者有目标激励、责任激励、工作激励、事业激励、参与激励、尊重激励、情感激励、培训与发展机会激励、提供弹性福利计划、开展职业生涯管理等。后者有经济激励、晋升激励、荣誉激励、股权激励、强化激励等。

基于人性假设的演进和各种激励理论的提出，我们不难发现，西方组织管理实践中的很多管理思想和理论是建立在对人性的不断深入了解和对员工需要水平及结构充分认识的基础之上的。鉴于此，西方管理心理学思想和理论带给我们两点启示：应重视和加强对人自身的理解和研究；应积极汲取西方管理心理学思想和理论中合理的内核。

思考与练习

1. 简述不同人性假设理论的基本观点及相应的管理措施。
2. 论述西方管理心理学人性假设与管理理论的发展。
3. “经济人”假设、“社会人”假设、“成就人”假设、“复杂人”假设和“文化人”假设的提出对现代管理者各有什么启示？
4. 解释激励的内涵，并介绍激励的有效方法。

本章参考文献

课外拓展

1. 仁青当智．西方管理心理学人性假设理论的合理内核及其启示［J］．青海师范大学学报（哲学社会科学版），2008（6）：142-145.

2. 王建新．当代西方心理学研究新进展对我国管理心理学发展的影响［J］. 甘肃社会科学,2009(6)：245-248.

3. 王绚皓．基于人性假设理论的《红楼梦》管理风格研究［J］．牡丹江大学学报，2014，23（5）：96-98.

4. 付金浪．不同“人性假设”理论对管理到底有什么用［J］．商讯，2018（21）：68-70.

5. 汤兆云．国外公共管理学派中“人性假设”理论变迁［N］．中国社会科学报，2020-03-30（7）.

第四章

组织系统概述

学习目标

- 了解组织的概念
- 认识组织构成的要素
- 理解组织运行的原则与功能表现
- 掌握组织结构的理论与类型
- 熟悉组织结构设计的关键因素
- 理解组织创新的内涵，尝试运用组织创新工具

知识导图

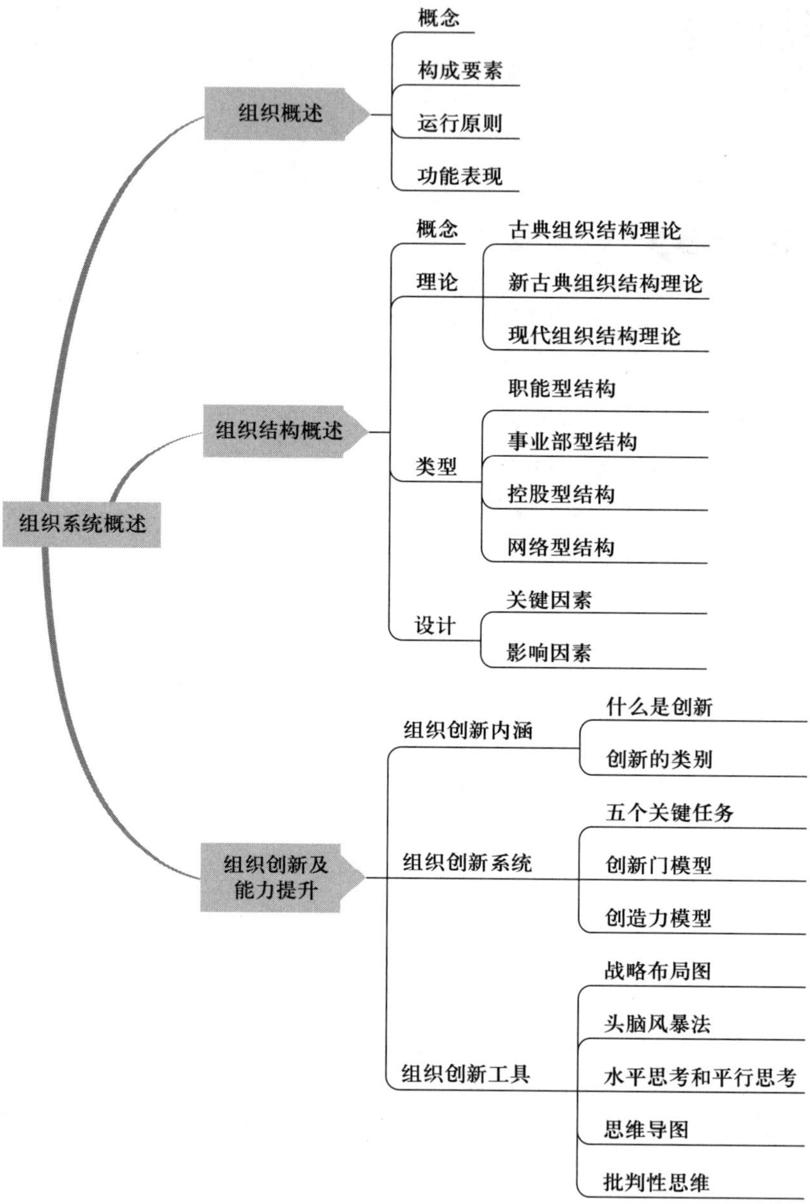
组织系统概述
组织概述
概念
构成要素
运行原则
功能表现
组织结构概述
概念
理论
古典组织结构理论
新古典组织结构理论
现代组织结构理论
类型
职能型结构
事业部型结构
控股型结构
网络型结构
设计
关键因素
影响因素
组织创新及能力提升
组织创新内涵
什么是创新
创新的类别
组织创新系统
五个关键任务
创新门模型
创造力模型
组织创新工具
战略布局图
头脑风暴法
水平思考和平行思考
思维导图
批判性思维

章前引例

扁平化将死？转投科层制的小米选对了么[①]

2019年2月26日，小米公司下发正式文件，宣布新一轮组织架构调整。这是小米自2018年9月成立集团组织部、参谋部以来，规模最大的一次组织架构调整。

在此次调整中，小米新设了人工智能部、大数据部、云平台部，均直接向首席执行官（CEO）汇报。除了一如既往地贯彻“提拔年轻人”之外，小米毅然决然地摒弃了“扁平化”，走上了“科层制”的轨道。

这几年，去科层式、扁平化管理一直很火热，小米更是扁平化管理的代表。也可以说，扁平化管理成就了小米。小米最基本的组织结构只有三级：核心创始人—部门管理者—员工。除了核心创始人有具体职位之外，其他所有人都是工程师，没有职位。可如今，小米为何要放弃曾经引以为傲的扁平化管理转投“科层制”？

思考题：

（1）“扁平式”和“科层制”组织结构模式各有什么优点、缺点？

（2）请查阅相关资料，予以分析：什么样的挑战促使小米公司放弃扁平化管理而转投“科层制”？

分析要点

① 魏浩征．转投科层制的小米选对了么［N］．经济观察报，2019-03-18．有修改。

微课导学

本书主要介绍的是组织管理过程中的心理现象及规律。从系统论的角度来说，每个组织本身就是一个大的系统。任何系统都是由要素构成的，不同的要素往往有着不同的特征和功能。同时，要素本身又是一个系统，相比上一级系统，要素又可称为子系统。在全面展开介绍组织管理过程中的心理现象及规律之前，我们有必要基于系统论的视角来认识组织本身。

第一节　组织概述

本书所涉及的管理心理学内容，主要指的是组织内部管理中的心理现象及规律，在认识这些心理现象及规律之前，我们需先了解组织的内涵。

一、组织的概念界定

“组织”的英文 organization 来源于希腊文 organon，意思是工具、手段。在 1873 年以前，“组织”一词主要用于说明生物的组合状态。1873 年，英国哲学家斯宾塞（H. Spencer）将“组织”一词引入社会科学，在提出“社会有机体”概念的同时，把组织视为已经组合的系统或社会。

现在，组织被视为一个开放的社会技术系统。这个界定包括三层含义：① 组织是一个开放的系统，不断地与外部环境进行物质、能量和信息的交换，从而不断变化和发展；② 组织是一个社会技术系统，既包括结构和技术方面，也包括心理、社会和管理方面；③ 组织是一个整合的系统，建立在其各个子系统的相互依存上，也离不开与环境的相互作用，因此，组织整合了各子系统与环境的关系。

二、组织构成的要素

任何组织，作为一个系统，都是由很多要素构成的。以下是组织构成的基本要素。

（一）目标要素

根据功能主义的观点，组织就是人们为了实现共同的特定目标而组合起来的社会群体。没有明确目标的组织是不存在的。明确的目标是组织的灵魂，是确定组织活动路线的基础，也是衡量组织活动成效的标准。管理学家则从更具体和更易操作的角度来认识组织目标，认为组织目标是组织努力争取达到的、期望的未来状态，它包括使命、目标对象、指标、定额和时限等。

（二）人力资源要素

人力资源要素，指的是组织中的所有成员，包括管理者和被管理者。在组织中，所有成员都会以个体和群体的方式存在。要实现组织的目标，就必须有一定数量的成员，但人们要进入一个组织，成为组织的成员，必须通过一定的进入程序或手续。这种进入程序或手续就形成了组织的边界，强化了成员对组织的归属感和认同感，明确了组织与其成员各自的权利和义务。只有通过这种进入程序或手续，组织才能对其成员进行有效的管理。此外，组织要可持续发展、适应不断变化且竞争激烈的环境，组织中的所有成员就需不断发展、持续提升自己。只有如此，才能确保组织具有足够的创新能力，以此获得持久发展。当然，作为组织要素，所有成员要发挥其正常功能，还要得到充足的动力输入，例如，要有足够的激励，否则，成员便可能会越过组织系统的边界，离开组织。也就是说，作为组织最重要的要素之一，人力资源要素存在“选”“育”“用”“留”的问题。

（三）时间要素

所有目标的实现都是有既定时限要求的。无论是组织目标、群体（部门）目标，还是个体目标，无一例外。因此，时间要素，是组织构成的不可忽视的要素之一。所有的组织活动都依附在时间资源之上，并受其制约。因此，在组织管理过程中，要充分考虑时间资源的管理与开发。尽管在特定的情境下，时间资源本身是固定的，不会因为有没有管理而增多，但是，成功的时间管理可以提高时间的有效使用率和单位时间的价值。

（四）信息要素

所谓信息，指的是事物的存在方式和运动状态的表现形式。“事物”泛指人类社会、思维活动和自然界一切可能的对象。“存在方式”指事物的内部结构和外部联系。“运动”泛指一切意义上的变化，包括机械的、物理的、化学的、生物的、思维的和社会的运动。“运动状态”是指事物在时间和空间上变化所展示的特征、态势和规律。信息是系统的灵魂，因为信息反映了系统及要素运动的状态和特征。组织及所有要素的正常运行都需要依赖各种要素与要素、要素与系统（组织）、要素与环境之间的信息交换。在组织中，信息也是员工、群体（部门）乃至组织本身进行有效决策必不可少的要素。

（五）环境要素

根据系统论的思想，所有要素本身又都是一个系统，相对于上级系统而言，这些要素都是子系统。系统往往依存在特定环境之中，系统和环境存在特定的边界：边界之内是系统，边界之外是环境。在组织内部，每个要素相对于另外一个要素，都是环境的一部分。例如，相对于人力资源要素（组织成员）而言，在组织中其他各种要素可视作“人力资源要素（组织成员）”这一子系统的一部分。也就是说，包括目标要素、信息要素、时间要素在内，还有一些要素，如资本要素、制度要素、工作的物理环境要素等，都可视作人力资源要素的组织内部环境。在组织内部，环境要素是相对于另外一个要素而言的。

三、组织运行的原则

组织是一个有机系统。要把许多成员组合起来，形成一个有机的分工协作体系，并不是一件容易的事情，需要遵循一系列基本的原则。从确保组织正常运转这一基本要求来看，组织运行至少应遵循如下一些原则。

1．目标一致性原则

组织不是一个松散的自由组合成的群体，而是人们为了实现共同的目标而建立的。共同的目标是组织产生和发展的基础和原因，规定并制约着组织的其他要素。正是因为存在共同的目标，组织成员才会有效地进行分工协作，并最终实现共同的目标。共同的目标是维系组织成员的纽带，是组织管理工作的依据。

2．分工协作原则

对一个可运行的组织来说，尽管物料、设备等物质实体是组织的重要因素，但对任何组织来说，成员是更重要的因素。没有成员，便没有组织。为了使组织成员能够有效配合、产生合力，组织必须注重职务明确、控制幅度合理、专业分工明确、责任与权力相符、协作有序等一系列原则。

3．责权关系原则

责权关系是组织构成要素的核心内容。可以这样说，组织即各种责权关系的体现。在组织管理过程中，明确各部门、各职位与整体组织之间的责权关系，使每个组织成员都明确自己应该干什么、有哪些方面的权力、直接领导是谁，这是保持组织的稳定性和增进组织运行效果的前提条件。

4．信息畅通原则

组织各部门和组织成员的工作是靠信息的交流维系的。在一个组织中，信息交流包括自上而下、自下而上及同级之间的信息交流，这是组织成员进行有效协调、控制的基础。信息是组织的血液，有效的组织工作必须保持组织内、外的信息交流畅通无阻。

四、组织的功能表现

组织形成和存在的基础在于，由于各种因素的限制，一个人或几个人的独立活动不能实现既定的组织目标。因此，组织的功能在于以下几个方面：

第一，分配工作。即管理者通过分配工作，把组织的总体目标分解落实到每位组织成员身上，转化成每位组织成员的任务。

第二，确定责权关系，促进沟通与协调。责权关系是组织的核心要素，责权关系确定了组织的信息沟通渠道并使领导功能得以体现。组织工作使每位组织成员都明确其具体的责任，清楚必须对谁负责，是谁向他们分配工作并对他们进行管理，进而使全体组织成员对组织的权力结构和权力关系有清楚的了解。

第三，构建分工协作体系，提高效率和工作的质量。使有助于预定目标实现的各项活动相互配合，把不同的任务有机地协调起来，实现人们常说的“协同效应”，即一个有效的群体的共同努力往往要大于成员单独努力的效果的总和。

第四，培养能力。组织的另一功能是培养成员的支撑与促进组织成长的能力，这是组织的核心功能所在。

概括而言，以上这些功能又都属于管理功能的一部分。

第二节 组织结构概述

一、组织结构的概念

组织结构是组织内的全体成员为实现组织目标，在管理工作中进行分工协作，在职务范围、责任、权力方面所形成的结构体系。这一定义说明：① 组织结构的本质是组织成员的分工协作关系；② 组织结构的目的是实现组织目标；③ 组织结构的内涵是成员在职、责、权方面的结构体系。

二、组织结构的理论

从历史渊源上看，组织结构理论的发展大致可以分为三个阶段。第一阶段的组织理论主要强调“正式组织”的作用；第二阶段的组织理论主要强调“非正式组织”的作用；第三阶段的组织理论既强调正式组织的作用，又强调非正式组织的作用，且试图对第一阶段和第二阶段的理论加以综合。这三个阶段的组织理论分别被称为古典组织结构理论，新古典组织结构理论和现代组织结构理论。总体上看，各阶段理论之间相互关联，同时，各种理论都还在演进，且得到了不同管理学派的支持。

（一）古典组织结构理论

从20世纪初到20世纪50年代后期，在组织结构理论领域中，占据支配地位的是古典管理理论，这个时期的组织结构理论被称为古典组织结构理论。其主要代表人物有泰勒、法约尔（H. Fayol）和韦伯（M. Weber），他们对组织结构理论做了开创性的研究。

1. 泰勒的职能管理制

泰勒倡导科学管理体制，在组织内实行职能分离。他对组织结构理论的贡献体现在两个方面。

一是，经营作业职能和经营管理职能分离，以确定经营管理职能内部的分工体制。虽然这种“职能制”没有得到推广，但泰勒的这种职能管理的思想为以后职能部门的建立和管理的专业分工提供了参考。

二是，在组织结构的管理控制上实行例外原则。泰勒认为，规模较大的组织不能只依据职能原则来组织和管理，而必须应用例外原则。所谓例外原则，就是组织的高级管理者把一般的日常事务授权给中级管理者处理，而自己只保留对例外事项（即重要事项）的决策权和监督权。例如，有关组织重大政策的决定和重要的人事任免等。

以泰勒提出的这种例外原则为依据的管理控制原则，在以后发展为管理上的分权化原则和实行事业部制等管理体制。

2．法约尔的直线职能制

法国管理学家法约尔通过对管理过程的研究，创立了第一个有关行政管理的理论。他对组织结构理论的贡献有以下几个方面。

（1）“跳板”原则

法约尔提出了允许横跨权力线进行联系的“跳板”原则，但这种联系只有当所有各方都同意而且上级人员随时都了解情况的时候才能进行。因此，如果工长 F 想同工长 S 联系，他可以直接进行联系而不用向上逐级报告后再逐级向下传递给工长 S（如图 4–1 所示）。

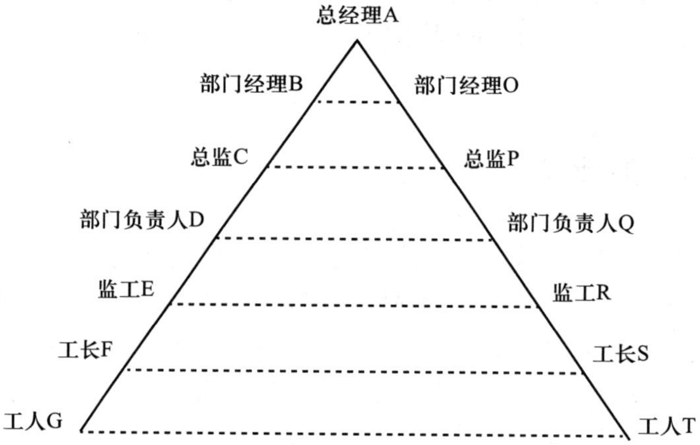

图 4-1 法约尔的“跳板”原则

“跳板”原则使得对侧联系可以迅速有效地进行，既不会出现线路负担过重，又维护了统一指挥的原则。

（2）直线参谋机构

法约尔指出，由于高级管理者忙于实际工作，无暇进行学习和研究，所以有必要任用一批“有力量、有知识并且有时间”的人作为“管理者个人能力的增延”来协助高级管理者工作，即设立参谋机构。参谋机构的任务是从事接洽、通信、会谈，以及协助联系和控制，负责收集情报并帮助拟订未来的计划和探求改进工作的方法等。这种参谋机构直接听命于总经理，但不能直接向下级发号施令。

3．韦伯的官僚制

韦伯由于提出了官僚集权组织的概念而被称为“组织理论之父”。韦伯认为，理想的组织具有以下七个特征。

一是，明确的职责范围：将组织中的全部活动划分为各种基本作业，分配给每位成员，使每人承担的责任和义务都有明文规定。

二是，规定明确的权威等级制度：组织内的各种职务和岗位要按照职权等级制度来组织，形成一个逐级分层指挥系统，下级服从上级，上级对下级负责。

三是，高度的规范化：组织的各项事务要法制化，成为规章制度，每位成员都必须严格遵守，没有例外。

四是，雇员升迁以德才为标准：任用应通过正式考试或培训，使人员胜任自己的工作，而不是凭世袭地位或人际关系。

五是，工作事务与个人事务严格分开：行政人员应与生产资料或管理资料的所有权分离，不得滥用其职权。

六是，摒弃个人感情的内部关系：官僚组织是以合法规定的权力作为基础的，以保证组织的秩序和目标实现，并不是服从命令者个人，而是服从那个“职位”，服从非人格化的规章。因此，在组织中担任一定职务的成员必须依据组织的规则和程序来行使其职责。

七是，法令、决定和规则要以书面形式加以规定和记载。

韦伯对组织结构理论的贡献表现在如下两个方面：

第一，用合理、合法的职权观点论证了“官僚制”存在的合理性。官僚制的合理性表现在：它犹如一台精心设计的机器，在执行每一项功能时，机器上的每一个零件都会发挥最大的功能。官僚制又具有法制性，因为这种组织中存在着一系列的规则和程序，在组织中担任一定职务的成员必须依据相应的规则和程序来行使其职责。在法定范围内，人们服从命令依据的是正式依法制订的非人格化的规章。

第二，对官僚制组织形式提出了自己的看法。韦伯认为，官僚制的组织结构可以分为三层：顶端是主要负责人，主要职能是决策；中间层是行政管理人员，主要职能是执行主要负责人做出的决策；底层是一般工作人员，主要职能是从事具体的业务工作。

古典组织结构理论运用准确性、严格性和普遍性来解释组织结构的变化原因，理论的重点放在对组织管理的基本原则的概括和分析上。

（二）新古典组织结构理论

新古典组织结构理论又称行为科学组织理论。从 20 世纪 30 年代起，行政组织理论的研究逐渐引进行为科学的方法，形成了新古典组织结构理论。新古典组织结构理论的主要代表人物是梅奥和巴纳德（C. I. Barnard）等。

在 20 世纪三四十年代，梅奥提出了人际关系理论，对古典管理理论的支配地位提出了挑战。人际关系理论采取的是一种个人中心的观点，主张通过沟通和共同影响来促进普通员工参与组织的管理，它对应的组织结构理论被称为人际关系组织结构理论。人际关系组织结构理论用情感和人的需要来解释组织结构变化的原因。

巴纳德则提出了非正式组织的概念，并主张员工参与管理。他认为，权力不是来自由上而下的行政授予，而是取决于下级是否接受，只有当行政命令为下级所理解，并且相信它符合组织目标和个人利益时才会被接受，这时的权力才能成立，这就是权力接受理论。

不论是古典管理理论，还是新古典组织结构理论，都把研究重点放在管理对象上，或者是以物和理性为中心，或者是以人和情感为中心，却忽视了对管理者的研究。同时，由于研究分工的深度不够，组织结构理论大多寄生在管理理论的母体中。新古典组织结构理论虽然对古典组织结构理论提出了尖锐批评，但并未从根本上动摇古典组织结构理论的主流地位。

（三）现代组织结构理论

1．权变组织结构理论

20 世纪 60 年代初，权变组织结构理论开始出现，并在 60 年代后期正式形成。它以管理者为理论的中心，对古典组织结构理论和新古典组织结构理论进行综合，成为组织结构理论的集大成者。20 世纪 60 年代后期到 70 年代中期，权变组织结构理论成为主流的组织结构理论，主要代表人物有钱德勒（A. D. Chandler）、卡斯特（F. E. Kast）与罗森茨韦克（J. E. Rosenzwig）等。

权变组织结构理论的理论基础是把整个系统看成一个开放的动态系统，因此管理者必须根据情况的变化，不断对组织结构进行调整。不存在一个一成不变的、普遍适用的、最好的组织结构设计，系统方法和权变方法是权变组织结构理论的基本方法。权变组织结构理论用管理者对各种影响组织结构变化的权变因素的主观选择来解释组织结构变化的原因，认为管理者是组织结构变革的主导力量。

2．环境决定组织结构理论

在 20 世纪六七十年代，社会学对组织结构理论的发展产生了强大的影响。组织社会学成为组织结构理论的一个重要分支。自 20 世纪 70 年代中期以来，出现了三种以社会学为基础的新的组织结构理论。它们是汉南（M. T. Hannan）和弗里曼（J. Freeman）的总体生态理论，迈耶（J. Meyer）、罗恩（B. Rowan）和祖克尔（L. G. Zucker）的制度理论，普费弗（J. Pfeffer）和萨兰奇克（G. Salancik）的资源依赖理论。这三个理论属于环境决定组织结构理论。

总体生态理论认为，组织变革的主要机制并不是单个组织进行的有目的的调整，而是一个达尔文式的自然选择过程。因此，当一个组织在总体水平上不能适应环境变化时，将会被新的、适应性强的组织取代。

制度理论认为，组织结构主要不是由完成一定工作任务的客观需要决定的，而是迎合更大社会范围内的群体关于组织形式合法性、有效性和理性的看法的产物。因此，一个组织的组织结构有表面结构和实质结构之分。

资源依赖理论认为，组织对外部资源有依赖性，组织会通过许多手段去控制这些资源，组织自身有维持独立的倾向。

3．经济学组织结构理论

在 20 世纪八九十年代，经济学对组织结构理论做出了很大的贡献。其中，主要包括三种理论：詹森（M. C. Jensen）和梅克林（W. H. Meckling）的代理理论，威廉姆森（O. E. Williamson）的交易成本理论和波特（M. E. Porter）的国家竞争优势理论。在这三种理论中，代理理论对组织结构研究的影响最大。詹森曾宣称要以代理理论为基础进行一场“组织科学的革命”。

代理理论和交易成本理论认为，人是狡猾的、不值得信赖的，会为了自己的利益而损害集体组织的利益。具体地说，这个狡猾的、不值得信赖的人就是组织的管理人员，对他们不能信赖，必须加强控制。代理理论认为，管理不属于自己的公司的经理们，作为组织所有者的代理人，会滥用委托给他们的权力，损害委托人的利益而使自己得益。因此，委托人必须强化对代理人的控制。交易成本理论认为，在大公司里，中层管理者会获取过多的工资和津贴，为控制这种机会主义行为，可建立多事业部的组织结构（M 型公司）。

4．明茨伯格的组织理论

明茨伯格（H. Mintzberg，如图 4-2 所示）对组织结构系统和模式进行了分析。他认为，组织结构的实质是人们在组织内进行劳动分工和协作的方式的总和。协作包括纵向的控制和横向的信息沟通，可以归纳为五种基本的机制：相互调整，直接监督，工作过程标准化，成果标准化，技能标准化。事实上，在一个具有相当规模的组织中，这五种机制是并存的，但总有某一种机制占主导地位。

图 4-2 明茨伯格

明茨伯格认为，组织结构系统的五个基本组成部分包括：战略决策层、操作核心层、中间层、技术分析层和支持层。每个组织通常都有这五个基本组成部分，但这些部分在组织中所占的地位、比重和组合方式则往往是不相同的。同时，组织结构的五种流程系统，即组织中的工作和人员交往的关系，分为：正式的权力系统、规章制度流程系统、非正式沟通的流程系统、工作群体流程系统和特殊决策流程系统。五种流程系统的并存，表明了组织结构是一个复杂的、动态的有机体。

5．流程再造组织理论

在 20 世纪末，社会经济生活较以往发生了重大的变化。在知识经济的大环境中，市场环境日趋不确定，顾客的要求越来越多样化，组织成员强调自我实现，组织在追求规模经济之余更强调时间经济。传统的组织结构理论面临着又一次重大的挑战——流程再造。

美国著名管理学家哈默（M. Hammer）在 1990 年初首次正式提出了企业流程再造（business process reengineering，BPR）的概念，并给予了明确的界定。他认为，流程再造是从根本上重新思考，彻底翻新作业流程，以便在现今衡量表现的关键因素，如成本、品质、服务和速度等方面，获得明显的改善。全球许多企业都成功实践了流程再造。例如，IBM 信贷公司通过组织流程再造将为顾客提供融资服务的生产周期缩短了 90%（由原来的 7 天压缩为 4 小时），而生产能力同时提高了 100 倍。福特公司在实施流程再造后将负责账款支付的人员由原来的 500 人减至 125 人，它的某些分公司把耗费在账款支付上的营业费用减少了 95%。

在这些经典的流程再造实践中，关键的一环就在于：减少不必要的劳动分工，解散不必要的部门，给员工以相当的决策权，减少不必要的层级，从而提高组织效率。不难看出，所有成功的流程再造都伴随着组织结构的彻底变革。

三、组织结构的类型

在中国40多年改革开放的过程中，随着国家政策法律的完善，特别是社会主义市场经济体制和《中华人民共和国公司法》的实施，不同类别的组织随着业务和规模的发展，对其组织结构相应地进行了调整优化。组织需根据其自身的情况，设计出适合自己的组织结构。目前，比较有代表性的组织结构类型有职能型结构、事业部型结构、控股型结构和网络型结构。

（一）职能型结构

职能型结构（unitary structure，U型），是指按照生产经营活动过程中不同专业领域的职能，如研发、生产、销售、财务、人力资源等来设置内部机构，使之在分工协作中完成各自所担负的任务。组织是利润中心，部门是职能单位。

在组织规模很小时，职能型结构就是直线职能制。它的优势是：能够高效地进行标准化活动操作，权力集中，指挥统一。它的不足是：上级命令导向，下级部门及员工缺乏经营自主权和积极性，创新意识和能力不足，不利于对复杂多变的经营环境做出快速反应。职能型结构仅适用于规模较小，经营品种较单一且外部环境较简单、稳定的企业。

组织在扩大规模后，产品部门化、职能部门化，需要纵横协调，就可以采用矩阵结构。其优势是：在组织活动比较复杂而且相互依存时，矩阵结构有助于专家的高效配置和交流合作，有助于信息迅速传递和活动的纵横协调，从而使组织更加灵活，有效地配置人、财、物等资源，实现规模经济，提高组织运行效率。其不足是：命令链是双重的，命令统一性被消除后，模糊性就大大增强，易导致冲突，也会带来混乱，使组织产生争权夺利的倾向，并给员工带来较大压力。当组织有多个产品或多项业务，职能部门要对各产品或业务提供支持时，适宜采用矩阵结构。

拓展阅读

华为公司早期使用的职能型结构

华为公司，即华为技术有限公司，创立于1987年。华为公司曾经采取职能部门化的集权组织形式进行管理。

任正非直接领导公司综合办公室，而综合办公室统一领导下属五个大的系统（中央研究部、市场部、制造系统、财经系统、行政管理系统）。这种权力集中、指挥统一、各部门责任与职权明确、垂直联系的组织结构，使得华为公司在创业初期迅速完成了其原始积累的任务。

中央研究部内部形成了“大矩阵”套“小矩阵”的管理架构。纵线（“业务线”）负责管产品、管进度、管市场、管业务；横线（“职能线”）负责管人、管物、管规划、管流程。在中央研究部下设的各个业务部内，华为公司还采取了与上述类似的“小矩阵”运作方式。

（二）事业部型结构

事业部型结构（multidivisional structure，M 型），是为满足组织规模扩大和多样化经营需要而形成的一种组织结构。它是以产品、地区或市场为依据，将与特定业务开展过程相关的采购、研发、市场、销售等活动集中组合成相对独立的事业部，某个事业部在其内部建立自己的职能结构，实行在总部集中政策下各事业部分散经营的一种组织结构形式。各事业部可以成为自主经营、独立核算的利润中心。

事业部型结构的优点是：每个事业部都有自己的产品与市场，能够灵活自主地根据市场出现的新情况迅速做出反应，所以能实现稳定性与适应性的统一；有利于最高领导层摆脱日常行政事务，集中精力于战略决策，同时还能发挥各事业部经营者的积极主动性，并培养其综合管理能力。

事业部型结构的缺点是：总部与事业部的职能机构重复设置，易出现资源分散与浪费；各事业部因为有自己的独立利益，彼此之间协作困难，日益滋生本位主义；相对分权的尺度难以把握；等等。

事业部型结构主要适用于业务多元化、各业务有独立市场且经营环境变化较快的大公司和规模较大的企业集团。

拓展阅读

华为公司在事业部型结构上的探索

随着华为公司的快速发展，原有的组织结构不能适应公司业务的发展，自 1998 年开始，华为公司开始探索事业部制，形成了其独一无二的组织管理体系：事业部和地区公司都作为利润中心的二维组织结构。一是按照产品领域原则建立扩张型事业部；二是按照工艺过程原则建立服务型事业部。

任正非特别强调有序分权，“既充分授权，又加强监督”。只要符合“三个有利于”——有利于潜力的增长，有利于效益的增长，有利于公司组织与文化的统一性，就对事业部实行充分的授权。同时，事业部不能自立山头，如果公司对事业部失去控制，就失去建立事业部的意义了。

（三）控股型结构

控股型结构（holding structure，H 型），是指下设若干子公司或关联公司的母公司对子公司、关联公司进行产权（股权）管理并承担有限责任的一种相对松散的组织形式。在这种结构下，母公司与被控股、参股企业之间不是上下级行政隶属关系，而是出资人与被投资企业之间的关系；母公司不能对子公司、关联公司实行行政化直接管理，只能基于产权（股权）而实行间接的管理，这样才能确保子公司和关联公司的平等、独立的法人地位。

控股型结构的优点是：借助产权纽带，可以使母公司实现用少量资本控制大量社会资本，最大限度地分散其投资和经营风险的目的；同时，整个集团在必要时可以对采购、销售等活动实现集中统一，在不侵犯成员企业自主权，不抑制其经营积极性的前提下取得集团化运作的规模效应。

控股型结构的不足是："有控制的分权"是一个总原则，在实际工作中操作难度大。例如，子公司是独立的法人，是否应该赋予其支配自身法人财产的投资决策权，使之成为与母公司一样的投资责任中心？母公司在对持股企业发挥产权管理功能的同时，是否还应该代表集团总部对作为集团成员企业的子公司、关联公司及协作企业等施加必要的行政干预与控制？这些取决于集团组织模式的选择。一般来说，集团经营领域的分布越广，成员企业之间的业务关联度越小，行政控制的程度应该越弱，这样整个集团就越倾向于分权的结构。反之，集团母公司对成员企业的集权化控制可能就越强。

拓展阅读

华为公司的业务多元化发展

华为公司的规模越来越大，业务也越来越多元化，2003 年 3 月，华为投资控股有限公司的设立，使"大华为系"企业集团开始逐步成型。在之后两年多的时间内，以第三产业服务为主的深圳慧通商务有限公司和深圳市华为培训学院有限公司（华为大学）相继成立，华为投资控股有限公司全资持股这两家公司。

2003 年，与 3Com 公司合资成立杭州华三通信技术有限公司；2004 年，与西门子公司合资成立鼎桥通信技术有限公司；2004 年，成立海思半导体有限公司；2007 年，成立华为技术服务有限公司、聚信科技有限公司，与赛门铁克公司合资成立华为赛门铁克科技有限公司；2008 年，与全球海事系统有限公司合资成立华为海洋网络有限公司；等等。

（四）网络型结构

网络型结构（network structure，N 型），是以非产权关系联结外部独立企业或其他机构的一种特殊类型的集团组织形式。网络型结构的成员一般由两部分机构组成：一部分是居于网络中心位置的核心企业，它作为集团总部，履行整个网络的战略管理、人力资源管理、财务管理和其他重要的功能，以便实现对整个网络的统一筹划和控制；另一部分是根据能力分工原则而联结起来的各个生产经营业务单位，它们以满足客户需求或项目开展的需要，机动灵活地组成各种配合自如的临时性的立体柔性网络。

网络型结构的优点是它的灵活性。构成网络的各节点可以根据市场任务和项目而组合在一起，共同为客户提供满意的产品或服务。网络型结构还具有流程短且不重合，信息充分且失真度小等优点，因此可以在网络节点间的自主联结与配合中，快速提供定制化或本地化的产品或服务。另外，成员的持续学习和知识共享，也是网络型结构具有持续竞争优势的表现。在网络型组织中，各中心、各成员都可以自下而上地影响整个网络，成员单位的经理人所实施的战略和创新可以成为整个网络的战略和创新。无论哪个国家或地区的成员，都有权根据当地新出现的情况做出创造性的反应，并有机会在业务合作中获得各方面的信息和知识，从而促进整个网络范围内的持续学习和知识共享。

网络型结构的缺点是：没有产权关系和行政隶属关系，控制力有限。

拓展阅读

华为公司非核心业务的外包策略

华为公司把核心资源配置在市场与研发两个环节，对非核心业务普遍采取了外包的策略。华为公司的市场订单涉及的工程安装、设备运维、客户接待、客户培训、市场调查等，经常会外包给那些专业的中小企业。2000 年前后，华为公司进一步将生产环节中包括制造、组装、包装、发货和物流在内的非核心环节外包。甚至在研发这一核心业务环节中，对纯软件编程业务也采取了外包的策略。软件外包给华为公司节约了将近一半的成本。2005 年，华为公司的外包工程师有 2 万多人。华为公司朝着建设“没有生产车间，也没有库存”的高科技企业方向努力。任正非认为，将公司的非核心业务外包，不仅有利于华为公司将主要精力集中于核心业务，而且对合作伙伴、社会都有好处，是可以实现多方共赢的策略。

四、组织结构的设计

（一）组织结构设计的关键因素

管理者在设计组织结构时，必须考虑六个关键因素：工作专门化、部门化、命令链、控制跨度、集权与分权、正规化（如表 4–1 所示）。

表 4–1　设计恰当的组织结构时管理者要面对的六个关键因素

关键因素	关键问题
工作专门化	把任务分解成相互独立的工作单元时，应该细化到什么程度？
部门化	对工作单元进行合并组合的基础是什么？
命令链	员工向谁汇报工作？
控制跨度	一名管理者可以有效指导多少名员工？
集权与分权	决策权应该放在哪一级？
正规化	规则制度在多大程度上可以指导员工和管理者的行为？

1．工作专门化

工作专门化是指把组织中的工作任务进一步划分成单独的工作单元。这是因为，一个人无法完成全部工作，因此可以把工作分成若干步骤，而每个个体只完成其中的某个步骤。工作专门化的核心就是，每个人专门从事工作活动的一个部分而不是全部。

工作专门化在 20 世纪 40 年代末大为盛行。管理者认为，工作专门化可以最有效地利用员工的技能，因为让每名员工都从事全部工作的话，那么他们势必要同时具备复杂技能和简单技能。这样，管理者支付了高技能员工高薪水，却让他们从事简单劳动，就形成了组织资源的浪费。

拓展阅读

福特公司的汽车生产线

福特公司给每一名员工都分配了具体的、重复性的工作。例如，有的员工只负责安装汽车的左前轮，有的员工只负责安装汽车的右后门。这样把工作任务分解成精细的标准化任务后，员工就可以重复性地进行同一种操作。正是这种方法使得福特公司的生产效率显著提高。福特公司的经验告诉我们：如果能够让员工从事专门化的工作，就会极大地提高他们的工作效率。

工作专门化对于提高工作效率有很多益处。第一，工作专门化使工作任务不断重复。这种重复性可以提高员工完成任务的技能水平，减少了变动工作任务所需的时间。第二，工作专门化使培训更有效。因为挑选并培训具有较低技能的员工比培训高技能员工更容易。

但是，20 世纪 60 年代后，越来越多的证据表明了物极必反的道理。管理者把工作专门化看作提高劳动生产率的不竭之源是不正确的。在一些工作领域出现了这样的状况：由于工作专门化，工作中出现了非常“不经济”的因素。例如，员工产生厌倦情绪、疲劳感和压力感，劳动生产率和产品质量下降等。此时，管理者发现，通过丰富员工的工作内容，或者让他们学习掌握其他工作技能，可以提高员工的产出和工作满意度。

2．部门化

通过工作专门化完成任务细分之后，就需要按照类别对任务进行组合，这样可以对共同的工作进行协调。工作分类的基础是部门化。

（1）根据职能进行部门化

根据职能进行部门化是划分部门时最常用的方法。例如，某个制造业的经理把工厂划分为工程、会计、制造、人力资源、采购等部门。根据职能进行部门划分几乎适用于所有的组织。例如，医院的主要职能部门可能有门诊部、住院部、财会部等；一支职业足球队可能设球员人力资源部、售票部、旅行及后勤部等。根据职能进行部门化的主要优点在于：把同类员工集中在一起，能够提高工作效率，实现规模经济。

（2）根据产品类型进行部门化

工作任务的部门化也可以根据组织生产的产品类型进行。例如，宝洁公司就根据每个产品组织产品线，汰渍洗衣粉、帮宝适婴儿纸尿裤、品客薯片等分别由一位高层经营者管辖。

根据产品类型进行部门化的主要优点在于提高了产品绩效的责任制和稳定性，因为组织中与某一特定产品有关的所有活动都由同一主管指挥。如果一个组织的活动是与服务而不是与产品有关，那么每种服务活动就可以自然地进行分工。例如，一个财会服务公司大多会设有税务部门、管理咨询部门、审计部门等，而每个部门都会在一个经理的指导下，提供一系列服务项目。

（3）根据地域进行部门化

也可以根据地域来进行部门划分。例如，营销工作可以根据地域分为东、西、南、北四个区域。如果一个公司的顾客分布地域较宽，根据地域进行部门化就有其独特的价值。

（4）根据生产过程进行部门化

一个金属公司的铝管厂的生产过程对应着五个部门：铸造部、锻压部、制管部、成品部、检验包装运输部。这就是根据生产过程来进行部门化的例子。这样划分部门的出发点是，在铝管生产过程中，由每个部门负责一个特定生产环节的工作。这种部门化为在生产过程中进行同类活动的归并提供了基础。

根据生产过程进行部门化适用于产品的生产，也适用于顾客的服务。例如，我们去某省的公安交通管理局办理驾驶证时会经过几个部门：负责核查工作的机动车辆分部；负责办理驾驶证具体工作的驾驶证部；负责收费的财务部。

（5）根据顾客类型进行部门化

最后一种部门化方法是根据顾客的类型来划分部门。例如，微软公司围绕四类客户市场进行了重新组织：个体消费者、大型公司、软件开发商和小型企业。根据顾客类型来划分部门的理论假设是：每个部门的顾客存在特定的问题和要求，因此要为他们分别配置有关专家，满足他们的需要。

大型组织进行部门化时，可综合利用上述各种方法，以取得较好的效果。自20世纪90年代以后，有两个较为普遍的部门化倾向：第一，以顾客为基础的部门化越来越受到青睐。为了更好地掌握顾客的需要，并有效地对顾客的需求变化做出反应，许多组织更强调以顾客为基础划分部门的方法。第二，传统的职能部门被跨越部门界限的工作团队替代。

3．命令链

命令链是一种不间断的权力路线，它从组织最高层扩展到最基层，主要澄清“谁向谁报告工作”的问题。它能够回答员工提出的问题：“我有问题时，去找谁？”“我对谁负责？”

关于命令链，还有两个辅助性概念：权威和命令统一性。

权威是指管理职位所固有的发布命令并期望命令被执行的权力。为了促进协作，每个管理者在命令链中都有自己的位置，每位管理者为完成自己的职责和任务，都要被授予一定的权威。

命令统一性有助于保持权威链条的连续性。它意味着一个人应该且只能对一个主管直接负责。如果命令链的统一性遭到破坏，一名员工可能就不得不应付多个主管不同命令间的冲突，或者苦于做出优先次序的选择。

4．控制跨度

控制跨度就是一个主管可以有效地指导多少个下属。在很大程度上，控制跨度决定着组织要设置多少层次，配备多少管理者。在其他条件相同时，控制跨度越宽，组织效率越高。

假设有 A、B 两个组织，基层操作员工都是 4 096 名。如果 A 的控制跨度为 4，B 的控制跨度为 8，那么 B 比 A 在管理层次上少了两层，可以少配备 780 人左右的管理者。假设每名管理者月均薪水为 4 万元，那么 B 每月在管理者薪水上就可节省 3 120 万元。显然，在成本方面，控制跨度宽的组织效率更高。但是，宽跨度可能会在某些方面降低组织的有效性。例如，控制跨度过宽，管理者就没有足够的时间为下属提供必要的领导和支持，员工的绩效会受到不良影响。

控制跨度窄也有好处。把控制跨度保持在 5～6 人，管理者就可以对员工实行严密的控制。但控制跨度窄主要有三个缺点：第一，管理层次会因此而增多，管理成本会大大增加。第二，组织的垂直沟通更加复杂。管理层次增多会减慢决策速度，并使高层管理者趋于孤立。第三，控制跨度过窄易造成对下属监督过严，妨碍下属的自主性。

目前，管理实践中的趋势是加宽控制跨度。加宽控制跨度与各个组织努力降低成本、削减一般管理费用、加速决策过程、授权给下属等的趋势是一致的。但是，为了避免因控制跨度加宽而使员工绩效降低，各组织都大大加强了员工培训的力度和投入。管理者已认识到，当下属充分了解了工作之后，或者有问题能够从同事那儿得到帮助时，管理者就可以解决宽跨度的控制问题。

5．集权与分权

在有些组织中，高层管理者做出所有决策，低层管理者只执行高层管理者的指示；而有的组织则把决策权下放到低层的管理者手中。前者是高度集权式的组织，后者则是高度分权式的组织。

集权化是指组织中决策权集中于一点的程度。一般来讲，如果组织的高层管理者不考虑或很少考虑基层人员的意见就决定组织的主要事宜，那么这个组织的集权化程度较高；相反，基层人员参与程度越高或能够自主地做出决策，那么组织的分权化程度越高。

集权式组织与分权式组织在本质上是不同的。在集权式组织中，往往由管理者决策，优点是便于统一指挥，统一意志，统一行动，工作效率较高；不足是在一定程度上限制了组织中低层管理者的主动性和积极性，组织的适应性和灵活性较差。分权式组织则有利于调动各级管理者的主动性、积极性，为他们充分发挥才干提供了条件；使最高管理层摆脱了日常事务，能集中精力于重大决策；各部门可根据客观情况的变化迅速做出反应，提高了组织的应变能力。

6．正规化

正规化是组织中的工作实行标准化的程度。

如果某项工作的正规化程度较高，那么工作人员在工作内容、工作时间、工作手段等方面可能没有太多的自主权。这是因为，管理者总是期望员工以同样的方式投入工作，能够保证稳定一致的产出结果。

组织之间或组织内部不同工作之间的正规化程度差别很大。在高度正规化的组织中，一般都有明确的工作说明书、组织规章制度，对于工作过程也有详尽的规定。例如，在公司工作的财会人员，他们上午准时上班，否则就会扣掉一定的工资，还要遵守一系列制度。相对来说，在正规化程度较低的工作中，员工有一定的自主权。例如，同样是在公司工作，营销人员的工作自主权就比较大，工作内容不要求标准划一。

由于个人自主权与组织的规定成反比，因此正规化程度越高，员工决定自己工作方式的权力就越小。正规化不仅减少了员工选择工作方式的可能性，而且使员工无须考虑其他选择。

（二）影响组织结构设计的因素

在设计、选择和实施组织结构与管理体制时，需要充分考虑技术创新的要求、环境不确定性的影响，愿景目标与战略规划的选择和组织发展的阶段等因素，以便更好地为组织的有效运营和发展服务。

1．技术创新的要求

在设计组织结构和选择管理体制的过程中，首先需要考虑组织内部技术创新活动的要求和外部技术发展压力的影响。发展水平高的技术要求有动态、适应的组织结构。日新月异的网络技术与电子商务需要灵活、协调的管理体制。弹性组织结构与协调性管理体制在人员能力、工作激励、群体管理、领导风格和组织文化等方面具有新的管理心理学意义。

2．环境不确定性的影响

组织所面临的环境的不确定性在很大程度上制约着组织结构和管理体制。环境的不确定性主要包含复杂性和动态性两大维度。在环境因素比较简单且处于相对静态时，环境的不确定程度较低。此时，可加强组织结构的正规化和集权程度，实行规范化体制。反之，当环境因素趋于复杂且变化急剧时，环境的不确定程度就高。这时，需要具有较大灵活性的组织结构和分权式的管理体制。常见的不确定环境包括行业竞争、产品更新、购销状况、市场需求和社会变革，以及整个社会文化背景的影响。

3．愿景目标与战略规划的选择

组织结构和管理体制还受到组织目标与战略选择的影响。高层管理部门所确定的愿景目标和战略规划，是组织结构和管理体制的重要决定因素。组织必须在目标市场、资本运作、人力资源、技术创新和全面质量管理等方面做出战略规划与决策，而这些战略规划的选择则受制于决策者的经营理念、态度、价值观等个体特征，以及组织的资源与发展潜力等状况。

4．组织发展的阶段

一个组织（尤其是企业）从成立到发展、壮大，其面临的市场机会和挑战不一样，所提供的产品或服务会不断发展，其服务市场区域和目标客户的层次会不断拓展，员工人数会不断增加，组织的营收实力会不断增加，管理的治理、规范、质量、效率、效益诉求会不断提高，经营的商业模式和品牌形象会不断优化，相应地，组织结构也会不断调整和优化，与组织的发展阶段相适应。

从华为公司的发展可以看到，在不同阶段，华为公司采用了不同的组织结构类型（先后采用过 U 型结构、M 型结构、H 型结构、N 型结构等）。之所以如此，就是因为组织在不同的阶段，面对着不同的组织发展与经营环境。组织需要根据组织发展与经营环境的变化，不断调整和优化组织结构和管理体制。

第三节　组织创新及能力提升

鉴于组织处在始终变化的环境之中，组织作为一个系统要想保持连续性，就必须具备一定的创新能力，适应变化万千的环境，可持续地发展下去。若是组织丧失了创新能力，则意味着组织将很快崩溃消亡。鉴于此，组织创新与能力提升格外重要。

一、组织创新内涵

（一）什么是创新

奥地利经济学家熊彼特（J. A. Schumpeter）首次对创新进行了界定。他认为，创新就是建立一种新的生产函数，即实现生产要素和生产条件的新组合，包括五种情况：引入一种新的产品或提供产品的新性能；采用一种新的生产方法；开辟一个新的市场；获得一种原料或半成品的新的供应来源；实行一种新的组织形式。

在熊彼特看来，企业家的职能就是实现创新，引进新组合。据此，熊彼特对企业与企业家给出如下定义：将这些新组合加以推行的组织是企业，将职能实现新组合的人是企业家。所谓经济发展，是针对整个社会不断实现这种新组合而言的。

（二）创新的类别

根据程度，创新可以分为渐进性创新和突破性创新。渐进性创新是指通过不断地、渐进地、连续地进行小创新，最后实现理想的创新目的；突破性创新是指显著地改变了产业或市场的运行规则，并且更多地基于科学知识的创新。突破性创新具有以下三个主要特征：一系列全新的性能特征；已知性能特征提高 5 倍或 5 倍以上；产品成本大幅度削减（成本削减 30% 或以上）。

哈佛商学院教授克里斯坦森（C. M. Christensen）提出另一种分类：维持性创新和破坏性创新。维持性创新，即向市场提供更高品质的东西；破坏性创新，即利用技术进步效应，从产业的薄弱环节入手，颠覆市场结构，进而不断升级产品和服务，爬到产业链的顶端。克里斯坦森认为，组织经常要遭遇两难困境。一方面，要通过维持性创新，为现存的市场和客户提供更好的产品和服务，以获得更多的利润。但这样做时，往往要投入更多的成本进行研发，而且市场空间也有限。另一方面，要思考如何应对低端市场的竞争。低端市场的消费者往往对技术的复杂度和性能要求不太高，他们最需要的是简单、易用和更低的价格。如果进行这样的创新以赢得低端市场或新兴市场消费者的购买，这样渐渐会对原有市场产生破坏。

英特尔公司原董事长格鲁夫（A. Grove）受到了克里斯坦森的破坏性创新的影响，领导英特尔公司除了在奔腾处理器上进行维持性创新，同时还开发了赛扬，进行破坏性创新。赛扬处理器不是更好，而是性能够用，价格更低，更多用户用得起，从而应对微处理器的低端市场。后来证明此举非常成功。英特尔公司每年的营业额中有相当大的比例来自破坏性创新的产品，并且英特尔公司占据了高端和低端两个微处理器市场。

实现破坏性创新必须具备三个条件：是否由于新技术的发展使得应用这样的产品和服务变得更加简便？是否存在一些人愿意以较低价格获得质量较差但尚能接受的产品和服务？该项创新是否对市场现存者都有破坏性？

如果能具备上述三个条件，就可能产生破坏性创新。例如：

破坏性产品：索尼公司从原有的卡带录放机上取掉喇叭，让顾客便于携带，将微小的喇叭塞进耳朵里，为其创造了数以亿计的销售神话。

破坏性方法：戴尔公司采用准时制（Just in Time，JIT）生产方式，充分降低了仓储费用，从而超越了竞争者，成为行业翘楚。所谓准时制生产是指：在所需要的时刻，按所需要的数量生产所需要的产品（或零部件）的生产模式，其目的是加速半成品的流转，将库存的积压减少到最低的限度，从而提高企业的生产效益。

破坏性商业模式：谷歌公司瓦解了在线广告领域，并通过出售搜索结果旁边的高度精准的文本广告，创造出新的收益源。

克里斯坦森认为，破坏性创新是推出更简单、更便宜、更便利的产品给要求不高的新顾客。破坏并不等同于便宜、不够好。破坏并不是突破的意思，突破性的科技通常是维持性的技术。低端市场的破坏性创新通常是指商业模式与产品的创新；新市场的破坏性创新则是指在简易性与价格负担上的创新。

克里斯坦森认为，核心事业能否成功，维持性创新起到了非常重要的影响。成功企业要花 80%的资源在维持性创新方面，将其余 20%的资源放在破坏性创新上。

二、组织创新系统

组织作为创新主体，该如何进行有效的创新呢？米基利（D. Midgley）介绍了一个非常实用的组织创新系统。①

（一）组织创新系统的五个关键任务

米基利认为，创新不仅是产品创新，还有为总体客户价值提供的创新，包括产品、服务、组织和商业模式创新。组织的管理者要进行一个成功的创新，需要完成以下五个关键任务。

1. 颁布创新宪章

创新宪章可以为组织的创新项目确定业务目标及治理指南，以便让每一个人知道在哪里适合创新和如何去做。宪章应尝试就一连串与创新相关的问题进行回答，如：组织的目标是什么？组织的总体战略是什么？创新的总体目标和具体目标分别是什么？组织致力于发展的业务是什么？谁为创新负责？创新的程序是什么？项目团队的委托授权是什么？

2. 选拔、筹备一个合适的团队

一个团队要想完成一个项目，就要协调和其他所有人的关系。团队在创新的前期和后期的活动有很大不同：前期关注创造出一个能赢的创意，后期关注变革，让创意变成市场的现实；前期有两个关键任务，即管理创造力和赢得高层支持，后期更多的是项目管理，此时将涉及团队内外的所有其他人。

合适的团队对创新至关重要，合适的团队要有项目资助者、团队领导者、评审委员会成员和团队成员。

项目资助者一般由资深高管兼任，选拔时，特别要确保这些候选人有足够的时间和动力来参与。合适的激励是非常重要的，如果创新成功，项目资助者要能享受相关的奖励。项目资助者的特点应该包括：具备心智灵活性；要有向他人解释为什么每个项目值得资助的能力；在组织内部有足够的能力来保护和培育每一个项目。

选拔团队领导者的最主要的标准是心智灵活性。领导者要能有多种不同的领导风格，并且知道在项目的不同阶段如何组合使用它们。

选拔评审委员会成员的最重要的标准是客观和平衡。一般而言，这样的评审委员会是由一些高管和资深经理组成的。他们主要负责对创新项目进行评审，并决定将什么资源供给哪些项目。他们在每一个项目阶段承担把关责任，仔细地根据创新项目的最终回报来平衡项目进入下一个阶段的投资必要性。他们同时对全局负责，基于项目的目的和战略，决定哪一些项目对本组织最具战略性和财务意义。评审委员会的领导最好是首席执行官或首席创新官。

选拔团队成员的标准有：观点的多样性，外部合作性，客户（倾听客户）、开发（技术和组织）或应用（商业模式）方面的专家，有丰富的创新经验，等等。

3. 与客户共同创造

与客户共同创造意味着在整个项目过程中，把客户当作伙伴而与其共同工作。深刻、

---

① MIDGLEY D. The innovation manual：integrated strategies and practical tools for bringing value innovation to the market [M]. Hoboken，New Jersey：John Wiley & Sons Ltd.，2009.

全面理解客户的需求是起点，继而不断地从客户那里产生新创意，最后和客户一起测试原型。

在产生创意之前，需要运用客户的视角理解客户的需求。例如，识别现有产品和服务的缺陷，密切关注客户的消费行为特别是在消费过程中的障碍点，其他组织所采用的解决方案，可以测定的任何潜在客户的需求强度。要想取得突破性创新，组织还需要关注潜在客户的需求。

为了让客户参与合作创新，需要适当地激励客户。更好的解决方案、好奇心或对组织的良好意愿，都是对客户的一种激励。当然，最好还是对客户的时间和努力给予适当的报酬或嘉奖。有些组织可能会担心，过早地让客户参与会不会泄露商业机密。事实上，通过签署一些合同来明确合作创新的潜在利益，可以很好地解决此问题，把风险降低。

4．变革组织以执行创新

当创新需要组织做出显著变革时，组织需要面对并回答好以下五个问题：组织中的领导层在创新中的作用；创新团队在变革管理中的作用；创新团队和组织中其他人之间的关系；如何管理好变革可能会涉及的那些复杂的大项目；是否应该成立一个独立的工作小组来执行创新计划。

5．为创新建立市场

为创新建立市场，组织一般要经历三个阶段：选择适合目标市场的客户，设计出吸引该群体的方案和信息；通过媒体（包括新媒体）和其他沟通渠道（媒介），吸引一批勇于接纳新事物的目标客户，以促进销售额的增长；经历一个突飞猛进的销售增长阶段之后，普通消费者开始接受并购买产品。

（二）组织创新的阶段门模型

组织创新，不论是产品创新还是服务创新和商业模式创新，都是分阶段推进的，而且在每两个阶段之间，都有一个“门”，需要评审委员会对前一阶段的创新开发做出评估和决策，决定是否能进入下一个阶段。

1991 年，库珀（R. G. Cooper）等人在《领先工业企业的新产品开发过程》中，提出了一个组织创新的阶段门模型。该模型把产品创新项目的整个过程分为七个阶段：构想产生、构想评估、产品 / 市场定位、原理性模型开发、样品开发、试生产与试销、正式投产与上市。该模型认为，每个阶段都设置了一扇“门”，组织会根据有关准则对项目的阶段成果进行评估，然后会根据评估结果决定是“进入下一阶段”，还是“中止”或“返工”。

（三）组织创造力模型

组织创造力是通过人们在一个复杂的社会系统中一起工作，创造出有价值、有用的产品、服务、创意、程序或流程的能力。

图 4-3 所描述的模型是较早的一个组织创造力模型。该模型主要包括“人”“过程”“环境”“产品”“创造性改变”等因素。

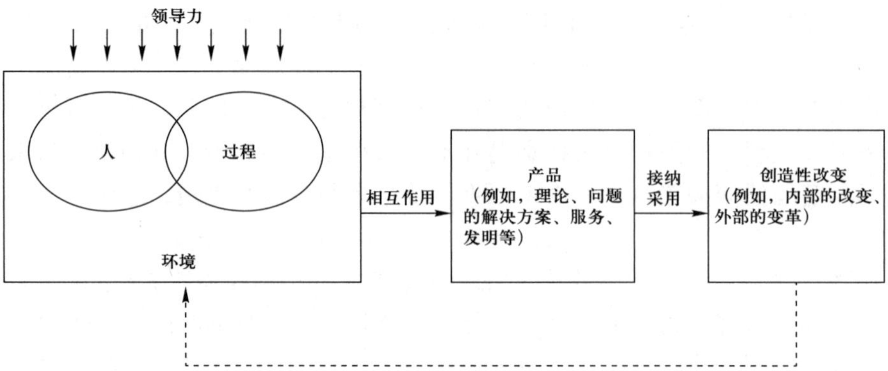

图 4-3　组织创造力模型

人：指的是个体的技能、知识、背景、动机等。

过程：是指当人们独自工作或和他人合作去创造性地应对工作中的困境和机会时，进行思考的阶段。

环境：包括人们工作时的物理环境和心理环境。

产品：人、过程与环境相互作用，就会形成无形或有形的“产品”（例如，理论、问题的解决方案、服务、发明等）。直到创新型思考的产品被接纳采用，创造的努力才完全被实现。

创造性改变：包括内部的改变，如成本降低、改进政策与程序、建立新的商业模式等，外部的变革，即具有强大吸引力的产品（如创新的产品或服务）将引发市场的重新洗牌。

组织创造力模型是一个循环往复的模型，内部的改变和外部的变革会对组织产生重大影响，并潜在地影响人、过程和环境。而在这个过程中，“领导力”对“创造力”起着调节作用：积极的领导行为可以提高组织中人的创造力；消极的领导行为可以抑制组织中人的创造力。

三、组织创新工具

为了更好地开展创新，组织往往需借助一些思维工具。以下列举了一些常用的组织创新工具。

（一）战略布局图

战略布局图源自金伟灿（W. C. Kim）和莫博妮（R. Mauborgne）合著的《蓝海战略》[①]，是实现价值创新的有效分析工具。它可以让组织决策者或创新团队清楚地看到，现有产品和服务，以及潜在的创新将给客户带来何种价值。

价值创新是蓝海战略的基石。当组织行为对组织成本结构和客户价值同时带来正面

① KIM W C，MAUBORGNE R. Blue ocean strategy［M］. Boston：Harvard Business School Publishing Corporation，2005.

影响时，价值创新就在这个交汇区域得以实现。成本节约通过取消或压缩某些竞争因素而发生，而随着时间的推移，由价值创造所带来的规模效应会进一步促进成本的，从而为组织的获利及发展带来巨大和深远的影响。

为了构建买方价值元素，塑造新的价值曲线，金伟灿等人开发了一套“剔除—减少—增加—创造”四步动作框架。其中，四个问题对挑战产业的现有战略逻辑和商业模式至关重要：哪些被产业认定为理所当然的元素需要被剔除？哪些元素的含量应被减少到产业标准以下？哪些元素的含量应被增加到产业标准以上？哪些产业内从未提供过的元素需要被创造？

第一个问题可帮助组织剔除所在产业中长期竞争攀比的元素。这些元素经常被认为是理所当然的，然而它们可能不再具有价值，甚至还减少了价值。有时，买方所重视的价值出现了根本性的变化，但有关组织不采取相应行动来应对这种变化，甚至都没有发现这种变化。

第二个问题可促使组织做出决定，看看现有产品或服务是不是只为打败竞争对手而在功能设计上过头了。在这种情况下，组织给客户的超过了客户所需要的，陡然增加了组织的成本却没有好效果。

第三个问题可促使组织发掘和消除产业中客户不得不做出的妥协。

第四个问题可帮助组织发现买方价值的全新源泉，以创造新的需求，改变产业的战略定价标准。

其中，最重要的就是剔除和创造两个动作，它们可使组织超越以现有竞争元素为基础追求价值最大化的境界，并促使组织改变竞争元素本身，从而使现有的竞争规则变得无关紧要。

（二）头脑风暴法

奥斯本（A. F. Osborn）于1942年在《如何想出》一书中首次介绍了他的公司曾经用过的团体思考方法——头脑风暴法，很好地减少了心理定势和过早评判的负面影响，使得团体创造力得以体现后，他又在《应用想象：创造性问题解决的原则和程序》一书中概述了头脑风暴法，头脑风暴法从此变得流行。

头脑风暴法的原则是：追求数量；延迟评判；鼓励奇思；组合完善。

头脑风暴法的流程是：前期准备；热身启动；创意激荡；形成方案。

团体头脑风暴法的条件有：参加人员有异质性，不同视角、不同知识背景可以为创造性设想的产生和碰撞提供更大的空间和可能；主持人（协调员）训练有素；个体头脑风暴和团体头脑风暴、独立思考和集体研讨结合使用，通过双重思考提高创造思维的功效。①

随着计算机和互联网技术的发展，头脑风暴法也有了新的发展——电子版头脑风暴法

---

① 保罗斯，尼斯塔特．团体创造力：通过合作创新［M］．罗玲玲，李家坤，任巧华，译．沈阳：辽宁人民出版社，2007.

（electric brain storming，简称 EBS）。

（三）水平思考和平行思考

德博诺（E. De Bono）认为人的创造力不关乎机会、气质或天赋，创造力是可以训练和培养的。他对思维和创造力进行了开创性的研究和教育培训，先后提出了水平思考、平行思考和六顶思考帽（six thinking hats）的概念和方法。他把六顶思考帽的方法作为平行思考的工具之一。

所谓六顶思考帽，是指使用六种不同颜色的帽子代表六种不同的思维模式（如表 4–2 所示），任何人都有能力使用这六种思维模式。需要注意的是，六顶思考帽不代表六类人，而是代表六种思维方式。

表 4–2　六顶思考帽的特点

序号	类别	特　点
1	白色思考帽	白色是中立而客观的。戴上白色思考帽后，人们只是关注事实和数据
2	黄色思考帽	黄色代表价值与肯定。戴上黄色思考帽后，人们从正面考虑问题，表达乐观的、满怀希望的、建设性的观点
3	黑色思考帽	戴上黑色思考帽后，人们可以运用否定、怀疑、质疑的看法，合乎逻辑地进行批判，尽情发表负面的意见，找出逻辑上的错误
4	红色思考帽	红色是情感的色彩。戴上红色思考帽后，人们可以表现自己的情绪，人们还可以表达直觉、感受、预感等方面的看法
5	绿色思考帽	绿色代表茵茵芳草，象征勃勃生机。绿色思考帽寓意创造力和想象力，具有创造性思考、头脑风暴、求异思维等功能
6	蓝色思考帽	蓝色思考帽负责控制和调节思维过程。戴蓝色思考帽的人负责控制各种思考帽的使用顺序，规划和管理整个思考过程，并负责得出结论

1．水平思考①

德博诺认为，大脑是一个自我组织的信息系统，其特点就是创造出模式并使用模式，这是大脑之所以高效的根本原因。一旦模式高效，“熟能生巧”，大脑就喜欢“驾轻就熟”，不易改变模式，这也是需要水平思考的根本原因。我们需要“触类旁通”，需要改变思维的方向和模式，开辟更多有效的路。

水平思考是相对于垂直思考提出的。垂直思考是基于逻辑的思考。水平思考和垂直思考是一根棍子的两头，两头是截然相反的。在实际的思考过程当中，通常两种方式兼而有之，并且会交替使用。

水平思考让人发现观点，垂直思考让人深入探索这个观点。水平思考本身很少能够

① 德博诺．水平思考的力量［M］．周悬崖，译．北京：中信出版社，2008：1–30.

提供实际解决方案，通常它只提供一种新的视角，或者将人从固有观念的束缚中解救出来。只有善用两者，才能进行有效的思考和创造性的思考。

2. 平行思考

德博诺还提出了平行思考的方法。平行思考主要是相对于论证或对抗性思考而言的，也是水平思考的进一步发展。传统的论证或对抗性思考，每一方都采取不同的立场，并且寻求击败对方，证明另一方的观点是错误的。

德博诺认为，对抗性思考完全缺乏建设性、创造性或设计元素，仅企图发现“真理”，而不是创建什么东西。用平行思考，即两方（或多方）在同一个方向上思考，这是一种合作性和协调性的思考。这个方向本身可以被改变，以达到对情境的全面扫描，但在每一时刻，每一位思考者和其他思考者保持方向上的平行。执行平行思考的简单可行的方法就是六顶思考帽，这种方法既可以提高思考的速度，又非常富有建设性。

（四）思维导图

博赞（T. Buzan）在著作《启动大脑》中首次提出了思维导图的概念。随着时间的推移，据估计，全世界使用思维导图的人数已经超过 2.5 亿。①

思维导图主要是基于对大脑的研究，尤其是对大脑的神经元之间的突触联系和左右脑不同的功能的研究，开发出的基于图形、颜色、线条、维度等的发散性思维工具（如图 4–4 所示）。“一图值千字。”这样就可以充分发挥左脑的逻辑思维和右脑的形象思维，而且将所思图形化，激发概念间的联系、创造。

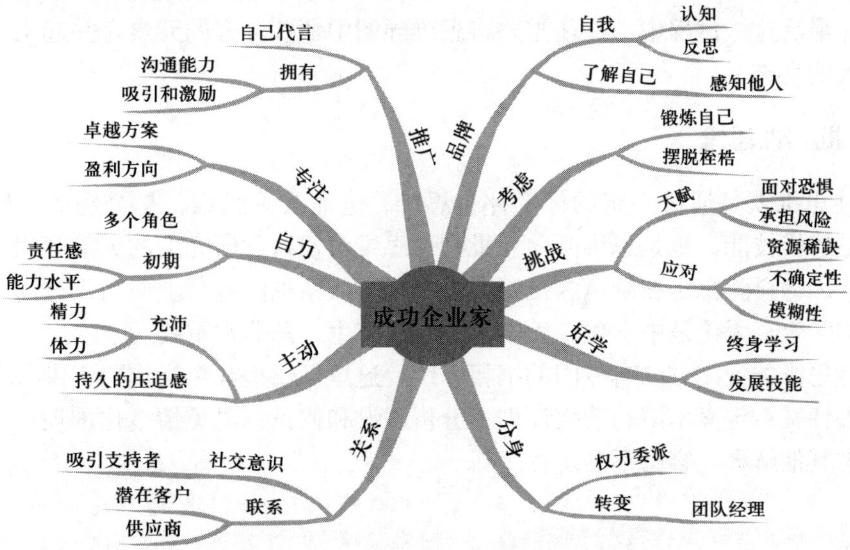

图 4–4　思维导图范例

① 博赞 T，博赞 B．思维导图［M］．叶刚，译．北京：中信出版社，2009：76–77．

思维导图的绘制需依循如下规则：从一张白纸的中心开始绘制，周围留出空白；用一幅图像或者画面来表示中心思想；在绘制中使用颜色；将中心图像和主要分支连接起来，然后把主要分支和二级分支连接起来，以此类推；让思维导图的分支自然弯曲而不是呈直线；在每条线上使用一个关键词；自始至终使用图形。一些电脑软件可以帮助我们便捷地绘制思维导图，如 Xmind、Mindmaster 等。

思维导图可以用来完成多种智力活动任务，包括：决策、组织自己和别人的观点、记忆、创造性思维、头脑风暴，以及集体思维等。思维导图被用于创造性思维时，主要经历如下五个阶段。

速射一张思维导图，即用最快的速度绘制一张思维导图。在一张空白纸的中央画一张主题图，然后从这个中央点出发，把自己能够想得起来的所有点子都沿着它放射出来，尽可能在 20 分钟内让思维奔涌，突破习惯思维模式，鼓励新的、荒诞的念头。

第一次重构和修正。短暂休息一下，让大脑安静下来，好好整合一下到目前为止生成的所有观念。然后，再画一张思维导图，在里面辨认出主干或者基本概念，合并、归类、建立层级，找到新的联想，在完整的思维导图中再一次考虑“愚蠢”或“荒诞”的一些想法。思想越不受约束，结果就越好。重构会激发新的灵感和洞察。

沉思。顿悟经常出现在精神松弛的时候，如散步、跑步、睡觉。所以，需要有一段时间的沉思。

第二次重构和修正。经过沉思之后，大脑对第一幅和第二幅思维导图可能会产生一些新观点，这时候，再画一张全面的思维导图，巩固新发现的创意。

最后阶段。在这个阶段，得寻找答案、决定或者结果了。这也是最初创造性思维的目的所在。在最后这一过程中，往往需要将思维导图中那些分开的元素合并起来，以期有新的发现和大的突破。

（五）批判性思维

批判性思维就是通过一定的标准评价思维，进而改善思维，是合理的、反思性的思维。它既是思维技能，也是思维倾向。批判性思维对于科学研究上的突破和创新具有很重要的价值，因为科学总是在继承和批判前人的成果或结论的基础上向前迈进的。而且，对当今中国的学生，无论是中学生、大学生还是研究生，都非常重要。

批判性思维的使用方法有专门的书籍介绍。这里仅仅提几个操作要点供参考：提出问题，愿意去怀疑；定义术语；搜集证据；分析假设和偏见；避免情绪化推理；不要过分简单化；考虑其他解释；容忍不确定性。

案例学习：

案例名称：《互联网保险公司组织结构创新分析——以“众安保险”为例》。

案例来源：马正昕．互联网保险公司组织结构创新分析：以“众安保险”为例［J］．中国保险，2020（2）：53-58.

案例思考题：

众安保险的组织结构具有哪些典型的特点？

众安保险的组织结构属于哪种类型？

众安保险在组织创新方面采用了哪些策略？

众安保险的组织创新给我们带来了哪些启示？

本章小结

组织被视为一个开放的社会技术系统：组织是一个开放的系统，组织是一个社会技术系统，组织是一个整合的系统。构成组织的要素有：目标、人力资源、时间、信息、环境等。组织运行的基本原则是：目标一致性原则、分工协作原则、责权关系原则、信息畅通原则。组织具有多种功能：分配工作；确定责权关系，促进沟通与协调；构建分工协作体系，提高效率和工作的质量；培养能力。

组织结构是组织内的全体成员为实现组织目标，在管理工作中进行分工协作，在职务范围、责任、权力方面所形成的结构体系。组织结构的理论包括古典组织结构理论、新古典组织结构理论和现代组织结构理论。

在当前的组织结构中，最常见的类型有：职能型结构（U 型）、事业部型结构（M 型）、控股型结构（H 型）和网络型结构（N 型）。管理者在设计组织结构时，必须考虑六个关键因素：工作专门化、部门化、命令链、控制跨度、集权与分权、正规化。影响组织结构设计的因素有：技术创新的要求，环境不确定的影响，愿景目标与战略规划的选择，组织发展的阶段。

鉴于组织处在始终变化的环境之中，组织作为一个系统要想保持连续性，就必须具备一定的创新能力。熊彼特认为创新就是建立一种新的生产函数，即实现生产要素和生产条件的新组合，包括五种情况：引入一种新的产品或提供产品的新性能；采用一种新的生产方法；开辟一个新的市场；获得一种原料或半成品的新的供应来源；实行一种新的组织形式。米基利提出，建构一个组织创新系统需完成五个关键任务：颁布创新宪章，选拔、筹备一个合适的团队，与客户共同创造，变革组织以执行创新，为创新建立市场。组织创新的阶段门模型把产品创新项目的整个过程分为七个阶段：构想产生、构想评估、产品/市场定位、原理性模型开发、样品开发、试生产与试销、正式投产与上市。常用的组织创新的工具有：战略布局图、头脑风暴法、水平思考与平行思考、思维导图和批判性思维。

思考与练习

1. 作为一个系统，组织一般包含哪些要素？
2. 如何评价组织结构的优劣？
3. 举例说明组织发展阶段对组织结构类型的影响。

本章参考文献

4. 讨论各种组织结构的优缺点。

5. 试论述组织创新的意义。

6. 选择一种组织创新工具，分析组织应对“用工短缺”的有效策略。

课外拓展

1. 钱小东，张海涛．中国企业组织结构对组织创新气氛的作用机制研究［J］．企业经济，2017，36（2）：37-44.

2. 李碧影，祁荣珊．中小互联网企业组织结构变革探究：以A企业为例［J］．中国市场,2018（20）：100-101.

3. 符靖．大数据时代下企业组织结构设计与管理变革［J］．品牌研究，2018（3）：160-161.

4. 董晓飞．互联网企业组织结构类型的选择与比较［J］．企业改革与管理，2019（1）：8，14.

5. 秦静．基于新经济视角的企业组织创新研究：以韩都衣舍为例［J］．企业改革与管理，2020（7）：40-41.

第五章

目标管理心理

学习目标

- 了解目标的概念与类别
- 熟悉影响目标的心理因素
- 解释目标的心理功能
- 掌握组织进行目标管理的阶段

知识导图

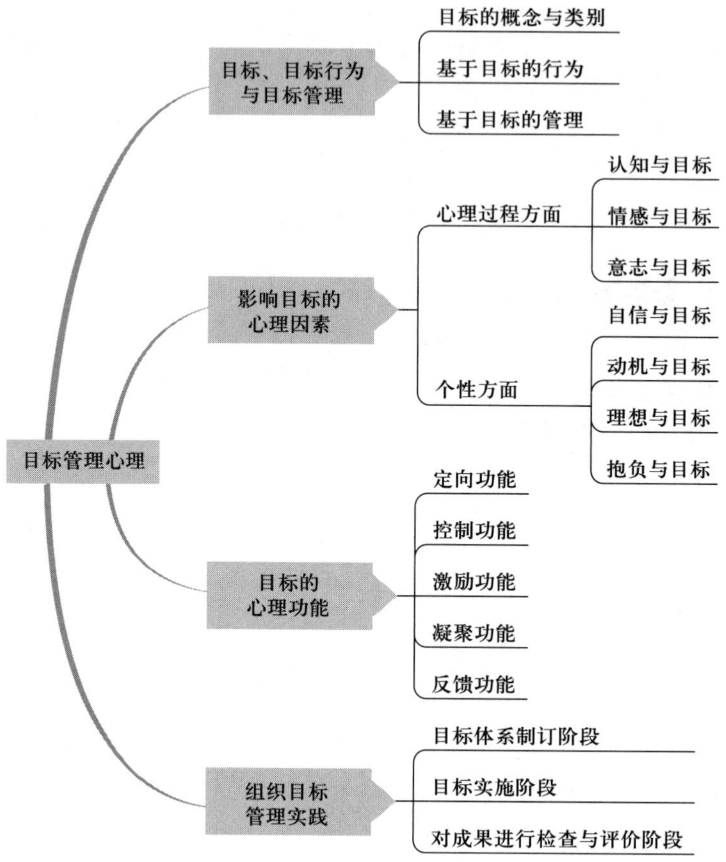
目标管理心理
目标、目标行为与目标管理
目标的概念与类别
基于目标的行为
基于目标的管理
影响目标的心理因素
心理过程方面
认知与目标
情感与目标
意志与目标
个性方面
自信与目标
动机与目标
理想与目标
抱负与目标
目标的心理功能
定向功能
控制功能
激励功能
凝聚功能
反馈功能
组织目标管理实践
目标体系制订阶段
目标实施阶段
对成果进行检查与评价阶段

章前引例

每次只追前一名①

有一个女孩，小的时候由于身体纤弱，每次体育课跑步都落在最后。这让好胜心极强的她感到非常沮丧，甚至害怕上体育课。这时，女孩的妈妈安慰她："没关系的，你的年龄最小，可以跑在最后。不过，你记住，下一次你的目标就是：只追前一名。"小女孩点了点头，记住了妈妈的话。再跑步时，她就奋力追赶她前面的同学。结果从倒数第一名，到倒数第二、第三、第四……一个学期还没结束，她的跑步成绩已达到中游，而且她也慢慢地喜欢上体育课了。

接下来，小女孩把"只追前一名"的理念，迁移到学习中。妈妈告诉她："如果每次考试都超过一个同学的话，你就非常了不起啦！"就这样，女孩的妈妈始终以"只追前一名"的理念引导和教育女孩。在这种理念的引导下，这个女孩于2001年从北京大学毕业，同年4月被哈佛大学教育学院以全额奖学金录取，成为当年哈佛教育学院录取的唯一一位中国本科应届毕业生。

思考题：

（1）"只追前一名"的教育理念与小女孩的成功有何关系？

（2）结合目标管理的相关理论，分析"只追前一名"教育理念的合理性。

分析要点

① 程显龙．每次只追前一名［J］．教育科学论坛，2013（6）：26．有修改

微课导学

根据功能主义的观点，社会组织就是人们为了实现共同的特定目标而组合起来的社会群体。所有社会组织都会有明确的目标，没有明确目标的社会组织是不存在的。能否可持续地实现组织目标，是衡量组织活动成效大小的标准。要促进组织系统中所有要素都能围绕组织目标而运行，需要有效的管理，包括所有组织成员的目标管理、群体或部门目标的管理和组织目标的管理。本章主要介绍不同层面或不同类型的目标管理中的心理现象及规律，特别是目标管理的重要理论，如期望理论和目标设置理论等，以及这些理论的作用及其在管理中的应用。

第一节 目标、目标行为与目标管理

任何系统或子系统（要素）的运行，都是为了实现相应的目标。组织作为一个系统，也有自己的目标。组织中各子系统开展的所有管理活动，都应围绕组织目标来开展，而衡量各种管理活动有效性的根本指标就是该活动是否促进了组织目标的实现。鉴于此，有必要就目标本身及其与管理的关系进行讨论。

一、目标的概念与类别

目标是组织（或个人）开展各种活动预期要达到的目的或结果。按照不同的标准，目标可进行不同的分类。

按照主体的层级特征，目标可分为个体目标、群体（团队或部门）目标、组织目标。顾名思义，个体目标是个人想要达成的目标；群体（团队或部门）目标是某个群体（团队或部门）想要达成的目标；组织目标，就是特定组织要实现的目标。衡量一个组织系统是否稳定、运行状态是否健康，关键是看其组织目标能否顺利实现。对一个组织而言，实现组织目标额外重要。事实上，对一个组织而言，进行管理的本质就是：在特定的环境条件下，以人为中心，通过计划、组织、指挥、协调、控制及创新等手段，对自身所拥有的人力、物力、财力、信息等资源进行有效的决策、计划、组织、领导、控制，以期高效地达到既定组织目标的过程。正因如此，确定出适合组织发展目标，并围绕组织目标进行有效的管理和安排非常重要。

按层次分，目标可分为愿景、使命和具体目标。愿景是未来所要达到的一种状态和描述这种状态的蓝图。组织的愿景产生于全体成员的个人愿望之上，是组织未来发展的蓝图。个人愿景是个人对自己未来发展的一种愿望。愿景与价值观密切联系。价值观反映的是组织对社会与自身的一种总的看法，组织价值观将会引领组织建立自身的组织追求和组织行为。个人愿景植根于个人的价值观。并不是所有的人都有明确的愿景。有的人浑浑噩噩虚度一生；有的人志向高远，执着追求，成为社会有用之才。使命是未来要完成的任务。使命代表了组织存在的根本理由。明确使命能使员工建立责任感和自豪感，会产生持久的内在动力。员工遵守、信奉组织使命，会使组织保持活力。组织缺乏使命，注定要被市场抛弃。因此，现代企业都十分重视明确自身的使命（如表5-1所示）。愿景、使命的建立，使组织（个人）的发展有了出发点、原动力和前进的方向。德鲁克说：并不是有了工作才有目标，而是有了目标才能确定每个人的工作。因此，愿景和使命还必须转化为具体目标，对实现使命的步骤、阶段条件做出具体规定。

表5–1 一些公司的使命表述

公司名称	使命
微软	激发个人潜能，实现企业潜力
联想	为客户利益而努力创新 创造世界最优秀、最具创新性的产品 像对待技术创新一样致力于成本创新 让更多的人获得更新、更好的技术 最低的总体拥有成本，更高的工作效率
中国移动	创无限通信世界，做信息社会栋梁
谷歌	整合全球信息，使人人皆可访问并从中受益
惠普	为人类的幸福和发展做出技术贡献
通用电气	以科技及创新改善生活品质
阿里巴巴	让天下没有难做的生意
华为	聚焦客户关注的挑战和压力，提供有竞争力的通信与信息解决方案和服务，持续为客户创造最大价值

此外，目标还可根据时间，分为长期目标、中期目标和短期目标；根据数量，分为单元目标和多元目标；根据稳定性，分为静态目标和动态目标；等等。目标具有自身特定的属性。管理心理学认为目标具有预测性、可计量性、具体性、可接受性、困难性和激励性等特点。从这一系列特性来看，作为一种活动的预期结果，目标与其实现的过程存在着十分密切的关系。

二、基于目标的行为

目标导向理论是由豪斯（R. House）提出来的。该理论认为，人的行为既是人对刺激的反应，又是通过一连串的动作实行预定目标的过程。通常，任何行为都有其动机和目标。动机是激发和维持个体进行活动，并使该活动朝向某一目标的心理倾向或动力。

依据目标导向理论，人的行为可分为三类：目标导向行为，指为寻求达到某种目标而表现出来的行为；目标行为，即达到目标、满足需要的行为；间接行为，指为满足将来的需要而出现的行为。

目标导向理论认为，要想达到任何一个目标，就必须经过目标行为。而要进入目标行为，就必须先经过目标导向行为。

研究发现，动机强度会随着目标导向行为的变化而变化，越接近目标，动机强度越强，直至目标达成或遭受挫折方止。但是，在这个过程中，如果预定的目标太高，难以实现，或者目标太远，不够实际，都将使人的兴趣减弱。此外，如果目标缺乏挑战性，则会使人感到“平淡无奇”或“唾手可得”，也会失去兴趣，降低激励的力量。人们对历经艰难而取得的成绩，会有一种成就感、胜利感，这会激励他们去争取更大的胜利。

对于目标行为而言，一旦开始，动机的强度反而有逐渐减弱的趋势。也就是说，目标导向行为和目标行为对动机强度的影响是截然相反的。为了解决这一矛盾，使动机强度经常保持在一个较高的水平上，就必须交替运用目标导向行为和目标行为。当一个目标实现后，应适时地提出新的更高的目标，以便进入一个新的目标导向过程，从而使动机强度维持在较高的水平上，使人保持一种积极的精神状态。鉴于此，对于那些大目标，要想保持其最大的和持久的激励效果，一个可行的方法就是将大目标分解成若干小目标，并将导向过程分成几步。通过逐步实现各个小目标的办法，实行定向控制，最终达成大目标。这种方法就是人们所说的“大目标，小步子”。

因此，目标导向行为是一个选择、寻找和实现目标的过程。管理者要不断地向组织成员提出富有挑战性的目标，并为其提供实现目标的条件和机会，引导其实现一个又一个更高的目标。

三、基于目标的管理

目标在管理中的地位十分重要，主要体现在对管理的控制环节。但是，作为活动的预期目的和结果，目标对管理的重要作用又不仅限于此。目标可以通过激发人的需要、动机等对管理活动主体——人发生作用，这种作用将贯穿管理的所有环节，使得管理活动获得最佳效益。目标管理的思想和方法就是基于目标对管理的重要作用而提出的。

目标管理是对组织（或个人）活动的全过程实行全面综合管理的科学方法，它是管理者以预定最优的最终效果为目标，通过实施和评价等手段，调动和激励成员的工作积极性，使组织的各项管理都围绕组织目标的实现而统筹活动。

德鲁克对目标管理理论的形成做出了巨大贡献。他于 20 世纪 40 年代在纽约大学演讲时，首次明确提出了“目标管理”这一概念。1954 年，德鲁克进一步提出了“目标管理与自我控制”的主张。他认为，组织的各级主管必须以“目标”来统合各个成员的工作，以达成组织的总体目标。如果没有计划良好、方向一致的分目标来指导各人的工作，组织就会发生各种各样的冲突和浪费，从而影响组织整体功能的发挥。因而，每一个成员都必须了解组织的总体目标，明了自己在实现组织目标中的作用和地位，将个人目标与总体目标结合起来，在实现个人目标的同时推动总体目标的达成。

继德鲁克之后，对目标管理理论产生重大影响的是奥迪奥恩（G. S. Ordiorne），他指出：在目标管理系统中，组织中的管理者一起确定组织的共同目标，根据预期效果规定成员的主要职责范围，并用这些衡量尺度作为组织经营的指导方针和成员所做贡献的标准。至此，目标管理的思想与方法开始为工商界所广泛接受。其后，目标管理理论的应用范围突破了原先的疆界，在其他组织管理领域中得到了普遍的认同和应用。

第二节 影响目标的心理因素

人是组织系统中最重要的要素。不仅组织有目标，组织成员也有属于自己的目标。对于组织成员来说，组织目标既是其认知的对象，也是影响其心理与行为活动的因素。帮助个体形成与组织目标一致的个人目标，是组织管理的重要任务之一。本节主要介绍影响个体目标行为及管理活动的心理因素，包括心理过程方面的影响因素和个性方面的影响因素。

一、心理过程方面的影响因素

（一）认知与目标

1．认知与思维

在目标行为及管理中，人的认知水平发挥着重要作用，其中，个体的思维方式发挥着重要作用。

人的认知活动能得以顺利进行，必须具备一定的条件。心理学将人们进行认知活动所必须具备的心理条件的总和称为一般能力或智力。智力是由多种因素构成的，其中，最基本的因素是观察、注意、记忆、思维和想象，而思维是智力的核心。

思维是人脑对客观事物的间接的和概括的反映。作为人类所特有的理性认识过程，思维借助语言这一工具对客观事物进行由表及里、由此及彼、去粗取精、去伪存真的分析和综合，以求揭示事物的本质特征和内部规律。由于受知识、观念和习惯等因素的影响、制约，不同的人会形成不同的思维方式。

所谓思维方式，是指人们在实践的基础上形成的相对稳定的思维方法、思维程序和思维习惯。正确的思维方式有助于人们发现问题、开阔思路，提高思考的速度和判断的准确度；错误的思维方式则会使人思想僵化、心胸狭窄、缺乏活力。

2．思维在目标活动中的作用

管理者的思维方式在目标管理中的作用，集中表现在对目标的确定、预测、实施和解释上。

（1）思维对目标的确定作用

人们的思维方式多种多样，有单维型思维方式、多维型思维方式、再现型思维方式、创造型思维方式等。不同的思维方式对于不同的行为目标具有不同的指导作用。例如，单维型思维方式在确定行动目标时，就只有一个指向、一个角度、一种线索和一种结果。这种思维方式片面和刻板，常常不能适应复杂多变的环境需要，容易导致目标活动的失败。实践证明，许多重大的经济、政治上的失败，与人们单维型思维方式的片面指导是直接关联的。如果能够把单维型思维方式与多维型思维方式有机结合起来，形成优势互补，从时空的上下、左右、前后的立体交叉点上来确定行为目标，就能有效地摆脱单维型思维方式的局限性，建立起一个充满活力、富于竞争的多元目标体系。

（2）思维对目标的预测作用

思维方式对行为目标的指导作用表现在人们对行为目标的预测上。人们按照一定的思维方式，并以过去的事件或信息为依据，推断或判断未来的事态，从而对未来目标的可行性做出科学的预测。人们要准确地预测目标，就需要善于变换各种思维方式。在管理的发展历史上，依靠经验思维的观察方法获得组织目标的成功不乏其例，但是，经验思维造成的失败也不鲜见。只有整合各种思维方式的优势功能，才能科学地指导对未来目标的预测工作。

（3）思维对目标的实施作用

思维方式对行为目标的指导作用也表现在思维方式为人们有效地实现行为目标规定具体的行动步骤、措施和方案。人们在实现目标时，必须灵活地运用各种思维方式。这是因为在不同思维方式的指导下，会形成不同的行动步骤和方案，产生不同的行为结果。

（4）思维对目标的解释作用

用思维的工具——语言解释目标是思维方式指导行为目标的又一个主要表现。合理、可行的目标需借助恰当、精练、形象的语言来表述才能被人接受和认同。例如，某工厂“生产 500 台电脑”的季度目标——这意味着什么呢？是不管质量的好坏，只要生产 500 台电脑就行了，还是不能生产 501 台呢？通过分析“生产 500 台电脑”的含义，我们会发现——“生产 500 台电脑”仅是目标的一部分，而不是目标的全部含义或最终目标。于是，我们必须以此为出发点，把“生产 500 台电脑”这一不明确目标变成明确的目标。只有用精确的语言把目标完整地表述清楚，才能统一人们的思想和行动。一般，对上级下达的目标，无论看起来多么正确，也不能省略用自己的语言说明内容，并对这个目标进行再定义的过程。

（二）情感与目标

1．情感的概念

情感是指人对客观事物是否符合人的需要而产生的态度体验。人们在认识世界和改造世界的过程中，总要与客观现实发生联系，接收各种外界的刺激。人对外界的刺激，总是持有一定的态度：赞成或反对、肯定或否定、亲近或疏远……这种态度倾向如果被主体体验到了，就表现为某种情感。这种情感与人的目标行为有密切的关系，它既依赖目标的激励，又以自身的品质特点反作用于目标。

2. 情感对目标活动的作用

情感在目标活动中有着重要的作用。

首先，积极的情感是人们目标活动的直接诱因。恩格斯曾指出："在社会历史领域内进行活动的，全是具有意识的，经过思虑或凭激情行动的、追求某种目的的人。"① 人们在认识世界和改造世界的目标活动中并不是无动于衷、麻木不仁的，而是要受特定的情感激化和支配的。没有目标活动之前的情感激化和渲染，就谈不上目标活动的诱发进而选择目标行动。

其次，积极的情感在目标活动中具有选择作用。人们的目标活动总是在一种特定的情感心理状态下或处于一定的情感层次上有选择进行的。如马克思所说："忧心忡忡的、贫穷的人对最美丽的景色都没有什么感觉；经营矿物的商人只看到矿物的商业价值，而看不到矿物的美和独特性；他没有矿物学的感觉。"② 人们对于同一事物或现象的认识，由于每个人的情感志趣不同和情感层次不同，会选择不同的认识角度和行动目标，即便是同一个人，在不同的情感状态下对行为对象的选择也有所不同，甚至截然相反。人们在产生比较积极的情感的时候，很容易对目标的确定和选择做出联想或假设，从而提出若干个目标，通过比较、评估，选择出最优目标。没有人的积极情感，就没有也不可能有对最优目标的追求。

最后，积极的情感在目标活动中具有内控作用。情感在目标活动中的作用，本质上是通过内控来实现的。上述的诱发作用和选择作用，实际上都是情感的自我控制的结果。这里的内控作用，是指某些稳定情感，如民族感情、爱国主义、良心等，潜移默化地影响、控制人们的目标活动。人的情感并不是"狂放不羁"的。当情感状态与目标活动不一致时，人们可以通过情感的自我控制来达到与目标活动的统一。当然，情感在目标活动中内控作用的效果如何，取决于行为主体自我意识能力的高低，特别是意志力的强弱。情感作用的发挥依赖意志。

（三）意志与目标

1. 意志的品质

意志是指人们自觉地调节行动、克服困难，实现预定目标的心理过程。人们为达到某一预定目标而专心致志、艰苦奋斗的工作，便是意志的表现。意志具有自觉性、坚忍性、自制性等品质。

自觉性是指人们自觉认识行动目标及其社会意义，并主动支配自己的行动以符合预定目标的意志品质。具有自觉性品质的人根据正确的目标和社会标准行动。与此相反的是盲

---

① 马克思，恩格斯．马克思恩格斯选集：第4卷［M］．北京：人民出版社，1972：243.
② 马克思．1844年经济学哲学手稿［M］．北京：人民出版社，2018：84.

从和独断。盲从即缺乏主见，易受外界因素的干扰；独断则是固执己见，二者都是缺乏意志的表现。

坚忍性又称顽强性或坚毅性，是指人们在行动中坚持决定，不懈地克服各种困难以完成复杂艰苦的任务，达到一定目标的意志品质。具有坚忍性的人有着充沛的精力和顽强的毅力，善于排除与行动目标不符的各种因素的干扰，不畏困难和障碍，不怕挫折与失败，始终不渝，并善于长时间地坚持符合目标的行为。

自制性又称自制力，是指人们善于控制感情，适时调节行动的意志品质。自制性强的人有着很强的忍耐性，能克制自己的情绪和冲动行为，迫使自己克服困难，排除干扰，执行已选择的目标方案。与此相反，缺乏自制性的人往往控制不了自己的感情而影响目标的实现。

意志的品质不是自发产生的，而是人们在社会实践过程中逐步形成的，具有极大的可塑性。因此，每个人都应在具体工作中培养良好的意志品质。

2．意志对目标行为的作用

意志对目标行为具有调节作用：一是推动人们去从事达到预定目标所必需的行动；二是抑制与预定目标相矛盾的愿望和行动。

意志对人的行为所具有的推动和抑制作用是统一的。如意志力强的人为做好某一工作、实现某一目标，在发扬刻苦钻研、勤奋工作精神的同时，又会压抑工作失败时的痛苦，发愤图强，坚持工作。意志坚强的人既能做到“有所为”，又能够做到“有所不为”，以确保目标的实现。

3．目标与意志行动

所谓意志行动，是指人们为了实现某种预定的目标，根据自我对客观规律的认识，坚定而能动地通过克服各种困难去变革某一客观过程的实践活动。

（1）意志行动的特征

第一，意志行动与人的目标相联系。目标是预想行动的结果，是自觉的、有意识的。人们的意志水平是以提出的目标水平为标准的。目标越崇高，意志水平就越高。当然，人们的目标能否实现，还要看人们的目标和行动是否符合事物的客观规律。

第二，意志行动与克服困难相联系。为了实现预定目标，人们会遇到各种内部或外部的困难，意志行动的过程便是克服困难的过程。内部困难是指主体的障碍，即人在行动时有相反的要求，愿望的反作用；外部困难是指外在条件上的障碍。在意志行动过程中，人们需要以不达目的绝不罢休的精神，克服来自内部或外部的困难，锻炼意志。

（2）意志行动的过程

意志行为是一个复杂的心理过程，包括准备和执行两个阶段。

① 准备阶段

准备阶段，即采取决定的阶段，是意志行动之初在思想上权衡利弊的过程，包括动机斗争、确定目标、选择方法三个环节。

动机斗争。在复杂的意志行动中，人的动机是多种多样的，甚至发生冲突也在所难免。只有积极开展不同动机之间的斗争，正确解决不同动机之间的冲突，才有利于确立行动目标。动机矛盾的解决，体现出一个人的思想和意志水平。

确定目标。目标是意志行动所要达到的结果，目标在意志行动中的作用是十分重要的。人们在面对不止一个目标时，就要按照价值与可能性来进行选择，这会产生心理冲突，迫使人们仔细考虑、慎重权衡。人们确定的目标越自觉、越明确、越高尚，社会意义越大，引起的意志行动就越坚定。这里要指出的是，人们必须重视目标的适宜性。没有充分的克服困难的锻炼，太过容易实现的目标，不会发展出坚强的意志；而脱离实际，提出一些不符合实际情况的目标，即使付出艰辛的劳动也会无功而返，这往往会使人养成半途而废的不良习惯，对意志的锻炼也是有害的。因此，提出一些符合实际且具有一定挑战性的、通过努力又能够实现的目标，对于意志的锻炼是十分有用的。

选择方法。目标确定之后，必须考虑实现目标的方法。对同一目标来说，往往存在多种可供选择的方法，这就要求人们以正确的世界观和价值观，从全局利益出发，选择符合社会道德规范和法律规范的行为方式。

② 执行阶段

执行阶段，即执行决定阶段，是主观见之于客观的阶段。确定目标之后，如何付诸实施，克服困难，最终实现目标，是意志行动的更重要的阶段。执行阶段常常要求更多的意志努力，这是因为以下几个原因。

第一，执行决定的行动要求付出巨大的智力或体力上的努力，并要求忍受由行动或行动环境带来的种种不愉快的体验。

第二，积极而有效的行动，要求克服个人个性中原有的消极品质，如懈怠、保守等。

第三，在执行决定的过程中，与既定目标不符的种种动机还可能在思想上重新出现，引诱人的行为脱离预定的轨道。

第四，行动中会出现意料之外的新情况、新问题，而个体可能缺乏应对新情况、解决新问题的方法，这也会造成行动上的踌躇与徘徊。

第五，在行动尚未完成之时，还可能产生新的动机、新的目标和手段，它们会在心理上同既定目标发生竞争，从而干扰行动的进程。

所有这些因素，都是妨碍意志行动贯彻到底的困难，这就要求人们做出更大的意志努力。这种努力反映在意志品质上，就是意志的坚忍性。意志的坚忍性一方面善于抵抗不符合行动目标的主客观诱因的干扰，另一方面又善于长久地维持业已开始的符合目标的行动。当然，意志的坚忍性不等于顽固的抵抗。在执行决定过程中，坚忍性并不等于刻板行为，一旦客观条件确实需要对行动路径和行动目标做出修正时，就应当随机应变地改变行为。意志不仅表现在贯彻预定目标上，也表现在必要时当机立断地选择新的目标上。顽固、执拗、一意孤行、我行我素，都是意志薄弱的特征。

二、个性方面的影响因素

个性是具有一定倾向性的各种心理特征的总和，它反映一个人的整体的心理面貌。个性是一个复杂的、多侧面的、多层次的统一体，由两个大的方面组成：个性心理特征和个性心理倾向。

个性心理特征是指一个人身上经常地、稳定地表现出来的心理特点。它是个性中比较稳定的成分，主要包括能力、气质和性格。关于能力与目标的关系问题，我们在前文“目标与认知”中已进行了介绍，特别是对能力的核心内容——思维与目标之间的关系进行了比较详细的分析。

气质是心理活动的稳定的动力特征，而不是推动个体进行活动的心理原因。气质不仅包括情绪和动作方面的某些动力特征，还包括认知过程和意志过程的动力特征，它影响着个体活动的一切方面。具有某种气质的人，会在内容完全不同的活动中显示出同样性质的动力特征，它仿佛使得一个人的整个心理活动都抹上了个人独特的色彩。可见，气质是不以人的活动动机、目标和内容为转移的稳定的心理活动的动力特征。美国心理学家卡特尔（R. B. Cattell）指出：气质是描绘一个人在获取他的目标时如何行动的特质，它决定了一个人行为的“风格”或“节奏”。因此，我们对气质与目标的关系不进行过多的介绍。

性格是一个十分复杂的心理构成物，它由态度特征、理智特征、情感特征和意志特征所组成。在这些相互联系的性格特征中，最主要的是态度特征和意志特征，而且态度特征尤为重要，因为它直接体现了一个人对事物所特有的、稳定的倾向，也是一个人的本质属性和世界观的反映。性格的态度特征主要有四个方面的内容：对主体外其他同类（他人或集体）的态度；对工作和学习的态度；对物品的态度；对自我的态度。从性格的态度特征这一维度来审视性格与目标之间的关系，其着眼点主要定格于“自我意识”上。

个性心理倾向是人进行活动的基本动力，是个性中最活跃的因素。它决定着人对现实的态度，决定着人对认识活动对象的趋向和选择。个性心理倾向主要包括需要、动机、兴趣、理想、信念和世界观。

本节将重点介绍目标与自信、动机、理想、抱负等方面的关系。

（一）自信与目标

自信，是人类所特有的一种精神现象。它是个人或组织对自己或所属组织所具有的保证实现某个目标的主观条件的充分估计和高度自我接纳的态度。这种建立在对自我形象进行高度知觉评价基础之上的心理体验，对一个试图有所作为的人来说，无疑是一种重要的心理品质和精神源泉。如果人们在从事目标活动时，能够自己信任自己，相信自己，便能在各种不同的情况中充满信心，从而体验到自己的生活和所从事工作的社会价值。可见，自信是推动人们不断接近目标的内在动力。如果一个人很自卑，看不到自己的力量和优势，总认为自己不行、条件不好、办不成大事，久而久之，就会形成一种心理定势，给工作带来消极的影响，甚至会失去对理想目标的追求。

自信并非与生俱来的，而是以认知能力为基础和前提并在社会实践中日渐形成的自我认识和自我接纳。人们可以为自己健美的身材、华丽的衣着、庞大的家族和所在组织的优厚福利等物质自我而骄傲；也可以为自己超凡的人品、卓越的才干等精神自我而自豪；还可以为自己显赫的社会地位、繁多的社会荣誉等社会自我而得意。凡此种种，均属于自我接纳。自我认识和自我接纳密切相关，客观地认识自我的人才可能真正地接纳自我。建立在客观认识和了解自我基础上的自我接纳常给人带来自信和自尊。“知可为而为之”，这是人类对自信最普遍意义上的理解；“知不可为而不为”则赋予了人类另一番景观，这是人类对自信更深层次的理解。

自信的形成有三条主要途径：

一是要善于获得成功的体验，这是影响自信建立的最重要因素。人的需要和愿望是不断发展的，但新的目标总要以已有目标为基础。心理学研究表明，一个人的自信与其成功经验是密切相关的，一个人的成功经验越多，他所确定的目标的水准就越高，自信也就越强。反之，一个人数次努力都不能获得成功，他就可能会怀疑自己的能力，降低自己的自信。所以，对于缺乏自信的人来说，最重要的就是增加成功的经验。我们可以从小事做起，对于开始努力的目标，要加倍地细心和耐心，确保首次努力的成功，以形成良性循环的基础。

二是要正确地对待客观环境的期望和评价。人类的自信源于正确对待客观环境的期望与评价。父母的叮咛、老师的教诲、领导的嘱托等是一种期望，更是一种力量。这种外在压力一旦转化为内部动力，将会催人奋进。然而，迷信客观环境的评价尤其是权威或至亲的否定性评价，也会左右人们对自我的认识，消耗积极进取的精神，使其灵魂越来越陷入浮躁与不安，进而丧失自我，碌碌无为。因此，我们要正确对待各种外界评价，尤其是权威人士（如师长、专家、父母等）对自己的期望和评价。在听取有关意见，尤其是关系到自己命运的重大事件决策时，我们一定要冷静、细致地分析他人的评价或期望是否客观、合理，千万不能人云亦云，被无根据的舆论或所谓的权威指导左右。

三是要对自己有一个正确的认识和评价，尤其是要学会自我接纳。自我认识是指个人或组织对自身或本单位的评价和感觉。自我接纳就是在自我认识的基础上，对自己形象的满足和接受。自我接纳和自我认识是密切相关的，真正了解自己的人比较容易接受自己。建立在真正了解自己和认识自己基础上的自我接纳常给人带来自信和自尊。反之，虚假的自我接纳常使人狂妄自大，遭受挫折之后又常处于极度的自卑当中，失去追求远大目标的信心。有些人因缺乏自信而看不见自己的优势，常常毫无根据地幻想自己的许多弱点，总爱拿自己的短处与他人的长处相比较，结果往往是自卑、自哀，失去信心。存在这种情况的人，就需要看到自己的成绩，看到自己的长处，相信自己总有一技之长，要有“别人能够做到的事情，我也一定能够做到”的勇气和信心。

（二）动机与目标

1. 动机指向目标

人的行为都是由动机引起的，并且指向一定的目标。在日常生活和工作中，人们容易将目标和动机混为一谈，其实，这是两个不同的概念，它们既相互联系，又相互区别。动机是推动人们去行动的主观动因，是个体产生和维持行为，并使其导向某一目标的心理状态。动机经常以愿望、兴趣、理想等形式表现出来。目标则是行为所要达到的最终结果。动机为人们的行为提出目标，一般，有什么样的动机就会有什么样的目标。诚然，动机对目标的指向作用是在行为过程中实现的，并受到行为过程的种种条件的制约。因而，在实际活动中，动机对目标的指向关系会呈现多样性。有时，人们的目标相同，但是，为了获得不同的社会评价，推动他们达到目标的动机会大相径庭。例如，两个大学生均把考取研究生作为自己的奋斗目标，但是，他们的动机可能各不相同。同样，人们也可能用同样的动机去达到不同的目标。

2．目标激发动机

动机是由人的需要激发的，而人的需要总是存在于人与客观环境相互作用的过程之中。引起动机的主要因素有内部动力和外部动力。

内部动力是动机形成的决定因素。内部动力包括迫切的需要、一定的兴趣、远大的理想、坚定的信念、牢固的世界观等。这些因素都可以使人们产生动机。但当上述种种只是以愿望的形式存在于人的头脑时，还不能称为动机，只有主体的愿望十分强烈，并与客观现实中的具体对象建立了心理联系，激发和维持人的活动时，才能称为活动的动机，所以，动机的产生仅有内部动力还不够，还必须有外部条件（刺激），即激励或诱因。

外部动力主要有两个方面：一是目标引力，二是外部压力。目标引力是动机形成的激励因素，主要包括适宜的刺激强度，新奇、丰富的工作，有利于个人发展的条件，领导的高度信任，和谐的人际关系，优厚的工资待遇，舒适的工作环境，合理的报酬和奖赏等。实践证明，这些条件越充分，对人的吸引力越大，也就越能激发人的积极活动的动机。外部压力是动机形成的鞭策因素，主要包括必须履行的职责，领导、亲友的期望，上级的督促检查，组织的批评惩罚，经常的评比竞赛，强大的群众舆论等。外部压力是有形无形地强加给人的一种力量，迫使人们产生动机，并使动机付诸行动。

一方面，内部动力、目标引力和外部压力是不同的。其中，目标引力起激励作用，外部压力起鞭策作用，内部动力起决定作用。另一方面，三种因素相互作用，如果只有内部动力，就会失去具体、客观的目标和必要的外援；如果只有外部压力，就会失去主观能动性；如果只有目标引力，就会单纯追求“实惠”而失去正确的方向。只有三种因素同时发挥作用，方向一致地向目标推进，才能使人产生积极、稳定、有力的动机。

3．动机的培养

目标管理的任务就是通过目标导向，统一人们的思想，协调人们之间的关系，发挥人们的积极性，激发人们为实现目标而努力行动。而动机是支配人们行动的直接原因。因此，培养和激励正确的动机，成了目标管理心理的重要研究课题。正确动机的培养和激励，就是按照动机产生和发展的规律，通过一系列行之有效的思想管理工作，使人们产生高尚的、正确的动机，避免消极的、错误的动机；强化潜在的、积极的动机，抑制消极的、不良的动机。其主要方法有如下几种：

第一，提高目标引力：要使目标具有较大的社会价值和进步意义，并符合人们当前的需要。例如，宣传英雄、模范人物等典型，适当提高目标的刺激强度，确定可望又可即的活动目标，使人产生羡慕、模仿的心理。又如，正确处理好人际关系，赋予重要任务，及时给予合理的报酬和奖赏，使人产生温暖、信任的感受。再如，改善人们的物质生活水平，使人们产生舒适感等。换言之，提高目标引力，就是要使目标在健康、切实可行的基础上，既符合社会主义建设需要和社会道德规范，又符合人们的生理和心理的活动规律。

第二，增强外部压力。外因是事物发展和变化的条件，内因是事物发展和变化的依据。任何事物发展和变化都缺少不了这两个条件，动机也一样，其产生和发展，既需要内部动力，也需要外部压力。增强外部压力是多方面的，例如，规定明确的工作职责，家庭、亲友的殷切期望，定期的督促、检查，对不良动机及由此导致的结果给予必要的批评甚至惩罚，不断开展评比竞赛活动，等等。当然，增强外部压力时一定要适度。压力过大，超过个人心理承受能力时，会产生相反的效果，久而久之就会出现一种畏惧心理或逆反心理。这样，不但不利于人们产生积极动机，反而容易使原来的动机被削弱。

第三，加大内部动力。外部压力和目标引力只有被主体意识、理解和接受时，才能成为主体的需要，才具有现实的动机意义。加大内部动力主要是使人们能理解行动的目的、意义，使人们真正理解行动的价值，产生需要的迫切感。

（三）理想与目标

目标分为两种：现实目标与理想。理想与现实目标之间存在一定的差异。从心理学角度看，理想属于个性中个性心理倾向的范畴。个性心理倾向是以人的需要为基础的动力系统，它是推动个体行为发生的动力。作为个性结构中最活跃的因素，个性心理倾向决定着人们对现实的态度以及对认识活动对象的趋向与选择，较少受生理因素的影响，主要是在后天的社会化过程中，凭借需要的推动作用逐步形成和发展起来的。理想具有以下几个基本特征。

1. 理想是愿望与可能的统一

理想是人类对未来有可能实现的奋斗目标的向往与追求，这种向往与追求充分体现了人类的主观愿望，并指向未来。它是随着人类社会的产生而产生的。人类活动与动物活动的本质区别，正在于人类不是简单地适应客观世界，而是有意识地改造客观世界，自觉地为更高的目标而奋斗。对于这一奋斗目标，人们既有生动的想象内容、明确的思想认识，又怀有喜爱、赞扬等肯定的情感体验，并且有决心加以实现。理想不仅是一种奋斗目标，而且是一种有可能实现的目标。因此，理想是愿望与可能的统一。

2. 理想是现实与未来的统一

理想来源于现实，却并非等同于现实。理想是从现实出发去追求更高的目标，它意味着对现实的变革与发展，意味着创造比现实更完美、更高尚的境界。因此，理想必然高于现实，它是现实的升华，是未来的现实，或现实的未来。它向人们提出了更高的奋斗目标，展示了更美好的前景，给人们以前进的方向、进取的力量，战胜困难的信心和勇气。因此，理想便成为推动社会进步和历史发展的巨大推动力量，成为开拓进取、变革现实的精神支柱。

3. 理想是主观与客观的统一

理想是现实的未来。怎样才能由现实到达未来，从而进入理想的境界呢？“奋斗”一词便极其自然地被引入了理想概念之中。从这一意义上讲，理想不仅是一种目标，而且是一个过程，一个为实现目标而奋斗的过程，一个主观与客观辩证统一的过程。奋斗精神既是理想的内容，又是实现理想的必要条件。理想是崇高而美好的，但实现理想的道路是崎岖艰难的。只有通过艰苦努力，才可能到达理想。一般来说，理想的美好程度和实现它的艰难程度是正相关关系，理想越美好，实现它就越艰难。

4. 理想是个人理想与社会理想的统一

人们的理想具有社会历史制约性。不同历史时期、不同社会、不同阶级的人们，其理想的内涵是不尽相同的。无论社会理想，还是个人理想，无不烙上时代的印记。社会理想制约着个人理想，并非指社会理想可以替代个人理想。社会理想所提出的是整体性的奋斗目标与任务，这些目标与任务的实现无疑需要社会全体成员的共同努力。然而，人与人之间存在着个体差异，这种差异决定了必须从各自的实际情况出发，确定个人的奋斗目标和实现这些目标的具体方法与步骤。

组织在进行理想教育的过程中，还应当注意防止两种错误的倾向。一种是只讲社会理想，排斥个人理想。把追求个人理想视同个人主义，把个体对理想的追求视为“个人奋斗”。其实，个人理想与个人主义有着本质的区别，判别的标准就是如何处理个人与集体、与国家的利益关系。相符者为应当提倡的个人理想，相悖者则为应当加以制止的个人主义。另一种是只讲个人理想，而不谈社会理想。脱离社会理想的指导，个人理想往往会迷失方向，走偏道路。

（四）抱负与目标

抱负，又称志向水平，从语义上讲，抱负也可以理解为理想，但从人们习惯的理解来看，抱负应被视作理想的水平高低，它规定和影响着目标高低。国外关于抱负的研究表明，人们的抱负水平越高，其目标越高，成就结果越大。

一个人抱负水平的高低取决于个人的主观因素和外部的客观条件两个方面。从个人的主观因素看，包括个人的成就动机、成功概率、价值观、个体差异等因素；从外部的客观条件看，包括社会期望、角色影响等因素。这里主要讨论成功概率、价值观和社会期望三种因素。

1. 成功概率

成功概率是指对实现抱负的可能性的主观判断。这种判断受多种因素的制约。一是任务信息，人们对所从事活动的任务信息越明晓，资料掌握得越充分，就越可能有较高的抱负水平。二是力矩预测，即对实现抱负所需努力程度的判断。一般来说，人们对成功的判断有三种典型情况，即“1”（绝对把握）、“0”（毫无把握）和“0.5”（成败参半）。第一种情况下为无须付出多大努力就能成功；第二种情况为即使努力也一无所成；第三种情况为经过努力则可以成功，所以对人们的动机有较大的激励作用。三是能力自估，即对自身能力的估计与评价。如果一个人低估了自己的能力，他对成功概率的判断就偏低；如果一个人高估了自己的能力，他对成功概率的判断就偏高。

一般而言，成就感或失败感在心理上常常依赖并影响个人的抱负水平。达到自己所预想的水平就有成就感，达不到就有失败感。但是，把抱负水平定得过高，甚至超过了自己的能力时，即使达不到要求也不会有强烈的失败感。相反，对于容易的工作，即使成功了也不会有成就感。可见，成就感会使抱负水平提高，失败感会使抱负水平降低。

2．价值观

价值观是主体以自身的需要为尺度对客体的认识，是人们对客观事物的一种主观评价。人们的抱负水平亦受其价值观的制约。一般来说，人们的价值判断或价值评估越是准确，即主观价值标准越是符合客观的价值标准，其抱负水平就越合理。

3．社会期望

社会期望对人们的抱负水平也会产生重要影响。如果父母、老师、朋友、上级的期望较高，个体的抱负水平也会较高，反之亦然。

社会期望只有在符合个体的能力发展时才会取得最佳的效应，不管过高或过低，都会对个体的抱负水平产生消极影响，甚至会出现违背期望的逆反行为。

第三节 目标的心理功能

人是目标的主体。一个正确、合理的目标一经制订和执行，就必然会对目标主体产生各种反作用。这些反作用主要体现为定向、控制、激励、凝聚和反馈这五种心理功能。

一、定向功能

目标的定向功能是指目标能使人们的行为按照一定的指向进行。心理学把目标看成一种刺激，合适的目标可以诱发一个人产生需要。当需要与目标之间存在一定的差距时，人的心理就会处于紧张状态。在一定条件下，这种紧张状态便转化成动机，推动人们去从事某种活动，努力接近所要达到的目标。这就是目标定向功能的心理机制。因此，个人或组织行为活动的方向性总是受人们既定的追求目标的制约。一个人有了目标，便能按照目标的要求，试图集中自己的精力、智力、财力于实现目标的轨道；一个组织有了目标，就会努力把组织成员的智慧和力量引向一个共同的方向，并通过目标的展开，将组织目标层层落实到各个部门、各个班组，以及每一个组织成员的身上。

二、控制功能

目标不仅对人的行为活动具有定向功能，还能使人们有效地控制自己行为的轨迹。这里的“控制”就是指个人或组织能够通过目标衡量和检查自己工作的完成情况，纠正目标执行过程中的偏差，抑制不符合目标的其他需要，以确保既定目标的实现。目标的控制功能表现在两个方面：第一，在实现目标的过程中，组织的总体目标或个人的长远目标往往被分解为若干个具体的子目标，目标的控制功能正是通过总体目标或长远目标对各个子目标的制约作用来实现的；第二，目标管理是实现目标的过程，这种过程管理与传统的管理方法不同，主要依靠组织成员进行自主管理和自我控制。上级则是根据例外原则，只对重大问题和突发事件进行过问和干预。换言之，由于组织成员都有自己既定的目标，因而他们会进行自我控制，努力工作，最终实现目标。总之，控制功能的价值就在于人们按照目标要求能找出工作中的缺点和错误，以便加以纠正或避免。

拓展阅读

蔡氏效应

蔡氏效应（Zeigarnik effect）是目标控制功能的一个典型体现，它是指对未完成工作的记忆优于对已完成工作的记忆的现象。心理学家蔡加尼克（B. B. Zeigarnik）研究发现，当人们接受一项工作时，内心便产生一种完成这项工作的准需求。完成工作便意味着解除心理紧张，或使准需求得到满足；如果未完成工作，那么紧张状态会持续存在，直到任务完成才会被消除。所以，当员工明确自己的目标和任务后，会产生实现目标的心理倾向，促使自己付诸行动以实现目标。

三、激励功能

巨大的动力源于远大的目标。一个振奋人心且经过努力可以实现的奋斗目标，除了对人们的行为具有定向和控制功能，还具有激励功能。目标的激励功能表现在四个方面：第一，明确的目标能直接诱发人们的行为动机；第二，在人们遭遇困难和挫折时，目标赋予人们以力量，使人们勇敢地迎接挑战和克服困难；第三，当人们接近奋斗目标时，目标给人们以鼓舞，增加人们的工作热情；第四，在人们实现了一个一个具体的子目标后，目标给予人们满足感和自信，并促使人们向更高的目标迈进。

四、凝聚功能

共同的目标是群体动力的源泉。对一个组织而言，如果其部门管理者或其成员不了解组织的目标和组织赋予自己的工作目标，就会随意行动，往往会产生本位主义或各自为政，甚至会发生无谓的纠纷，相互抵消力量。而统一的组织目标能够沟通协调组织中各部门、各岗位的关系，将整个组织团结一致，增强其成员的整体观念和组织观念，促使成员相互配合、彼此协调，从而产生组织内的向心力与凝聚力。这就是目标的凝聚功能。

对个人而言，目标同样具有凝聚功能。一个人没有既定的奋斗目标，或许他会出于某种兴趣和某种冲动发生某种行为，在一定的条件下可能产生一定“成绩”，但是，这种所谓的“成绩”对行为发生者来说，绝无成就感可言。这种无目标的行为所带来的只是“无为之举”，甚至是不良后果。相反，一个人一旦确定了自己的奋斗方向，目标就会调动其精力、物力，并对此进行有效的整合，形成一股合力，为达到目标而不懈努力。

此外，目标的凝聚功能还表现为目标能够使人们在工作中自觉地把个人目标与组织目标、个人利益与组织利益结合起来。

五、反馈功能

有效的管理是一个反馈系统，将管理的各个环节（如计划、组织、控制等）连接到一起，并使其成为一个回路。因此，反馈作为管理的重要环节而成为衡量管理运作是否有效的一个重要指标。反馈什么？这仍然与目标有关。任何管理活动的运作，首先必须拥有一个既定的目标。组织正是通过一系列管理活动的开展来实施其总体目标的，这一系列活动的结果与总目标是否统一、是否匹配，就是管理反馈环节的主要内容，也是管理者更有效地进行管理活动策划或进行目标修正的重要依据。此外，总体目标可以划分为若干个子目标，这些子目标贯穿管理活动的全过程。管理活动的进展如何，也只有通过对这些子目标实施情况的反馈才能明了。这种局部的反馈有利于在管理活动的运作过程中进行活动本身或总体目标（或子目标）的修正。因此，目标的反馈功能不仅表现为对整个管理活动结果的反馈，而且贯穿整个管理活动过程。

拓展阅读

反馈效应实验①

心理学家曾做过一个著名的反馈效应实验：

他们把一个班的学生分为三组，每天学习后就进行测验，测验后分别给予不同的反馈方式：对第一组学生每天告知学习结果；对第二组学生每周告知一次学习结果；对第三组学生只测验不告知学习结果。八周后，将第一组和第三组的反馈方式对调，第二组的反馈方式不变，再进行八周实验。结果发现，反馈方式改变后，第三组的成绩有突出的进步，第一组的学习成绩逐步下降，第二组的成绩稳步上升。

这一实验说明，学习者及时了解自己学习的结果对学习积极性有强化作用，有助于提高学习的效率。

---

① 付涛．另眼看管理：74个心理学实验中的管理启示［M］．北京：中国经济出版社，2006：120.

第四节 组织目标管理实践

在组织层面上，目标管理是决策层根据上级的要求和本组织的具体情况，在广泛听取组织成员意见的基础上，制订出整个组织的总体目标，然后逐级展开并落实到岗，变成每一个成员的个人目标和实施措施，形成一个全组织、全过程、多层次的目标管理体系，以达到激发和动员组织全体成员参加制订目标并为目标的实现而奋斗的目的。具体包括如下三个阶段：目标体系制订阶段、目标实施阶段，对成果进行检查与评价阶段。

一、目标体系制订阶段

目标管理的第一阶段是目标体系制订阶段。整个组织制订一段时期的战略目标，各个管理部门制订本部门的策略目标，每一个组织成员制订自己的工作目标（方案与任务），这样，自上而下形成一个目标体系。这一阶段的工作十分重要，因为目标制订得越明确、具体，量化程度越高，对目标进行过程管理就越容易，对成果的检查与评价也就越准确、客观。目标体系的制订分为以下几个步骤。

（一）目标制订的准备

以组织的总体目标为例。组织的总体目标是组织在一定时期内各项工作的努力方向和管理目的，一般由总方针、定量目标和保证措施三个要素组成。总方针是组织在一定时期内的行动纲领。它是由组织负责人根据上级领导机关下达的工作要求和本组织现状及存在的问题来确定的。定量目标是在总方针的指引下，所制订的行动标准和定量的目标值。只有有了定量目标，才能使管理目标量化，便于协调控制和考核评比。保证措施是指为了保证达到定量目标而采取的决策和操作标准。对组织的高级管理者而言，在制订组织的总体目标（战略目标）和高级策略目标时，就必须切实把握好总方针、定量目标和保证措施。而对这三个要素的把握，首先必须掌握一切与此相关的信息。对低层次策略目标和基层目标的制订同样如此，下级管理者和广大组织成员也必须了解高层管理者所制订的目标，了解个人及部门工作对组织的影响，这样才能制订出有效的部门目标和个人目标。因此，目标的制订必须以充分而准确的信息为基础，对组织成员做好动员工作，包括提供情报和予以适当鼓励。

（二）总体目标的制订

总体目标是由高层管理者制订的，是组织成员的行动指南和努力方向，因此，总体目标的制订要明确具体、远大可行、重点突出。

首先，总体目标的制订要明确具体。目标要避免口号化、一般化，最好定量化、图表化、直观化。有些目标即使不能定量化，也要有具体要求，保证措施一定要明确：做什么，做到什么程度，什么时间完成，由谁负责，由谁检查，结果如何反馈，等等。日本管理学家德田虎雄曾说过：我总是苦口婆心地劝说，要确定明确而具体的目标；这是因为，不如此，就不可能得到你所期望的一切。德田虎雄的经验之谈是值得我们学习的。事实上，一个人只有提出了明确而具体的目标，才会想方设法地自觉朝着目标努力。如果目标是含糊的或笼统的，就无法去付诸行动。

其次，总体目标的制订要远大可行。必须用奋发向上、锐意进取的精神建立一套远大可行、具有激励性的目标体系。远大的目标能给人造成一种压力，这种压力会产生一种为目标而奋斗的动力，激发人们去拼搏、去攀登。也就是说，具有远大目标的人，常常能发挥出超过自己实力的力量。在一定意义上可以说，目标远大则成就大，目标远大则众人助。此外，目标不仅要远大，而且要恰当。所谓恰当，是指目标要符合主体的发展水平，即目标制订者要善于识别目标完成主体的能力素质特征及发展水平。

最后，总体目标的制订要重点突出。总体目标不宜过多，过多的目标易分散人们努力的方向，失去制订总体目标的意义。经验证明，总体目标要突出一两项，以不超过五项为好，以便集中力量突破关键，从而带动全面工作的提高。

（三）总体目标的展开与分解

组织的总体目标制订后，必须及时而有效地对其进行展开和分解。这项工作分为两个方面。

第一，高层管理者及时公布目标。在展开总体目标时，上级领导组织要先将其定量化、确保向下明确宣布。对下级人员委任权限会使每个人明确在实现总体目标的过程中自己应负的责任，从而在工作中实行自我管理。同时，上级领导组织在制订目标时也要与下级充分磋商后才能正式决定。否则，有可能使上级提出的目标不能正确反应下级的情况，而造成下级茫然失措、无所适从。

第二，下级根据上级的要求制订自己的工作目标。下级在充分了解上级的定量目标和保证措施后，就要着手制订自己的定量目标和保证措施。下级目标是实现总体目标的一部分，所以，下级目标必须得到上级的认可，并且接受上级的监督和检查。只有这样，才能保证下级目标紧紧围绕上级目标进行展开、分解，从而达到有效实现总体目标的目的。一般来说，越往下，目标措施越具体，特别是最末端的班组和个人的目标措施要具体确定、责任明确，易于实施。只有这样，才能有利于发挥每个人的智慧和力量。

在总体目标的展开和分解过程中，上下级之间存在着一种互动关系。高层管理者对基层管理者具有监督和指导作用，基层管理者对上级的目标有建议权。通过由上而下、由下而上的过程，组织可以实现对目标的修正，甚至放弃不现实的目标。在这一互动过程中，各级管理者会对各项目标和评价标准达成统一和默契。

把目标分解给下级员工时，应符合目标设定的 SMART 原则。SMART 是五个英文单词首字母的组合，分别是：

S 代表具体（specific），指绩效考核要切中特定的工作指标，不能笼统。

M 代表可度量（measurable），指绩效指标是数量化或者行为化的，验证这些绩效指标的数据或者信息是可以获得的。

A 代表可实现（attainable），指绩效指标在付出努力的情况下是可以实现的，避免设立过高或过低的目标。

R 代表现实性（realistic），指绩效指标是实实在在的，可以被证明和被观察；绩效指标与成员的本职工作相关联。

T 代表有时限（time bound），注重完成绩效指标的特定期限。

二、目标实施阶段

目标管理的第二个阶段是实现目标，即在一般监督下，为实现目标而进行高层管理。这种过程管理与传统的管理方法不同，主要依靠组织成员进行自主管理和自我控制。上级根据例外原则，只对重大问题和突发事件进行过问和干预。由于每一个组织成员都有自己制订的目标，因而他就会充分地发挥自己的主观能动性和创造性，努力实现自己的目标。上级只需要加以指导和引导，给予适当的支持，鼓励组织成员为实现自己的个人目标而努力。当组织成员的个人目标和各部门的目标实现了，组织的总体目标也就实现了。

在这一过程中，坚持填写目标实施计划表是一种行之有效的办法。一般来说，目标实施计划表编制得越详细，问题分析得越透彻，保证措施越具体、明确，成员工作的主动性就越强烈，执行就越顺利，取得的效果也就越显著。表 5–2 展示了一份目标实施计划表示例。

表 5–2　目标实施计划表示例

<table>
<tr><td rowspan="6">_____（单位）
_____（部门）
_____（小组）</td><td colspan="4" rowspan="2">____年__月__日</td><td rowspan="2">更改记事</td><td>事项</td><td></td><td rowspan="6">备注</td><td rowspan="6"></td></tr>
<tr><td>签字</td><td></td></tr>
<tr><td rowspan="4">编制者</td><td rowspan="4"></td><td rowspan="4">审核者</td><td rowspan="4"></td><td rowspan="2">更改记事</td><td>事项</td><td></td></tr>
<tr><td>签字</td><td></td></tr>
<tr><td rowspan="2">更改记事</td><td>事项</td><td></td></tr>
<tr><td>签字</td><td></td></tr>
</table>

<table>
<tr><td rowspan="2">编号</td><td rowspan="2">上级目标具体要求</td><td rowspan="2">编号</td><td rowspan="2">本部门现状及实施目标的关键问题</td><td colspan="2">保证措施</td><td colspan="2" rowspan="2">努力目标（定量目标）</td><td colspan="6" rowspan="2">实施进度（月）</td><td rowspan="2">实施中发现的问题</td><td rowspan="2">责任者</td></tr>
<tr><td>编号</td><td>内容</td></tr>
<tr><td></td><td></td><td></td><td></td><td></td><td></td><td></td><td></td><td>1</td><td>2</td><td>3</td><td>…</td><td>11</td><td>12</td><td></td><td></td></tr>
</table>

三、对成果进行检查与评价阶段

对目标实施的实际效果进行检查与评价是目标管理的最后一个阶段。当目标实施活动已按照预定要求结束时，组织就必须按照定量目标值对实际取得的成果做出评价。这种评价的目的有二：第一，为了决定赏罚，把评定结果与集体或个人的利益直接挂钩；第二，也是更重要的，是为了促进领导工作的改善，鼓励全体成员的斗志，以便为实现目标而继续努力。目标评价的基本方法和要求如下。

（一）目标实施者进行自我评定

每一个目标的具体实施者，根据制订的定量目标值和自己完成的实际情况进行评定：在达到目标过程中所采用的措施和手段是否合适，在工作条件变化的情况下，自己适应能力的大小，以及努力程度的高低等，并在此基础上认真总结经验教训，以便更好地找到提高自己工作能力、弥补自己不足的关键。目标实施者在自我评定时最好填写个人目标评定卡，如表 5–3 所示。

表 5–3　个人目标评定卡

日期：　年　月　日　　　　部门：　　　　小组：　　　　姓名：

编号	目标名称	完成日期	复杂程度	自我评定		综合评定（考核小组评议）			
				内容	打分	制订	实施	成果	总分

上级主管意见：　　　　考评小组意见：

（二）上级对评定工作的指导

对于实施者本人的自我评定，上级必须采取某种形式，如个人面谈、召开座谈会等，对下级评价活动进行指导，使之能恰如其分地评价成员，并寻找出为下一步行动定出更高标准的依据。上级只有抱有这种态度，下级才能满怀信心地征服下一个目标。

（三）考核评定小组的综合评议

各基层小组应成立群众性考评小组，秉持实事求是、公正无私的精神，根据每一个职工自己填写的目标实施计划表和个人目标评定卡的内容，对各项目标逐一进行考核评定。评议应注重实际取得的效果，并与实施者本人交换意见，以减少评定的片面性和局限性。

（四）及时反馈评价结果

及时反馈评价结果，并以一定形式与考核、奖励和表彰制度结合起来。对于那些提出较高目标后能通过努力使之完成，给组织做出贡献的成员，要给予相应的表扬和奖励。否则，不论是否努力、是否有成绩，都是同等待遇或论资排辈，即使实行目标管理，也难以取得真正的效果。

案例学习：

案例名称:《我国国有企业目标管理有效性提升研究——以D公司的目标管理现状为例》。

案例来源：张一珠．我国国有企业目标管理有效性提升研究：以D公司的目标管理现状为例[J]. 财会学习，2016（15）：227.

案例思考题：

1. D公司的目标管理主要包括哪些内容？
2. D公司在目标管理的过程中主要存在哪些问题？
3. 以D公司为例，可以采取哪些措施来提升目标管理的有效性？

本章小结

目标是组织（或个人）开展各种活动预期要达到的目的或结果。按照不同的标准，目标有不同的分类。目标在管理中的地位十分重要，目标管理的思想和方法就是基于目标对管理的重要作用而提出的。目标管理是对组织（或个人）活动的全过程实行全面综合管理的科学方法，它是管理者以预定最优的最终效果为目标，通过实施和评价等手段，调动和激励成员的工作积极性，使组织的各项管理都围绕组织目标的实现而统筹活动。

帮助个体形成与组织目标一致的个人目标，是组织管理的重要任务之一。在个体目标行为及管理活动中，存在很多影响因素，包括心理过程方面的因素，如认知、情感和意志；个性方面的因素，如自信、动机、理想和抱负。

人是目标的主体。一个正确、合理的目标一经制订和执行，就必然会对目标主体产生各种反作用。这些反作用主要体现为定向、控制、激励、凝聚和反馈这五种心理功能。

在组织层面上，目标管理一般包括目标体系制订、目标实施、对目标成果进行检查与评价三个阶段。

思考与练习

本章参考文献

1. 简述目标的概念与类别。
2. 目标的心理功能有哪些？
3. 说明影响目标的心理因素。
4. 组织开展目标管理的阶段有哪些？

课外拓展

1. 杨巍峰．管理心理学中的“期望理论”述评［J］. 心理学探新，1989（2）：60-63.

2. 储岳峰．浅析“目标管理”的激励功能［J］. 广西大学学报（哲学社会科学版），2008（S1）：175-177.

3. 严学金．浅析目标设置理论在管理中的重要性［J］. 现代传输，2013（3）：27-28.

4. 杨秀君．目标设置理论研究综述［J］. 心理科学，2004，27（1）：153-155.

5. 何继业．论以企业目标为导向的员工激励机制：唯美陶瓷集团有限公司员工激励机制建设概述［J］. 东莞理工学院学报，2007（4）：1-4.

第六章

人力资源管理心理（上）

学习目标

- 理解人力资源的概念及重要性
- 掌握人力资源管理的概念、内容、基本原理
- 了解人员招聘的目的、要素和基本原则
- 明确人员招聘的主要形式和一般程序
- 熟悉人员培训的目的、工作流程
- 解释人员培训效果不佳的原因
- 明确职业生涯管理的关键问题
- 了解人员开发的新趋势

知识导图

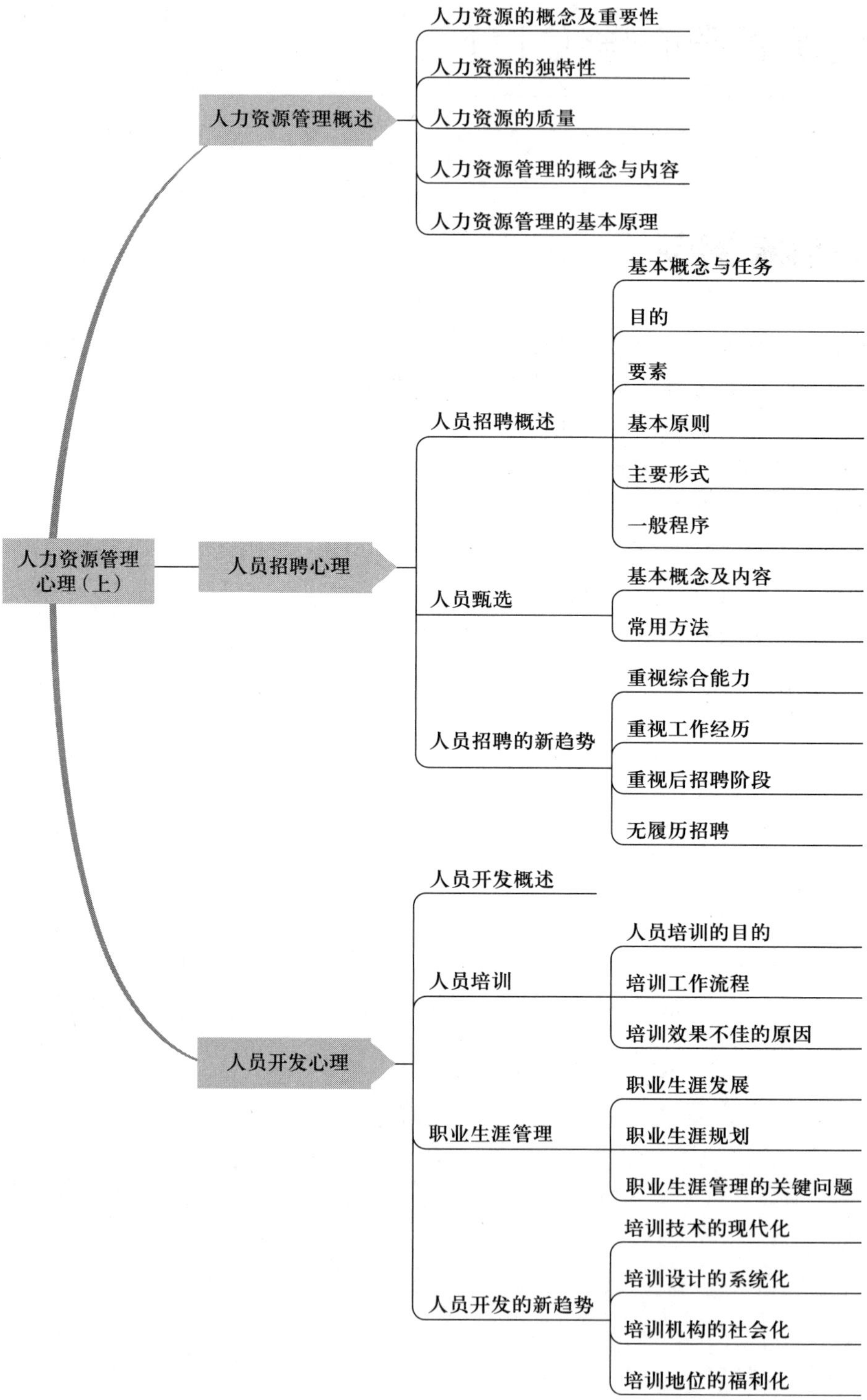
人力资源管理心理（上）
人力资源管理概述
人力资源的概念及重要性
人力资源的独特性
人力资源的质量
人力资源管理的概念与内容
人力资源管理的基本原理
人员招聘心理
人员招聘概述
基本概念与任务
目的
要素
基本原则
主要形式
一般程序
人员甄选
基本概念及内容
常用方法
人员招聘的新趋势
重视综合能力
重视工作经历
重视后招聘阶段
无履历招聘
人员开发心理
人员开发概述
人员培训
人员培训的目的
培训工作流程
培训效果不佳的原因
职业生涯管理
职业生涯发展
职业生涯规划
职业生涯管理的关键问题
人员开发的新趋势
培训技术的现代化
培训设计的系统化
培训机构的社会化
培训地位的福利化

章前引例

选人、留人、用人？①

A公司打算拓展大学市场，因此需要招聘一位熟悉大学市场的销售经理。销售总监林先生刚刚收到应聘者张某的简历。张某是由王某介绍的，王某是A公司地区销售经理中最出色的一位。

从简历上看，张某似乎是一个爱折腾的人。他在大学毕业后的8年里，没有一份固定的工作，在天津、广州、深圳、上海各待了两年，如今刚回到北京。一般来说，大多数公司都不会考虑这样的人选，但是由于王某的力荐，公司决定给张某一次面试机会。

林先生与人力资源经理等人对张某进行面试。面试官一致认为录用张某的关键在于张某能否安顿下来认真工作。张某条件优越，他的父母是大学教授，充分了解与高校教师相处的各种情况。他也是一个有能力、求进取的人。

面试后，林先生和人力资源经理都认为，张某如果能安心工作，那么会成为一名杰出的销售人员。但同时也意识到存在的危机——张某可能会继续“折腾”，即工作一段时间后选择其他职业。不过，林先生和人力资源经理决定暂时录用张某。

公司招聘甄选程序要求在最后决定录用人员之前，要对每一位应聘者进行一系列心理测试。测试表明，张某充满智慧且具有相当熟练的社交技能。然而，其余几项关于个性和兴趣的测试呈现出令A公司难以接受的状况。测试报告显示，张某有高度的个人创造力，不太可能安顿下来完全投入工作。关于他的个性和兴趣测试表明一个事实：张某不太具备对组织的忠诚度。依据这个测试结果，林先生和人力资源经理又拿不定主意了。

思考题：

（1）如果你是林先生，你会录用张某吗？

（2）对于人才的“选”“育”“用”“留”，你有怎样的理解？

分析要点

① 来源于中国人力资源开发网，有修改。

微课导学

在组织这个系统中，组织成员是最核心的要素。在组织管理中，管理主体一般是人，但是管理对象则可能是人，也可能是目标、时间、设备、材料或资金，等等。通常我们把以人为对象的管理，称为人力资源管理，一般包括“选”“育”“用”“留”四个方面。在这四个方面的工作中，管理的主体和对象（客体）都是人，存在着大量的心理现象及规律，并值得我们探索。鉴于人力资源管理在组织管理的重要性，这部分涉及的心理现象及规律非常庞多。为此，本书将在第六章、第七章、第八章先后介绍有关人力资源管理的心理现象及规律。本章除着重介绍“选”“育”两个方面的内容外，还会介绍人力资源开发的一种重要手段——职业生涯管理。

第一节 人力资源管理概述

人力资源管理，也叫人力管理，是以人为主要管理对象的管理。在这一概念里，人被视作组织可持续发展中不可或缺的一种资源。

一、人力资源的概念及重要性

现代组织竞争非常激烈，组织能在竞争中立于不败之地的关键因素是人。人有生命、有思想、有情感、有创造力，是生产力中最活跃的因素、最宝贵的资源。资源一般指一切可被人类开发和利用的客观存在，通常可分为经济资源与非经济资源两大类。经济学研究的资源是不同于地理资源（非经济资源）的经济资源。对于一个组织而言，“人的劳动”是一种不可或缺的投入。正因如此，“人”同货币、设备、原材料、能源、技术、信息等都被视作资源。对于“人”这种资源，我们称为人力资源。人力资源是指在一定时间、一定空间内，具有正常智力、能够从事生产活动的体力或脑力劳动者。

人力资源对组织的重要作用，一直被很多成功企业家强调。通用电气公司前首席执行官韦尔奇（J. Welch）在《赢》一书中写道，要让企业能“赢”，没有比找到合适的人更要紧的事情了。世界上所有精明的战略和先进的技术都将毫无用处，除非你有优秀的人来实践它。① 苏宁公司的董事长张近东说，人力资源是比货币资源更重要的资源。因此，人为先，策为后。②

但是，人力资源非常独特，只有在一定的条件下，才能最大限度地发挥出潜力，创造出相应的价值。概言之，人力资源存在质量和价值的高低，需要通过必要的管理，以提高其质量，提升其价值。

---

① 韦尔奇 J，韦尔奇 S．赢［M］．余江，译．北京：中信出版社，2005：71．

② 赵曙明，等．人力资源管理［M］．北京：机械工业出版社，2011：101．

二、人力资源的独特性

相比其他类别的资源，人力资源具有六个方面的独特性。

一是能动性。人具有主观能动性，能够有目的地进行活动和有目的地改造外部物质世界。

二是两重性。人力资源与其他任何资源不同，是属于人类自身所有并存于人体之中的活的资源，因而人力资源既是生产者，又是消费者。人力资源包含丰富的知识内容，具有巨大的潜力和其他资源无可比拟的高增值性。

三是时效性。人力资源与一般资源不同，如矿产资源一般可以被长期储存，只要不开采，品质就不会降低。人力资源则不然，人力资源储而不用，才能就会荒废、退化。

四是社会性。人力资源处于特定的社会和文化中，不同的社会形态、不同的文化背景都会反映和影响人的价值观念、行为方式、思维方法。人力资源的社会性要求在开发人力资源的过程中，要特别注意社会政治制度、政策、法律法规，以及文化环境的影响。

五是连续性。人力资源的连续性（持续性）是指，人力资源是可以不断开发的资源，不仅人力资源的使用过程是开发的过程，培训、积累、创造过程也是开发的过程。

六是再生性。人力资源是可再生资源，通过人口总体内个体的不断替换更新和劳动力的消耗—生产—再消耗—再生产过程实现其再生。人力资源的再生性除受生物规律的影响外，还受人类自身意识和意志的支配，受到人类文明发展活动的影响和新技术革命的制约。

三、人力资源的质量

受各种主客观条件的影响，因为人员构成不同，所以人力资源的质量往往有高有低。所谓人力资源的质量，是指人力资源主体的劳动能力的强弱。人力资源的质量包含四个方面，即思想素质，文化素质，生理、心理素质和经验。

① 思想素质：包括政治觉悟、思想水平、道德品质等。从人力资源质量的角度看，思想素质主要是指劳动者的工作责任心、事业心、敬业精神、工作态度等。

② 文化素质：包括知识、智力、能力等。例如，我国外资企业要求劳动者普遍具有计算机操作能力、外语能力、中文表达和理解能力等。

③ 生理、心理素质：包括体能和心理精神状态。现代社会将越来越重视劳动者的心理素质，如劳动者的知觉速度、思维的灵活性与创造性、情绪的稳定性、意志力水平、注意力集中时间、心理健康水平，等等。

④ 经验：包括生产经验和社会经验。通常，劳动者的经验越多，能力越强。

在人力资源管理中，就某一特定岗位的人力资源质量，可以用胜任力模型来表示，例如某公司财务人员胜任力模型（如表 6–1 所示）。

表 6–1　某公司财务人员胜任力模型 ①

素质类别	基本素质
知识与经验	财务专业知识；高级财务软件应用能力；办公软件应用能力；相关国家金融政策和法规；相关金融分析及管理知识；注册会计师或高级会计师；从业 5 年以上
个性特质	严谨性（耐心细致）；责任心；爱岗敬业；较强的学习能力；有原则；成就导向
工作能力和综合素质	团队合作能力；沟通能力；执行力；组织协调能力；抗压力；人际交往能力；领导能力；语言表达能力；团队建设能力；风险分析能力；决策力

四、人力资源管理的概念与内容

人力资源的重要性决定了组织开展人力资源管理的必要性。组织通过对内部的人力资源进行有效管理，可以形成更高质量的人力资源，从而更快速并更充分地达成组织目标。人力资源管理（human resource management，HRM），通常也被简称为人力管理，是指组织根据发展战略的要求，有计划地对人力资源进行合理配置，通过对组织中员工的招聘、培训、聘用、考核、激励、调整等一系列过程，调动员工的积极性，发挥员工的潜能，为组织创造价值，确保组织总体目标的实现。

人力资源管理包括组织人力资源战略制订与规划、人员招聘（选）、人员开发（育）、激励管理（用）、绩效管理（用）、薪酬管理（留）、员工关系管理（留）、安全与健康管理（留）等。换言之，人力资源管理的核心任务用四个字就可以概括，即“选”“育”“用”“留”。

“选”是指人员招聘，包括人员招募与人员甄选两个环节。人员招募，指的是通过适合的招聘渠道，将组织需求信息更广泛、更快速、更精准地发布出去，以获得更多潜在人才前来应聘。人员甄选，就是用适合的手段，将组织需要的人才鉴别甄选出来，其目的就是将最适合的人放在最恰当的岗位上。在本章中，我们将重点介绍人员甄选过程中所用到的心理学知识或规律。

“育”是指人员开发，即人力资源开发，其目的是促进员工不断提升自我，从而更好地适应变化的组织发展环境。人员培训是人员开发最主要的一种形式。除此之外，开展职业生涯管理日益成为组织进行人员开发的重要手段。

“用”是指人员任用，人员任用的关键是组织中的管理者能够实施有效领导。领导的有效性，往往取决于人员激励的效果。而开展有效人员激励的一个重要基础就是组织实施绩效管理。

“留”的核心任务是留住人才，杜绝不必要的员工离职现象。组织需要提供良好的薪酬，营造和谐的人际关系氛围，实施有效的安全与健康管理。在人力资源管理中，往往包括薪酬管理、员工关系管理、安全与健康管理等任务。在安全与健康管理中，员工的心理

① 翁文明．吉林长山化工有限公司账务人员胜任力模型构建研究［D］．长春：吉林财经大学，2017：29．

健康管理越来越受到关注。

在本章及后续两章中，我们将分别围绕“人员招聘”“人员开发”“人员任用”“人员保留”这四个方面的心理现象及规律进行介绍。

五、人力资源管理的基本原理

人力资源的独特性要求组织在进行人力资源管理时必须遵循以下基本原理。

1．要素有用原理

就某一要素而言，它可能在某种条件下可以发挥很大作用，而在另外一种条件下发挥出很小的作用或者不能发挥作用。因此，组织在人力资源管理活动中：第一，要充分相信广大员工，不要随便认为某人“不行”，要坚信没有无用之人；第二，每人各有所长，又各有所短，要用人所长，避人所短；第三，要招聘那些对组织发展最能发挥作用的人才。

2．能位相宜原理

人的能力存在个体差异，因此，组织要根据能力对人力资源进行配置，将能力不同的人安排在不同的岗位上，使他们担任最合适的职务，以最大限度地发挥他们的潜能。

3．互补增值原理

组织如果能将个性、性别、能力与年龄不同的人合理地组织在一起，使各人都能发挥自己的长处，就可以达到最佳的组合效果。

4．激励强化原理

在人力资源管理过程中，组织要不断创造条件，尽量满足员工的各种合理需要，调动员工的积极性，使其创造更高的劳动生产率。

5．动态适应原理

由于社会在不断发展，所以组织的内部结构和外部环境在不断变化。相应地，组织中人与事的适应状况也是动态的，总是处于不适应—适应—不适应—适应的过程中。适应是一个动态的发展过程，组织应该根据变化着的情况，随时对人力资源状况进行调整，实行动态化管理。

6．文化凝聚原理

组织文化是在一定历史条件下，某一组织在长期发展过程中，把组织内部全体成员结合在一起的行为方式、价值观念和道德规范。组织文化对成员有巨大的凝聚作用，良好的组织文化能够使组织成员紧密团结在组织内，从而形成一种对外的强大力量。

第二节 人员招聘心理

对于组织而言，根据发展的需要和工作的要求，选出一定数量的合格人才，并将其安置在最适合的岗位上，直接决定了组织中人力资源的整体质量，影响组织总体目标的实现。

一、人员招聘概述

（一）人员招聘的基本概念与任务

人员招聘，指的是组织根据人力资源规划和工作分析的要求，努力寻找优秀或适合的人，并将其招聘到组织、安置在适合岗位的过程。基于该定义，人员招聘的开展，需完成如下两项基本任务。

任务一：做好人员招募工作，即根据人力资源规划确定的人才需求，选择相应的招聘渠道，将组织的用人需求信息向社会发布出去，随后将应聘者的报名申请信息汇总起来，以供后续的人员甄选使用。完成人员招募工作，需具备几个条件：① 人力资源规划科学合理，用人需求清晰明确；② 已通过工作分析，形成有目标岗位的职务说明书——职务说明书中有对应聘者的任职资格要求；③ 根据拟招聘人才的特点，充分评估各种招聘渠道的成本与效益，选择出最经济、最高效的招聘渠道，并按照规范的程序开展招聘工作。

任务二：做好人员甄选工作，即根据职务说明书中有关该岗位的任职资格要求，甄选出与该岗位相匹配的适合人才，并与其签订雇用合同。总体而言，做好人员甄选工作，需具备几个条件：① 根据职务说明书中的任职资格要求，选择相应的人员甄选方法；② 将选出来的人员安排到适合的岗位上。

在上述两项任务中，做好工作分析非常重要。工作分析是指对组织中某个特定职务的设置目的、任务或职责、权力与隶属关系、工作条件与环境、任职资格等相关信息进行收集与分析，并对该职务的工作内容做出明确的规定，确定完成该工作所需的行为、条件、人员的过程，也叫“职位分析”。工作分析是人力资源管理工作的基础。

（二）人员招聘的目的

1．满足职位空缺的需要

当组织内的职位出现空缺时，组织需要寻找新的职位候选人承担相应的工作。

2．满足人才储备的需要

随着人才市场的激烈竞争，人才的储备变得越来越必要。很多组织往往会通过招聘超前地选择潜在任职者，建立组织与潜在任职者之间的联系，建立人才库，实施组织人才开发战略。

3．满足组织高效率运转的需要

招聘是组织高效率运转的一种需要。组织在岗位无空缺的情况下进行招聘，一方面可以低成本招聘到高质量的人才，另一方面也可通过招聘加强内部竞争，提高工作效率。

（三）人员招聘的要素

招聘者：招聘者通常是组织的人力资源部门中主管招聘的人。在整个招聘过程中，用人部门的负责人也要参与其中，如提交用人标准、参与专业技能面试、发表录用意见等。

若招聘高级经理或关键岗位人才，那么人力资源部门的负责人、公司总经理等一定要参与。

招聘对象：招聘对象通常指组织内外符合组织招聘条件的人员。组织招聘条件的关键包括：岗位胜任力、组织文化、与上司及团队的相融性。

招聘目标：一般来说，组织的招聘目标是以市场合理的成本吸引并招聘到组织需要的人才。

招聘依据：组织的发展战略、人力资源规划和国家相关的法律法规。

招聘环境：招聘时的各种内外因素和条件。

招聘方法：招聘的具体方法和运作方式。

招聘活动：从发布招聘广告到新员工报到等一系列有明确的时间、地点和程序的活动过程。

（四）人员招聘的基本原则

1．公开原则

人员招聘工作要公开，包括公布招聘职位、具体要求和报名条件，公开报名，资格预审，公布招聘结果等。领导岗位的招聘往往还需要实行任前公示。

2．平等原则

应聘者只要符合条件，无论原来是在什么组织（例如，企事业单位、党政机关、群众团体、高等院校、科研院所等）工作或者学习，都可报名应聘，参加统一组织的考试或者其他甄选活动。要防止招聘工作中的歧视行为，如有些组织在招聘时限定应聘者的性别。

3．适合原则

人选的确定需遵循适合原则，即“职得其人，人尽其才”。适合的人才应该具备以下条件：

① 能胜任该岗位。这类人才能力强，能顺利完成该项工作，能使劳动效率达到最高，工作效果最佳。

② 热爱该岗位。这类人才对该岗位最感兴趣，有强烈的事业心，能安心工作，在该岗位上能体验到工作的乐趣。

③ 能与同事合作、相处。这类人才能对同事的工作提供支持和帮助，兼容性高，具有良好的人际关系。

（五）人员招聘的主要形式

人员招聘主要有两种形式：一种是内部选拔，另一种是外部招聘。

1．内部选拔

内部选拔是指在组织出现岗位空缺后，从组织内部选择合适的人选来任职，是人员招聘的一种特殊形式。内部选拔主要有以下几种方式。

（1）提拔晋升

提拔晋升是指当某些岗位需要招聘人员时，组织从内部选择符合条件的优秀员工，使其从一个较低的岗位晋升到一个较高的岗位的过程。一方面，这种做法给较低岗位上的员工以升职的机会，会使这些员工感到在这里工作有希望、有发展，因而有利于激励员工奋发向上。另一方面，提拔的员工对组织的工作比较熟悉，能够较快适应新的岗位。提拔晋升还有一个优点，就是员工比较容易适应组织文化。日本企业多采用这种形式。

然而提拔晋升也有缺点。例如，选拔出来的人员不一定是最优秀的，因为没有考虑吸收外面的优秀人才，自我封闭，这可能会使组织缺乏活力。另外，一个人在一个组织待的时间越长，别人就越容易看到他的缺点，越难认识到他的优点，尤其是在他被提拔的时候，少部分员工在心理上会产生“他不如我”的思想。有时，晋升的候选人有几个，条件相当，选拔往往会带来一些矛盾。因此，许多组织在出现岗位空缺后，往往从内部和外部同时寻找合适的人选。

（2）工作调换

工作调换也叫“平调”，是组织在内部寻找合适人选的一种基本方法。当需要招聘的岗位与员工原来的岗位层次相同，或者略有下降，组织把员工调到同层次或低一层次岗位上的过程称为工作调换。工作调换一方面可以填补岗位空缺，但实际上它还起到许多其他作用。如可以使员工了解组织内其他部门的工作，与本单位更多的人员有深的接触、了解，丰富员工的经历，锻炼员工的能力。这样，一方面有利于员工今后的晋升，另一方面可以使上级对下级的能力有更进一步的了解，也为今后的工作安排做好准备。

（3）工作轮换

工作轮换又称“轮岗”，类似于工作调换，但又有不同。工作调换从时间上来说往往较长，而工作轮换则通常是短期的，有时间界限。另外，工作调换往往是单独的、一次性的，而工作轮换往往是两个以上的、有计划地定期进行。工作轮换可以使组织内部的管理者或普通员工有机会了解组织内部的不同工作，丰富经历，锻炼能力，给那些有潜力的员工提供以后可能晋升的条件，同时也可以减少部分员工由于长期从事某项工作而带来的烦躁和厌倦等感觉，避免长期待在一个部门而形成的人际矛盾、裙带关系等。

（4）人员重聘

在一些组织中，有一部分员工由于某些原因曾经暂时离开岗位，如下岗人员，长期休假人员，已在其他地方工作但组织关系还在本组织的人员（如停薪留职、借调外单位的人员），进修学习人员等。在这些人员中，有的恰好是组织最需要的人员。他们曾经在本组织工作，对本组织有感情基础。对这些人员的重聘会使他们有机会再为组织做贡献。另外，这些人员对本组织比较熟悉，他们能很快上岗，减少了培训等方面的费用。

内部选拔可以采用的一个做法是，组织在内部公开空缺职位信息，吸引员工来竞聘。这种做法可以使员工产生公开竞争、公平合理的感觉，会使员工更加努力奋斗，为自己的发展增加积极的因素。

内部选拔的优点是费用低廉，手续简便，人员熟悉，候选人的可信度比较高。但是有些组织或者内部员工不够，或者没有合适人选，特别是处于创业初期或者快速发展时期等，这时就需要采用其他招聘形式。

2．外部招聘

外部招聘是指组织通过外部途径进行人才招聘。外部招聘主要有以下几种方法。

（1）通过媒体广告招聘

许多组织在报纸、杂志、广播、电视、网络等媒体上刊登招聘广告。招聘广告一方面可以吸引所需人才前来应聘，另一方面可以扩大本组织的知名度。招聘广告要介绍本组织及有关部门职位的情况，包括对应聘者的要求与期望、组织能提供的待遇、招聘联系电话等。招聘广告要想达到预期的目的，就一定要选择合适的媒体，这样才能做到有的放矢，同时也能节约开支。

（2）校园招聘

组织根据自身人力资源规划，在一两年甚至更长的时间以前，就同院校在培养人才方面进行沟通，培养组织所需的人才。一方面让大学生了解组织的需要，另一方面有利于大学生到了工作岗位后能较快地熟悉业务、进入状态。

（3）通过人才交流服务机构招聘

人才流动的现象越来越普遍，越来越活跃。为了适应这种需求，城市中出现了人才交流中心或职业介绍所等中介机构。这些机构多数得到当地人力资源和社会保障局的支持，具有半官方性质。人才中介机构扮演着双重角色，既为组织选人，也为求职者选工作单位。中介机构的应聘者比较多，没有裙带关系，组织能在短时间内从中招聘到所需要的人才。

（4）通过猎头公司招聘

猎头公司经常被看作一条独立的招聘渠道。一般来说，猎头公司通晓各种各样的组织对人才的需求标准，掌握丰富的人才信息，擅长接触那些想换工作的人。猎头公司专门为组织物色和推荐高级主管人员和高级技术人员，可以帮助组织节省很多招聘和选拔时间。但是，猎头公司的费用要由用人单位支付，一般收费很高。

（5）网络招聘

随着信息技术的发展，以互联网为媒介的招聘方式越来越常用，组织可以通过网络发布招聘信息。网络招聘一般具有两种方式：一是通过商业性的职业招聘网站；二是在组织自己的主页、公众号等宣传窗口上发布招聘信息。两者相比较而言，一般大型组织倾向于选择后者，而商业性的职业招聘网站更受到中小组织的青睐。网络招聘具有周期短、见效快的特点，向传统的招聘方式提出了挑战，在人员招聘方面已经占了越来越重要的位置。

3．内部选拔和外部招聘的比较

内部选拔和外部招聘各有其优缺点（如表 6–2 所示），组织一般采用内部选拔和外部招聘相结合的方法。许多管理学学者认为，如果组织内部存在能够胜任空缺岗位的人选，应该优先进行内部选拔，充分挖掘内部员工的潜力，但也不可过分依赖内部选拔。如果内部员工难以胜任，或者岗位培训的费用远远大于外部招聘成本时，组织应从外部吸纳人才。研究表明，组织中至少要保留 10% 的中、高层岗位供外部招聘。这样，既可以给内部员工以发展机会，又可以吸收新鲜血液。

表 6–2 内部选拔和外部招聘的比较

比较维度	内部选拔	外部招聘
优点	节约组织招聘的费用； 降低招聘的风险； 人员对组织了解，能更快地适应新岗位； 激励员工士气，调动积极性； 使组织对成员的培训投资获得回报	来源广，可以保证人才质量； 促进组织的创新与发展； 为组织注入新鲜活力
缺点	可选择的余地小，难以保证质量； 组织易缺乏创新； 可能因操作不公或员工心理原因造成组织内部矛盾	招聘成本高，决策风险大； 新员工的适应期更长； 个人价值观可能会与组织文化冲突； 可能对内部员工造成打击

（六）人员招聘的一般程序

1．制订人力资源规划

组织的人力资源部门通常应该制订年度（或周期更长的）人力资源规划。这样，就在人力资源方面保证了组织发展的目标能顺利实现。在做人力资源规划前，通常可以由人力资源部门组织，其他生产、职能部门参与，对其现有的人力资源情况进行科学分析。根据分析结果，人力资源部门可以知道目前人力资源的短缺情况，包括这些短缺岗位的层次、需要招聘的人数等方面。用人部门也可以就引进人才问题向人力资源部门提出书面申请。同时，人力资源部门还要对人力资源的供给情况进行分析。然后，人力资源部门提出计划，指出要招聘人员的数量和类型。通常，中层以下的职位由人力资源部门和需招聘人员的部门主管商榷后决定；中层管理以上的职位由公司高层批准，必要时还要报请总部或董事会批准。一般而言，最终的分析结果要以文件的形式表达出来，便于操作。

人力资源规划的主要内容应该包括：什么岗位需要招聘，招聘多少人，每个岗位的具体要求等；招聘对象需符合什么条件；招聘的地区分布情况，是在本组织、本市，还是面向全国招聘；用什么渠道发布招聘信息，何时发布；是否要委托某个部门进行甄选；招聘计划是什么，涉及招聘过程中招聘方的人员构成和职责分配、经费预算、日程安排、对新员工的培训等。

2．确定招聘的渠道、方法、标准

人力资源部门通过哪种渠道发布招聘信息，要根据当地的劳动力市场情况、工作职位的类型与层级，以及组织的性质、行业、规模等来决定。例如，要寻找入门职位的应聘者，通常可以在学校或公共就业机构寻找；要寻找中高级的管理者，通常需要猎头公司的服务。

员工招聘的方法可以分为经验法、心理测验法、测试等。不同方法适合于不同职位人员的招聘和录用。

员工招聘和录用的标准应该与工作说明书中要求的工作标准相结合。不管工作的内容和任职资格有多大的差别，工作任职标准一定要客观化、量化。

3．发布招聘信息

组织可以通过报纸、杂志、广播、电视、网络等媒体发布招聘信息，也可以通过中介公司介绍，还可以通过内部推荐。

4．对应聘者进行甄选

为了找到最合适的人选，通常需要一个科学的甄选过程。甄选过程通常包括三部分内容：核实申请资料、组织、考试、评估应聘者。

对应聘者的申请资料进行核实，通常是一些大公司的做法。很多应聘者对他们的就业日期、职务、过去的薪金和离职原因等叙述不准确，一些应聘者还存在学历、经历造假的情况，对这些硬性资料进行核对，是很有意义的。

考试分为笔试和面试。第一次考试通常为笔试。笔试又分知识性考试和心理测试。知识性考试考查应聘者的基础知识和专业知识的掌握程度，具体内容根据职位和组织文化而定。心理测试考查应聘者的能力水平、气质类型、性格特点、心理健康程度等。心理测试应该由受过训练的心理学工作者来实施。一份设计科学的笔试问卷可以大大降低决策失误的可能性，因此，笔试作为一种有效的甄选手段而被广泛应用。面试是一种最为普遍使用的甄选手段。人力资源管理者在与应聘者面谈之前，一般情况下都对面谈进行了很好的设计和安排，这是对获得有效甄选结果的一种保障。面试所得到的印象好坏往往与将来是否能友好合作具有密切的联系。面试本身的预测效度并不高，因为单凭十几分钟的会面，很难做出全面准确的判断，因此它不能作为唯一的甄选方法使用。

对应聘者的评估。美国实验心理学家弗雷泽（M. Fraser）设计了一套五因素评估系统，用来评估个人的五组特征。① 初次印象与体格情况：外表、表情与言谈举止。② 智力与能力：思维能力和实际工作能力。③ 资格证书：教育的、技术的和专业培训的证书。④ 适应力：适应环境以及与人相处的能力。⑤ 激励因素：干劲、决心、需求。这五组特征在评估实践中往往具有很大的权重。

5．体检

体检可以帮助组织确定应聘者在体能上能否胜任所申请的工作。

6．录用决策

组织在做出录用决策时应该着重考虑以下几个方面：

候选人的工作能力：应该优先选择那些熟悉工作、经验丰富的人，或者那些能够很快就适应工作的人。

候选人的工作动机：应该优先选择那些对该项工作具有强烈愿望和动机的人，他们在获得这份工作后会非常珍惜这个工作机会。

选择最合适的人，而不是最优秀的人：候选人只要能胜任工作就可以了，并不一定需要太高的任职资格条件。任职资格条件高的人一般需要更好的报酬，成本较高。此外，任职资格条件高的人在“低档”工作中很难发挥才能，容易对工作感到单调、枯燥。

注意做出录用决策人员的配置：要选择那些熟悉组织工作要求的人参与决策过程，参与决策的人数不宜太多。

7．签订聘用合同，完成对录用人员的聘用、培训和安置

确定了录用人员以后，组织要发出录用通知书。对于未被录用者，组织应该予以告知并委婉地说明理由。有些组织对于未被录用者的一种积极答复是“组织已经找到另外更合适的人选，但是这并不意味着你不行”，也有组织会说“我们已经将你的资料保存在本组织的档案中，以便将来挑选时作为候选人考虑”。

在正式聘任前，录用人员应该有一个试用期。在试用期内，组织可以进一步了解录用人员，如果发现录用人员不理想，可以及时采取补救措施。同时，在试用期内，录用人员也可以对所从事的工作和组织情况有进一步了解的机会，以便他们确定该组织是否理想。

签订聘用合同应在新员工开始劳动之前，或开始劳动的一周之内。大型组织的聘用合同通常是由人力资源部门制作的，一般比较规范，新员工几乎没有什么讨价还价的余地。但如果是与小型组织签订合同，有些条款可以协商，新员工应该注意维护自己的权利。

组织要对新员工进行培训，将其安置在相应的岗位上，并安排人员在工作中对新员工进行指导，使他们尽快熟悉工作环境和工作要求。

8．对招聘结果进行检查评估并撰写总结报告

检查评估是招聘工作的一个重要环节，这个环节主要是对招聘工作进行跟踪检查，检查招聘的数量和质量是否达到要求，以及招聘成本是否控制在预算之内。检查评估可以发现存在的问题和不足，以便及时纠正，在以后的招聘中改进。整个招聘工作结束后，相关负责人要认真撰写本次招聘的总结报告。报告要真实地反映招聘的全过程，要明确指出招聘的成功之处和不足之处，总结并吸取经验，以利于下一阶段招聘工作的顺利进行。

二、人员甄选

（一）人员甄选的基本概念及内容

1．人员甄选的概念

人员甄选是指组织通过一定的手段，对应聘者的任职资格和对工作的胜任程度进行评估，从而做出录用决策。人员甄选是招聘工作中最关键的一步，也是招聘工作中技术性最强的一步，其操作的难度也最大。有效的人员甄选对组织的意义主要体现在以下两个方面。

第一，有效的人员甄选可以为组织节省费用，减少雇用不合格或与组织文化不匹配的人员的概率，降低以后员工的辞退率和辞职率，也可减少组织对员工的培训费用，保证组织在员工身上的投入能够获得回报。

第二，有效的人员甄选为组织的员工与组织外的应聘者提供了公平竞争的机会，每一个应聘者均有机会展现自己的才能。组织经过科学、客观的方法甄选出优秀的员工，有利于提高组织形象和员工对组织的忠诚度。

2. 人员甄选的内容

根据岗位胜任力模型的观点，个人的岗位胜任力主要取决于他所掌握的与工作相关的知识、能力、性格特征、动力因素等。因此，人员甄选是对应聘者的这几方面因素进行测量和评价。

（1）知识

知识是系统化的信息，它既可以是普通知识，也可以是专业知识。专业知识是特定职位所要求的特定知识，如律师必须要掌握国家的法律、法规。

（2）能力

能力是引起个体绩效差异的持久性个性心理特征，如是否具有良好的沟通能力是销售人员产生工作绩效差异的重要原因。能力通常分为一般能力与特殊能力。一般能力是在不同活动中表现出来的共同能力，如记忆力、观察力、想象力等，这些能力是完成任何一种工作都不可缺少的能力。特殊能力是指在某些特殊活动中所表现出来的能力，如设计师需要具备良好的空间知觉能力和色彩辨别能力。人员甄选既要对工作要求的一般能力进行评估，也要依据工作对特殊能力进行评估。

（3）性格特征

每个人都有自己为人处事的独特风格，性格特征与工作绩效密切相关。例如，性格急躁的人不适合做需要耐心的精细工作，而性格内向的人不擅长从事需要与人打交道的销售工作。

（4）动力因素

促进个体行为产生的动力因素主要有需要、动机、兴趣、理想、信念、价值观和世界观等。员工要取得好的工作绩效，不仅取决于他的知识、能力水平，性格特征，还取决于他是否有做好这项工作的强烈愿望，即员工是否有足够强的动机完成工作。在动力因素中，最重要的是价值观。

拓展阅读

胜任力的概念及特点①

麦克利兰将胜任力定义为一系列广泛的特性，所有与成功有关的心理或行为特征都可以看作胜任力。他还把胜任力划分为六个层次：知识，是指对某一职业领域内有用的信息的组织和利用；技能，是指将事情做好的能力；社会角色，是指一个人在他人面前想表现出的形象；自我概念，是指对自己身份的认识或知觉；人格特质，是指一个人的身体特征及典型的行为方式；动机或需要，是指决定一个人外显行为的自然而稳定的思想。

胜任力通常用漂浮在水面上的一座冰山来描述。知识、技能属于表层的胜任力，漂浮在水面上，很容易被发现；社会角色、自我概念、人格特质、动机或需要，属于深层次的胜任力，隐藏在水下，难以确定。深层次的胜任力是决定人们的行为及表现的关键因素。

① 朱永新．人力资源管理心理学［M］．北京：人民教育出版社，2011．有修改。

随着越来越多研究者的关注，胜任力的内涵也发生了许多变化。有研究者将胜任力定义为：个体的潜在特征，可能是动机、特质、技能、自我形象或社会角色的方面，或者个体所运用的知识。还有研究者把胜任力定义为：能区分高绩效和一般绩效的知识、技能或者其他的一些特性。

后来，用胜任力鉴别高绩效者或优秀员工的方法逐渐在西方人力资源管理领域流行起来。那些把优秀者和一般者区分开的特性（即胜任力）在诸如招募、甄选和培训等人力资源管理活动中发挥着积极的作用。

关于胜任素质，麦克利兰总结了以下五个特点：了解绩效的最好途径是观察人们实际上做了什么并取得了成功（即胜任力），而不是依靠基于智力之类的潜在特质和特性的假定；测量和预测绩效最好的办法是让人们表现出你想要测量的胜任力的关键方面，而不是实施一个测验来评估潜在的特质和特性；胜任力是可以学习和发展的，与此相反，特质和特性是遗传获得的，并且很难改变；胜任力是可见的、可理解的，人们可以理解并发展出达到绩效所需的胜任力水平；胜任力和有意义的生活联系在一起，这些有意义的生活描述了人们在现实世界里一定会表现的方式，而绝非是只有心理学家才能理解的深奥的心理特质或构造。

（二）人员甄选的常用方法

人员甄选的常用方法包括心理测验、知识考试、情景模拟和面试。

1．心理测验

心理测验就是用一个或者一些标准的刺激，引起被试的行为，以此估计被试的能力水平和个性特点。

（1）心理测验的种类

① 根据测验内容可分为智力测验、特殊能力测验和个性测验

智力测验。智力通常是指学习和环境适应的能力，包括观察力、记忆力、注意力、思维能力和想象力等。智力测验的目的在于测量被试智力水平的高低。

特殊能力测验。例如，手指灵活性测验、动作稳定性测验、色彩辨别力测验，等等。

个性测验，也称人格测验，主要用来测量个体行为独特性和倾向性等特征。最常用的方法有量表和投射测验。量表由许多涉及个性心理特征的问题组成，进一步分出多个维度或分量表，反映不同人格特征。常用的量表有《艾森克人格问卷》（EPQ）、《明尼苏达多相人格调查表》（MMPI）、《十六种人格因素问卷》（16PF）等。常用的投射测验有《罗夏墨迹测验》《语句完成测验》《逆境对话测验》等。

② 根据测验人数可分为个别测验和团体测验

个别测验：一个主试在同一时间内测量一个被试。它的优点是主试能对被试的行为进行仔细观察。

团体测验：一个主试在同一时间内测量多个被试。它的优点是节省时间。

③ 根据测验材料可分为语言或文字测验和非文字测验或操作性测验

语言或文字测验。这种测验可以测量人的高层次的心理功能，而且编制和实施都比较容易。这种测验一般要求被试根据项目的内容把答案写在纸上，所以又称纸笔测验。

非文字测验或操作性测验。该测验以图画、仪器、实物为测验材料，被试以操作来表达。它的优点是可以在不同文化背景中使用。

（2）心理测验中的技术指标

某一测验是否优良的衡量指标主要包括信度和效度。

信度是指对测量的一致性程度的估计。在两个不同时间，用同一个测验对某个被试进行测试，如果两次测得的结果相同，或者差异很小，那么，我们可以说这个测验的信度是很高的。

效度是反映一个测验对于它所要测量的行为特征测量到什么程度的指标，也就是这个测验的测量结果与想要测量的内容的相关程度。

（3）部分心理测验介绍

①《韦克斯勒智力量表》

《韦克斯勒智力量表》包括《韦克斯勒学前儿童智力量表》（适用于4—6.5岁儿童）、《韦克斯勒儿童智力量表》（适用于6—16岁儿童）、《韦克斯勒成人智力量表》（适用于16岁以上的成人）。

韦克斯勒认为，智力由言语和操作两个部分组成，因此《韦克斯勒智力量表》相应地分为言语分量表和操作分量表。言语分量表由常识、类同、算术、词汇、理解、数字广度组成。操作分量表由图形补缺、图片排列、积木图案、物体拼组、译码、迷津组成。

②《十六种人格因素问卷》

《十六种人格因素问卷》是一种久负盛名的人格测验，它是由卡特尔用因素分析的方法编制的测验。《十六种人格因素问卷》描述了被试在16种人格特质上的表现水平，进而描绘出其整体的人格结构。该测验能给出系统的评价，因而很受欢迎，是一种经常使用的甄选工具。该测验常用于选拔普通员工，很少用于选拔高级管理者。

③《80.8神经类测试表》

《80.8神经类型测试表》是王文英和张卿华编制的。该测试表依据人的大脑皮质机能发育水平和皮质细胞兴奋与抑制过程的活动规律编制。该测试表为纸笔式、非文字测验，不受被试的文化背景和种族的影响，测验可个别施测，也可团体施测。每次测验一般包含三个难度逐次增加的分测验，每个分测验的时间为5分钟。被试在测验中的任务就是搜寻指定的符号并将它们标示出来。根据被试的得分、错百分率、漏百分率指标判别其神经类型。

2．知识考试

知识考试主要是指通过语言或文字测验了解应聘者的知识水平的一种方法。知识考试可以分为一般知识考试和专业知识考试。

（1）一般知识考试

一般知识考试有时又称综合考试，主要考查应聘者对基本知识的了解程度。

（2）专业知识考试

专业知识考试的考查内容主要是和应聘岗位有直接关系的专业知识。

知识考试的优点是公平、费用低廉、出题和阅卷比较迅速、操作简便。但是，知识考试测查的内容主要是靠记忆来获取的，不能全面反映应聘者的能力；有些考试题目不一定科学，可能会出现偏题和怪题。因此，应该尽量请有关专家出题，有条件的组织应该建立自己的题库。在考试过程中一定要严格执行考试操作的各项原则，尽量防止各种不科学、不公平、不严格的现象。

3．情景模拟

情景模拟就是编制一套与某职务实际情况相类似的测试题目，将应聘者安排在模拟的、仿真的工作环境中，要求应聘者处理可能出现的各种问题，对应聘者各个方面的能力进行现场考核，用以评估应聘者的潜能。

情景模拟主要包括公文处理、与人谈话、无领导小组讨论、角色扮演和即席发言，等等。情景模拟一般安排在知识考试之后，它的作用就是选拔出能够胜任日后工作的人才。情景模拟能全面地、多角度地评价一个应聘者，可以为组织选择到最佳人选。情景模拟选拔的人员可以直接上岗，它可以为组织节省大量培训费用。同时，应聘者在情景模拟的实际操作过程中能得到一次实际的锻炼。因此，用情景模拟来招聘员工，可以使组织获得更大的经济效益。情景模拟具有信度高、效度高、预测性强等优点。但是，情景模拟设计复杂，准备工作时间长，费用比较高，因此较多地用于组织招聘高级管理者或国家机关选拔较高级别的公务员。

在第二次世界大战前后，德国、英国、美国、澳大利亚和加拿大等国家曾经大量使用情景模拟的方法来选拔高级军官。英国文职人员评选委员会后来把这一方法推广到非军事领域，用情景模拟测验来评价公务员的行政管理才能。情景模拟已经在高级管理者的选拔工作中得到广泛应用，并被证实是一种良好的绩效预测方法。

4．面试

面试就是应聘者与考官面对面，用口头语言来回答考官的提问，从而有利于组织了解应聘者心理素质和潜在能力的一种方法。面试一般在知识考试以后进行。按照不同的分类标准，面试可以分为不同的种类。

（1）结构化面试和非结构化面试

按组织形式是否标准化、程序化，面试可以分为结构化面试和非结构化面试。结构化面试又称定向面试，指面试的内容、方式、评委构成、程序、评分标准及结果的分析、评价等构成要素按统一确定的标准和要求进行。它要求事先准备好不同类型的问题、各种可能的答案和提问的程序。结构化面试的优点在于标准统一，主观性小，对考官要求低，面试结果便于分析比较，有较好的信度和效度。其缺点是面试过于僵化，对所有的应聘者一视同仁，无法考察应聘者的个人特征和潜在能力。

非结构化面试又称非定向面试，没有固定的模式，没有事先准备好的面试提纲，面试内容往往是一些开放性的问题，可以根据应聘者的经历、背景和面试表现而改变。考官所提的问题往往带有很大的隐蔽性。非结构化面试的优点是考官和应聘者在问答过程中都比较自然，问题自由灵活，可以因人而异，便于考察求职者的个人特点和应变能力。但是由于没有统一的标准，考官的随意性较大，不便于分析和比较，信度和效度较差。另外，对考官的要求也较高。

（2）压力面试和评估面试

按测评目的，面试可分为压力面试与评估面试。压力面试是给应聘者提出一个意想不到的问题，通常是带有敌意的或具有攻击性的，给应聘者制造压力，借以考查应聘者的情绪反应和应变能力。一些应聘者在压力面前从容不迫，而另一些则不知所措。运用压力面试，考官可以了解应聘者承受压力、调整情绪的能力，可以测试应聘者的应变能力和解决紧急问题的能力。压力面试一般用于招聘营销人员、公关人员和高级管理者等。评估面试主要用于评估工作业绩。考官将围绕应聘者过去取得的业绩进行评估，以此判断应聘者是否与目标岗位匹配。

（3）行为面试与情境面试

按测验内容，面试可分为行为面试与情境面试。

行为面试是基于行为的连贯性原理发展起来的。它有两个基本假设：一是一个人过去的行为能预示其未来的行为；二是说和做是完全不同的两码事。考官要注意了解应聘者过去的实际表现，而不是其对未来的承诺。通过行为描述面试，考官要了解两方面的信息：一是应聘者过去的工作经历，以判断他选择本组织的原因，预测他未来在本组织中发展所采取的行为模式；二是应聘者对特定行为所采取的行为模式，将他的行为模式与空缺职位所期望的行为模式进行比较分析。考官在面试中所提的问题，都是从工作行为分析中得到的，这种分析可以明确在特定的与工作有关的情形下，应聘者应做的事情哪些是有效的，哪些是无效的。考官通过应聘者对问题的回答来判断他的行为模式是否符合组织的需要。

情境面试是针对未来岗位的工作进行工作采样，即选择工作中常常发生的情境，让应聘者回答他将如何应对该情境。如："在您管理的部门内有一位研发骨干的业务能力很强，平时表现也很出色，但您最近发现他在工作时心不在焉，有员工反映他想辞职去另一家公司，听说对方给他的薪酬很高。这位骨干负责的项目对部门很重要，如果他离开会给公司造成较大的损失。虽然目前他没有递交辞职报告，但作为人力资源总监，您感觉要未雨绸缪。在这种情况下，请问您会怎样处理？"对于情境式问题，事前都会附有好、中、差的参考答案。考官可以根据应聘者的回答来给分。对于问题中的情境，应聘者过去可能有类似经历，也可能完全没有类似经历，所以情境面试更多的是预测未来，主要考查应聘者的认知。

行为面试和情境面试最好结合使用，从而考查应聘者的能力与知识准备。一般建议，面试宜采用 80% 的行为面试，20% 的情境面试。

（4）个别面试、小组面试与集体面试

按面试对象的特点，面试分为个别面试、小组面试与集体面试。

个别面试是考官与应聘者一对一，有利于双方深入了解，但面试结果易受考官的主观因素干扰。

小组面试是考官与应聘者多对一，可以提高面试结果的准确性，克服主观偏见。

集体面试是考官与应聘者多对多。通常，考官提出一个或几个问题，引导应聘者回答、讨论，并从中发现、比较应聘者的表达能力、思维能力、组织领导能力、解决问题能力、交际能力等。

（5）初步面试和诊断面试

按预期的效果，面试分为初步面试和诊断面试。

初步面试类似于面谈，比较简单、随意。它主要用来增进用人单位与应聘者之间的相互了解，起到初步筛选的作用，由人力资源部门负责。在初步面试中，应聘者对其书面材料进行补充；用人单位了解其动机，并向应聘者介绍组织情况，解释职位招聘的原因和要求。

诊断面试则是对经初步面试后成绩合格的应聘者进行实际能力与潜力的测试，往往由用人部门负责，人力资源部门参与。对于高级管理者的招聘，组织的高层领导也要参加。诊断面试对组织的录用决策至关重要。

三、人员招聘的新趋势

随着科技与社会的发展，许多组织在对人员的招聘上出现了一些新的形式与理念。有学者归纳出以下几种招聘的新趋势。

（一）重视综合能力

招聘不只是填补职位空缺，还要把合适的人放在合适的职位上，做到人尽其才。组织看中的是应聘者的综合能力，如知识、技能、个性、品格等。因此，在招聘时，组织往往对应聘者进行综合性测试，如能力测试、个性测试等。综合能力强的人通常有良好的人际关系，更能适应未来的工作环境，从而保证更高的工作效率。

（二）重视工作经历

为了使招聘更加可靠、可信，组织可以使用以行动为基础的招聘体系。这种体系建立在一个基本假设之上，即一个人的过去是未来的写照。一个在过去经历中表现好的员工，在未来的工作中一定会有良好的表现。基于这个假设，组织在招聘过程中重视应聘者过去的工作经历，因为过去的工作经历比较客观，容易量化，考官容易获得有效信息，可以避免考官的主观判断，降低应聘者的社会称许行为。

（三）重视后招聘阶段

在整个招聘活动结束后，应聘者往往不能马上入职，而是需要等待一段时间。在这段时间中，应聘者还有选择的余地，如果有更好的机会，他们会去应聘。这样一来，许多组织为了留住这些应聘者，在发放录用通知前的一段时间里，常对这些应聘者给予特别的关注，如送小礼物，寄祝福贺卡，经常打电话等，以表示组织的诚意，使应聘者死心塌地地等待组织的录用通知。

（四）无履历招聘

在以往的招聘中，许多组织非常重视应聘者的学历，那些学历、资力达不到招聘要求但实际工作能力很强、自身素质（如心理品质、个性等）很好的人往往被排斥在外，无法得到工作，组织也失去了优秀的员工。而无履历招聘不受学历、资力的限制，不需要背景材料，只看中应聘者的真才实学，这为应聘者和组织都提供了机会，比较公平。

第三节　人员开发心理

当今世界，各种竞争越来越激烈，各种变化也越来越迅速，日新月异的现代社会要求人们的素质、能力、知识、技能、思维方式、工作方式与习惯等都要随之更新。组织要想获得并保持竞争优势，就必须拥有别的组织难以模仿的人力资源，因而对其员工进行培训是必不可少的。

一、人员开发概述

在人力资源管理中，培训和开发常常被混用，但实际上二者是有差异的。

培训，即人员培训，是指组织通过某种方式对其员工施加影响，以更新其知识、技能或理念，提高其综合素质，从而提升组织的竞争力，促进组织发展的过程。这些知识、技能或理念对工作绩效往往起着较大的促进作用。培训是为了促进员工更好地适应当前或未来的工作岗位。

人员开发，本质就是人力资源开发。人力资源开发是指一个组织在现有人力资源基础上，依据组织战略目标、组织结构变化，对人力资源进行调查、分析、规划、调整，提高组织现有的人力资源管理水平，使人力资源管理效率更高，为组织创造更大的价值。在某种意义上，人员培训是人力资源开发中最重要的手段。除此之外，职业生涯管理也是人力资源开发的手段。当下，为了更好地激励员工、应对变化万千的竞争环境，越来越多的组织开始重视员工的职业生涯管理。在本节中，我们将着重介绍人员培训与职业生涯管理这两大人员开发手段。

二、人员培训

（一）人员培训的目的

1．提高员工的技术能力和知识水平

人员培训可以帮助员工进一步提高工作所需要的基础知识和基本能力，如外语运用能力、计算机操作能力、写作能力等，也可以帮助员工进一步掌握工作所需要的特殊知识和特殊能力。

2．提高员工的自我意识水平

培训可以使员工进一步了解自己的角色，明确责任和义务。这样能提高员工对组织的工作环境和团队环境的适应水平，提高员工在组织中的人际交往水平，更顺利地完成工作。

3．转变员工的工作态度和动机

经过人员培训后，由于学到了有关方面的知识，员工对组织的发展与自己今后发展的密切关系有了深刻的认识，他们的工作态度得以改善，会进一步提高工作积极性。

4．提高管理者的管理水平

对管理者尤其是高级管理者的培训，必然会带来组织管理上的明显改进。

（二）培训工作流程

最常见的培训工作流程主要包括三个环节：培训需求分析、培训设计与实施、培训评估。

1．培训需求分析

所谓培训需求分析，是指在规划与设计培训活动之前，组织对成员的知识、技能和态度等方面进行系统的分析，以确定其是否需要被培训，确定相应培训内容的活动过程。组织内全面的员工培训需求分析是进行培训规划的前提，也是进行培训评估的基础。针对员工个体所做的需求分析则是确定培训目标、设计培训课程、评估培训效果的依据。全面的员工培训需求分析可以确定培训的价值、培训的可行性、培训的内容与培训的方式。

（1）培训需求产生的原因

要进行培训需求分析，就要先明确培训需求产生的原因。一般来说，产生培训需求的原因大致包括不良绩效、工作变化和人员流动。

① 不良绩效。导致不良绩效的因素有人的因素和物的因素两大方面。而物的因素所导致的问题也往往与人有关，所以组织中存在的绝大多数问题都可以说是人的问题。知识技能的缺乏，操作中的失误或不规范，对任务某些方面的疏忽大意等都会使组织应达到的绩效没有被很好地实现。因此相关内容的培训是必不可少的。

② 工作变化。工作变化也会产生培训需求。首先，新设备、新方法、新流程、自动化、重组、管理风格的改变、重新定位和立法的变化要求员工工作行为的变化。其次，由于工作岗位的内部轮换和调整，许多管理者和员工必须接受其工作内容、工作环境的显著变化，或者干脆重新接受一项新的工作，这就要求管理者和员工必须接受相关的培训。

③ 人员流动。人员流动和变化也是培训需求产生的一个重要原因。一个组织要保持活力，就必须不断地补充新鲜血液，总是要走一些人，然后新进一些人。对于新进人员，组织往往需要通过培训使其更快地融入组织、适应岗位。

（2）培训需求分析的方法

培训需求分析的参与者可以是人力资源部门的工作人员、员工本人、员工的直线上级、员工同事、有关项目专家和客户。1961 年，麦吉（W. McGehee）和塞耶（P. W. Thayer）提出了一个培训需求分析的三步体系（如表 6–3 所示）。该体系是现在最常使用的，包括三个层次的内容：组织分析、任务分析、人员分析。

表 6–3　麦吉和塞耶培训需求分析的三步体系

分析层次	目的	方法
组织分析	决定组织中哪里需要培训	根据组织长期目标、短期目标、经营计划判定知识和技术需求； 将组织效率和工作质量与期望水平进行比较； 评价培训的组织环境
任务分析	决定培训内容应该是什么	对于个人工作，分析其业绩评价标准、要求完成的任务和成功地完成任务所必需的知识、技术、行为和态度
人员分析	决定谁应该接受培训和需要什么培训	使用业绩评估，分析造成业绩差距的原因； 收集和分析关键事件； 对员工及其上级进行培训需求调查

2．培训设计与实施

分析培训需求之后，接下来要进行培训设计。培训设计的主要任务是培训内容设计和培训方法设计，这两方面相辅相成。一旦培训目标确定之后，具体的培训内容就可以随之确定。培训内容是多种多样的，应结合本组织的实际情况和需要，设计适应的培训内容，切忌盲目照搬。

在确定培训内容的同时，组织要选择适当的培训方法。培训方法有很多，组织需要根据自身的特点及员工特点，选择培训方法。主要的培训方法有以下几种。

（1）授课

授课是指由专家讲解某些概念、知识及原理，主要目的是提高员工对各种问题的认识能力，提高员工的知识水平，提高管理者的基本素质，使管理者和员工接受新的知识和信息，了解新的动态，为提高工作能力和解决问题能力打下良好的基础。授课的优点是成本低，可以同时培训很多人，节省时间。其缺点在于学习中的沟通是单向的，受训者被动地接受知识，参与程度较低。这种培训可以由组织内的管理者进行。

（2）职务轮换

职务轮换是一种在职培训的方法，目的在于拓宽员工的视野与知识面，使其能够胜任多方面的工作，同时增加工作的乐趣和挑战性。职务轮换使受训者能够掌握本组织各部门的职能和管理知识，了解如何在各部门之间进行协调和合作。有的组织要求在晋升前要具备在低一层岗位的两个不同部门工作的经历。

（3）学徒制

学徒制是一种既有在职不脱产培训又有脱产课堂培训且兼顾工作与学习的培训方法。通常来说，学徒制适用于技能行业，如维修业、木工行业、电工行业等。

（4）提拔晋升

管理者应该明确自己的发展道路，了解自己现在的状况和前进的方向，在自己的岗位上做好工作以锻炼自己。例如：车间主任大体上知道自己的发展道路是车间主任—生产科长—生产副厂长—厂长，于是车间主任一方面要做好本职工作，在当前的岗位上锻炼自己；同时为了提升到生产科长，车间主任要学习生产科长所需要具备的知识、能力和管理方法等。但是，有些人过于看重提升，忽略了本职工作。因此，组织应该要求所有受训人员做好自己的工作，只有做好本职工作的人，才能得到晋升。

（5）设立副职

设立副职是指在上一级岗位设立一个副职，担任助理职务，协助有经验的上级领导工作。在工作中，刚提拔的管理者能有机会体验这个岗位，在该岗位上不断得到上级领导的指导，等他适应该工作后再给他安排恰当的职务。这是一种非常有效的岗位培训。

（6）临时代理

上一级管理者突然生病、出差、开会、休长假等，这样就出现了职务空缺。这时可以让下一级管理者临时代理这个职务。这对下一级管理者来说是一种锻炼。如果代理的是主管位置，下一级管理者还要制订政策和决策，这种实践经验对一个人的能力提高是非常宝贵的。

（7）讨论会

这种方法适用于人数较少的培训。讨论会提供双向讨论的机会，这时受训者比较主动，而且培训者也可以及时、准确地把握受训者对培训内容的理解程度。这种方法对提高受训者的责任感或改变工作态度特别有效。

（8）短期学习班

短期学习班往往都是速成的，时间一般为一周至一个月不等。一般来说，短期学习班的目的性较强，旨在解决组织目前存在的实际问题。短期学习班的内容往往涉及专业知识、管理知识和其他方面知识的学习与研究。在举办短期学习班时，组织要根据总体目标确定培训主题，紧紧围绕总体目标的实现进行培训。

（9）建构内部网络学习平台

组织可以借助多媒体工具或网络建构一个内部的网络学习平台，将文本、图片或者音像等培训资料放在网上，形成一个资料库，供员工学习交流。这种培训方法具有低成本、省时省力的特点，几乎具备网络所有的优势，因此在近年来得到了很大的发展。

（10）自学

自学是由员工自己全权负责的学习，什么时候学习和学习什么都由员工自己来决定。员工可以通过组织的内网进行学习，也可以按组织提供的学习资料利用业余时间自学，员工不需要任何指导者，只需要按照自己的学习进度进行自我培训。

3．培训评估

在某一培训项目或某门课程结束后，一般要对培训的效果进行一次总结性的评估。对培训进行评估的作用有两个：一是决定是否在组织内继续进行该培训；二是对培训进行改革。

培训评估一般采用的是柯氏四级培训评估模式。① 该模式由国际著名学者威斯康星大学教授柯克帕特里克（D. L. Kirkpatrick）于 1959 年提出，因此这种评估模式被称为“柯氏模式”。“柯氏模式”是世界上应用最广泛的培训评估工具，在培训评估领域具有难以撼动的地位。该模式认为，评估培训效果有四种方式。

（1）反应

反应即受训者对培训的印象如何，通过收集和分析受训者对培训的反应来对培训效果进行评估。具体的做法是在培训时请受训者填写一份简短的问卷，问卷内容包括对培训课程、培训者及自己收获的评价。

（2）学习效果

学习效果即受训者对培训内容的掌握程度。这可以通过测试来比较培训前后受训者的知识和技能的变化，看其对培训内容到底掌握了多少。

（3）行为表现

行为表现即受训者接受培训后在工作行为上的变化。这种变化可能是由多种因素引起的，有可能是受训者的经验的积累或组织的激励等。为克服干扰，可以在实施培训前设置一个参照组，参照组不参加培训，然后将经过培训的一组和参照组进行比较，就可以发现培训所带来的行为变化。

（4）结果

结果即培训带来的组织相关产出的变化。培训的目的是有助于达到组织的目标，因此结果评估是最有意义的培训评估。衡量培训产出的标准一般包括提高劳动生产率、提高员工的工作热情、减少抱怨、降低成本和提高利润等。

（三）培训效果不佳的原因

有的培训工作做得比较成功，但有的培训工作效果不佳。造成培训效果不佳的原因主要有以下几种。

1．培训工作没有与组织的总体目标相结合

不管是培训专业技术人员、普通员工还是管理者，其目的都是实现组织的总体目标。然而在实际培训过程中，往往容易出现内容、方式、课程等与组织的总体目标联系不紧密的情况。

2．仅强调培训计划，不强调培训效果

有不少组织非常重视培训工作，在培训前会制订很好的计划，对培训的结果却不太关心。甚至个别组织做培训的目的是应付上级检查。这种培训浪费了大量的时间和人力，效果当然不好。一次好的培训，不仅看计划做得如何，更要看培训后的效果如何。

3．没有选择恰当的培训对象

培训工作需要选择恰当的培训对象，从而有利于组织的发展。将要退休的人、近期将被

---

① 李杨，吴泗宗．企业员工培训评估中存在的问题与对策研究：以某家电制造企业为例［J］．山东社会科学，2015（4）：148-152.

调到上级机关或者其他部门的人、即将离职的人，都不适合作为培训对象。

4．只培训少数人员

很多组织都存在只培训少数人员的现象。有些领导认为，应该重点培训那些经过挑选的、有发展潜力的人员，因而不管培训什么内容都让他们去参加。结果是，后来的重复培训已经不能对这些人员起到提高的作用，而那些能力不强、急需培训的人员却没有得到培训。也有的领导认为，工作最重要，不能让工作忙的人离开工作岗位，只能让那些没什么事的人员参加培训，于是每次培训就集中在某些人身上，造成了“闲人常培训，忙人没时间培训，急需人员不培训”的结果。这样的培训没有任何效果。

三、职业生涯管理

职业生涯管理日益成为现代组织人力资源管理的重要内容之一。所谓职业生涯管理，就是组织开展一系列活动帮助员工制订职业生涯规划并促进其职业生涯发展的过程。职业生涯管理可以充分开发组织人力资源，有助于创造出一个高效率的工作环境和招人、育人、用人、留人的工作氛围。总体而言，开展职业生涯管理，日益成为组织进行人员开发的重要手段，是人力资源管理的关键工作之一。

（一）职业生涯发展

1．职业生涯

随着时代的发展，员工的需求更趋于多元化，如获得成就感和实现个人价值等，员工的这些需求需要在职业生涯中得到充分满足。

职业生涯包含很多内容，不同的学者对职业生涯有不同的理解，但大多数人都认为职业生涯是与个人终身所从事的工作或职业等有关的活动过程。如美国组织行为专家霍尔（D. T. Hall）认为，职业生涯是指一个人一生中所有与工作相联系的行为与活动，以及相关的态度、价值观等连续变化经历的过程。

在当代社会中，员工不只满足于获得一份工作，更关注在当前和未来的工作中得到成长、发展和晋升的机会。组织通过帮助员工规划职业生涯，创设条件帮助员工实现职业目标，可以使员工感受到自己是组织中的一部分，产生归属感，提高员工对组织的忠诚度。职业生涯规划对员工和组织来说是双赢的。

2．职业生涯发展的阶段理论

职业生涯发展可以分为几个阶段，每个阶段都有不同的特点。美国职业心理学家舒伯（D. E. Super）提出了职业生涯发展的五阶段：职业成长、职业探索、立业与发展、职业维持和职业衰退。[①] 这里主要探讨后四个阶段。在每个阶段中，员工对工作和情感方面的需求如表 6–4 所示。

---

① 林泽炎，李春苗．员工职业生涯设计与管理［M］．广州：广东经济出版社，2003：79．

表 6–4　在不同职业发展阶段，员工对工作和情感的需求

职业发展阶段	对工作方面的需求	情感方面的需求
职业探索阶段（25 岁以前）	要求从事多种不同的工作； 希望自己探索	进行试探性的职业选择； 在比较中逐渐选定自己的职业
立业与发展阶段（25—44 岁）	希望从事具有挑战性的工作； 希望在某一领域发展自己的专业知识和技能； 希望在工作中有创造性和革新； 希望在 3 ～ 5 年转向其他领域	希望面对各种竞争，敢于面对成败； 能处理工作和人际关系矛盾； 希望相互支持； 希望独立自主
职业维持阶段（45—60 岁）	希望更新技能； 希望在培训和辅导青年员工中发展自己的技能	具有中年人稳定的思想感情； 对工作、家庭和事物的看法有所改变； 自我陶醉，竞争性逐渐减弱
职业衰退阶段（60 岁以后）	计划好退休生活； 从掌控工作转向咨询和指导性工作； 寻找组织外的其他活动	希望把咨询看作对他人的帮助； 希望能接受和欣赏组织外的其他活动

（1）职业探索阶段

这一阶段是青年人刚从事工作，在 25 岁以前的这一时间段。这一阶段的特点是个人在探索性地选择自己的职业，试图通过变动不同的工作单位来选定自己一生将从事的职业与所在的工作单位。在这一阶段，个人有经常调换不同性质的工作的需要，并且这一愿望十分强烈，如果个人的愿望得不到满足，就很容易跳槽。因此，这个阶段的离职率相对较高。组织需要尽可能了解青年人的这一特点，积极给予他们相关的指点和引导，并努力为他们提供多种工作任务，特别是具有挑战性又能吸引他们工作兴趣的工作机会和探索机会。

（2）立业与发展阶段

这一阶段的员工年龄一般在 25—44 岁。一个员工经过对职业多方面的探索后最终会选择自己的职业，即立业。在这个阶段，员工在职业生涯中主要关心的是在工作中的成长、发展或晋升，他们的成就需要和晋升需要强烈，而发展晋升对他们的激励也最大。一般来说，处于这一阶段的员工都有成长和发展的计划，并会为其目标的实现而竭尽全力。对处于这一职业阶段的员工来说，组织要给他们提供在知识、技能上具有挑战性的工作和任务，并放手让他们大胆去干，让他们有更多的自我决策、自我管理的独立性，同时要给他们的工作提供多方面的支持。

（3）职业维持阶段

这一阶段的员工一般在 45—60 岁。在这一阶段，相对来说，员工对成就和发展的期望增强，他们希望更新自己专业领域的知识和技能，希望掌握一些其他领域的知识和技能，以便在经济萧条时保持自己的地位，免遭裁员，或便于在被裁员时另谋出路。在这个阶段，部分人也可能会做出新的职业选择，重新调整自己的职业生涯。现代组织更要关心这个阶段的员工，要给他们提供有利于更新自己的知识、技能或学习其他新领域知识、技能的机会。

（4）职业衰退阶段

这一阶段的员工一般在 60 岁以上。在这一阶段，员工已退休且致力于发展新的角色，寻找不同的工作方式，满足身心的需求和退休生活的需求。许多人希望为适应退休后的环境而学习或培养自己某一方面的爱好，如书画、音乐等有利于身心健康的活动。也有些人准备采取不同的方式重返职业社会，发挥余热。组织要在这些员工退休前为他们多创造条件，培养或促进他们对一些娱乐活动的兴趣和爱好，并有计划地为退休员工开展一些喜闻乐见而又有利于身心健康的活动。

（二）职业生涯规划

组织开展职业生涯管理的核心任务是帮助员工进行职业生涯规划。

1．职业生涯规划的概念

从个体层面而言，所谓职业生涯规划，指的是综合分析自己的兴趣、爱好、能力、特点，积极探索潜在目标职业的发展环境，然后在对职业生涯主客观条件测定、分析、总结的基础之上，结合时代特点，根据自身职业倾向，权衡各项选择的利弊得失，确定其最佳的职业奋斗目标，并为实现这一目标做出行之有效的安排。个体的职业生涯规划过程存在五个基本要素：知己、知彼、决策、目标和行动。

从组织层面而言，职业生涯规划是指组织与员工共同制订，基于员工和组织两方面的需要，通过对决定员工职业生涯的个人因素、组织因素和社会因素等进行分析进而制订出的员工在一生中的职业发展战略与实施计划。

职业生涯规划是一个有机的、动态的、逐步开展的过程。人们处在不同的人生阶段会对职业有不同的看法，环境的变化也会改变发展机会和状况，因此，职业生涯规划需要随着个人变化和环境变化而不断调整。

2．职业生涯规划的作用

（1）职业生涯规划对员工的作用

职业生涯规划是每个员工充分开发自己的潜能，并自觉地进行自我管理的有效工具。首先，职业生涯规划可以帮助员工确定职业发展目标。员工对自己进行分析是职业生涯规划的重要内容之一。通过分析，员工可以确定符合自己性格、兴趣和能力的职业生涯发展路线，正确设定自己的职业发展目标，并制订行动计划，使自己的才能得到充分发挥。其次，职业生涯规划可以鞭策员工努力工作。具体的有实现可能性的计划能提高员工的积极性。最后，职业生涯规划有助于引导员工更好地发挥其潜能。规划有助于员工集中精力，全神贯注于自己有优势并且又有高回报的方面，这样有助于他们发挥个人的潜力，使自己走向成功。

（2）职业生涯规划对组织的作用

职业生涯规划是员工和组织双方共同制订的，既是员工个人的需要，也是组织的需要。它不仅决定一个人事业成就的大小，也关系到实现组织目标的成败。因此，职业生涯规划对组织具有重要的作用。首先，职业生涯规划可以满足组织未来对人才的需要。组织可以根据发展的需要，预测组织未来的人力资源需求，通过对员工的职业生涯规划，为员工提供发展空间、人员开发的鼓励政策与职业发展机会等相关信息，引导员工将自身发展与组织发展结合起来，从而有效地满足组织未来发展的人才需要，避免出现职位空缺找不到人的现象。其次，职业生涯规划可以使组织留住优秀人才。优秀人才是组织争夺的重要资源之一，优秀人才的流失意味着增强竞争对手的人力资源实力，使组织陷于被动地位。优秀人才最关心的是自己事业的发展，如果自己的才能得不到应有的发挥，发展得不到组织的重视，他们往往会选择跳槽。相反，如果组织重视了解并激发员工的兴趣，为他们的成长和发展创造条件和机会，即重视职业生涯规划，就能使员工的满意度增加，从而吸引并留住人才。最后，职业生涯规划可以使组织人力资源得到有效开发。组织对员工职业生涯的管理，使员工的个人兴趣和特长受到组织的重视，员工的积极性提高，这将使员工的潜能得到合理的挖掘，从而有效地开发组织的人力资源。

随着科学技术的进步与发展，劳动力素质的提高，以及组织对“知识导向型”员工需求的增加，熟练工人、技术专家和管理者越来越认识到自己的价值，他们希望成为自己所在领域里有成就的人，并有强烈的意识来控制自己的职业生涯，希望得到提拔、受到重用。如果组织不能善于发现其才能与价值，并据此为其制订职业生涯发展规划，就难以避免人员流失。因此，如何将员工对自己职业发展的要求与组织的发展紧密地结合起来，通过开展职业生涯规划帮助员工在实现自己的职业价值的同时，为组织创造出高效益，实现组织的目标，正成为人力资源管理研究探索的重要方面。

3. 职业生涯规划的方法与步骤

员工的职业生涯发展与组织的生存、发展休戚相关，为员工制订职业生涯发展规划就显得尤为重要。那么，如何为员工制订职业生涯规划？由于个体差异，员工的职业生涯规划内容虽各不相同，但组织在为员工制订职业生涯规划时，需要考虑的因素是基本相同的，一般包括：员工个人的情况（包括健康状况、社会地位、受教育水平、性别、年龄、负担状况、价值观等）和个人对自身能力、兴趣、职业生涯需要及追求的目标等的评估；组织对员工能力、兴趣和潜力的评估；组织与员工在职业生涯选择、规划与机会方面的沟通。在综合考虑了上述因素的基础上，职业生涯规划一般经过如下四个阶段来完成。

（1）对员工进行分析与定位阶段

在这一阶段，组织应帮助员工进行比较准确的自我评价，还必须对员工所处的相关环境进行深层次的分析，并根据员工自身的特点设计相应的职业发展方向和目标。这一阶段的主要任务是开展员工个人评估、组织对员工进行评估和环境分析三项工作。

① 开展员工个人评估

职业生涯规划的过程是从员工对自己的性格、兴趣、特长、职业生涯需要及其目标的评估开始的。员工个人评估的过程实际上是自我暴露和剖析的过程。员工个人评估的重点是分析自己的条件，特别是性格、兴趣、特长与需要等。性格是职业选择的前提，不同的工作要求不同性格的人，否则，职业生涯难以成功。兴趣是工作的动力和最好的导师，如果一个人的工作与自己的兴趣相符，他工作起来就是一种享受和乐趣。需要指出的是，兴趣并不等于特长。特长主要是分析自己的能力与潜力。需要主要是分析自己的职业价值观，弄清自己究竟要从职业中获得什么。因此，个人评估是职业生涯规划的基础，直接关系到员工的职业成功与否。组织在员工的个人评估中，主要是为员工提供指导，如提供问卷、量表等，以使员工能更容易地对自己进行评估。

② 组织对员工进行评估

组织对员工的评估是为了确定员工的职业生涯目标是否现实。组织可以通过几条渠道对员工的能力和潜力进行评估：第一，利用招募筛选时获得的信息进行评估，包括能力测试、兴趣爱好、受教育水平和工作经历等；第二，利用当前的工作情况，包括绩效评估结果、晋升记录或晋升提名、提薪和参加各种培训的情况等；第三，利用员工个人评估的结果。为了评估员工的潜力，许多组织建立或使用评估中心来直接测评员工将来从事某种职业的潜力。评估中心可以帮助组织确定员工可能的发展道路，同时也帮助员工知道自己的优势与劣势，以便更加现实地设定自己的职业发展前景。

③ 环境分析

人是社会的人，任何人都必须生活在一定的环境之中，特别是生活在一个特定的组织环境之中。环境为每个人提供了活动的空间、发展的条件、成功的机遇。近年来，社会快速变迁、科技高速发展、市场竞争加剧，对员工的发展产生了巨大的影响。在这种情况下，员工如果能很好地了解和利用外部的环境，就会有助于获得职业的成功。否则，就会处处碰壁，事倍功半，甚至寸步难行。环境分析主要是通过对组织环境、社会环境、经济环境等有关问题的分析与探讨，弄清环境对职业发展的作用、影响及要求，以便更好地进行职业选择与职业目标规划。

（2）帮助员工确立职业生涯目标阶段

职业发展必须有明确的方向与目标，目标的选择是职业发展的关键，因为坚定的目标可以成为追求成功的驱动力。研究表明，凡是成功的人，大都有明确的奋斗目标。帮助员工确定职业生涯目标，主要包括职业选择和职业生涯发展路线选择两个方面。职业选择是事业发展的起点，选择正确与否，直接关系到事业的成败。组织应开展必要的职业指导活动，通过对员工的分析与组织岗位的分析，为员工选择适合的职业岗位。值得注意的是，组织帮助员工设立的职业生涯目标可以是多层次、分阶段的，这样既可以使员工保持开放的心境，又可以保持员工的相对稳定性，提高工作效率。

组织内部的职业信息系统是员工确定职业生涯目标的重要参考。员工在确立实际的职业生涯目标之前有必要知道有关职业选择及其机会方面的情况，包括可能的职业方向、职业发展道路以及具体的工作空缺。组织应根据既定的经营方针和发展战略，预测并做出未来可能存在的职位以及这些职位所需的技能类型的规划，并对每一职位进行彻底的工作分析，公布其结果，如某项工作的最低任职资格、具体职责、工作规范等。员工可以根据这些结果来确定自己的职业目标或职业规划。同时，组织还要鼓励员工去思考不同职位的成功者所经历的职业发展道路，为员工勾画出职业发展的道路与前景。组织可以通过多种方式向员工传递有关职业发展方面的信息，许多职业生涯发展规划比较正规的组织，通常使用组织内部职位海报、工作手册、招聘材料等来向员工提供职业选择与职业发展机会的信息。

（3）帮助员工制订职业生涯策略阶段

职业生涯策略是指为争取职业目标的实现而积极采取的各种行动和措施，如参加各类人力资源开发与培训活动，构建人际关系网，参加业余时间的课程学习，掌握额外的技能与知识等都是职业目标实现的具体策略，还包括为平衡职业目标与其他目标（如生活目标、家庭目标等）而做出的种种努力。通过这些努力，员工会在工作中获得良好表现与业绩。

在积极实施员工职业生涯规划的同时，根据员工的不同情况采取不同的职业生涯策略，对组织和员工的发展具有十分重要的意义。一般来说，在人生的不同年龄阶段，员工的志趣、价值取向等会有所转变。因此，组织应采用不同的职业管理方法。青年人喜欢不断地自我摸索，寻找适合自己发展的职业道路。向新加入组织的青年人提供富有挑战性的工作，对他们形成良好的工作态度会产生深远的影响，并能使他们在今后的职业生涯中保持旺盛的工作热情和竞争能力。人到中年之后则对家庭、工作保障及社会地位考虑得更多，他们非常渴望能获得以职务升迁为标志的职业成就。为弥补职位空缺不足的缺陷，组织可以采取安排他们对年轻员工进行传、帮、带，使他们认识到自己的重要性；鼓励或资助他们经常“充电”，防止知识老化，掌握更多的工作技能，增强他们的就业保障感；对于已有一定地位，但不可能继续晋升的员工，组织可以通过岗位轮换来提高他们的工作兴趣。对于即将退休的员工，组织可以为他们创造一些机会或提供一些条件来培养他们对有益于身心健康的娱乐活动的兴趣，以便营造一个充满人情味的组织氛围，从而使组织获得员工的“忠诚”。

（4）对职业生涯规划进行评估与修正阶段

由于种种原因，组织最初为员工制订的职业目标往往都是比较抽象的，有时甚至是错误的。经过一段时间的工作以后，组织可以有意识地回顾员工的工作表现，检验员工的职业定位与职业方向是否合适。这样，在实施职业生涯规划的过程中，评估现有的职业生涯规划，组织就可以修正对员工的认识与判断，通过反馈与修正，纠正最终职业目标与分阶段职业目标的偏差。同时，对职业生涯规划进行评估与修正，还可以极大地增强员工实现职业生涯目标的信心。

组织在了解了员工的自我评价与职业生涯发展规划后，就可以据此结合组织的发展战略来全盘规划与调整其人力资源。当组织未来的人力资源需求与某些员工的职业生涯目标和个人条件大体一致时，组织可以事先安排这些员工接触这些工作并使之熟悉起来，也可以根据未来职位的要求有的放矢地安排有关员工进行相关的培训，做好承担此项工作的任职准备。有些员工对本职工作并不喜欢，而对组织的另一些工作很感兴趣，如果这些工作的要求与员工相匹配并且又有空缺的话，组织也可安排他们转岗。当然，“公平”是组织开展这些工作时应该恪守的基本原则，包括信息公开，即将组织内部的职位空缺、职业变动信息等及时、公开地告知广大员工，引导对空缺职位感兴趣又符合一定条件的员工进行公平竞争和公正选择，对职位候选人采用同一套标准加以考评；全面发展，使所有的员工都能在自己的职业领域获得发展，以求组织获得最佳人选，员工获得最佳发展。

（三）职业生涯管理的关键问题

协助员工做好职业生涯规划是组织开展职业生涯管理的核心任务。要想更有效地完成这一核心任务，并最大化职业生涯规划的效果，组织还需要统筹好方方面面的资源，创造出各种各样的条件去帮助员工解决一系列的职业生涯发展问题，以最终实现所规划的职业生涯目标。只有如此，才能实现有效的职业生涯管理，达成预期的管理目的。

总体而言，职业生涯管理是一项系统工程。要成功地开展职业生涯管理，就需要面对并解决许许多多的问题。其中，关键问题有以下几个。

第一，要协调好与其他人力资源工作的关系。将组织的职业生涯规划工作与其他人力资源工作如选拔、培训和绩效评估结合起来，而不是将之分离出来。这会使职业生涯规划更可能收到成效。

第二，要鼓励直线经理参与到职业生涯规划中来。成功的组织职业生涯发展规划，离不开直线经理的参与，直线经理通常都在如何诊断和训练技能等方面得到过培训。

第三，要令人力资源管理者承担起顾问的角色。尽管直线经理参与到组织的职业生涯规划中来很有必要，但是人力资源管理者仍然在内部咨询方面发挥着主导性作用，他们提出组织职业生涯规划的方案、评价职业规划的效果并对直线经理进行培训。

第四，要建立起顺畅的职业信息反馈渠道。成功的职业生涯发展规划的一个重要的组成部分是提供给参与者实际的信息，包括对他们的技能评估结果、升迁机会以及职业变换的机会等。组织要有这样的渠道，通过这样的渠道将职业生涯发展所需要的信息反馈给员工个人。

第五，要有组织领导层的支持。组织高层对职业规划持赞同态度，能极大地激励组织成员积极地参与到规划中去，提高员工对组织职业生涯规划的认同程度。

第六，给予员工平等参与各项活动的机会。组织可以给特殊员工提供额外的培训机会或监督，但如果职业生涯发展规划只是选择性地在部分员工中实行，则容易引起诸如偏见、歧视、浪费财力等抱怨。

第七，要制造一个有利于职业发展的组织氛围。如果整个组织的氛围总体上支持人力资源管理工作，则组织职业生涯发展规划就易于收到效果，否则就会受到不利影响。

四、人员开发的新趋势

随着管理理论和实践的发展，人员开发，尤其是人员培训工作，日趋呈现出全新的发展趋势，其主要表现为如下四个方面。

（一）培训技术的现代化

目前，培训技术日益呈现现代化的趋势。一方面，多媒体、互联网及其他一些新技术的运用，使得培训的运营费用大幅下降，将不同地区的员工集中到同一地方进行培训不再是必需的了。为此，组织可以大幅度缩减培训费用（交通费用、食宿费用等）。另一方面，互联网的应用使得培训不受时间、空间和人员的限制，从而使得培训更富有弹性和自主性，有助于营造出一种良好的培训环境。

（二）培训设计的系统化

培训设计的系统化是当前人员培训与开发的一大趋势。培训是管理系统中的一部分，培训设计应该基于整个系统考虑。培训应该在对组织战略、生涯设计、绩效管理和薪酬管理等系统要素进行全局审视的基础上进行设计。此外，培训还需要兼顾各个部门的协调发展，使培训真正能够对各业务部门（如市场营销部门、财务部门、生产部门）有所帮助，为绩效改进和高效工作系统提供必要的辅助。

（三）培训机构的社会化

随着培训人员的减少、知识与技能的不断更新，组织对培训服务的需求也日新月异，组织越来越不能独立提供足够的培训。为此，越来越多的组织倾向于将培训的职能外包给组织外部的培训供应商（或机构）。“外包”日益成为现代员工培训的一种流行趋势。外部培训供应商包括管理咨询顾问、大学教师、研究者和大众传媒公司等。这些外部供应商可以采取单独或与委托组织合作的方式来提供培训服务。随着外部培训供应商的日益增多，组织培训人员在与其签订协议和进行购买分析时要保持充分的理性，要对外部培训人员具有全面透彻的了解，并认真地加以分析和选择，务必使培训对受训者素质的提高起到有效的促进作用。

（四）培训地位的福利化

不难发现，培训正在从“费用”演变为“投资”进而演变为“福利”。一份对北京、上海和深圳等地的职业经理人的调查显示，85.7% 的职业经理人认为，与医疗、住房等其他方面的福利相比，他们更看重培训与进修；80% 的受访者表示，有权享受新公司提供的培训是其决定跳槽的关键因素之一。对组织应聘者的研究也发现，薪酬固然重要，但一套公平且良好的培训机制也不可或缺。越来越多的组织倾向于把培训作为一种福利。

同时，员工（上至高级经理人，下至普通员工）日益认识到，培训是提升自我竞争力的手段之一，是丰富自身内涵的必要过程，因而对培训的要求和呼声也与日俱增。良好的培训是组织福利的充分证明。历经市场经济的洗礼，员工已经切身体会到，自身素质的提升对自身职业的发展具有重要的价值。

案例学习：

案例名称：《企业员工培训评估中存在的问题与对策研究——以某家电制造企业为案例》。

案例来源：李杨，吴泗宗．企业员工培训评估中存在的问题与对策研究：以某家电制造企业为案例［J］. 山东社会科学，2015（4）：148-152.

案例思考题：

1. 本案例研究中采用的培训效果评估模式是什么？请简要描述。

2. 根据案例的研究分析，该家电制造企业，在其员工培训的评估中存在哪些问题？该如何解决？

本章小结

人力资源是指在一定时间、一定空间内，具有正常智力、能够从事生产活动的体力或脑力劳动者。相比其他类别的资源，人力资源具有能动性、两重性、时效性、社会性、连续性、再生性。人力资源管理包括组织人力资源战略制订与规划、人员招聘、人员开发、激励管理、绩效管理、薪酬管理、员工关系管理、安全与健康管理等。人力管理的核心任务为“选”“育”“用”“留”。组织在进行人力资源管理时必须遵循要素有用原理、能位相宜原理、互补增值原理、激励强化原理、动态适应原理、文化凝聚原理。

“选”就是人员招聘。人员招聘指的是组织根据人力资源规划和工作分析的要求，努力寻找优秀或适合的人，并将其招聘到组织、安置在适合岗位的过程。人员招聘的目的主要有：满足职位空缺的需要、满足人才储备的需要、满足组织高效率运转的需要。人员招聘的要素有招聘者、招聘对象、招聘目标、招聘依据、招聘环境、招聘方法、招聘活动。人员招聘要遵循公开原则、平等原则、适合原则。人员招聘有两种形式：内部选拔、外部招聘。人员招聘的一般程序包括制订人力资源规划，确定招聘的渠道、方法、标准，发布招聘信息，对应聘者进行甄选，体检，录用决策，签订聘用合同，完成对录用人员的聘用、培训和安置，对招聘结果进行检查评估并撰写总结报告。人员甄选的常用方法包括心理测验、知识考试、情景模拟和面试。有重视综合能力、重视工作经历、重视后招聘阶段和无履历招聘将成为人员招聘的新趋势。

“育”指人员开发，即人力资源开发，目的是激励员工、应对变化万千的竞争环境。人员培训的目的是提高员工的技术能力和知识水平，提高员工的自我意识水平，转变员工的工作态度和动机，提高管理者的管理水平。培训工作流程一般包括培训需求分析、培训设计与实施、培训评估。培训效果不佳的原因主要有：培训工作没有与组织的总体目标相结合；仅强调培训计划，不强调培训效果；没有选择恰当的培训对象；只培训少数人员。职业生涯发展一般可分为职业探索阶段、立业与发展阶段、职业维持阶段和职业衰退阶段。在不同阶段，员工的需求各不相同。职业生涯规划对员工本人和组织具有重要作用。

思考与练习

1. 在人力资源管理中，“选”“育”“用”“留”分别指的是什么？
2. 人力资源管理需遵循的基本原理有哪些？
3. 人员招聘的主要形式有哪些？
4. 人员甄选中常用的方法有哪些？
5. 培训工作开展的流程是什么？
6. 造成培训效果不佳的原因可能有哪些？
7. 职业生涯规划有什么作用？组织如何开展职业生涯管理？

本章参考文献

课外拓展

1. 王光远．管理心理学在国内企业人力资源管理中的应用研究综述［J］. 中外企业家，2020（20）：105-106.

2. 邵爱国．企业“用工短缺”及其解决之道探析［J］. 人民论坛，2013（8）：84-86.

3. 童童．管理心理学在员工选拔中的运用［J］. 人力资源管理，2014（11）：121-123.

4. 邵爱国，朱永新，刘润刚．如何更有效：当前再就业培训系统的探索与优化：以苏州为例的扎根研究［J］. 中国人力资源开发，2018，35（7）：81-91.

5. 姜源．学习型组织在企业人力资源开发中的应用［J］. 就业与保障，2020（8）：162-163.

第七章

人力资源管理心理（中）

学习目标

- 认识领导者的角色，明确领导者的管理职能
- 理解领导者的影响力从何而来，懂得合理运用不同来源的权力
- 了解领导者的五大素质和培养途径
- 认识领导班子的合理结构和建设阶段
- 理解绩效与绩效管理的内涵
- 熟知绩效管理系统的关键环节
- 掌握应对绩效管理中心理问题的应对策略

知识导图

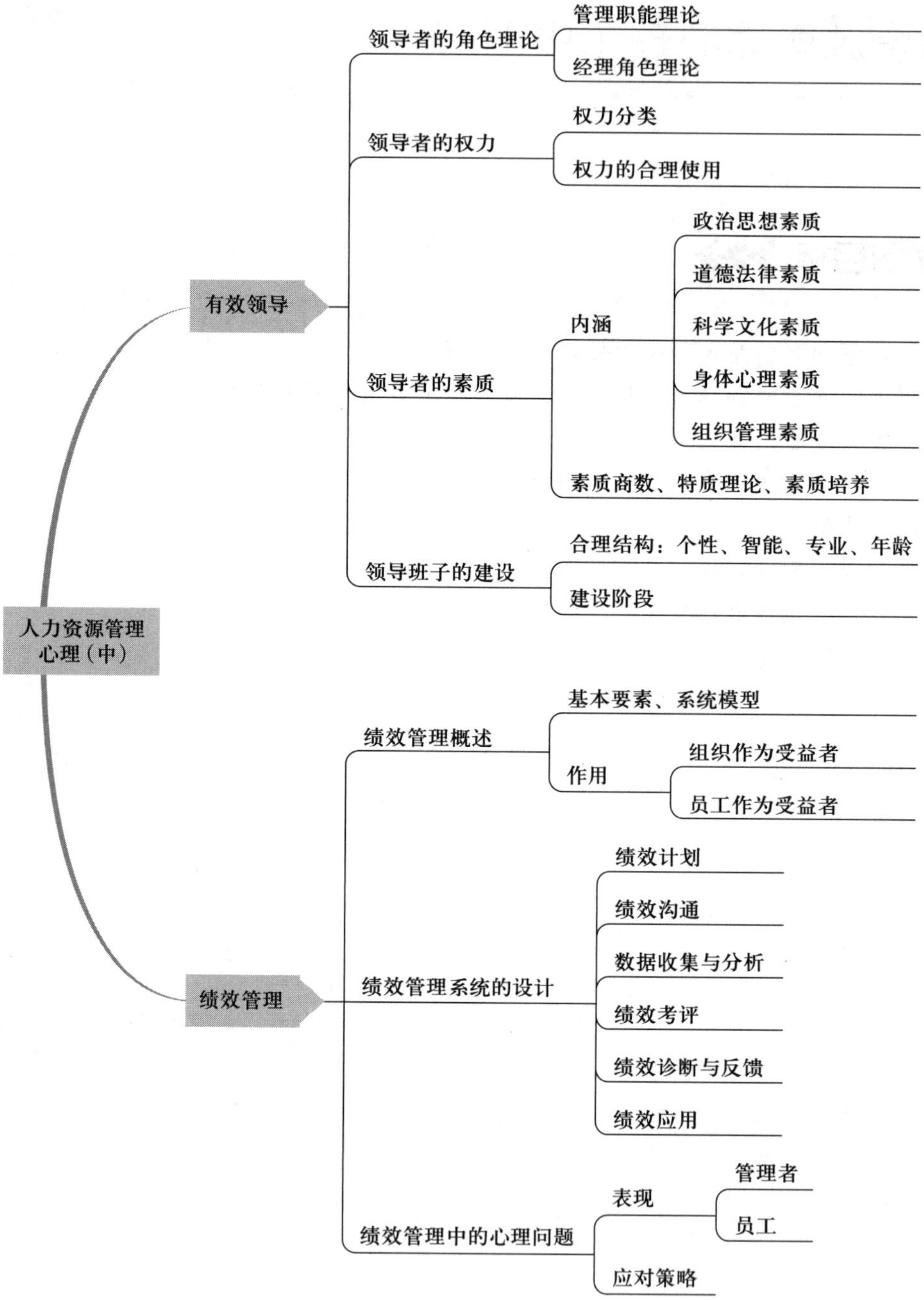
人力资源管理心理（中）
有效领导
领导者的角色理论
管理职能理论
经理角色理论
领导者的权力
权力分类
权力的合理使用
领导者的素质
内涵
政治思想素质
道德法律素质
科学文化素质
身体心理素质
组织管理素质
素质商数、特质理论、素质培养
领导班子的建设
合理结构：个性、智能、专业、年龄
建设阶段
绩效管理
绩效管理概述
基本要素、系统模型
作用
组织作为受益者
员工作为受益者
绩效管理系统的设计
绩效计划
绩效沟通
数据收集与分析
绩效考评
绩效诊断与反馈
绩效应用
绩效管理中的心理问题
表现
管理者
员工
应对策略

章前引例 >>>

领导干部要学会“察言观色”①

“察言观色”，是毛泽东对调查研究的一个形象说法。在长期领导革命和建设的实践中，毛泽东始终重视调查研究工作，把它作为了解情况、进行决策的重要依据。他不仅亲身深入到群众中去“察言观色”，还要求和指导领导干部都这样去做。

1943 年冬，鲁中区党委书记江华回到延安，进入中央党校学习。毛泽东见到他后，询问起山东和沿途见到的群众和生产情况。江华汇报说，一路走马观花，没有深入了解，只看到一些表面现象。鲁西北、冀鲁豫、太行等地群众生活都比较苦，最苦的是太行山区，老百姓面黄肌瘦，衣衫破烂。听了江华的汇报，毛泽东教导说，我们的干部，每到一个地方，要察言观色。察言观色，就是看老百姓吃得怎么样，穿得怎么样，脸色怎么样，情绪怎么样，通过这些现象的观察，就了解到了群众生活的基本情况。当然，这还是不够的，但了解群众的第一步，应当是察言观色。江华晚年说，毛主席的这番教导使他受益终身。

新中国成立后，中央决定从部队中挑选一批优秀干部出任外交官。1950 年 3 月 10 日，毛泽东接见了耿飚等 14 人。他们经过外交部首批驻外大使学习班的学习，即将出国赴任。毛泽东希望“将军大使”不辱使命，并教导他们：“你们到国外当大使仍要发扬在部队的长处，也要开展调查研究。”要“学点驻在国的语言文字，只有懂得外语，才能阅读当地报纸，才能和别人交谈，也才能做好调查研究”。毛泽东还提醒他们：“对于通过调查而了解到的情况，必须加以研究，去其糟粕，取其精华。研究很重要，只有通过研究，才能透过现象看到本质。”接受了毛泽东的教导，耿飚等人后来均成为新中国出色的外交官。

思考题：

（1）毛主席所说的“察言观色”的本质是什么？尝试定义“领导”。

（2）毛主席为什么要强调“领导干部要学会‘察言观色’”？

分析要点

① 苏马 . 向毛泽东学做领导［J］. 刊授党校，2016（4）:42-43.

微课导学

人力资源管理一般包括“选”“育”“用”“留”四个方面，本章将重点介绍“用”这部分的内容。所谓“用”，即人员任用，指的是组织按照规定的原则和程序把合适的人员安排到适当的职位上，实现事得其人、人适其事、人与事科学结合的原则。显而易见，“用好人”是组织进行人力资源管理最核心的任务。一个部门或组织的管理者，必须要思考两个问题：一是如何率领下属实现部门或组织目标；二是部门或组织层面上应提供哪些保障、采取哪些措施，才能激发下属主动作为、竭其所能，以实现个人目标和组织目标。在这两个问题中，前一个问题涉及“有效领导”，后一个问题则涉及“绩效管理”。

鉴于此，本章将着重于从有效领导和绩效管理两个方面来介绍人员任用过程中的心理现象及规律。

第一节　有效领导

一般认为，领导是指一种指引和影响个人或组织在一定的条件下实现某种目标的行动过程。其中，进行指引和影响的人是领导者，被指引和被影响的人是被领导者，而一定的条件就是领导过程所处的情境。领导是一个动态过程，受到领导者、被领导者和情境三个因素的制约。成功的领导取决于领导者、被领导者和情境因素的综合效应。

一、领导者的角色理论

领导者应该做什么？该问题的本质，是有关领导者的角色界定。领导者的角色理论探讨的中心问题是当某人获得领导者的身份或地位后，其属于领导者身份或地位的一整套的职责和行为。也就是要回答“领导者应该做什么”这个问题。

（一）管理职能理论

从西方传统的管理职能理论来看，“领导者应该做什么”这个问题的答案就是管理者的各项管理职能。

法约尔在1916年著写的《工业管理与一般管理》一书中提出，所有管理者都需履行五种管理职能：计划、组织、指挥、协调和控制。法约尔用管理职能来说明领导者应做之事，简单明了，并且具有内在的逻辑关系。法约尔提出的五种管理职能是一个基本结构，后人在其基础上对管理职能进行了修改，将这五种职能精简为四种基本职能——计划、组织、领导和控制，如图7-1所示。

学者们还指出，对处于不同管理层次的领导者而言，虽然都需要承担这四种管理职能，但其花在各种管理职能上的时间有所不同。高层领导者用在计划、组织职能上的时间要比基层领导者多；领导职能占了基层领导者很多时间。各级领导者花在控制职能上的时间差别很小。①

① 罗宾斯，库尔特. 管理学：第11版［M］. 李原，孙健敏，黄小勇，译. 北京：中国人民大学出版社，2012.

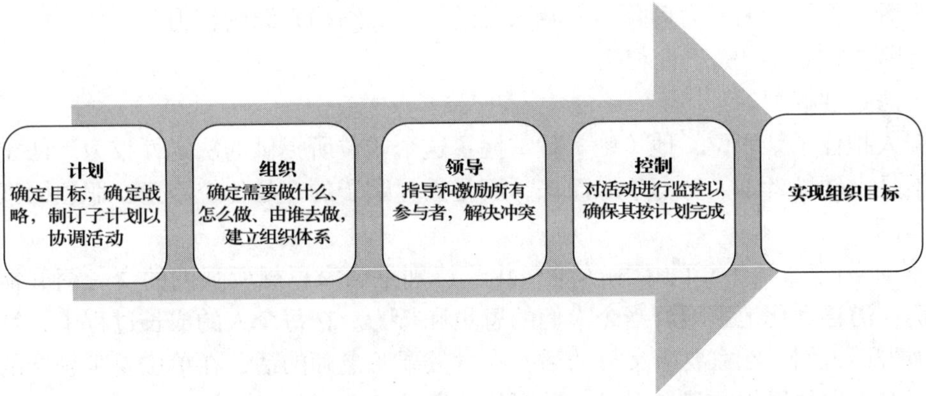

图 7-1 管理职能①

（二）经理角色理论

20 世纪 60 年代末期，明茨伯格采用观察法对管理者的实际活动进行观察、记录、分析，提出了经理角色理论，旨在揭示领导者在实际管理工作中究竟在干什么。

明茨伯格认为，经理是掌管一个正式机构或其分支组织的人。经理被赋予了管理机构的法定权力，从而使他的工作具有两个基本目的：第一，经理必须保持本机构有效地提供规定的商品或服务项目；第二，经理必须保证本机构能够满足控制机构的人的要求。此外，经理必须是本机构与外部联系的纽带，必须对本机构现行系统的运转承担责任。

经理为实现其工作目的，就要扮演十种不同却相互联系的角色。这十种角色分为三类②：人际关系方面的角色，包括挂名首脑、领导者、联络者；信息传递方面的角色，包括监听者、传播者、发言人；决策制订方面的角色，包括企业家、故障排除者（或称混乱驾驭者）、资源分配者、谈判者。

二、领导者的权力

一个领导者的职位、职权、职责是一个有机整体：职位是地位和名义，职责是目的和使命，职权则是具有职位的领导者实现其职责的手段和方法。一个领导者要想成功扮演其领导角色，实现其领导功能，就必须具备领导者的权力。领导者的权力又称领导影响力，是领导者为了达到预定目标，影响和改变他人心理与行为的能力。

（一）领导者的权力分类

关于领导者的权力，不同的学者从不同的角度进行了分类，不同分类之间可能会有交叉。从权力的性质来看，领导者形形色色的权力可分为法定性权力和威望性权力。从权力

① 罗宾斯，库尔特．管理学：第 11 版［M］．李原，孙健敏，黄小勇，译．北京：中国人民大学出版社，2012．
② 罗宾斯，库尔特．管理学：第 11 版［M］．李原，孙健敏，黄小勇，译．北京：中国人民大学出版社，2012．

的来源来看，领导者的权力可分为人际来源的权力和结构来源的权力。

1. 法定性权力和威望性权力

（1）法定性权力

一个人担任了某职位，他（她）就掌握了这个职位所提供的法定性权力。法定性权力的获得不是由领导者本人努力争取而来，而是外界赋予的，是传统因素、职位因素和资历因素的作用。

① 传统因素。几千年的中国传统文化，特别是儒家思想所强调的“三纲五常”等级尊卑，仍在潜移默化地影响着当今人们的思想和行为。在每个人的成长过程中，社会的教化不断地告诉人们：在家要听父母的话，在学校要听老师的话，在单位要听领导的话。久而久之，在人们的思想中就会形成一种服从上级的观念。

② 职位因素。在一个组织中，为实现组织的目标，就要进行必要的劳动分工，进行组织机构的设计，设定许多相应的职位，对每个职位的权利和义务以法规或规章的形式做出规定。换句话说，每个职位本身就对应一定的权力。不管是上级选聘还是选举产生，某人只要通过一定的合法程序走上某个职位，他就具有了该职位相应的权力。这种权力具有一定的强制性，领导者利用权力可以在很大程度上左右被领导者的处境，如奖惩、职务升降等，所以一般人容易对领导者产生服从的心理与行为。

③ 资历因素。有时候，领导者的资格和经历也会带来一种法定性权力。在一般情况下，员工更容易敬重一位资历较深的领导，对其言行容易产生好感，对其指令也容易信服。“姜还是老的辣”“老将出马，一个顶俩”等俗语，正反映出这种普遍的社会心态。

法定性权力对下属的影响带有强制性，使用法定性权力会使下属产生服从感、敬畏感与敬重感。

（2）威望性权力

威望性权力主要由领导者的品格、能力、知识和情感等因素构成。如果一个领导者的这四种素质都过硬的话，那么下属会对他产生敬爱感、敬佩感、信赖感和亲切感，领导者获得的权力也是一种心悦诚服的自然性影响力。

① 品格因素。领导者的品格主要包括道德、人格、品行、作风等，它们是一个人的本质表现。古人云：“其身正，不令而从；其身不正，虽令不从。”如果领导者在品格方面立得正，行得稳，将使下属产生敬爱感；反之，则会严重影响自己的威望。

② 能力因素。领导者的能力主要反映在能否胜任领导工作，能否给组织带来希望，能否引领组织走向成功等方面。领导者如果能力强，管理有方，使广大员工的物质、精神生活都得到不断改善，就会在群众心目中产生一种心理磁力，让下属感到由衷的敬佩。

③ 知识因素。领导者的知识水平是构成威望性权力的因素，因为知识水平高低是衡量一个人是否成熟、能力大小的重要标准。知识丰富的领导者在工作中容易把握准适宜的分寸尺度，说话办事容易使人开窍乃至心悦诚服，有信赖感。

④ 情感因素。领导者的情感同样也是构成威望性权力的基本因素。领导者如果与被领导者之间建立了亲密的和信赖的情感关系，彼此之间的心理距离就会缩小，在工作中就容易建立协调的合作关系。

法定性权力和威望性权力的对比如表 7–1 所示。

表 7–1　法定性权力和威望性权力的对比

权力类型	构成因素	权力影响的特征	群众的心理反应	影响特性
法定性权力	传统因素	观念性	服从感	强制性影响
	职位因素	社会性	敬畏感	
	资历因素	历史性	敬重感	
威望性权力	品格因素	本质性	敬爱感	自然性影响
	能力因素	实践性	敬佩感	
	知识因素	科学性	信赖感	
	情感因素	精神性	亲切感	

2．人际来源的权力和结构来源的权力

按照来源，组织中的权力分为人际来源的权力和结构来源的权力两类[①]，如图 7–2 所示。

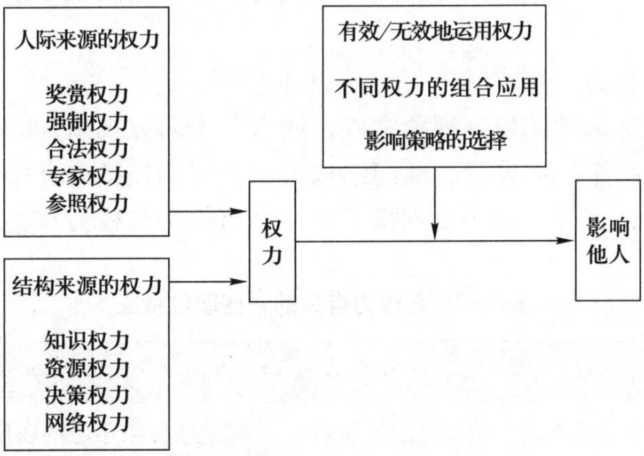

图 7–2　人际来源的权力和结构来源的权力

（1）人际来源的权力

有很多关于组织中领导者和下属之间的人际来源的权力的研究。其中，弗兰奇（J. R. P. French）和雷文（B. Raven）通过研究确认了五种人际来源的权力：奖赏权力、强制权力、合法权力、专家权力、参照权力。

① 奖赏权力是指一个人通过奖赏他人的行为来施加影响的能力。领导者可借提高薪

① 荷尔瑞格，斯劳卡姆，渥德曼．组织行为学：第 8 版［M］．胡英坤，等译．大连：东北财经大学出版社，2001：270–284．

资、推荐晋升、指派优越工作，以及奖励良好工作表现等奖赏手段影响下属的行为。

② 强制权力是指一个人通过惩罚他人的行为来施加影响的能力。领导者可借剥夺特权，指派棘手的工作，更严厉的监管，更严格的规章制约、惩戒，以及解雇等手段，威胁或惩罚下属以令下属屈从于自己。

③ 合法权力是指领导者通过他在组织中的法定地位来影响下属行为的能力。合法权力是组织中的职位或岗位赋予的。当一个领导者被授权负责一个特定责任领域，如质量监控、市场或财会领域，实际上，这个责任领域就对这个领导者行使合法权力的活动做出了限定。领导者离这个特定领域越远，他们的合法权力将变得越弱。一旦离开这个领域，领导者的合法权力就会迅速消失。

④ 专家权力是指一个人由于有丰富的经验、高超的技术与杰出的判断力而影响他人行为的能力。当一个领导者在指导、分析、评价和控制下属完成任务的过程中显现出高超能力时，他将获得专家权力。

⑤ 参照权力是指一个人可借他人对自己的喜爱或崇拜来影响他人行为的能力。下属因敬重、爱戴或崇拜某位德高望重的领导者，把这位领导者作为自己参照的楷模，而要仿效该领导者的领导风格以取得该领导者的认同时，这位领导者就获得了参照权力，就可以影响该下属按其指令办事。

在大多数组织之中，组织成员之所以听从领导者的指挥，是因为领导者对上述五种权力的综合运用。其中，最常见的是合法权力与奖赏权力，其次是专家权力与参照权力，最罕见的是强制权力。

（2）结构来源的权力

除了上述关注人际来源的研究视角之外，还有一个研究视角，即研究受情境特征影响的权力。情境特征包括组织的设计、部门结构类型、影响或接近有权人士和关键资源的机会、所任职位的性质，等等。表 7–2 列举了在一个组织中与权力有关的一些职位特征。

表 7–2 与权力有关的一些职位特征

特征	界定	举例
集中性	在一个联系网络中职位之间的关系	越处于网络中心的职位将拥有越多的权力
关键性	在一个工作流程中任务之间的关系	负责最关键任务的职位将拥有越多权力
灵活性	在决策、工作分配等事务中进行自行处理的权力的大小	越自主的职位将拥有越多的权力
可见性	在组织中为高层管理者可见的程度	任务绩效越是可见的职位将拥有越多的权力
相关性	任务和组织高度优先目标之间的关系	与重要目标越密切的职位将拥有越多的权力

结构来源的权力反映在不同部门、不同团队、不同小组内的工作和成员划分之中，这些工作的分配、定位等产生了信息、资源、决策和与其他人接近程度上的不平等性。重要

的结构来源的权力包括：知识权力、资源权力、决策权力、网络权力。

① 知识权力。组织是一个需要知识来生产商品和提供服务的信息加工器，知识权力意味着那些拥有实现组织目标的关键知识的个体、团队、小组、部门拥有权力，意味着那些处在控制关于当前运作的信息，或获得关于未来事件和计划的知识的职位上的人或小组，拥有影响他人行为的巨大权力。例如，处在一个数据处理中心特定职位上的人有时似乎拥有超乎寻常的影响力。

② 资源权力。组织为生存需要各种资源，包括人力、金钱、设备、物资、供应商、消费者等，资源权力意指那些在组织中能提供重要或稀缺资源的个体、小组或部门拥有权力。组织中的哪些资源是最重要的取决于情境、组织目标、经济形势、生产的商品或服务。

③ 决策权力。组织中的决策常常是在许多个体或小组的参与下有序地做出的，决策的过程在个体或小组之间会产生一定的权力差异。决策权力意指个体或小组因参与决策过程而获得的影响决策结果的影响力。决策权力会影响组织发展目标的确定、讨论议题的选择和最终的结果。

④ 网络权力。在组织中，与其他个体和部门有广泛联系的管理者和部门更富有影响力。网络权力意指组织内外的各种联系、信息渠道都是权力的来源。网络可以是多方面的，如建立咨询网络，可以帮助解决难题和提供技术信息；建立信任网络，有助于获取一些微妙的政治信息；建立沟通网络，有助于澄清一些偏见和误会；等等。

总之，组织中的权力来源有两个方面，人际来源的权力和结构来源的权力。一个领导者如果对各种权力的来源及其交互作用了然于胸并公正合理地使用它们，就能有效地影响他人的行为。

（二）领导者权力的合理使用

上面的讨论加深了我们对领导者权力的性质和来源的认识，但领导者拥有权力和合理使用权力并不是一回事。若权力使用不当或滥用权力，不仅达不到实现组织目标的目的，反而会削弱领导者的权力，所以合理使用权力就非常重要。为叙述方便，此处仍按领导者权力的两种分类分别加以讨论。

1. 法定性权力和威望性权力的合理使用

第一，强化威望性权力。法定性权力是外界赋予领导者的，它对被领导者的影响，靠的是行政命令或传统观念的作用，带有某种强制性，但不一定能起到心悦诚服的作用。威望性权力是领导者本身的素质造成的，它对被领导者的影响是自然发生的，强制性较小，具有潜移默化、令人口服心服的良好效果。一般说来，领导者的法定性权力就其范围与作用而言，总是恒定的，除非职位升降，否则一般不会出现变化；而领导者的威望性权力则是可变的，其变化值因人而异，差距往往很大。领导者影响力的大小，主要由威望性权力的大小决定。因此，领导者在使用权力时，首先应该有意识地加强自己的威望性权力的影响，提高自己在品格、能力、知识，以及与下属情感联系等方面的修养水平，以赢得下属更多的欢迎和信赖。

第二，适时和审慎地使用法定性权力。法定性权力与威望性权力是统一的。组织部门在选拔干部时很注重品格、能力、知识和情感等因素，而干部的培训也偏重于提高威望性权力的构成比例，但是仅凭威信与声望不能完全有效地发挥最佳影响。面对复杂的组织机构与形势任务，面对不同的下属或员工，法定性权力永远是必需的。问题的关键就在于领导者要适时和审慎地使用法定性权力。

实际上，在每个单位或部门的工作中，总有人殚精竭虑，昂首奋蹄，闯关历险；有人勤勤恳恳，埋头苦干，任劳任怨；也有人头脑简单，贪图小利，既倔又犟；还有人饱食终日，无所事事，不求上进……领导者对不同人的偏好和习性要做到心中有数，有的放矢，因人而异，积极引导，运用领导的法定性权力，奖勤罚懒，使他们为组织目标的实现做出贡献。

总之，领导者既要强化威望性权力，又要适时和审慎地使用法定性权力。法定性权力与威望性权力是相辅相成、相互统一的，两者不应该是互相妨碍甚至互相排斥的。正是在驾驭与协调两种领导者权力的过程中，产生了丰富多彩的领导方法与领导艺术。

2．人际来源的权力和结构来源的权力的合理使用

合理使用人际来源的权力和结构来源的权力，可采用如下策略①：

第一，注意选择运用不同的影响策略。影响策略就是个体或小组试图行使权力或影响他人的行为时所采用的方法。领导者在处于一个想要对他人的行为施加影响的情境时，就必须选择一种策略。表 7–3 列举了领导者在工作中的各种影响策略。

表 7–3 领导者的影响策略及其界定

影响策略	界定
理性劝说	运用逻辑的论据和事实证据
鼓动呼吁	诉诸价值观、理想、渴望来唤起热情
商量	寻求在一项战略、活动或改革计划制订过程中的参与
奉迎	在提出要求前，刻意营造出一种令人心情愉快的气氛
交换	提供好处交换、利益共享或事后互惠的承诺
私人请求	诉诸忠诚或友谊等情感
联合	寻求他人在某些思想或行动方面的帮助和支持
合法化	通过声称权威或事实、实际或传统相一致来寻求某个要求的合法性
压力	运用命令、威胁或持续的提醒

研究表明，在多种情境下，理性劝说、鼓动呼吁和商量常常是最有效的，效果较差的影响策略是联合、合法化和压力。不过，设想某一特定的影响策略总有效果而其他策略

① 荷尔瑞格，斯劳卡姆，渥德曼．组织行为学：第 8 版［M］．胡英坤，等译．大连：东北财经大学出版社，2001：282–284．

则无效，这是不对的。当施加影响的对象是下级、上级或同级时，同一种策略的效果是不一样的；以一种组合方式运用策略与使用单个策略，其效果也是不一样的。总之，一个领导者在选择一种影响策略时必须考虑可资利用的权力来源、施加影响的对象和寻求达到的目标。

第二，重视与交换策略有关的交换过程。权力关系中的交换过程是以“互惠法则”为基础的，即人们应该为他们所做的得到回报。设想一种情境：

一位员工被她的上司要求在周末加班完成一项重要计划，这位员工按要求做了，没有受到任何赞赏，没有额外的休假，没有额外的报酬，甚至连一声“谢谢”都没有。同时，这位员工事后发现，上司把这项计划获得的荣誉据为己有。

那么，这位员工和绝大多数的旁观者都将认为这位上司侵犯了良好工作关系，应该适时地给予这位员工应得的赞赏或其他奖赏。

在组织中，这种互惠行动或交换的期望总是不断地出现，从某种程度上，正是因为人们期待得到“回报”，所以交换才会变成可能。这种交换过程在水平关系网络中特别重要，因为水平关系网络中较少存在靠权威来迫使对方顺从的情况。

总的说来，有效使用权力对领导者和组织来说都是一种艰难的挑战，追求的目标是使用权力的方法既要和组织的需要相一致，又要和员工的需要相一致。如果权力的使用得不到有效的管理，那么组织中有权力的人会剥削那些权力较少的人，并以私利来取代组织的合法权益。如有些领导大权独揽、不讲民主，有的领导拉帮结派、跑官买官，有的领导以权谋私、贪污腐败等，不仅给国家和社会带来了极大的危害，也使自己身败名裂。

三、领导者的素质

人与人由于先天条件和后天条件的不同，各自的素质也不同。素质的差异，构成了不同人之间的差异和人生历程的不同。

（一）领导者的素质内涵

领导者素质，是指在先天禀赋的生理和心理基础上，经过后天的学习和实践锻炼而形成的在领导工作中经常起作用的那些基础条件和内在要素的总和。总体上讲，领导者应该具备五大方面的素质：政治思想素质、道德法律素质、科学文化素质、身体心理素质、组织管理素质。这五大方面的素质对所有的领导者来说具有共通性，但对于不同历史时期、不同文化背景下，处于不同行业、不同组织、不同层次的不同领导者来说，这五大方面的素质又具有各自的特点，强调的重点和水平会有所差异。

1. 政治思想素质

政治思想素质在整个领导者素质体系中居首要地位和根本地位，对其他素质正确地发挥作用具有决定性的影响。政治思想素质的内涵包括领导者的政治素质和思想素质两个方面。领导者的政治素质是领导者从事领导活动必须具备的政治立场、政治观点、政治态度和政治品质等各方面的基本条件。领导者的思想素质是其思想方法、思想作风、思想情感、思想观念、思维品质和理论修养等方面的总和。

不同时代、不同国家、不同社会形态，对领导者的政治思想素质都会有不同的标准和要求。《2019—2023年全国党政领导班子建设规划纲要》提出，要把党的政治建设摆在首位，引导各级领导班子和领导干部增强“四个意识”、坚定“四个自信”、带头做到“两个维护”，提高政治能力，全面加强和规范党内政治生活，严格执行民主集中制。要学懂弄通做实习近平新时代中国特色社会主义思想，深化理论武装，坚持学以致用、知行合一，做习近平新时代中国特色社会主义思想的坚定信仰者、忠实实践者。

2．道德法律素质

道德法律素质是领导者的行为准则。道德是成文、不成文的非法律公共行为规范和价值判断标准在个人内心形成的约束机制与个人信守的行为准则。法律是国家按统治阶级的利益和意志制定或认可，并由国家强制力保证其实施的行为规范的总和。道德是一个人的内在行为准则，法律是一个人必须遵守的外在行为准则，前者的作用是自觉而广泛的，后者的作用是强制而有针对性的。道德素质将直接决定一个领导者的内在人格和生命的价值，也将直接决定一个领导者发挥领导作用的程度和范围，还将影响到其所领导的整个组织和组织内所有成员的发展。法律素质在维护社会秩序和公正、维护国家和组织的利益、提高领导者管理工作的成效、保障领导者个人及组织的健康发展等方面具有重要意义。违反道德，个体将受到社会舆论和良心的谴责；违反法律，个体将受到行政或刑事的惩罚。因此，道德法律素质是领导者十分重要的素质。

道德包括三个方面：家庭美德、职业道德和社会公德。此三者有共性，都是强调在不同领域内处理人与人之间的关系和做事的态度，即为人处世。对领导者而言，除了在家庭美德和社会公德方面要做普通群众的表率外，更强调与其领导者角色相关联的职业道德。领导者要自觉遵守社会规范，心存社会良知，恪守领导活动的职业道德。在中国，领导者始终应秉承的美德是：“先天下之忧而忧，后天下之乐而乐”，爱国爱民，乐于奉献；励精图治，自强不息；顾全大局，任劳任怨；恪尽职守，勇担责任；勤政廉政，艰苦创业，清正廉洁；谦虚谨慎，不骄不躁；是非分明，处事公正；胸襟宽广，光明磊落；真诚善良，团结协作；宠辱不惊，矢志不渝；等等。

法律包括宪法、各种专门的法律、行政法规与规章，以及地方性法规等。领导者应具备的法律素质是：学法懂法，依法用法。具体来讲，领导者要树立法制观念，遵守国家各项法律、制度，遵守行业的技术规范和社会规范，懂得通过建立各种规章制度来提高管理的绩效，还要懂得运用法律的武器和专业的法律机构维护自身和组织的合法权益。

总之，领导者既要自觉用道德和法律来规范和约束自己的行为，又要确立以德服人、按章办事的管理方略。

3．科学文化素质

科学文化素质是领导者的力量源泉。科学文化素质通常可以体现在一个人的受教育水平上，是个体通过接受公共教育和自我教育，最终在学识、才情、技艺等方面达到的修养状态。科学文化素质是增添领导才能和领导魅力的基础性个体特质，也是开展领导工作的知识性基础。具备良好的科学文化素质是现代领导工作的基本要求，是领导者适应复杂多变的、高标准的领导环境和领导要求时所应具备的重要条件。

领导、管理工作本身就是一项脑力大于体力的工作，特别是知识经济时代的到来，对领导者的科学文化素质提出了更高的要求。在我国，领导者的科学文化素质应包括如下几个方面：

要学习和掌握多方面的知识和技能，培养多方面的能力。学习知识主要包括三个方面：一是科学文化知识和市场经济方面的知识，二是与工作密切相关的专业技术知识，三是管理工作和领导工作的软科学知识。

不断自学、参加学历教育或专业培训，并掌握学习新知识、获取新信息、开发自己潜能的方法。勤于学习，不断充实自己，是领导者自身可持续发展的主要前提。

注意在实践中运用各种科学知识并善于创新，及时总结使其成为经验或理论，著文立说，既能推动实践发展、出实绩，又能推动理论发展、出成果。

尊重科学，相信科学，运用科学，提高领导者决策的科学性和管理的有效性。

懂得使用“外脑”，建立专家智囊团，以弥补自己的知识结构的不足。在组织领导班子时，会考虑领导者之间知识结构的互补。

懂得运用多种渠道获得知识、信息，如各种报刊、图书、电视传媒、互联网、人际交往等。

重视组织内的管理者和员工的再教育、再培训，提高他们的科学文化素质，创建学习型组织。国际、国内都有一些企业在创建学习型组织方面取得很好成效，比如国内的红星美凯龙公司的董事长车建新就是一个范例。

拓展阅读

学习给我新生命

红星美凯龙公司的董事长车建新于1986年靠借资600元开始创业。经过30多年的奋斗，截至2020年9月30日，红星美凯龙经营了89家自营商场，255家委管商场，并于2018年在上海证券交易所上市。红星美凯龙先后荣获“国内影响力品牌领袖”“家居家装行业影响力品牌领袖”等奖项，车建新先后荣获多项荣誉称号。

车建新初中没毕业，但非常注重学习。在他的办公室里、家里，摆满了各种图书；在他随行的车上、随身的包里，都备有一本书。书不离身，笔不离手。他一年要看70多本书，听60多位教授和专家讲课。他曾说过这样一句话：“一个大学生三年不读书，就会沦为‘小学生’；而一个‘小学生’只要坚持学习，就能成为‘大学生’。”同时，他非常注重员工的学习，建立学习型组织。2005年9月13—16日，国际组织学习协会在奥地利维也纳举行第二届全球论坛，车建新应邀赴会，并进行了一场90分钟的“学习给我新生命”演讲，获得好评。

4．身体心理素质

身体心理素质是领导者的健康保证。管理工作是一项压力大、难度大、强度高、头绪多、节奏快、时间长、忙不完的工作，领导者必须具备比一般人更好的身体心理素质。否则，累垮身体，疾病缠身，哪怕志向再远大、道德再崇高、能力再强、智慧再非凡，也都派不上用场，心有余而力不足，不得不退出施展才华的舞台和挥戈驰骋的沙场，留下深深的遗憾或带来巨大的损失。

身体心理素质包括身体素质和心理素质两个方面。

（1）身体素质

身体素质是指良好的体质状况和健康程度，主要表现有食欲佳、睡眠良好、免疫力强、精力充沛，生病少、恢复快。此外，更重要的是懂得如何获得和保持良好的体质和健康状况。这就要求每位领导者树立现代健康观念，不断提高自我保健的意识和能力，积极寻求社会保健的服务和帮助。具体要做到以下几个方面：

讲究合理膳食，注意食品卫生。注意膳食均衡、饮食规律，忌大吃大喝或饱一顿饥一顿。

重视体育锻炼，坚持运动。生命在于运动，运动贵在坚持。一个领导者如果在繁忙工作之余，仍能坚持运动，就会增强体质。

劳逸结合、起居规律、保证睡眠。

禁烟限酒。吸烟有害健康；过量饮酒，伤肝伤胃。

遵守交通规则，驾驶机动车时尤其要注意交通安全。交通事故是造成意外死亡的主要因素。

强调预防为主，定期参加健康体检，有病及时诊治。建立良好的生活方式和行为方式，加强对疾病的预防，可以减少疾病尤其是一些慢性病的发生。定期体检可以对一些潜在的健康问题或疾病做到早发现、早诊断、早治疗。领导者由于工作繁忙，易带病工作，精神虽可嘉，但这种做法得不偿失，实不可取。

（2）心理素质

心理素质是指一个人的认知、情感、意志和个性品质，以及调节自己心理状况的能力。领导者应具备的心理素质主要包括如下方面：

认知正常、思维超群。领导者应该具有良好的认知品质：注意力集中、观察仔细、记忆持久、想象丰富、思维深刻。其中，思维品质对领导者至关重要。良好的思维品质除了透过现象看本质的深刻性外，还有独立性、广阔性、敏捷性、灵活性、批判性、逻辑性、系统性、辩证性、创新性。认知包括对自己、他人和事物的认知。领导者应有自知之明，应知人善任，应明白事理，认识规律，实事求是。

情感深沉，情绪可控。领导者应该具有明确的道德感、很强的理智感和一定的美感，能有效应对应激、控制激情和调节心境，拥有一种积极的心态。

意志坚强，积极能动。意志品质对领导者十分重要。领导者的工作不总是一帆风顺的，会碰到各种新情况、新问题，各种困难、挑战，甚至是危机。领导者在困难面前，必须意志坚强、积极能动、自我激励、坚忍不拔，方能力挽狂澜、走向胜利。领导者切忌人云亦云、优柔寡断、虎头蛇尾、随心所欲。

成就动机高，追求卓越。领导者应永不满足，不断攀登事业的一个又一个新高峰。

自信、律己、勤奋、忠诚。领导者对自己要自信、律己；对工作和学习要勤奋；对他人、集体和社会要忠诚，即真心诚意，说到做到。

高超的语言和社交能力。领导者应具备很好的沟通技巧和表达能力，发挥其影响力和感召力；同时要具备很好的社交能力，建立多方面、多层次的人际关系，获得朋友和同仁的支持。

学习并掌握应对挫折、调节心理的知识和方法。面对纷繁复杂、风云变幻的外在世界，领导者的心理也会波澜起伏，遭遇冲突、紧张、痛苦、焦虑、愤怒、仇恨、挫折等负性心理。因此，领导者应学会应对挫折、调节心理。必要时，可以向专业的心理咨询人员求助，确保自己心理的平衡和健康。

5．组织管理素质

组织管理素质是领导者业务工作的关键。现代领导者是通专合一、软硬合一的T形人才。领导者只有组织管理素质高，才能真正成为群众的主心骨和领头雁；组织管理素质低，就会被认为是无能、不称职，给工作造成直接损失。领导者的组织管理素质主要表现在以下几个方面：

高瞻远瞩、描绘远景。一个领导者要实现其使命，就必须站得高、看得远，有全球视野，有历史眼光，洞察国内外政治、经济、科技等发展趋势；规划未来、描绘远景，确立自己和组织的发展方向和使命，为组织及下属树起一面前进的鲜明旗帜，感召和凝聚他们为共同的愿景、目标而同舟共济、努力奋斗。

科学决策、确定战略。有了愿景，还要对实现愿景的路径、步骤、目标、重点、资源等做出选择。这就需要根据组织的实际情况和环境的变化，拟订多种方案，科学做出决策，确定战略。

统筹组织、用人授权。领导者必须调动一切力量和资源，设计组织结构、设置工作岗位、选用合适人员、明确职责职权、分配各种资源、建立运行规章。其中，关键是用人授权的能力，因为，人是一切事业成败的关键。

财税运筹、资源配置。领导者，特别是组织的领导者，不需要成为财税专家，但需具有基本的财税运筹知识，能够成为组织的财务监控和税收管理的行家。同样，也不一定成为物流、生产管理的专家，但对技术流程设计、资源配置政策方面，要具备一定的监管能力。

沟通协调、善于激励。在组织内部，组织成员不可避免地会有自己的想法，有自己的目标。这些个人想法或目标，未必都与组织的目标相一致，可能存在不同程度的冲突，就需要领导者进行有效的沟通，力求使组织成员的个人目标与组织目标统一起来，协调好方方面面的利益。在组织外部，领导者也需要与有关部门，如客户、媒体、社区、政府进行沟通和协调，争取各方面的支持。在实现目标的过程中，肯定会碰到各种各样的困难。面对困难，领导者一方面要能自我激励，积极乐观，有“明知山有虎，偏向虎山行”的勇气和胆识，可以激励下属，克服困难，风雨同舟。另一方面，随着专业分工细化，管理上越发强调每个员工各负其责，一定程度上进行自我管理，因此领导者要能激励下属发挥自己的潜能，创造性地完成工作。

有效交往、建立团队。领导者绝大多数时间都在跟组织内外的各种人打交道，特别是和组织内部的上级、同级和下级打交道。能否有效地同他们交往，以建立一支精诚团结、同心同德的团队十分重要。特别是对于领导班子的建设，完全靠命令来维持正式的工作关系肯定是不够的，还需要靠人际交往的艺术。否则，有可能导致内讧或各自为政，耗散精力，事倍功半。

统驭权力、指挥有方。领导者应正确对待和合理使用自己的权力，懂得根据不同的情境、任务和个体，选择不同的有效的行为方式，发挥自己的影响力。

刚柔相济、控制得当。领导者要及时掌握计划执行过程中的反馈信息，发现问题，及时解决。既要对照规章进行监督检查，赏罚分明，又要讲究管理艺术，理解、爱护和帮助下属，将心比心，力求刚柔相济、控制得当。

双赢导向、谈判有术。在组织的发展过程中，作为组织负责人的领导者会经常代表组织与供货商、销售商、合作伙伴、竞争对手等进行业务谈判。在谈判中，双方都会不可避免地从维护自身利益出发，理想化地要价过高，如果持有“一方的获益来自另一方的代价”“我赢你输”的谈判观念，往往会丧失双方均可能获益的机会。所以，领导者应该以双赢为导向，寻求双方共同接受的方案。

勇于变革、创新发展。当今时代，科技飞速发展，市场变化无常，消费需求提升，这些都促使一个组织要不断地根据环境的变化做出变革。为获得可持续的发展，领导者就必须勇于变革、勇于创新，不断创业、不断发展，使组织焕发新的生机。

（二）领导者的素质商数

一般谈到领导者的素质，学者往往会用智商、情商和逆商等来加以阐述。本书试将各种素质商数做一构想性结构图，以便读者建立一个内容整合、形象生动的素质提升工具。

智商（intelligence quotient，IQ），是个体智力测验成绩和同年龄被试成绩相比的值，是衡量个体智力高低的标准。1912 年，德国心理学家斯特恩（W. L. Stern）在法国心理学家比奈（A. Binet）和西蒙（T. Simon）合作编制的《比奈 - 西蒙智力量表》的基础上提出了智商的概念。有关智力的概念也在不断发展中，一般而言，智商包括一个人的注意力、观察力、记忆力、想象力、思维能力、创造力。从某种意义上讲，智商是一个人发现问题、分析问题和解决问题的能力。

情商（emotional quotient，EQ），是美国心理学家戈尔曼（D. Goleman）在 1995 年提出来的概念。他认为情商包含五个主要方面：① 了解自我，这是情商的核心，指监控自己情绪时时刻刻的变化，能够察觉某种情绪的出现，观察和审视自己的内心体验；② 自我管理，指调控自己的情绪，使之适时、适度地表现出来；③ 自我激励，指能够依据活动的某种目标，调动、运用情绪的能力，它能够使人走出情绪的低潮，重新出发；④ 识别他人的情绪，指能够通过细微的社会信号、敏感地感受到他人的需求，即认知他人的情绪，这是与他人正常交往、实现顺利沟通的基础；⑤ 处理人际关系，指具备调控自己与他人的情绪反应的技巧。戈尔曼强调，情商在个人发展、人际互动和组织管理中具有重要的作用。

逆商（adversity quotient，AQ），是 1997 年美国著名学者史托兹（P. Stoltz）提出来的，是指面对逆境承受压力的能力，或承受失败和挫折的能力。具备较高水平的逆商对领导者特别重要，因为工作的性质，领导者需要承受压力、克服困难、应对挫折、坚持不懈来成就大事业，而且抱负越大，要求具备的逆商就越高，意志力就越强。如孟子所言："天将降大任于斯人也，必先苦其心志，劳其筋骨，饿其体肤，空乏其身，行拂乱其所为，所以动心忍性，曾益其所不能。"逆商高的人，特别具有乐观精神和坚毅气质，不视挫折逆境为"绊脚石"，而视其为"砥砺石""垫脚石"。往往是经历了苦难挫折之后，就会迎来新的希望和发展。

德商（moral quotient，MQ），是哈佛大学教授科尔斯（R. Coles）提出来的概念，是指一个人的德行水平或道德人格品质，如人品正直、诚信、忠诚、负责，等等。对领导者而言，德商主要强调社会责任，要求领导者很好地处理与自己、他人、社会、自然和工作的关系。

财商（financial quotient，FQ），是由美国房地产和小型公司投资人清崎（R. T. Kiyosaki）等人在《富爸爸 穷爸爸》一书中首次提出来的。财商是指理财能力，特别是投资收益能力。

健商（health quotient，HQ），是加拿大皇家医学院院士、华人医学家谢华真教授提出来的。健商是指个人所具有的健康意识、健康知识和健康能力。世界卫生组织（WHO）在1989年提出：健康不只是没有疾病，还包括躯体健康、心理健康、社会适应良好和道德健康。

如图7–3所示，智商、情商、逆商是人的认知、情感和意志三种心理过程的表现，组成一个三角。在几何图形中，三角形是最稳固的。如果在这三个方面的水平都很高，那么一个人学习、交往和做事方面的能力素质就非常强，无坚不摧。所以一个领导者致力于自己智商、情商、逆商的修炼提高，是非常必要和重要的。三者缺一，必将影响一个人的整体素质。

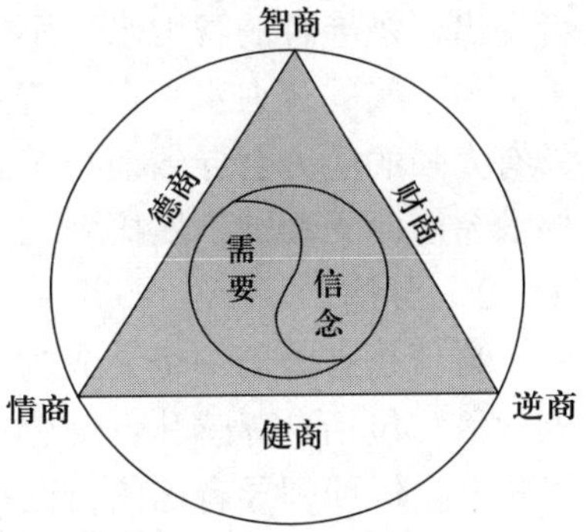

图7–3 领导者素质商数

但三者都具备也不一定会给社会带来价值。例如，犯罪分子的头目，其智商、情商、逆商的分数往往都很高，作案手法狡猾，遇逆境不轻言失败，有过人的意志力，其他犯罪分子可以为其两肋插刀，然而他们做坏事所产生的社会破坏力也更大。所以上述三个方面需要有德商来统帅。只有具有良好的思想道德品质、社会责任感和国家民族意识，加之高水平的智商、情商、逆商，才能增进社会进步。除了较高的德商之外，在市场经济社会中，个人和组织还应具备创造物质财富、获得经济效益的能力，这就是财商的含义。领导者应具备较强的经营意识和较好的经营能力，带领组织取得较高的经济效益，为社会创造财富。一个人能否持久培养智商、情商、逆商，并把三者的能量指向提高德商和财商，还要看其是否具有很好的健商。"身体是革命的本钱"，这个道理是众所周知的，健康是基础，是手段，也是目的，每个人都希求健康和长寿。所以，德商、财商、健商组成一个圆，一个外在的圆满人生。

那么，一个人的智商、情商、逆商、德商、财商、健商是如何培养的呢？当然，方法多种多样，但其内核可能有两个相互作用的方面：一是需要，二是信念。前者是一个人基本行为的动力源泉，后者是一个人相信什么是对的，什么是值得的。需要更多是在顺境中发挥推动作用，信念更多是在逆境中发挥推动作用，两者相互影响，可以推动一个人不断地修炼自己的智商、情商、逆商，进而推动一个人去提升自己的德商、财商、健商。清华大学的校训“自强不息，厚德载物”是对此最好的概括。

（三）领导者的特质理论

对领导者应具备的素质的研究由来已久，这一取向的研究一般被称为特质理论。特质理论旨在揭示领导者和非领导者、高效领导者和一般领导者之间的特质差异。

有关领导者特质的研究很多，重要的代表人物有斯托格迪尔（R. M. Stogdill）、曼恩（R. D. Mann）、劳德（R. G. Lord）等。各个学者研究得出的领导者的特质有共同之处，也有不一样的地方。总的说来，这些特质为那些在任的领导者和“未来的领导者”提供了努力的参考。研究者还指出，在一系列领导者特质中，有一些特质是非常重要的，包括智力水平、自信、决心、正直和社会交往能力。

1. 智力水平

智力水平与领导行为有着正相关关系。一个领导者如果具有良好的表达能力、知觉能力和推理能力，就会使他的领导工作做得更好。尽管高智力水平是十分有利的，但是研究者提出，领导者的智力水平不应该与下属的相差太大。在许多情况下，如果领导者的智力水平与下属的智力水平存在着太大的差距，这可能对领导行为产生一定的反作用。领导者具有太强的能力会导致他与下属交往困难，这是因为他总是处于领先的地位，或是因为思想太超前而无法被下属接受。

2. 自信

自信是有助于一个人成为领导者的重要特质。自信是指一个人对自己的能力和技能感到确信，包括自尊感和自信感，以及自己能超越一般人的信念。领导行为包含着对他人的影响，自信使领导者确信自己努力对别人产生的影响是合理的、正确的。

3. 决心

许多领导者都表现出有决心。决心是指完成某项工作的愿望，包括诸如创新性、坚持不懈、支配欲和内驱力等特质。每个具有决心的领导者都愿意表现自己，他们在活动中往往非常活跃，在挫折和困难面前能够不屈不挠。领导者的决心还包括在下属希望得到指导时领导者所表现出的支配意识。

4. 正直

正直是领导者的另一个重要特质。正直就是诚实和值得信赖，那些具有强烈的原则性和对其行动具有责任感的人会表现出正直的特质。正直的领导者会激发他人的自信，因为他人信任领导者，认为他言行一致，觉得他是十分忠实和可靠的。总之，正直会使领导者被信任。

5. 社会交往能力

最后一个重要的领导者特质是社会交往能力。社会交往能力是指一个领导者寻求愉快的社会关系的倾向。具有良好社会交往能力的领导者往往使人感到十分友好、开朗、礼貌、得体和老练。他们能敏锐觉察他人的需要，能关心他人的生活。具有良好社会交往能力的领导者往往具有良好的人际交往技巧，能与下属创造出一种合作的人际关系。

以上五个重要特质并不十分全面，但是这五个特质在很大程度上决定了一个人能否成为一名优秀的领导者。

（四）领导者的素质培养

领导者的素质培养是一个长期的过程，而且具有因人而异的特点。本书主要介绍领导者素质培养的原则和途径。

1. 领导者素质培养的原则

（1）组合性原则

一个领导者并不需要成为一个具备所有领导者素质的全才，他可以根据自身的特点和实际工作的需要选择最佳的素质组合。十全十美、面面俱到，具备所有领导者素质的领导者在现实中是不存在的。领导者素质涉及各个素质的独立培养，需注重不同素质的组合训练。例如，以工商管理为主的MBA教育和以公共管理为主的MPA教育，在教育目标和课程设计上有所不同，各有侧重。换句话说，领导者的素质培养是组合的，也是情境化的。

（2）辅助性原则

现实中的领导者都是具体的、活生生的人，会在某些方面或多或少地存在一定的不足和缺点。一些领导者可能缺乏某些方面的素质，而在另一些方面则可能达到了较高的水准。领导者的各种素质之间具有互补性。在现实的领导活动当中，我们经常可以看到这样的情形：性情暴躁、情绪不够稳定的领导者，可以依靠卓越的能力来弥补其性情上的不足；专业能力不足的领导者，如果能够很好地调动下属的积极性，发挥团队优势，同样可以获得良好的工作绩效。

（3）情境性原则

领导者、被领导者和情境，构成了领导过程的基本要素。情境因素是决定领导者开展领导活动的基本客观条件。在具体的情境之下，组织并不要求领导者具有全面的、无可挑剔的素质，而只是突出强调其中的某些素质。例如，研究岗位更强调专业知识素质、创造力，经营岗位更强调决策能力、沟通能力、激励能力，行政岗位更强调个性素质、协调能力。同时，领导者所处组织的行业属性、规模大小不一样，对领导者的要求也会不一样。领导者处于组织的不同发展阶段和不同层级，对领导者的要求也不一样。因此，领导者的素质培养，要注重指导领导者选择不同的情境，并根据情境扬长避短，发挥自身优势，尤其要注重那些能够在不同的情境中横向迁移的素质的培养，即那些具有相对普遍性的素质的培养。

2. 领导者素质培养的途径

（1）学习提高

学习是提高领导者理论素养、知识水平的重要途径，并且具有重要的现实意义。

首先是自学。素质的提高不是一蹴而就的，需要领导者不断学习，可以说是一种终身学习。而领导者的工作总是十分繁忙，很难抽出工作时间来学习，所以领导者需要在业余时间通过读书看报、浏览网络信息、观看相关培训的慕课等来自学，这是提高素质的一条重要途径。目前，一些世界知名的大学都建设了丰富多样的在线开放课程，加上一些管理教育的专业网站，在众多功能强大的搜索引擎、App 的帮助下，只要领导者愿意，就可以不断自学，不断进步。

其次是向他人学。“三人行，必有我师焉。”在现实世界里，只要细心地观察，在我们的周围肯定存在值得自己学习的优秀的榜样人物。领导者可以向他们学习、请教，有意识地模仿他们的领导艺术，取长补短。而且，向他人学，不能停留在模仿借鉴上，还应在他人的启发下自己创新，获得新的知识和智慧。

最后是接受教育培训。教育培训是利用专业的机构或资源来提高素质的重要途径。如有可能，领导者应努力接受专门的教育或培训。既可以脱产学习，也可以在职培训。例如，MBA、MPA 教育，各类成人教育，各种短期的培训班，各类党校教育研讨班等都可以满足提高领导者素质的需要。

值得一提的是，在当今时代，学习不仅是终身的，而且是团体的。领导者不仅要自己学，而且要组织团体学，建立学习型组织。

（2）实践锻炼

领导活动本身就是一个实践过程，领导者的发现和解决问题的能力、应变创新的能力、处理复杂人际关系的能力等，只有在具体的领导活动中才能得到运用、锻炼和提高。毛泽东指出：“读书是学习，使用也是学习，而且是更重要的学习。从战争中学习战争——这是我们的主要方法。”① 在这里，毛泽东强调了亲身参加实践的重要性。对“未来的领导者”而言，经常“像领导一样思考，像士兵一样行动”，是培养领导素质的好办法！

（3）生活修养

领导者的许多素质都是个人的修养，这些修养可以在个人的生活中，通过自己的身体力行、为人处世、人际交往等来加以提高和内化，如道德法律素质、身体心理素质等。

四、领导班子的建设

研究表明，现代领导团队不仅需要领导者个体优秀，更需要集体的最佳结构组合。

（一）领导班子的合理结构

对领导班子合理结构的研究包括许多内容，其中较为重要的是个性结构、智能结构、专业结构与年龄结构。下面分别加以讨论。

1. 个性结构

人的个性有着丰富的内涵，主要有气质、性格、能力、需要、兴趣、理想、价值观和信念等多个方面。个性的相近和差异可以表现在不同的方面，这样，人与人之间就可能出现在有些方面是一致的而在另外一些方面是不同的情况，如志趣相投但性格不同等。组建

---

① 论毛泽东哲学思想［M］. 北京：人民出版社，1983：95.

或调整领导班子时，要考虑班子成员合理的个性结构。一方面，在理想、价值观和信念方面力求一致，这样才能形成共同愿景，才能同心同德干事业；另一方面，在气质、性格和能力方面力求互补，这样可以取得平衡，扬长避短。

然而，在现实中，受很多因素的制约，有时并不能形成符合上述两个方面的合理个性结构，就需要领导集体内部做到心理认同与心理相容。心理认同是一种心理上的默契配合，其中最主要的是奋斗目标上的认同和情感上的认同。从大的方面来看，领导班子的一班人，应该在政治上同党中央保持一致；在思想上彼此交心，肝胆相照；在工作上互相通气，步调一致。从小的方面来看，领导者的个性不同，有的热情活泼，有的沉着冷静，有的脾气急躁。一个战斗集体要求各种气质、性格的领导者互相认同，既发挥出自己的长处，又能容纳他人的相异。心理相容的领导班子内部，就能够彼此互相谅解，有着融洽的人际关系，在讨论问题和处理事情上就容易做到求大同、存小异。这样互相补充、互相促进，就能协调动作、团结一致，为完成共同的组织目标而奋斗。

2．智能结构

智能是智力与能力的总称，在管理心理学中，能力一般包括语言表达能力、实际操作能力、组织协调能力、人际交往能力等。智能结构的合理化，能使领导班子顺利地应对各种复杂局面，发挥出最佳的智能效应。

领导班子由于要应对各方面的变化，所以必须具备各方面的功能，这也决定了它的组成人员的智能结构必须多样而又相容。据调查，以董事长为核心的领导集团主要由以下四种人构成：善于思想的人——从事深谋远虑的战略构想；善于活动的人——从事各种难题的调解；喜欢抛头露面的人——从事打头阵的工作；善于分析的人——从事综合分析的工作。正像一个出色的交响乐队需要各种乐器的和谐演奏才能奏出扣人心弦的艺术杰作一样，一个优化的领导班子既需要高超创造能力的思想家、高度组织能力的组织家，又需要有实干精神的实干家、善于交往的社会活动家等。这才是领导班子的最佳智能结构。

3．专业结构

科技的高速发展与国际国内市场的日趋复杂，对现代组织的领导者提出了越来越严格、越来越复杂的要求，其中就包括专业知识和专业业务能力的要求。一位领导者的知识越渊博，阅历越丰富，其分析问题、解决问题的能力就越强，应变能力和决策能力也就越强。

但是，个人的博学和阅历总是有限的，每个领导者都有专精之处，也总有浅薄之处。因此，现代组织中的领导班子必须把具有不同知识素养的人才组合起来，以胜任领导工作。

我国近些年来的工作实践也证实了优化领导班子专业结构的必要性。无论是基础设施建设，还是科研项目攻关，都需要各种专业业务能力的人才，其中就包括精明的行政管理人才，懂行的科研把关人才，负责的思想政治工作者，勤恳的后勤保障人才，热情的宣传联络人才等。这是一种立体的人才结构，也是领导班子内的一种多层次的专业结构。这样能使领导班子成员的知识配套、能力互补，从而使领导班子更能满足现代组织的复杂要求。

4．年龄结构

不同年龄的人有不同的智力、不同的经验，因此，领导班子的年龄结构是十分重要的。一般说来，领导班子优化的年龄结构应该是老、中、青三代结合，既有“老马识途”的资深顾问（他们的丰富阅历和政治经验是领导班子的宝贵财富），又有“中流砥柱”的中年骨干（他们在各方面都比较成熟，往往是领导班子的中坚力量），也有“奋发有为”的青年梯队（他们精力旺盛，勇于进取，富有创新开拓能力）。建立起多层次、年龄互补的领导班子，有利于不同年龄层次的领导者发挥长处，规避短处，使整个领导班子在知识、经验、技能、体力、反应速度等方面的综合效能始终处于最佳状态，发挥出最佳的领导功能。

从领导班子更新的角度看，老、中、青结合的领导结构也有利于正确的路线、方针、政策贯彻的连续性，能在很大程度上避免“一届领导，一班人马，一套做法”的情况。

领导班子应是老、中、青结合的，但总体上应是年轻化的。因为新知识、新技术日新月异，不断涌现，中青年在吸收新知识和创新精神方面有优势。

总之，良好的领导班子结构是为了更好地发挥领导班子各成员及团队的效能，完成领导的职责，实现组织目标。

（二）领导班子的建设阶段

领导班子的结构和效能的重要性不言而喻，而在实际工作中，领导班子之间的纷争和冲突也时有发生。如果把个性结构、智能结构、专业结构和年龄结构看作在领导班子组成时需要注意的静态结构的话，那么领导班子组成之后，团队建设的过程及其所需技能，可以被看作领导班子建设的动态结构。团队建设的内容很多，如团队的内涵，团队的种类，团队形成的过程，团队发展所需技能，对团队发展的诊断和建设，问题队员的应对，虚拟团队的建设，等等。这里，仅对团队形成过程及其规律进行简单介绍。

一般而言，团队形成会经历以下四个阶段：形成期、风暴期、规范期和绩效期。每一个阶段团队的状态和表现如表 7–4 所示。

表 7–4　团队形成的四个阶段①

阶段	状态	表现
形成期：依赖、依靠	彼此了解有限	提出问题 界定角色 了解目标及任务
风暴期：冲突产生	具有基本合作技巧的团队能达成简易任务	各有想法及意见 个性相异产生冲突 意见分歧 权力运用

① TUCKMAN B W. Developmental sequence in small groups [J].Psychological bulletin，1965（63）：384–399.

续表

阶段	状态	表现
规范期：凝聚力形成	加强互助合作技巧，形成默契 达到自动自发	清楚明白职责 了解彼此行事风格 目标明确 任务为先，目标第一
绩效期：彼此依赖相互依靠	各方面皆有良好互动	着眼于各项任务的完成 厘清角色扮演与职责所在 能吸收新成员

在不同的阶段，团队成员的心理感受也是不一样的。

1．形成期

当一个团队正在形成时，团队成员常会很谨慎地观察甚至试探团队能接受的行为程度，这个阶段正是由个人自我转换成为团队成员的阶段。同时，团队成员会正式或非正式地测试领导者的领导风格。这个阶段的团队成员常会产生下列感觉和行为：刺激、参与感和乐观；以身为团队的一分子而骄傲；开始对团队产生依赖感；对下一步的任务感到质疑、惶恐和紧张；试着界定任务范围和目标性质，共同商议如何完成；尝试决议团队行为接受度和面对问题时团队如何处理；决定共同搜集什么样的信息和资料；常讨论与任务目标不甚相关的问题，无法精确地掌握与任务目标相关的问题；等等。

2．风暴期

对团队而言，这是最难的一个阶段。团队成员开始真正地体会到任务的难度远超过他们的想象，成员开始互相试探甚至责难，或是过分热忱以博取他人好感。这个阶段的团队成员常会产生下列感觉和行为：针锋相对的态度，对团队成功完成任务的信心摇摆不定；即便是在解决方案上已达成共识，大大小小的纷争也不断出现；出现防卫心理及竞争心理，出现派系纷争；识别出团队成员中的强势者和弱势者，内部分裂不团结，彼此猜忌，紧张气氛浓重；等等。

3．规范期

在这个阶段，团队达成共识，成员会产生对团队的责任心和效忠态度，不但接受团队基本规范（或标准）和彼此在团队中所扮演的角色，并且包容每位成员的独特性，同时先前彼此较劲的紧张关系也演变成为更合群的合作关系，因此情绪上的不愉快和冲突也就少了许多。这个阶段的团队成员常会产生下列感觉和行为：能提出具有建设性的批评；认识到每件任务都会找到解决方法而能以平常心放松地去完成；协力和睦相处，尽量避免冲突与争执；更友善、更信赖彼此，并愿意分享想法和个人隐私；能意识到团队凝聚力、团队精神和团队目标；形成并维护团队基本规范和准则；等等。

4．绩效期

在这个阶段，团队内部已经建立了良好关系，成员也有了对团队的期望；团队可以真正恣意地表现，判断问题所在并进行改善；成员认识到了彼此的优缺点，每个人能根据自己所扮演的角色充分展现自我。这个阶段的团队成员常会产生下列感觉和行为：更了解彼此的优缺点，会从团队完成任务的过程中得到满足感和成就感，得到自我成长和改变；团队具有防止问题产生的能力，或者即便产生了问题也能合力解决；团队情感紧密相连；等等。

上述四个阶段，并不是在每一个团队形成过程中都会出现。但了解团队形成过程中的规律性的表现，对于领导班子审视自己团队的状态、客观评估、应对一些矛盾和冲突是非常有帮助的。学习这些知识可以使团队在形成期充分沟通，建立初步信任；在风暴期能够创新应对解决一些难题，把冲突变成建设性发展建设；在规范期可以建章立制，达成默契配合；在绩效期，团队成员彼此信任，各司其职，创造性地合作，从而创造出高绩效。

如何有效地完成团队的发展演变呢？团队技能的训练和提高是重要途径。形成期特别强调有效沟通和建立信任，强调表达技能；风暴期特别强调冲突处理和问题解决，强调创新技能、双赢思维和情商管理；规范期特别强调决策力和领导配合，强调目标设定、过程分析和制度设计等技能；绩效期特别强调社会责任和个人责任，强调绩效评估和生涯管理。

在组织中，跳槽常常会发生在风暴期和绩效期：发生在风暴期常常是因为成员没有认识到冲突是团队形成过程中的客观现象，或没有及时找到解决冲突的方法而另谋高就；发生在绩效期常常是因为成员发现个人绩效好，觉得自己可以单干而跳槽去自立门户，忽视个人绩效的团队基础。了解这些，可以有效规避跳槽。另外，借助一些心理测评软件，如 DISCUS 软件，也可以帮助领导班子或团队提高沟通效率和凝聚力，预防和化解潜在的冲突。

第二节　绩效管理

良好的绩效是组织追求的最根本的目标。组织绩效由个体绩效构成，因此，组织要想取得好的绩效，就必须有效控制员工的工作绩效。对绩效的控制实质上是绩效管理的问题。

一、绩效管理概述

绩效管理就是根据组织的要求，把员工的个人目标与组织战略结合在一起，并对员工进行指导和支持，使员工尽可能以更高的效率完成自己的工作，从而使组织绩效得以改善的过程。

（一）绩效管理的基本要素

绩效管理通常包括五个基本要素：明确一致且令人鼓舞的战略，进取性强且可衡量的目标，与目标相适应的高效组织结构，透明而有效的绩效沟通、考评与反馈，迅速而广泛的绩效结果应用。这五个要素对任何一个优秀的组织的绩效管理来讲，都是不可或缺的，缺少其中任何一个要素都不是完整的绩效管理。

（二）绩效管理的系统模型

绩效管理是一个综合的管理体系，涵盖了人力资源管理的诸多环节，是人力资源管理的核心。要想有效地实施绩效管理就必须认真盘点涉及绩效管理的诸多要素，整合人力资源管理的各个环节，使绩效管理真正成为整合人力资源管理的有效手段，发挥其综合管理的作用。图 7–4 是绩效管理的一个系统模型。在这个系统模型中，绩效管理不仅包含用某种方法考评员工工作绩效这一核心过程，而且纳入了组织文化、组织战略和组织的人力资源政策对绩效考评的影响作用，把反馈绩效这一较孤立的环节和员工培训与开发紧密地联系起来。由此可见，绩效管理并非简单的任务管理，而是强调管理者启发、沟通与辅导的教育过程；绩效管理不仅强调目标和结果的实现，而且重视员工的能力和素质的提升。在员工的职业生涯发展中，绩效管理是一种外部管理活动与员工内在心理活动交互作用的过程，具体表现为管理者在与员工达成目标共识后，会采取有效方法帮助员工实现工作目标、提升个人能力素质。

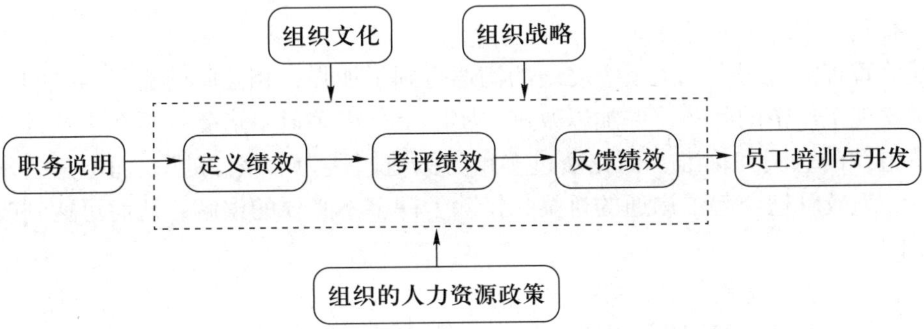

图 7–4　绩效管理的系统模型

（三）绩效管理的作用

实施绩效管理的原始动力是提高组织的整体绩效，所以组织是最直接的受益者。同时，管理者和员工也能从绩效管理中获益。

1. 组织作为受益者

对于组织来说，良好的绩效管理有如下作用。

（1）有利于组织目标的实现

通过对个人或部门的绩效管理，了解其对更高层次目标的贡献程度，经过对目标和实际成绩之间差异的分析，查找影响目标实现的内外因素，组织便可以通过管理的各种职能、物质环境的调整和人的努力，共同推进组织目标的实现。

（2）有利于组织文化的强化

贯彻绩效管理，首先必须建立以人为本的组织文化，尊重员工，为他们提供发展的空间和舞台。同时，绩效管理的实施又会强化组织文化。员工在这种各尽所能、各得其所的氛围里，更容易表现出高涨的热情与只争朝夕的紧迫感、责任感。强烈的归属感也将把员工和组织紧密联系起来，在主人翁意识的驱动下，更容易促进员工向目标奋进，从而巩固和拓展组织文化。

（3）有利于人才队伍的稳定

通过绩效管理，各层次的员工的价值可以得到体现和认可，并且只要努力，就有发展的前景。有人说“想跳槽”是现代人的通病，诸如以下的对话并不鲜闻：“嗨，干得怎么样？”“真没劲，没前途，还得跳！”实际上，每个人都希望有归属感，频繁跳槽不是不需要归属感，而是说明在寻找一种归属感，组织速食文化和社会上的浮躁心理造就了这种通病。科学的绩效管理可以使员工产生安全感与对未来的希望，自然潜心奋斗。有识之士也会到旗下效力，补充新鲜的血液，不断完善人才结构。

（4）有利于组织结构的优化

员工广泛参与管理过程可以改变以往的决策机制和信息沟通模式。员工及时收集、反馈各种有效信息，无形中将组织延伸到更广阔的领域，有利于防范风险，抢占竞争制高点。协作的氛围有助于减少组织的内耗。组织的行政层级关系向扁平方向发展，更具灵活性，适应当今社会对组织柔性化的要求。

（5）有利于组织关系的改善

在绩效管理的过程中，上下级之间的沟通得到了加强，相互间建立了信赖的关系，有助于及时发现工作中的问题，并加以改进。实际上，许多员工遭受挫折和失败常是由于他们不清楚组织的意图和标准，而花费过多精力做他们认为“该做的”，而不是“真正”该做的事情。绩效管理架起了沟通的桥梁，排除了许多不必要的误解，从而可达到改善组织关系的目的。

2．员工作为受益者

在实施绩效管理的组织中，管理者和员工在某些方面有共同的受益点，如精神需要的满足，发展契机的获取和更多报酬的获得等。

（1）有利于员工精神需要的满足

按照马斯洛的需要层次理论，在收入水平较低的情况下，员工往往在归属与爱的需要上拼搏，对于尊重的需要和自我实现的需要不敢奢求。但随着收入的增长和文化素养的提高，员工对尊重的需要和自我实现的需要的期望升高。在绩效管理中，增加员工的参与度，可以在一定程度上满足员工的精神需要。

（2）有利于员工发展契机的获取

组织会根据员工的意愿、特长和工作需要安排工作岗位。员工在管理者的协助下，设计并实施职业生涯计划，获得培训的机会，这些都有助于员工长远的发展。

（3）有利于员工更多报酬的获得

在绩效管理的体系下，没有庸才滋生的土壤。合理的绩效管理可以克服以往长官意志和管理者偏见的弊端。只要员工有能力、有干劲、出成果，就会有相当的回报，就会获得更多报酬。

二、绩效管理系统的设计

管理者必须考虑到绩效管理系统的方方面面，忽视其中任何一个方面，整个系统都可能会不起作用。绩效管理系统的关键环节有绩效计划、绩效沟通、数据收集与分析、绩效考评、绩效诊断与反馈、绩效应用，如图 7–5 所示。

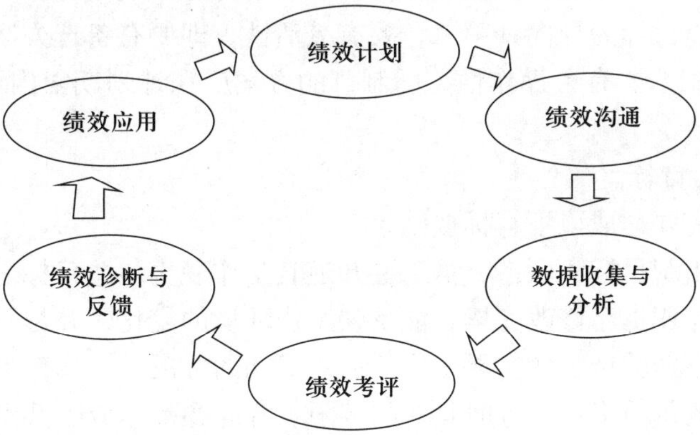

图 7–5　绩效管理系统的关键环节

（一）绩效计划

绩效计划是管理者和员工开始进行绩效管理的起点，它是管理者和员工在组织目标的基础上，共同研究确定下一时间段应该完成什么工作、实现什么样的绩效才算成功，并达成共识的过程。

绩效计划环节需要着重贯彻三个原则：一是导向原则，即依据组织总体目标及上级目标，设立部门目标或个人目标；二是 SMART 原则，即目标要符合具体、可度量、可实现、现实性、有时限五项标准；三是承诺原则，即上下级共同确定目标，并形成承诺。

1．绩效计划的要素

与一般工作计划不同的是，绩效计划侧重个人计划与组织计划的协调。完成计划目标，就是实现个人职业生涯计划与组织计划的过程。绩效计划包括三个要素：传达组织目标和规划；制订和完善部门计划、员工个人计划；选择实施方案。

传达组织目标和规划。绩效管理的精髓是以人为本，建立共同的愿景。绩效计划作为组织计划的一部分，是组织目标分解后注入员工个人意识和能动性的结果。制订适当的绩效计划是有前提的。第一，要制订组织目标和规划。管理者在制订目标与规划时，要给员工充分参与的机会，尽量听取下属的意见或建议，为以后计划的顺利实施奠定基础。第二，要及时传达组织目标和规划。管理者要通过各种途径将组织目标和规划告知全体员工，可以通过简报、板报、广播、正式文件、内部网络等形式来传达；也可以通过与下属的直接沟通来实现信息共享。

制订和完善部门计划、员工个人计划。在绩效计划过程中，根据组织的目标和规划，管理者需要和员工一起讨论，以搞清楚在计划期内，员工应该做什么工作，做到什么地步，为什么要做这项工作，何时应做完，以及其他内容，如员工权力大小和决策级别等。通常绩效计划都是做一年的，但在年中可以修订。

选择实施方案。确定了目标和计划，解决了“到哪儿去”的问题后，至于“怎么去”就需要依据计划选择方案了。方案需要员工和管理者协商确定，员工参与可以用其之长，克己之短；上级管理者的指导可以使员工的行动方案与组织规划相协调。选择方案要遵循三个规范：第一，以目标为导向；第二，要有灵活性，即要有备选方案，能根据情况变化采取应变措施；第三，要有可操作性，即制订的方案应在计划期限内可以完成，且为主、客观条件所允许。

2．绩效计划的目标

绩效计划往往需要达成以下目标或结果：

员工的任务与组织目标相联系，员工要知道其工作职责与总目标之间的关系。

工作目标和工作职责已修改完毕，能反映工作环境的变化，并尽可能具体。

管理者和员工已经就员工的主要工作任务、成功的标准、工作任务的重要性次序、被授权程度（员工完成每项工作任务时具有的权限）等问题都达成了共识。

员工知道管理者能提供什么帮助、会遇到何种障碍和相应的解决方法。

形成一个讨论和协商结果的汇总文档，该文档上应有管理者和员工双方的签字。

（二）绩效沟通

绩效沟通是指管理者和员工一起讨论有关工作进展情况、潜在障碍问题、解决问题的可能措施，以及管理者如何才能帮助员工等信息的过程。绩效沟通对于组织改进绩效管理具有重要的意义：制订绩效目标要沟通；帮助员工实现目标要沟通；年终评估要沟通；分析原因寻求改善，进步也要沟通。总之，绩效管理的过程也是管理者和员工持续不断沟通的过程，离开了沟通，组织的绩效管理将流于形式。许多绩效问题都是因为没有开展良好的绩效沟通，或者管理者没有将绩效考评结果反馈给员工造成的。

1．绩效沟通的原则

一般来说，绩效沟通应符合以下几个原则：

真诚。一切沟通都是以真诚为前提的，都是为预防问题和解决问题而进行的。只有真诚的沟通才能使管理者从员工那里获得尽可能多的信息，进而帮助员工解决问题，并不断提高管理者的沟通技能和沟通效率。

及时。绩效管理具有前瞻性的作用，可以在问题出现时或出现之前就通过沟通将其及时解决掉，所以及时是沟通的一个重要原则。

具体。沟通应该具有针对性，具体事情具体对待，不能泛泛而谈，泛泛的沟通既无效果，也无效率。所以管理者必须珍惜沟通的机会，关注具体问题的探讨和解决。

定期。管理者和员工要约好沟通的时间和每次沟通的时间间隔，保持沟通的连续性。

建设性。沟通的结果应该具有建设性，要为员工未来绩效的改善和提高提供建设性的建议，帮助员工提高绩效水平。

2．绩效沟通的设计

绩效沟通的设计主要涉及确定沟通的主题与内容、确定沟通的方式、为沟通做准备、熟悉沟通的技巧，以及选择沟通的环境等。

确定沟通的主题与内容主要是指管理者要明确与员工讨论什么内容，哪些应该重点讨论，哪些应该有所涉及，哪些可以被忽略等。在实际操作中，如何切入讨论主题，如何展开讨论的内容，如何引导双方的话题转入正题，这些都需要发起绩效沟通的管理者认真思考和准备的。

确定沟通的方式是指以什么方式进行绩效沟通。正式的沟通都是事先计划和安排好的，主要有三种：定期的书面报告，定期的员工和管理者的面对面会谈，定期召开的有管理者参加的小组会议或团队会议。书面报告不需要面对面的会谈，因此当员工和管理者不在同一地点时很适用，它同时提供了记录，因此不需要增加额外的文字工作；但它很容易演变成浪费时间、毫无意义的、形式主义的、无人问津的纸面摆设。面对面会谈能在管理者和员工之间形成一种亲切感，这非常有激励作用；但它耗费时间，在组织不好的情况下更是如此。小组会议或团队会议可以使沟通过程与集体共享；但它非常耗费时间，而且麻烦。其他非正式的沟通方法，如非正式会议、闲聊、间歇时的交谈，或者是“走动式管理”，也各有其优缺点。

为沟通做准备的内容有：沟通涉及的背景资料；沟通评估结果所需要的依据或材料；判断员工接受评估结果的可能性；员工了解评估结果后的反应模式和解决方案等。

熟悉沟通的技巧是沟通准备工作的重要内容，包括了解和学习绩效沟通的代表性情境，沟通语言、身体语言，以及常见解决方案等。

选择沟通的环境对绩效沟通的效果是非常重要的。通常情况下，绩效沟通应尽量不要选择在直接领导的办公室内，或人多嘈杂的地方，或在隔音效果不好的房间中展开，而应尽量选择在中性的场所中进行，如谈判间或会议室等。因为不平等的沟通环境会使员工感到潜在压力而降低参与沟通的积极性。最好的绩效沟通环境是管理者与员工同处于桌子的一边，并使用同一份绩效考评表格或报告书，以强化合作的伙伴气氛。总之，在进行绩效沟通时，不要忽视公平环境和平等对话氛围的设计，它们是保证绩效沟通富有成效的手段之一，如安排或供应茶水、咖啡等，有利于缓解绩效沟通初期双方的紧张气氛。

3．绩效沟通的结果

绩效沟通的具体细节问题是根据管理者和员工的需要来确定的。但通过沟通后，管理者和员工需要对以下问题有较明确的回答：

工作职责完成得怎么样？

哪些方面进行得好？哪些方面进行得不好？

员工是在朝着实现目标和达到绩效标准的轨道上进行工作吗？如果偏离了轨道，需要进行哪些改变才能回到预定轨道上来？

在支持员工进步方面，管理者能帮着做些什么工作（即使一切正常）？

是否发生了影响员工工作的变化？若发生了，那么应做哪些改变？

（三）数据收集与分析

数据收集是一种有组织地系统收集有关绩效信息的方法。收集信息和分析员工绩效的目的是解决问题。进行数据收集与观察时，可以收集解决问题所需要的充足、准确的信息；可以提供一份连续的以事实为依据的有关员工绩效正反两方面的记录，以便决策时使用；也可以记录有关绩效的详情和沟通情况，以便在进行纪律处分或处理时使用。

应该收集什么样的数据部分取决于组织目标。通常，可考虑为下列目标收集信息：

确定绩效好坏的事实性依据（例如，每个工人生产的产品数量、废品数量、客户不满的情况和客户表扬的情况等）。

找出绩效问题的原因（员工在生产时是否有问题？他们是不是仅在工作压力大时才会招致客户不满？是男性员工不满，还是女性员工不满？）。

查明那些绩效突出情况背后的原因，弄清楚优秀员工的工作方法后，就可以利用这些信息帮助其他员工，使他们以优秀员工的工作为基准点，将工作做得更好。

确定员工是否达到工作目标和标准的数据。

（四）绩效考评

在绩效管理过程中，绩效考评是一个连续的过程。它是绩效管理系统的主体部分，这需要在前面几个环节的基础上制订出一个健全、合理的考评方案并予以实施；它是通过岗位管理人员或岗位关联人员与该岗位员工之间的有效沟通，依据考核标准和实际工作完成资料，在分析、判断的基础上形成考核成绩的一种过程。考评方案主要包括考评内容、考评方法、考评程序、考评的组织者、考评者与员工，以及考评结果的处理等。

（五）绩效诊断与反馈

绩效诊断就是在绩效考评结果的基础上，分析和评估绩效问题产生的原因。这包括对绩效问题的内容评估和对绩效考评本身的评估。只有通过绩效诊断，才能找到绩效问题产生的原因，找到绩效考评过程中的问题，从而有针对性地解决问题，促进员工提高绩效。

绩效反馈就是向员工本人反馈工作绩效的考评结果，让员工了解自己工作情况的过程。在绩效管理系统中，反馈的意义并不仅限于此。一方面，客观、合理的考评结果可以真实地说明员工达到组织所期望的标准的程度；同样，员工绩效的考评结果可以使上级了解该员工的个人特点等。另一方面，在反馈的同时，管理者应该根据绩效诊断获得的信息和结论与员工进行面谈，并对员工进行适当、明确的指导，使员工的个人发展与组织目标结合起来，从而达到提高绩效的目的。

（六）绩效应用

绩效考评结果除可应用于员工绩效改善方面之外，还应该积极地用于各种人力资源决策或组织效能的提高中，如应用于员工奖金分配与薪酬调整、人员招聘与职位调整、员工培训与职业发展等人力资源管理活动中。组织善于应用绩效考评结果不仅有利于促进人力资源管理整体绩效的提升，而且有利于强化组织绩效考评体系的持续有效性。

1．在员工绩效改善方面的应用

服务于员工绩效的改善是绩效考评的主要目的。一般而言，组织利用绩效考评结果来改善员工绩效至少包括如下三个步骤：

（1）明确差距

要改善员工绩效，首先就要明确员工绩效的差距，要让员工认识到自己在哪些方面存在差距，这些差距究竟有多大。差距既可通过员工工作目标与实际工作绩效相比较来寻找，也可通过员工与员工之间的相互比较获得，或者是将员工的工作绩效与同行的平均水平相比较。

（2）归因分析

归因分析是研究差距产生的一种方法。绩效差距产生的原因可能是多方面的，但归纳起来不外乎两大类：内因与外因。内因主要是指员工的能力与努力程度；而外因则是指工作环境、组织政策等。具体包括以下几个方面：能力，工作的兴趣，明确的目标，个人的期望，工作的反馈，奖励，惩罚，晋升与发展的机遇，完成工作所必要的权力。

（3）改善措施

通常，管理者对低能力、低绩效者所采取的措施往往是辞退、再培训或惩罚，而对于由外部环境或条件引起的低绩效情况，则应努力改善工作环境与条件，或改变组织政策。

2．在奖金分配与薪酬调整方面的应用

考评结果的应用是多方面的，多数组织进行绩效管理的目的是决定奖金分配与薪酬调整，侧重绩效管理的激励功能。实际上，绩效考评结果几乎可以应用在人力资源管理的任何一个领域。与激励功能相联系的绩效薪酬制度从理论上看起来很实际，也非常合理，而操作起来感到难以发挥效用。但是，如果绩效考评结果不与薪酬管理挂钩，那么绩效考评的效果会降低一半。考评成绩与薪酬的关系是非常紧密的，几乎所有组织的薪酬都可以按照绩效成绩来进行分配与调整。

3．在人员招聘、职位调整方面的应用

通过分析员工的绩效考评结果，人力资源管理人员对组织各个职位的优秀人才应该具备的品质与特征会有更深的理解，这将为招聘过程的甄选环节提供十分有益的参考。很多组织重视对应聘者的素质测评，这些测评的有效性如何，可以通过员工进入实际工作岗位后的绩效考评结果进行检测。检测可以对招聘筛选的方法与手段进行改进，从而提高招聘的有效性。

通过绩效考评，管理者可以掌握员工各种相关的工作信息，如劳动态度、岗位适合度、工作成就、知识与技能的运用程度等。依据这些信息，组织更易于正确地做出人力资源决策，有效地调整职位。基于绩效考评结果进行的职位调整，往往会被员工本人和其他员工接受和认同。

4．在员工培训与职业发展方面的应用

从组织的角度来看，绩效考评可以有效地反映员工的不足，可以更有针对性地进行员工培训；同时，也可以发掘员工的潜能，为员工的进一步的职业发展做准备。针对考评结果，管理者可以和员工一起讨论和制订个人的改善或发展计划，并把员工发展目标和组织发展目标、员工的职业生涯与组织生涯有效结合起来。

从个人角度来看，绩效考评使员工有机会了解组织对他的评价，这样可以防止员工不正确地估计自己在组织中的位置和作用，从而减少一些不必要的抱怨。绩效考评结果强化了员工的工作要求和目标，可以使员工的责任心增强，逐步加强和完善自我管理，促进员工的进一步发展。

三、绩效管理中的心理问题

科学的绩效管理不仅可以提高组织的整体绩效和管理水平，而且有利于员工发现工作中存在的问题，通过改善得以成长。然而，许多组织在绩效管理过程中发现员工对此并不十分认同，在心理上存在颇多问题，致使绩效管理的实施效果不佳，有时甚至导致绩效管理项目失败。如何解决这些普遍存在的心理问题，已成为组织在绩效管理中面临的一个难题。

（一）绩效管理中心理问题的表现

1. 管理者心理问题的表现

绩效管理的实施建立在一种管理考评制度上，依靠管理者对员工进行考评来提高员工的工作积极性和主动性，从而达成组织目标。然而，在具体实施绩效管理中，管理者通常存在如下心理问题：

质疑绩效管理效用，支持力度不够。在组织中，许多管理者认为生产和销售方面投入的收益是迅速的、可见的，而对绩效考评的投入有效果持怀疑态度，致使不少管理者愿意花大量时间和财力在生产技术的创新和销售服务的改善上，不愿意在绩效考评方面增加投入，导致绩效管理在实施过程中缺乏支持而流于形式。

绩效管理定位失当。绩效考评是实现组织经营战略的管理手段，其目的在于纠正员工的不良态度和行为，激发员工行为的积极性，进而实现组织目标和发展战略。而很多组织的绩效考评工作只注意了可评价性，忽视了引导性，使绩效考评工作本末倒置，即只注重评价，而忽视绩效考评是管理者与员工之间就工作职责和提高工作绩效问题进行持续沟通的过程。许多组织绩效考评的关注点存在误区，关注评价而不关注计划；关注语言的单向流动而不关注对话；把重点放在责备上，而不是放在解决问题上；把绩效考评当作让员工更努力工作的棍棒，而不是赋予员工必要的知识以帮助员工取得较好的绩效。

人情观念作祟，拒绝做出负面评价。在组织中，绩效考评结果往往与薪酬挂钩，涉及员工的切身利益。考评中的偏差极易引起员工的不满，许多管理者不愿意背这口“黑锅”。通常，一项考评事件的曝光频率越高，管理者所遭受的压力越大，困扰也越多。因此有些管理者便设法延缓评估工作，幻想问题会自行消失。另外，有些管理者担心负面评价的结果会对员工造成负面影响，容易打击员工的工作信心和士气，影响员工的工作积极性。

角色错位，对员工缺乏指导与支持。许多组织的绩效考评经常会出现这样的情况：业务部门员工的考评目标由直接主管下达，而员工目标的完成情况则由职能部门如人力资源部来考评，本来是由直接主管全权负责的绩效考评管理系统，却被割裂开来。由于职能部门与业务部门的角色错位，使直接主管部分地失去了考评的权力，结果是你检查你的，我干我的，考评与管理成了两回事。另外，各级管理者在绩效考评中，更多地扮演检查者、监督者的角色，对下属如何完成工作和提高绩效水平缺乏指导和支持，把考评者与被考评者之间的合作伙伴关系演变成对立的关系，容易导致员工对考评产生抵触情绪。

2. 员工心理问题的表现

员工心理问题是绩效管理实践过程中经常遇到的一类问题。员工由于害怕绩效管理系统的推行会对其熟悉的工作环境带来变化或者会损失自身利益，从而在心理上对其产生抗拒而采取不合作甚至敌视的态度和行为。在绩效管理过程中，员工通常存在如下心理问题：

在绩效管理推行的过程中，员工不愿积极配合项目实施人员。在绩效管理实施过程中，管理者在与员工接触的过程中会感觉到员工的态度并不是十分让人满意。如在访谈或收集资料的过程中，有员工态度冷淡，寡言少语，被动回答，问一句答一句；有员工瞻前顾后，回答问题不说实情；也有员工故意夸大其词，掩盖相关不利信息；还有员工抵触情绪严重，言语嘲弄讥讽，让会谈气氛紧张；等等。这些现象都表明员工对绩效管理存在着严重的抵触心理。

在指标制订过程中，员工不愿提供准确有效的信息资料。在指标制订过程中，管理者经常会发现员工对考核指标和目标值的设定抱有紧张情绪：有的害怕承担较多的责任，有的希望指标设定不要太严格，有的则害怕目标值对其自身利益造成较大影响。因此，他们在与项目实施人员商讨指标和目标值时，经常会提供一些与实际情况有较大出入的资料，或故意夸大其所在岗位的实际工作职责和内容，或对其他岗位的工作进行主观评议。

在绩效评价过程中，员工不愿主动参与团队成员间的互评。团队成员之间的互评在一些需要合作的领域里很重要。然而现实是，尽管团队成员相互了解彼此的工作状况，但他们似乎并不愿意进行彼此评价，进行建议分享。从一些组织已实施的互评结果来看，员工似乎有“避免批评”和“趁机报复”的心理倾向，要么“随和”地进行打分，要么互相攻击。他们不愿意提出有利于彼此相互提高的建议，甚至会出现团队关系恶化的结果。

在绩效面谈过程中，员工不愿接受低绩效的现实。绩效面谈常常是让人力资源经理最头疼的事，他们有这种感觉是有原因的，因为不是所有的绩效评估都是积极的，不可避免地，有人要为其低绩效付出代价。然而，与绩效较差的员工进行绩效面谈并不令人愉快。心理学研究表明，员工面对糟糕的绩效结果时，很少会从自身找原因进行反省，而是自觉或不自觉地寻找各种理由进行推诿辩解，试图将其低劣的绩效归因于客观因素。而另一种常见的反应则与学生对考试的反应一样，教授认为自己准备的测试很公平，而学生则不能认同。被评价的员工同样不赞同管理者所做出的评价。很多情况下，员工只接受积极的建议和结果。

（二）绩效管理中心理问题的应对策略

1．加强宣传沟通力度，重视绩效反馈

许多员工心理问题都源自误解和恐惧，沟通是解决员工心理问题的重要途径。良好的绩效沟通能够及时解决工作中存在的问题，建立信任关系，消除心理障碍，最大限度地改进工作，提高绩效。绩效沟通要在一个考核周期后进行，要及时地做好绩效反馈；在考核周期内，若发现问题就要及时沟通，解决问题。绩效沟通不仅要“报喜”，更要重视“报忧”。做好绩效沟通，首先要明确沟通的目的，使双方达成一致看法，而不是寻找训斥的机会。同时，要选择适当的沟通时机，准备沟通资料。其次，在沟通过程中，双方要进行平等的讨论，进而提出绩效改进计划。最后，制订详细的绩效改进计划书。管理者要掌握绩效沟通的技术，如多问少讲；沟通的重心要放在“我们”；对事不对人，尽量描述事实而不妄加评价；应侧重思想、经验的分享，而不是指手画脚地训导；沟通中要有恰当肯定的表情，要有轻松的氛围；等等。只有理解了组织的基本意图后，员工才能采取积极的态度进行配合，提供真实可靠的信息。

2．管理者扮演合作伙伴和教练角色

在绩效问题上，管理者与员工的目标是一致的，管理者的工作通过员工完成，而管理者的绩效则通过员工的绩效体现。所以，员工绩效的提高即管理者绩效的提高，员工的进步即管理者的进步。绩效使管理者与员工真正站到了同一条船上，风险共担，利益共享，共同进步，共同发展。为了使绩效考评顺利进行，管理者应扮演合作伙伴和教练角色，认真、客观、公正地记录有关员工绩效表现的细节，形成绩效考评的文档。同时，管理者应与员工保持及时、真诚的沟通，持续不断地指导和支持员工绩效的提升。

3．开展绩效管理培训，增强员工的心理认知

单纯靠沟通宣传并不能彻底地消除员工的心理障碍。组织应该趁此机会为员工提供成长的机会，实施系统的绩效管理培训，辅助员工学习和接受绩效管理的理念，从心理上增强其对绩效管理的认可度。组织可以通过以下几条途径进行：

结合组织实际，对员工进行系统的绩效管理的知识培训。通过培训，员工对绩效管理会有较深入的了解，在一定程度上消除其对绩效管理的顾虑。

人力资源部可以简要摘编一些关于绩效管理的知识，在内部刊物上刊登，以便员工能轻易获取信息，加深其内心对绩效管理的认识。

培训管理者的绩效管理能力和技术。在实践中，因管理者举措不当而使员工产生心理问题的现象非常普遍。例如，管理者缺乏反馈技术，进行消极的绩效面谈，会严重地影响员工的心理状况。这时，组织就应通过培训来加强管理者的反馈沟通技术。

请员工参与标准的制订。通过职工代表大会，让员工给自己设立标准，这样的标准就是员工对工作的一种承诺。有了承诺，员工自然会尽力而为。考核时，即使达不到标准而受到处罚，员工也会心服口服，没有怨言和猜忌。

4．按考评结果做出相应的人力资源决策

绩效考评为薪酬分配、员工异动管理、培训与配置等诸多人力资源决策提供依据，如

果组织不严格按照绩效考评结果采取相应的人力资源管理行动，那么即便是再准确、可靠的考评结果也毫无意义。当员工努力工作、做出成绩而得不到他所期望的报酬时，他会这样问自己："下次我努力会得到好结果吗？"由此会增加其不满情绪，对绩效考评失去信心，增加了绩效考评的执行难度，降低了激励效果。若管理者言行一致，尽最大可能兑现承诺，奖优罚劣，员工就认为做出成绩可以得到所期望的好结果，努力工作行为就受到了正强化。

5．开展心理培训活动，为员工疏导不必要的心理障碍

在推行绩效管理的过程中，组织和员工都会遇到各种各样的问题。针对员工内心的疑虑，组织应开展心理培训，转变员工对绩效管理的消极认识，处理好他们的消极情绪，疏导不必要的心理负担和压力。组织在开展心理培训时，需要认真地分析员工出现心理问题的原因和表现形式，合理地选择培训的类型和方法，并对培训的效果进行合理地评估与反馈，达到调适员工心态、改善员工心理模式的目的。例如，心理培训中的若干训练会使员工在开放的环境中意识到自身存在的问题，培养他们乐观积极的心态、宽容的品质、良好的情绪控制和压力管理能力，树立健全的心智思考模式，使他们进一步厘清认识，从而达到破除心理障碍的目的。

案例学习：

案例名称：《中层管理人员领导力研究——以Z公司为例》。

案例来源：王荣荣，狄桃，吕柳．中层管理人员领导力研究：以Z公司为例[J]．中国集体经济，2019(19)：114-115.

案例思考题：

1．Z公司中层管理人员的领导力存在哪些问题？

2．根据调查结果，有哪些好的措施可以用来提高Z公司中层管理人员的领导力？

本章小结

"用"即人员任用，其关键是组织中的管理者能够实施有效领导。领导是指一种指引和影响个人或组织在一定的条件下实现某种目标的行动过程。领导者应该做什么？从管理职能理论来看，就是计划、组织、领导和控制；从经理角色理论来看，就是扮演十种不同却相互联系的角色，即挂名首脑、领导者、联络者、监听者、传播者、发言人、企业家、故障排除者、资源分配者、谈判者。领导者的权力又称领导影响力，是领导者为了达到预定目标，影响和改变他人心理与行为的能力。领导者的权力可以分为：法定性权力和威望性权力，人际来源的权力和结构来源的权力。

领导者的素质包括：政治思想素质、道德法律素质、科学文化素质、身体心理素质和组织管理素质。领导者的素质也可以用智商、情商、逆商、德商、财商和健商来结构化表示。领导者的素质培养必须遵循组合性原则、辅助性原则和情境性原则，通过学习提高、实践锻炼和生活修养三条途径进行。领导班子的结构主要包括个性结构、智能结构、专业结构与年龄结构，建设阶段为形成期、风暴期、规范期和绩效期。

绩效管理就是根据组织的要求，把员工的个人目标与组织战略结合在一起，并对员工进行指导和支持，使员工尽可能以更高的效率完成自己的工作，从而使组织绩效得以改善的过程。绩效管理通常包括五个基本要素：明确一致且令人鼓舞的战略；进取性强而可衡量的目标；与目标相适应的高效组织结构；透明而有效的绩效沟通、考评与反馈；迅速而广泛的绩效结果应用。绩效管理系统的关键环节为绩效计划、绩效沟通、数据收集与分析、绩效考评、绩效诊断与反馈、绩效应用。其中，绩效考评是绩效管理系统的主体部分。克服绩效管理中因员工心理问题而带来的消极阻力，可采取如下策略：加强宣传沟通力度，重视绩效反馈；管理者扮演合作伙伴和教练角色；开展绩效管理培训，增强员工的心理认知；按考评结果做出相应的人力资源决策；开展心理培训活动，为员工疏导不必要的心理障碍。

思考与练习

1. 领导者有哪些权力？怎样合理使用这些权力？
2. 如何培养领导者的素质？
3. 如何建立一个积极、团结、高效的领导班子？
4. 绩效管理对组织、员工各有什么意义？
5. 如何设计一个合理的绩效管理系统？
6. 组织在绩效管理过程中可能会出现哪些心理问题？应该如何应对？

本章参考文献

课外拓展

1. 钟世娟．德行仍是有效领导的重要维度吗：家长式领导理论的审视［J］. 湖北经济学院学报（人文社会科学版），2015，12（9）：66-67.

2. 吕峰．有效领导的心理环境［J］. 企业管理，2009（7）：14-16.

3. 孙红霞．女性领导力是怎样炼成的：以格力电器董明珠为例［J］. 商场现代化，2018（13）：115-116.

4. 陈芃．企业绩效评价和人员激励机制探讨［J］. 教育财会研究，2013，24（1）：30-33.

第八章

人力资源管理心理（下）

学习目标

- 了解人员保留和员工离职的概念
- 掌握离职管理的基本方法
- 熟悉薪酬管理的原则
- 分析影响薪酬满意度的因素
- 理解员工关系管理的内涵
- 尝试应用员工关系管理的具体措施
- 掌握职业压力管理、挫折管理的方法
- 熟悉员工帮助计划的概念、种类和导入程序

知识导图

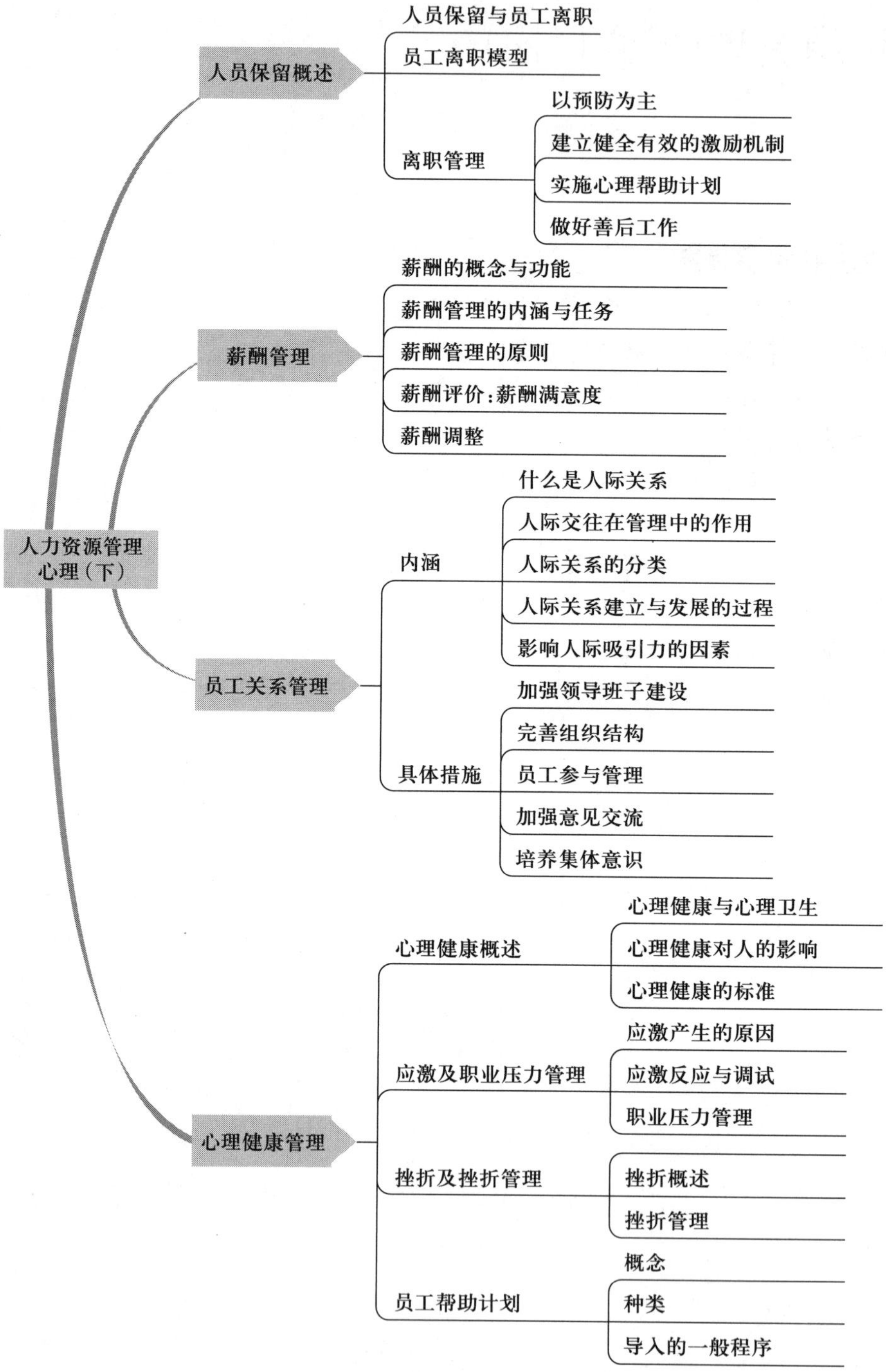
人力资源管理心理（下）
人员保留概述
人员保留与员工离职
员工离职模型
离职管理
以预防为主
建立健全有效的激励机制
实施心理帮助计划
做好善后工作
薪酬管理
薪酬的概念与功能
薪酬管理的内涵与任务
薪酬管理的原则
薪酬评价：薪酬满意度
薪酬调整
员工关系管理
内涵
什么是人际关系
人际交往在管理中的作用
人际关系的分类
人际关系建立与发展的过程
影响人际吸引力的因素
具体措施
加强领导班子建设
完善组织结构
员工参与管理
加强意见交流
培养集体意识
心理健康管理
心理健康概述
心理健康与心理卫生
心理健康对人的影响
心理健康的标准
应激及职业压力管理
应激产生的原因
应激反应与调试
职业压力管理
挫折及挫折管理
挫折概述
挫折管理
员工帮助计划
概念
种类
导入的一般程序

章前引例

申请加薪失败的小辉

小辉是A公司的老员工，在A公司做了好几个人的工作。质检、技术支持、研发，甚至整个公司的电脑维修、设备维护，都是他一人在做。

随着物价上涨，小辉感觉当前4 000元/月的薪资待遇不够用。他经过多方了解，发现同行业相同岗位的待遇每月都在6 000元以上。于是，小辉向公司提出申请，期望公司能加薪到6 000元/月。然而，公司总经理不同意，说小辉还需要更加努力，待时机成熟后，公司自然会考虑加薪。

在这种情况下，小辉辞职了，并很快找到了新的工作。新公司的薪资为6 500元/月，且小辉专职负责技术支持。

后来，A公司找了4名员工来替代小辉原来的工作，平均每个人的月薪为4 000元。A公司的总经理打电话让小辉回去工作，然而被小辉毫不犹豫地拒绝了。

思考题：

（1）小辉为什么会离职？

（2）面对小辉的加薪申请，如果你是A公司的总经理，你该如何应对？

（3）A公司在薪酬管理方面存在哪些问题？

分析要点

微课导学

本章将重点介绍人力资源管理中“留”的内容。“留住人”，尤其是留住核心人才，是组织进行人力资源管理的基本底线。组织为此需要提供良好的薪酬，营造和谐的人际关系氛围，实施有效的安全与健康管理。在人力资源管理中，这分别对应着薪酬管理、员工关系管理、安全与健康管理等任务。在安全与健康管理中，员工的心理健康管理越来越受到关注。本章将围绕这些内容进行阐述。

第一节　人员保留概述

对一个组织而言，要想实现组织目标、获得可持续发展，避免人才流失、保持员工稳定就是前提。

一、人员保留与员工离职

人员保留，亦称员工保留，指的是组织运用某种激励措施或者采取某些手段让员工不流失，能够继续为组织效力，不出现因主动离职而让组织流失人才的情况。

有效保留员工、避免人才流失是组织人力资源管理领域的经典话题之一，尤其是组织中的一些“关键员工”，即核心人才，他们的去留已经成为组织发展快慢乃至兴衰的重要影响因素，对组织绩效以及未来发展有着举足轻重的作用。有研究显示，一名核心人才的流失意味着至少 2 个月的招聘期、3 个月的适应期、6 个月的融入期。此外，还有相当于 4 个月工资的招聘费用，超过 40% 的招聘失败率。这些数据让组织管理者越来越意识到：留住核心人才就意味着节省成本，也意味着保障效率。

衡量人员保留工作有效性的最直接的指标就是员工离职率的高低。根据做出离职决策主体的不同，离职可以分为主动离职和被动离职。主动离职属于个体的自愿行为，表现为员工的“跳槽”等，是组织难以控制的。被动离职的决策主要由组织做出，包括裁员、开除等形式。

过多主动离职导致的员工流失会对组织产生很大的不确定性，容易导致组织出现成本上升等负面影响。显而易见，人员保留的直接目的就是避免员工主动离职。对组织而言，探讨员工主动离职行为的原因（影响因素）、行为机制（模型）及应对方案更具现实意义。

二、员工离职模型

员工为什么会离开组织？鉴于员工离职行为产生的复杂性，无论国内还是国外，都有大量的研究，很多用来解释员工离职的理论也纷纷被提出。其中，普赖斯（J. L. Price）等人提出的离职模型影响最为广泛。在本书中，该模型被简称为 P–M 离职模型。相比其他模型来说，P–M 离职模型吸收了多个学术领域（经济学、社会学和心理学）对离职问题的研究成果，并被多个国家的学者在全球范围内进行过本土化的实证研究，验证结果显示，该模型对于解释员工离职有较好的预测力。

P–M 离职模型建构在一个离职理论之上，该理论的核心是由一系列假设构成，其中最重要的三个假设是：

假设 1：员工是带着一定的期望进入组织的。如果这些期望能够得到满足的话，员工就会感到满意并对组织有较强的依附感，所以会保持组织成员的身份。

假设 2：员工和组织之间存在收益交换，组织对员工的种种回报（P–M 离职模型中的结构化变量可以视为回报）用于交换员工的服务。

假设 3：员工会追求净收益的最大化。假如存在多项收益和成本，员工会权衡成本和收益以获得最大的净收益。

P–M 离职模型包含四类与离职相关的变量：环境变量、个体变量、结构化变量和过程变量。这些变量被统称为“离职风险变量”。

1．环境变量

环境变量主要有两个：亲属责任变量和机会变量。

这里所说的亲属责任变量，主要针对的是与员工生活在一起的父母及子女等。该模型认为，保持当前的雇用状态是承担对亲属的责任的重要途径，因此亲属责任会减少员工离职的概率。也就是说，亲属责任感强的员工更不容易离职。

机会变量指的是员工在劳动力市场上获得其他工作机会的可能性。机会与劳动力市场相关，劳动力市场中的工作机会越多，员工离职的可能性就越大。此外，劳动力市场中的工作机会对离职还有间接的影响，即通过对工作满意度的影响来起作用：机会多，当前工作的吸引力降低，从而降低工作满意度。在这里，工作满意度一般是指员工在组织内工作的过程中，对工作本身及其有关方面（包括工作环境、工作状态、工作方式、工作压力、工作挑战性、工作中的人际关系等）有良性感受的心理状态。工作满意度下降，员工离职的可能性则会上升。

2．个体变量

个体变量通常包括一般培训、工作参与度和积极 / 消极情感。

一般培训是指员工接受的那些在内容（知识、技能等）上也能适用于其他组织的培训。这里强调的是培训的通用性。员工如果在组织中受到的培训能适用于其他组织，那么内容越多、通用性越强，员工离职的可能性越大。

工作参与度是指员工愿意为工作付出的努力程度。已有实证研究结果表明，工作参与度高的员工往往会更努力工作。因为努力，员工会获得更多的回报，回报高又会提高员工的工作满意度和组织承诺。组织承诺，也译为组织归属感、组织忠诚，是指员工对所属组织的目标和价值观的认同与信任，以及由此带来的积极情感体验。换言之，较高的工作参与度，可以产生更高的工作满意度和组织承诺。工作满意度和组织承诺越高，员工离职的可能性就越低。

积极 / 消极情感是指员工体验快乐或不快乐情绪状态的个性倾向。这种个性倾向对工作满意度有直接的影响，这种影响主要是由员工通过对工作各方面的选择性感知产生的。一个具有高积极情感的员工可能有选择性地感知工作中的有利方面，从而增加工作满意度。此外，积极 / 消极情感还可能对一些重要的结构化变量，如工作压力和社会支持的测量产生影响。处于积极情感状态的员工会有较低的工作压力和较高的社会支持。

3．结构化变量

结构化变量包括自主权、分配公平性、工作压力、薪酬、晋升机会、工作单调性和社会支持等变量。P–M 离职模型假设，这些结构化变量都是通过对工作满意度和组织承诺的影响来间接影响离职的。

自主权是指员工支配自己工作的权力大小。分配公平性在员工判断是否公平时会起到重要作用。例如，员工会对比自己的薪酬和组织中其他人的薪酬以判断是否公平。工作压力是一个整体、多维度的概念，它有四个维度：资源缺乏（缺少工作所需资源）、角色模糊（不明确的工作职责）、角色冲突（不一致的工作职责）和工作负荷（为工作需要付出的努力）。薪酬就是员工因向所在的组织提供劳务而获得的各种形式的酬劳。薪酬与离职之间存在一些中介变量，如工作满意度、组织承诺、离职意向等。一般而言，酬劳越多，工作满意度、组织承诺就越高。晋升机会指的是员工从低级别职务或职称向高级别职务或职称升迁的可能性。一般而言，组织提供给员工的晋升机会越多，员工的工作满意度和组织承诺就越高。工作单调性是指工作被重复的程度。大量的文献指出，工作单调性对离职有显著影响。一般而言，工作单调性越高，员工的工作满意度和组织承诺就越低。社会支持度包括上司、同事和亲属对员工工作的支持程度。一般而言，社会支持度越高，员工的工作满意度和组织承诺就越高。

4．过程变量

过程变量，也被译作中介变量，主要有工作满意度、组织承诺、工作寻找行为和离职意向。已有研究认为，工作满意度是影响员工离职的一个关键变量。组织承诺不高的员工，往往更有可能产生工作寻找行为。工作寻找行为是指员工寻找另外一份工作的积极程度。P–M 离职模型认为，有工作寻找行为会增加离职倾向，即员工寻找到工作后，再决定是否离开当前的雇主。但是，反过来的因果次序也是有可能的，即员工先产生离职意向，工作寻找行为是离职意向的结果。离职意向是指员工在一定时期内变换工作的可能性。离职意向越高，员工离职的可能性就越大。

三、离职管理

我们仅从 P–M 离职模型中就可以看到，影响员工离职的因素非常多。对于一个组织而言，要进行离职管理，尤其是要降低组织中的离职率，就必须遵循科学的原则，系统思考、多管齐下。在程序上，我们首先要准确地描述离职的情况，其次要详细分析离职的原因，包括组织内部原因、组织外部原因；个体层面原因、群体层面原因、组织层面原因。P–M 离职模型为我们提供了有效的离职原因分析框架。针对组织内员工离职的主要原因，我们要拟订一个综合的、有针对性的解决方案。张俊和李善姬针对现代企业员工的离职问题，提出了一套系统的应对措施，可供组织进行离职管理参考。①

（一）以预防为主

1．识别核心人才

组织应当辨别哪些员工是重要的知识持有者，哪些员工被同事认为是有影响力、有技能，能帮助组织提高生产效率的员工。组织必须要认识到，核心人才分布在组织的各个角落，不仅会出现在高层、高技能职位，而且包括那些平时表现好或很有潜力的员工。

2．建立完善的岗位设计和知识管理平台

对包括技术、知识、客户信息、资讯在内的各种文档进行有效的分类整理和交流共享，并把知识管理作为组织日常的规范化管理纳入考核，使核心人才的经验和知识固定化、流程化，可以尽量避免由于核心人才的流失带来的知识流失。对于核心技术和资料的掌握，建议不要由一个人专门负责，要建立一个互相监督和约束的机制，否则，很容易导致核心人才的离职给组织带来巨大损失。

3．建立人才梯队

从长期来看，组织如果要获得持续的增长，那么内部人才培养至关重要。组织的长期策略应该是兼顾招聘与培养，形成组织自己的人才招聘培养体系。

对于关键、核心的员工，组织应当建立相应的“传、帮、带”制度，以保证核心人才知识的“备份”，以免他们突然离职而造成职位空白。人才梯队的建设，不仅要作为一种制度加以确立和完善，更要形成一种知识传递和共享的学习氛围，形成学习型的组织文化。

（二）建立健全有效的激励机制

1．满足基本需要

根据需要层次理论，组织可以适当提高员工薪酬，以具有竞争力的薪酬留住核心人才。组织要了解和掌握市场和本行业的薪资水平和福利体系，要在可能的情况下，适当提高员工的薪酬，使其在市场竞争中保持相对优势。

2．关注员工的学习和成长

组织应当有针对性地给员工开展相关培训，关注员工成长。通过与员工的真诚沟通和交流，组织可以了解员工的需要，帮助员工学习，加快员工的成长，要对员工的进步给予认可，如通过给予各种较高的荣誉，提供丰富、多样的工作等来提高员工的成就感和满足感，使其能通过轮岗等经历享受成长的快乐。

3．建立员工职业发展通道

建立员工职业发展通道对于知识型员工来说非常重要，因为这些员工对专业知识的依赖性、忠诚度明显高于对组织的依赖和忠诚。调查发现，如果个人需求、专业发展及价值观与组织的需求、专业发展极不对称、不平衡、不协调，员工就会选择离开。所以，组织

---

① 张俊，李善姬．现代企业员工的离职管理［J］．中国人力资源开发，2008（10）：101-103.

必须建立合理、科学的员工职业发展通道，引导员工做好职业生涯规划，使核心人才在事业向心力的吸引下不断发展。

4．打造组织品牌

组织要实现对员工的承诺，树立良好口碑，给员工职业安全感。优秀的组织文化、良好的业绩、卓越的管理风格也会给员工的职业安全感加分。组织心理学家研究了人类关系的不同方面（包括员工之间的沟通、员工的社会化、对工作或组织的态度、工作满意度、工作压力、总体生活质量等），结果表明，良好的工作环境给员工的职业安全感较高，员工更愿意留在安全的环境中工作。

（三）实施心理帮助计划

调查显示，工作倦怠与较高的旷工率、离职率相关，会损害工作绩效，带来恶劣的同事关系、家庭问题和糟糕的个人健康状况。如果组织过度重视利润，忽略对员工的道德和忠诚度的关注，员工的工作倦怠将达到更高水平。组织可以通过员工帮助计划，降低员工工作倦怠。因此，越是竞争激烈的行业或组织，越应重视员工的工作倦怠问题。组织必须及时检查组织目标、组织价值、工作负荷及奖励结构是否合理，必要时给员工进行压力疏解。现在，社会上已经有专门的机构帮助组织实施员工帮助计划，对员工开展深层次的关怀，提升"心的力量"，促进"新的成长"，解决员工工作问题，同时协助组织建立更健康和谐的组织文化。有关员工帮助计划的介绍，详见本章第四节。

（四）做好善后工作

离职的员工对组织来说同样是资源，如果不能善加管理和利用，不仅是组织的损失，更有可能为竞争对手提供最具优势的竞争利器。

1．建立人才回流机制

对于核心人才，在得知他们提出辞职时，组织应及时封锁消息，抓住挽留他们的机会，给他们改变主意留有余地。即使他们执意要离职，组织也要坦然大度，送出祝愿和欢迎再回来的承诺，也许有一天他们会带给组织更大的价值。

2．做好离职面谈工作，改善企业管理

对于组织努力挽留后仍执意要离开的核心人才，组织应当尊重他们的意愿，做好离职前的面谈工作。由于他们即将离职而不再有更多的顾忌，所以能够站在第三者的角度发表自己对组织的意见或建议。这些意见或建议可能正是组织存在问题的症结所在，将为组织改进管理指明方向。

3．处理好与离职员工解除劳动关系的相关手续

不要与员工过于计较，根据合同约定及双方的友好协商，组织应及时做好工资、年终奖等的清算工作，避免引起不必要的劳动争议。

4．加强联系，维护关系

组织可以与离职员工保持良好的联系，积累人脉，这些离职的核心人才也许会在组织困难或需要帮助时给予援助。麦肯锡公司会保留离职员工的个人基本情况，同时将新的联系方式及职业变动全部输入“前雇员关系数据库”。与离职员工的联系和沟通，不仅可以对组织的内部管理和运作方式提出宝贵的改进意见，还可以为组织继续传递市场信息，提供合作和发展的良好机会。

第二节 薪酬管理

一、薪酬的概念

员工因向所在组织提供劳务而获得的各种形式的酬劳，都可被视为薪酬。薪酬的形式有很多，从不同的角度出发，可有不同的分类方法。用经济学指标来衡量，薪酬可划分为经济类薪酬和非经济类薪酬。经济类薪酬通常包括员工的薪资、津贴、奖金等；非经济类薪酬包括员工获得的成就感、满足感或良好的工作氛围等。我们通常理解的薪酬指的是经济类薪酬。以货币形态为标准，薪酬又可以分为直接薪酬和间接薪酬。前者以货币形式支付，称为薪资；后者以非货币形式支付，称为福利。

（一）薪资

薪资是薪酬的主要形式，它是遵照国家有关规定和合同要求，以货币形式直接支付的一种报酬形式。薪资主要包括基本薪资、激励薪资和附加薪资。

1. 基本薪资

基本薪资是以工作的复杂程度、所需能力，员工的劳动熟练程度、承担的责任、劳动强度为基准，按员工完成定额任务的实际劳动消耗而计付的薪资。它是员工薪资的主要组成部分和计算其他薪资的基础。基本薪资的形式包括等级薪资、岗位薪资、结构薪资、技能薪资和年功薪资等几种。基本薪资数额相对固定，能为员工提供相对稳定的收入来源，并满足员工基本生活的需要。因为基本薪资风险较小，因此受到高风险规避员工的青睐。同时，通过这种形式，组织可以有效控制其薪酬总额，从而达到降低组织运营成本的目的。

2. 激励薪资

激励薪资是根据员工超额完成任务或优异的工作业绩而计付的薪资。具体形式包括年度奖金、员工持股计划和股票期权等。激励薪资旨在激励员工提高工作效率和工作质量，所以常被称为“效率薪资”或“奖励薪资”。通过实行激励薪资，员工从新增的组织经营利润中提取与自己薪资水平或努力程度相对应的奖励，因而劳动积极性得到了较大的提升。激励薪资有别于基本薪资的地方在于，前者与组织的经济效益、员工工作的努力程度以及劳动成果直接相关。由于激励薪资将员工的利益与组织的效益紧密联系在一起，所以员工会像考虑个人目标一样来考虑组织目标。

3. 附加薪资

附加薪资是为了补偿和鼓励员工在恶劣环境中工作而计付的薪资。它旨在通过给予员工一定的补偿，从而起到吸引并维持其工作兴趣和积极性的作用。根据性质的不同，附加薪资分为两类：具有生产性质的附加薪资称为津贴，具有生活性质的附加薪资称为补贴。其中，津贴又可以细分为工作津贴和地区性津贴。

（二）福利

福利是组织为员工提供的以非货币形式支付的一切物质待遇。福利作为薪资的必要补充，是薪酬体系的重要组成部分。福利一般可分为社会福利和机构福利。社会福利是指社会上所有福利措施的社会形态、政府的社会政策，以及政府社会政策中的社会福利政策。因此，社会福利又称强制性福利。例如，根据我国的政策法规要求，所有在我国境内注册的企业都需要向员工提供医疗保险、养老保险、失业保险、工伤保险、生育保险，以及病假、产假、丧假、婚假、探亲假等政府明文规定的福利制度。机构福利也叫职业福利、自愿性福利，是由组织根据自身经济实力和发展战略的需要，有目的、有针对性地设置的一些符合组织实际情况的非货币化的报酬。发放机构福利的目的在于最大限度地提高劳动生产率，同时也为组织的未来发展争取和储备人力资源。

二、薪酬的功能

对员工而言，薪酬具有满足多种需要的功能。首先，薪酬具有维持生存的功能。人有最基本的生理需要和安全需要，衣食住行都离不开组织支付的薪酬。其次，薪酬附带很多无形的因素，如价值认可、地位、威望和权力等。而正是这些因素在某种程度上满足了员工更高层次的需要，从而使得薪酬的激励功能得到进一步的拓展与深化。正因为薪酬具有满足员工多种需要的功能，因此，合理的薪酬设计可以起到对员工的激励和保健作用。

对组织而言，薪酬具有调节资源配置的功能。调节薪酬，可以引导人力资源的合理流动。在人才市场中，人才供求的短期决定因素是薪酬。薪酬高，人才供给数量就大；反之则低。因此，科学合理地运用薪酬可以引导人力资源向合理的方向流动，使其从不急需的产业（部门）流向急需的产业（部门）。薪酬的调节功能还表现在通过对薪酬关系、薪酬水平的调整来引导员工努力学习，钻研组织急需的技术和知识，从人才过剩的岗位（行业）向人才稀缺的岗位（行业）流动，从而既满足了各行各业的需要，又平衡了人力资源的结构。

三、薪酬管理的内涵与任务

薪酬的给付并不是简单的市场行为。在现代人力资源管理中，薪酬是一把管理上的“双刃剑”。用得好，可以吸引人、留住人和激励人；用得不好，可能会加剧人才的流失，给组织带来严重的人才危机。为此，组织必须妥善进行薪酬管理。

（一）薪酬管理的内涵

薪酬管理，也称薪资福利管理，主要包括薪酬体系设计与薪酬日常管理两个方面。薪酬体系设计主要是薪酬水平设计、薪酬结构设计和薪酬构成设计；薪酬日常管理是由薪酬预算、薪酬支付、薪酬调整组成的循环，这个循环可以称为薪酬成本管理循环。

薪酬体系建立起来后，组织应密切关注薪酬日常管理中存在的问题，及时调整薪酬策略，调整薪酬水平、薪酬结构、薪酬构成，以实现高效、公平、合法的薪酬目标，从而保证组织战略的实现。

（二）薪酬体系设计

薪酬管理的任务首先是薪酬体系设计。薪酬体系设计最基本的原则就是公平原则。薪酬体系设计要确保实现三个公平，即外部市场公平、内部岗位间公平、人与岗位的对应公平。组织的薪酬体系设计应充分考虑维护这三个公平。为了做到这一点，组织在进行薪酬体系设计时，需充分考虑绩效和能力这两个因素。目前，组织常用的薪酬体系设计多基于“是绩效导向还是能力导向”这一分类标准，可分为三种模式。

1．完全绩效导向的薪酬模式

该模式强调为绩效付酬，即我们常说的“绩效薪酬”模式。组织付给员工的薪酬和员工的能力没有任何关系。在这种模式下，基于岗位的绩效占了岗位薪酬的绝大部分，能力、发展和薪酬之间没有任何关系。这种模式向员工传递的明确信息是：薪酬是由绩效决定的，能力的提高能帮助员工改善自我，但只有提高绩效，才能最终提高薪酬。

该模式的优点是：能力的评价不会与薪酬进行混淆；员工不会因提高薪酬而高估自己的能力；上级与下级在沟通“能力强弱及发展问题”时，不会存在薪酬的干扰。缺点是：高薪酬不能促进员工提高能力；能力水平高的员工得不到激励；员工不容易看到能力提升带来的好处。

2．能力与绩效兼顾导向的薪酬模式

该模式会同时考虑能力和绩效对薪酬的影响。但这又涉及另外一些问题：组织以什么样的能力付酬？是能力发展，还是能力水平？

（1）薪酬与能力发展相关

在这种薪酬模式下，员工的一部分薪酬与绩效考核期内的能力发展相挂钩，即通过提高薪酬来奖励员工能力的提高。该模式的优点是：员工能力的提高直接受到奖励，就会投入精力去提高能力。缺点是：由于与薪酬关联，所以可能影响能力评价；员工可能高估自己能力；评分结果可能会引发争端。

（2）薪酬与能力水平相关

在这种薪酬模式下，能力水平同薪酬直接挂钩。这样，员工的能力水平越高，薪酬越高。其优点是：能力水平提高，能让员工获得更多的薪酬；薪酬制度支持能力水平价值；员工努力提高能力能带来绩效方面的提升。其缺点是：由于与薪酬相关，所以该模式可能影响能力水平评价过程；员工可能高估自己能力而不利于能力提高；可能造成能力和绩效的异位（不匹配）；能力评价结果可能引发争端。

3．完全能力导向的薪酬模式

该模式就是我们常常说的“能力薪酬”模式，即能力与薪酬紧密结合在一起。该模式的假设基础是高的能力一定取得高的绩效，能力提高，薪酬就跟着提高。

该模式的优点是：增强了员工提高能力的意愿；如果员工能力得到提高会受到激励；薪酬支持并强调了能力的价值。缺点是：可能导致员工忽视绩效；由于能力和薪酬完全相关，可能导致员工对自己能力的高估；如何使能力与绩效关联将成为挑战；如何建立一套科学能力评价体系也将成为挑战。

总之，每种薪酬模式都各有优缺点。组织究竟采用哪种模式的薪酬体系，都应以自身的价值观念、战略发展，面临的环境等方面来决定。同时，组织必须充分考虑当前的薪酬模式是否有利于支持组织的经营发展，是否有利于促进员工获得成就，是否有利于提高员工的工作满意度和组织承诺。

四、薪酬管理的原则

员工关注的薪资福利不只有薪酬本身，还有“付什么”“如何付”的问题。解决“付什么”“ 如何付”的问题，其实就是薪酬管理的过程。在这个管理的过程，除了上述提及的公平原则之外，组织还应严格遵守如下原则。

1．薪资支付的及时原则

及时原则要求组织承诺的月薪必须每月支付一次，并且时间要相对固定。如有特殊情况，组织必须事先向员工解释清楚。员工的薪酬不是组织的施舍，是组织对员工的负债。

2．薪资支付的现金原则

现金原则要求组织支付给员工的基础工资、奖励工资和附加工资，只能以薪资的形式发放，不能选用股金或者其他产品的形式。

3．薪资支付的足额原则

足额原则要求组织承诺的薪资必须按约定足额支付，不得有任何截流现象。在现实中，有些组织只按一定比例发给员工薪资，其他部分承诺在未来的某一天兑现。

4．薪资扣除的约定原则

在组织管理中，组织对员工的某些行为进行惩戒性罚款是必不可少的，如旷工、迟到和缺勤等，要扣除一定数额的基础工资、奖励工资和附加工资。但这种扣除都必须事先有明确的约定，并被每位员工熟知，不得有任何暗箱操作或者事后任意追加的情况出现。

5．福利享有的绩效挂钩原则

该原则是指对于社会保险、住房等福利的享有，组织必须事先在支付比例、支付方式上做出规范约定，并与绩效考核挂钩，明确绩效考核得分、员工福利享有的数量和享有比例。

6．薪资预支的担保原则

在一般情况下，组织都不会允许随意地预支工资，但是这种情况不会一刀切。每个员工面临的问题多种多样，如果对薪资预支做出严格的规定，就会让员工感到组织缺乏人情味，难以把组织作为自己的依托，进而降低对组织的归属感。

五、薪酬评价：薪酬满意度

薪酬的“双刃剑”作用要求组织必须进行有效的薪酬管理。如上所述，薪酬管理一方面要做到科学合理的薪酬体系设计，另一方面要做好日常的监督和管理，要能及时发现薪酬管理中的问题，并采取有效的应对方案。这意味着，有效的薪酬评价格外重要。组织要具备在薪酬管理中及时、准确地发现问题的能力。薪酬管理是一个动态的系统，受制于组织内外环境的影响，原本富有激励作用的薪酬结构和水平，可能会一夜之间失去作用。因此，组织应定期开展薪酬满意度调查，及时了解薪酬管理中的问题。

（一）薪酬满意度的内涵

所谓薪酬满意度，是指员工对获得组织的经济性报酬和非经济性报酬与他们的期望值相比较后形成的心理状态。从广义上来看，薪酬满意度是员工对其劳动所得的所有报酬的一种态度；从市场的角度来看，薪酬满意度是人力资源价格给员工带来的心理态度；从分配角度来看，薪酬满意度是组织对人力资源要素的回报是否符合员工心理期望值的关注。员工薪酬满意度是一个相对的概念，一般认为超出期望值表示满意，达到期望值表示基本满意，低于期望值表示不满意。

员工的薪酬满意度越高，薪酬的激励功能越明显，员工越会努力地工作，得到组织、领导者的肯定和赞赏，得到更高的薪酬，从而形成一个良性循环，组织可能留住更多优秀的员工。相反，则会形成恶性循环，造成人才流失。员工的工作态度直接影响着生产经营的成效，而薪酬满意度又直接影响着员工的工作态度。薪酬激励就是在保障员工基本生活的同时，充分激励、发挥员工的能力，从而提高组织的经济效益和市场竞争力。

很多组织出现了人才大量流失的严峻问题，其中一个主要原因是组织在薪酬激励与员工薪酬满意度方面存在问题。因此，提高员工薪酬满意度是吸引和留住人才的关键因素，是组织在激烈的市场竞争中实现可持续性发展的必然要求。

（二）影响薪酬满意度的因素

员工对组织给付的薪酬，究竟是满意还是不满意，主要体现在员工能否形成公平感。员工针对组织薪酬形成的公平感主要有三类：外部公平感、内部公平感和个体公平感。不同的因素会影响不同类别的公平感。

1．影响外部公平感的因素

外部公平感是指员工所获得的劳动报酬与劳动力市场的水平相比，或者与同等行业的水平相比所产生的心理感受。外部公平感对应的是外部市场公平。因此，本地区劳动力市场的水平、同等行业的水平，都会影响员工的薪酬公平感。

2．影响内部公平感的因素

与对外部市场公平的关注相比，员工更关注组织内部的相对不公平。员工在关心自己收入的同时，也在和周围的同事进行着比较，由此产生的心理感受，我们称为内部公平感。内部公平感对应的是内部岗位间公平。在进行比较之后，当员工感觉到自己没有得到公平对待时，其薪酬满意度就会降低。影响内部公平感的因素主要有薪酬体系设计在程序上的规范性和在结构上的合理性，绩效评价在指标选择上的科学性、在步骤实施上的规范性，以及绩效评价主体本身的主客观因素，等等。

3．影响个体公平感的因素

个体公平感是指员工基于自己的资历、能力和对组织所做出的贡献进行“该拿多少报酬”的评价，如果实际能够获得的薪酬小于评价值，员工就容易产生不公平感。个体公平感对应的是人与岗位的对应公平。要实现个体公平，首先要把员工安排到最适合的岗位上，并为他们的职业发展创造机会。即使是相同岗位的员工，其技能水平、工作能力、为组织创造的价值也是不一样的。因此，当员工认为自己的薪酬水平与业绩不相符，“干多干少都一样，干好干坏都一样”时，就会对薪酬产生不满。可见，影响个体公平感的因素主要有个体的价值观和对自身贡献的认识等。

六、薪酬调整

确定薪酬制度以后，组织还要随内、外环境的变化不断进行调整，从而保证其激励功能的正常发挥。组织薪酬调整的类型主要有以下几种。

1．工龄调整

在目前实行的薪酬制度中，大多数都包含工龄工资这部分。工龄工资是整个薪酬的重要组成部分。工龄的增加意味着工作经验的积累和丰富，代表着能力或绩效潜能的提高。随着工龄的增加，员工的工龄工资也随之增加。

2．效益调整

效益调整是指组织根据自己的效益情况对薪酬进行的调整。当组织的经营效益较好、盈利较多时，为回报员工对组织的贡献，组织会将全体员工的薪酬普遍上调；但在经营效益欠佳时则可能会下调薪酬。这种调整是随组织经营效益的变化而变化的，是暂时的。

3．生活指数调整

当发生通货膨胀时，尽管员工的薪酬数额没有减少，但实际购买力下降了，从而造成实际收入的相对减少。为了使员工的生活水平较少因为通货膨胀而下降，组织应常根据物价指数的变动对薪酬进行调整。生活指数调整有两种。一种是等比式调整，即所有员工的薪酬都在原有基础上按同一比例增加。等比式调整保持了原来薪酬结构的内在相对级差，使各职务的相对价值与薪酬数额的对应关系保持不变。但用这种方法进行调整时，薪酬越高，增加的薪酬也越多，进一步拉大了收入差距，容易使低收入者产生不公平感。另一种是等额式调整，即不管原来薪酬的高低，一律增加相同数额的薪酬。这种调整方法容易被员工接受，但会导致级差比缩小，使各职务的相对价值与薪酬数额的对应关系发生变化，改变了原有薪酬结构的基础。

第三节 员工关系管理

人员保留中一项很重要的工作是处理好员工关系。员工关系一般包括员工与组织的关系和员工与员工的关系。在组织中，保持良好、健康的员工关系是人力资源管理最有效的手段。根据赫茨伯格的理论，以具有竞争力的薪酬吸引人和留住人，其效果未必能长久，而创建和维护良好，健康的员工关系环境更有助于满足员工的内在需求。在良好、健康的员工关系中，员工的聪明才智能被充分发挥，自我实现的需要也能够获得较大满足，这最终将有助于组织保留优秀的员工。鉴于此，构建良好、健康的员工关系是人力资源管理的重要任务。

一、员工关系管理的内涵

员工关系管理的本质就是组织采取积极措施，构建良好、健康员工关系的过程。简言之，就是管理好组织中人与人之间的关系，包括管理者与管理者、员工与员工，以及管理者与员工之间的关系。但是，无论是哪种类型的员工关系，首先要遵循人际关系法则，因为员工关系的本质是人际关系。要理解员工关系，首先就要理解人际关系的概念。

（一）什么是人际关系

人际关系是人与人之间直接的心理关系，是社会关系的一个重要方面。

人们是为了满足社会、组织或个人的某些需要而进行交往的，否则，交往就没有存在的基础和意义。人际关系的发展与变化决定于双方需要的满足状况。如果双方的需要都能获得满足，感情融洽，双方就能保持亲密的关系。反之，如果有一方不真诚，或者发生了不利于另一方的行为，就会引起另一方的不安，这时，双方的友好关系就因此疏远、终止甚至变成敌对关系。

人际关系的本质包含以下方面：

目标：人际关系的目标是拥有幸福的人生、成为和谐的组织、建立安定的社会。

步骤：建立良好人际关系需从个人品德修养做起，再推己及人，形成于团体之中。

环境条件：人和环境会产生互动，一旦环境改变，人际关系就会改变。

角色：不同角色会有不同的功能与态度，人在环境中应先认清自己的角色，再建立人际关系。

规则：人际交往需按团体规则进行，此规则包含法律、礼节、道德三方面。

人际关系对每个人的生活、工作有很大的影响，甚至对组织气氛、组织沟通、组织运作、组织效率，以及个人与组织的关系等均有较大的影响。

（二）人际交往在管理中的作用

人际交往在管理中具有以下作用：

1．交流信息

交流信息是人力资源管理活动的重要组成部分。通过交流，管理者可以把组织中有关人员招聘与选拔、培训、晋升、薪酬等信息有效地传递给每一位员工。同时，管理者也可以了解员工独特的生活方式、兴趣、爱好和特长等。更重要的是，人际交往可以收集员工对组织的意见或建议，发现组织的缺点或不足，便于改正。

2．调节员工的工作行为

人际交往可以调节员工的工作行为。研究表明，和谐的人际关系可以使员工心情舒畅，产生积极的情绪体验。这种情绪体验可以提高员工的活动能力，激发创造力，提高工作绩效。相反，紧张的人际关系则会使员工心理压抑，产生消极的情绪体验。而这种情绪体验会降低员工的活动能力，降低工作效率。因此，管理者应重视营造一个良好的人际交往氛围，使员工在良好的人际交往中学到知识、增进感情、建立友谊，使整个组织成为一个和谐的统一体，从而提高员工的工作积极性和主动性，产生更高的工作效率。

3．使员工保持身心健康

在现代组织管理中，员工的身心健康问题已经引起管理者越来越多的关注。员工的身心健康对于组织和员工本人都具有重要意义，而人际交往对于调节员工的身心健康具有独特的作用。良好的人际关系可以使人心情舒畅，而不良的人际关系会导致心情压抑。现代医学研究表明，人类的许多疾病都与心情不良有关，如长期神经衰弱、偏头痛、高血压、溃疡等。员工在群体交往中，诉说自己的喜怒哀乐，宣泄各种不良情绪，消除心中的郁闷，驱除心理上的压抑，建立良好的人际关系，保持身心健康。

（三）人际关系的分类

依照不同的标准，人际关系可以分为不同的类型。

1．人际关系范围类型

按照关系的范围，人际关系可以分为三类：个体与个体之间的关系，如父子关系、夫妻关系、师生关系、领导与下属关系、亲属关系、朋友关系、医患关系等；个人与群体之间的关系，如工人与班组、售货员与商店、个人与家庭等；群体与群体的关系，如班组与班组、科室与车间、工厂与银行等。

2．人际关系需求类型

心理学家舒茨（W. C. Schutz）认为，每个人都具有对人际关系的需求。在人际交往中，每个人对他人的要求与交往方式都不相同。在生活实践中，在人际关系方面，每个人都会逐渐形成自己独特的基本倾向，这就是人际反应特征。人际反应特征具有稳定性（在一段时间内不会改变）与一致性（在各种交往场合中会保持同样的反应）。对人际反应特征的了解，能预测个体在人际交往中可能发生的交往反应。按照人际关系需求，人际关系可以分为三类：

包容的需求，是指希望同他人建立并维持和谐关系的需求。其行为特征是交往、沟通、容纳、归属、参与等，喜欢与人相处，要求归属于某一组织。与此相反的人际反应特征是孤立、退缩、疏远、排斥、忽视、对立等。

控制的需求，是指以权力为基础、与他人建立并维持良好关系的愿望。其行为特征是运用权力、权威、威望来影响、控制、支配或领导他人等。与此相反的人际反应特征是抗拒权威、忽视秩序，或者追随他人、模仿他人、受人支配等。

情谊的需求，是指与他人建立并维持良好情感关系的愿望。其行为特征是喜爱、亲密、同情、友善、热情、照顾等。与此相反的人际反应特征是冷淡、反感、疏远、厌恶、仇视、憎恨等。

上述三类人际需求又可区分为主动型与被动型两种，从而产生如表 8–1 所示的六种基本的人际关系倾向。

表 8–1　六种基本的人际关系倾向

需求	类型	
	主动型	被动型
包容	主动与他人来往	期待被他人接纳
控制	支配、控制他人	期待被他人引导
情谊	对他人表示亲密	期待他人对自己表示亲密

（四）人际关系建立与发展的过程

奥尔特曼（I. Altman）和泰勒（D. A. Taylor）认为，良好人际关系的建立和发展，从交往由浅入深的角度来看，一般需要经过定向、情感探索、感情交流和稳定交往四个阶段。①

1．定向阶段

定向阶段包含着对交往对象的注意、选择和初步沟通等多方面的心理活动。在熙熙攘攘的人群中，我们并不能与任何一个人都建立良好的人际关系，而是对人际关系的对象有着高度的选择性。在通常情况下，只有那些具有某种特征的人，才会引起我们的特别注意。在一个团体中，我们会将这些人作为注意的中心。

注意也是选择，它本身反映着某种需要倾向。例如，我们在选择恋人时，某些与我们观念中理想恋人的形象相接近的那些个体，尤其会吸引我们的注意。注意的选择是自发的、非理性的。我们决定究竟选择谁作为交往对象，并与之保持良好的人际关系，往往要经过自觉的选择过程。

初步沟通是我们在选定一定的交往对象之后，试图与这一对象建立某种联系的实际行动。初步沟通的目的是对他人获得最初的了解，以便知道是否可以与对方有更进一步的交往，从而使彼此之间关系的发展获得一个明确的方向。由于初步沟通实际上是建立更深刻关系的尝试，因此，尽管我们所表露的有关自我的信息是最表面的，但我们也希望在初步

---

① 全国 13 所高等院校《社会心理学》编写组．社会心理学［M］.4 版．天津：南开大学出版社，2008.

沟通过程中给对方留下良好的第一印象，使关系朝着一个积极的方向发展。

定向阶段的时间跨度依不同的情况而不同。邂逅相见恨晚的人，定向阶段会在第一次见面时就完成。对于可能经常有机会接触而彼此都有较强自我防御倾向的人，定向阶段要经过长时间的沟通才能完成。

2．情感探索阶段

情感探索阶段的目的是彼此探索双方在哪些方面可以建立真实的情感联系，而不是仅仅停留在一般的正式交往模式上。在这一阶段，随着共同情感领域的发现，双方的沟通会越来越广泛，自我表露的深度与广度也逐渐加大。但在这一阶段，交往话题仍避免触及私密领域，自我表露也不涉及更内在的自我。在这一阶段，尽管双方在关系上已有了一定程度的情感卷入，但双方的交往模式仍与定向阶段相类似，具有较多的正式交往的特征，彼此仍然注意自己行为表现的规范性。

3．感情交流阶段

人际关系发展到感情交流阶段，双方关系的性质开始出现实质性变化。此时，双方的人际关系安全感已经得到确立，因而谈话也开始广泛涉及自我的许多方面，并有较深的情感卷入。如果关系在这一阶段破裂，就会给个体带来相当大的心理压力。在感情交流阶段，双方的表现已经超出正式交往的范围，会相互提供真实的评价性的反馈信息，提出建议，彼此进行真诚的赞赏和批评。

4．稳定交往阶段

在稳定交往阶段，双方在心理上的相容性会进一步增加，自我表露也更广泛、深刻。此时，个体已经可以允许对方进入自己高度私密的个人领域，分享自己的生活空间和资产。但在实际生活中，很少有关系能达到这一阶段。许多人同他人的关系并没有在上一阶段的基础上更进一步发展，而是仅仅在感情交流阶段的同一水平上简单重复。

（五）影响人际吸引力的因素

在人际交往中，以下几个因素会影响个体的人际吸引力。

1．距离

当人与人在空间位置即距离上接近时，交往机会多，相互提供帮助也比较方便，因此交往成本比较低。常言道“远亲不如近邻”就是这个道理。另外，距离接近时，个体之间比较熟悉，容易预测对方的心理和行为，因此与距离近的人交往会有比较高的安全感。费斯廷格（L. Festinger）等人的研究表明，交往频率高低与距离的远近之间成反比例的关系。但要指出，物理距离并不是形成人际关系的主要因素，它只是影响人际关系的多种因素之一。尤其在通信设施极其发达的今天，互联网更是拉近了人们之间的距离。

2．交往频率

交往频率是指个体在单位时间内接触次数的多少。一般来说，彼此交往的次数越多，越容易形成共同的经验、有共同的话题和共同的感受，越容易形成较密切的关系。尤其对于素不相识的人来说，距离和交往的频率在形成人际关系的初期起着重要作用。西方社会心理学的研究往往过于夸大交往频率对人际关系的作用，认为交往频率在某种程度上起决定作用，把研究的重点放在计算交往次数上，而忽略了个体之间交往的内容。实际上，人际交往的内容常常比交往频率有更重要的意义。

3. 相似性

如果交往双方在某个特点上具有相似性，他们就容易相互吸引，产生亲密感。俗话说“物以类聚，人以群分”，人以群分的基础就在于这些人在某个特点上具有相似性。例如，年龄的相似性、个人社会背景的相似性、兴趣与爱好的相似性，以及态度的相似性等。这种相似性不仅会影响人际交往，还会影响上级对下级的工作评价，具体见拓展阅读中的“类似吸引效应”。

拓展阅读

类似吸引效应——“如果你和我一样，你肯定是个不错的人”

类似吸引效应是指在工作价值观、工作习惯方面相似，在人口学变量（如年龄、种族、性别和工作经验）上相似的双方会建立起更积极的关系。

在管理中，类似吸引效应会使上级对和自己相似的下级做出更好的评价，或对他们更宽容，下级对与自己相似的上级也会更加信任。

4. 需要、性格、气质的互补作用

在现实生活中，我们往往会看到这样的情况：脾气暴躁的人和脾气随和的人会友好相处；独断专行的人和优柔寡断的人会成为好朋友；活泼健谈的人和沉默寡言的人会结成亲密的伙伴。

相似性可以增进相互吸引，需要、性格、气质的不同可能因为互补作用而产生相互吸引。如果一方的特点正好适合对方的需要，双方交往可以各取所需取长补短，这样，相互之间就会产生强烈的吸引力，从而使双方关系更协调。

5. 个性特征

性格开朗、待人热情和对他人的热情能做出同样反应的人，通常具有吸引力；性格孤僻，对他人的热情反应冷淡的人，则一般缺乏吸引力。

阻碍人际交往的个性特征有：对人不真诚，欺骗他人，不诚实地待人处事；不尊重他人的人格，甚至伤害他人；不关心他人，以自己的兴趣和利益为出发点，忽视他人的处境和权益，不能设身处地地替他人着想，对他人缺乏感情，甚至把他人作为自己利用和使唤的工具；固执己见，不愿意接受他人规劝；过分惧怕权威，一味取悦并盲目服从别人，过分自卑，缺乏自信，谨小慎微；对他人过分批评，苛求他人，不切实际地对他人提出过高要求和目标；报复性强，当面不说，背后造谣中伤；嫉妒心强，使用阴谋取得某种荣誉、职位、权力；怀有敌对、偏激情绪，对人际关系过于敏感，性格多疑，对人不合作、不友好。

6. 能力与特长

个体如果有比较突出的能力与特长，令人仰慕，就会产生一种吸引力，使他人愿意接近。但研究表明，十全十美、完美无缺的人并不一定是最有吸引力的人，因为这种人使人望而却步，感到高不可攀，他的存在使他人意识到自己太差，因而不敢与之交往。相反，一个很能干、有才华的人，若有一些小缺点，犯了一些小错误，反而会使一般人更喜欢接近他。

7. 仪表的吸引力

人的仪表，包括穿着、相貌、仪态、风度等，是影响人际关系的因素。人人都有爱美的心理，一个相貌端正、举止文雅、穿着整洁的人常常给他人良好的印象，这种人具有比较高的吸引力。而那种不修边幅、举止粗俗的人则会给他人留下不好的印象，缺乏吸引力。尤其在第一次见面时，仪表因素具有重要作用，具体见拓展阅读中的“第一印象错误”。

拓展阅读

第一印象错误

如果我们对一个人的整体评价，不是根据此人的实际表现做出的，而是根据对此人的最初印象做出的，那么，我们就犯了第一印象错误。

第一印象错误在管理中尤其严重，因为准确判断他人的表现是一项重要的管理工作。下属的表现进步了，就应当得到承认。可是由于当前的评价以不好的第一印象为基础，这些进步也就不可能被看到了。同样，最初的良好表现留下了好的第一印象后，即使个体的表现不如以前，整体评价也较高。

研究表明，第一印象错误很难被觉察。例如，考官根据求职信和笔试得分来评价应聘者。考官对应聘者在这两方面的评价越高，应聘者在面试过程中受到的待遇就会越好。也就是说，应聘者给考官留下的第一印象越好，他在面试中就越占优势，如双方之间的谈话以一种更令人愉快的方式进行。

二、员工关系管理的具体措施

从管理者角度来说，建立和改善组织中的人际关系可从以下几个方面努力。

（一）加强领导班子建设

领导班子作风正派、团结合作、办事公正、讲究实效，密切联系群众，整个组织就会具有凝聚力、向心力，有助于形成和谐的人际关系。

（二）完善组织结构

如果一个组织的结构合理，各个岗位职责明确，各个成员能够各尽其责、各展所能，工作协调有序，就有助于提高工作效率、改善人际关系。否则，组织结构混乱，职责不明，人浮于事，遇事互相扯皮，办事效率低，内耗严重，人际关系自然比较紧张。

（三）员工参与管理

员工参与管理可以采用员工代表大会的形式，也可以选派员工代表参与领导班子的决策性会议，还可以由领导班子向员工公开征询意见或投票表决。员工参与管理能提高员工的主人翁意识，使他们在参与管理的活动中体会到自己的价值，从而提高满足感、成就感。员工在参与管理的过程中对组织的整体面貌和外部环境有了进一步的了解，他们的不满情绪自然也就得到缓解，抱怨减少，从而改善人际关系。

（四）加强意见交流

意见交流的目的在于促使彼此了解，减少隔阂与误解，增强团结、加深友谊。管理者要允许员工提意见，鼓励员工提意见，特别是鼓励提出有利于组织生存和发展的建设性意见。组织可以设立“意见箱”，或者定期召开座谈会，为员工提意见提供方便。管理者要善于听取群众的意见，对于正确的意见要及时采纳，对于不正确的意见要给予适当的解释，对于一些暂时无法实现的要求，要给予说明。管理者听取员工意见这个行为本身就能缓解员工的不满情绪，改善上下级关系。

（五）培养集体意识

集体意识就是成员对集体的共同利益、共同目标和共同荣誉的观念。让员工持有本组织的股票，将员工的个人利益与组织的整体利益挂钩，能提高员工对组织发展的关注程度。组织的文体娱乐活动可以提高员工的集体意识。当员工具有集体意识时，思想统一，感情融洽，对集体具有责任感、归属感，能够团结一致、齐心协力，这对工作效率的提高和员工关系的改善，都具有很大的促进作用。

第四节 心理健康管理

确保人员安全与健康，是组织健康有序发展的前提。在管理心理学中，人员的心理健康尤受关注。

一、心理健康概述

1946 年，《世界卫生组织组织法》中提到了健康的概念：健康不仅为疾病或羸弱之消除，而系体格、精神与社会之完全健康状态。1989 年，世界卫生组织对健康的概念又进行了新的补充，指出健康应包括躯体健康、心理健康、社会适应良好和道德健康。

（一）心理健康与心理卫生

心理健康是指有利于个体身心发展，工作、学习有效率，维持良好生活质量的适宜的心理状态。心理卫生也称精神卫生，广义而言，即指如何预防人们的心理疾病，增进每个人的心理健康水平，提高人们对社会的适应能力；狭义而言，即指精神疾病的发现、治疗和处理。心理卫生与心理健康是两个相邻而又独立的概念。心理卫生是为保证心理健康而采取的卫生措施，包括研究异常的心理特征。心理卫生是针对心理健康和异常行为两方面提出来的。开展心理卫生工作的目的是保障心理健康，防止异常行为。

（二）心理健康对人的影响

心理健康对人的身体健康、生活质量和人际关系等方面都有很大的影响，我们可以从心身疾病方面来了解心理健康对身体健康的影响。

心身疾病又称心理生理疾病，是心理因素在发生、发展、治疗和预防方面起着重要作用的一类躯体性疾病的总称。这类躯体性疾病即使不全是至少也是部分地与心理因素有关。

1．常见的心身疾病

常见的心身疾病按器官系统分类如下：

心血管系统：冠心病、原发性高血压、心律失常、心绞痛、低血压、心脏神经症。

呼吸系统：支气管哮喘、通气过度综合征、心因性咳嗽。

消化系统：胃溃疡，十二指肠溃疡，溃疡性结肠炎，肠易激综合征，神经性厌食，心因性呕吐。

皮肤：神经性皮炎、荨麻疹、瘙痒症、斑秃、银屑病、多汗症。

内分泌系统：甲状腺功能亢进、毒性甲状腺肿、糖尿病、肥胖症。

神经系统：紧张性头痛、偏头痛、抽搐、书写痉挛综合征、痉挛性斜颈、躯体形式自主神经功能失调。

泌尿及骨骼系统：遗尿、阳痿、激惹性膀胱炎、月经紊乱、经前紧张征、类风湿关节炎、肌痛、颈肋综合征、腰背部肌筋膜炎。

其他：肿瘤等。

2．疾病与性格的关系

不同的性格会诱发不同的疾病。有研究者对若干病例进行综合分析，就几种常见疾病的患者的性格特点做出概括归纳，如表 8–2 所示。

表 8–2 疾病与性格的关系

疾病类型	性格特点
高血压	好高骛远，易冲动，易焦虑，固执保守，敏感多疑，胆小自卑
哮喘	过分依赖，幼稚，希望受人照顾，对别人、对自己在情感上都喜欢模棱两可
结肠炎	听话，强迫性，抑郁，矛盾，吝啬
心脏病	忙碌，好争斗，急躁，善于把握环境，雄心勃勃，常感到时间紧，有压力
荨麻疹	渴望得到感情，善思念，有罪恶感
偏头痛	追求尽善尽美，死板，好争斗，妒忌
溃疡	依赖，喜怒不形于色，竞争性过强，情绪被压抑

3．A 型人格与心脏病

美国心脏病学家弗里德曼（M. Friedman）经过长期观察后在 1959 年首先提出，A 型人格是引起冠心病的一个独立的危险因素。弗里德曼将人格分为两大类：A 型人格和 B 型人格。A 型人格的主要特征为：过高的抱负水平，快节奏、高效率，好冲动，固执，个性急躁、匆匆忙忙、说话大声，富有敌意，竞争意识强，追求进取、求胜心切，好争辩、好争胜。B 型人格的主要特征为：沉默、沉思、语调低，生活悠闲，对工作要求较为宽松，缺乏主见，个性随和、顺从，抱负水平低，对成败得失看得较淡薄。

（三）心理健康的标准

判断心理健康有不同的标准。有些心理学家采用统计学的正态分布的概念来区分常态（健康）与异常（不健康）。他们认为，某种心理品质或水平是否正常，是以其心理特征是否偏离平均值为依据的。在正态分布中，接近平均值的大多数人为常态，偏于两个极端的少数人为异常。持这种标准的人认为，异常是相对的，许多异常心理现象在常人身上亦有表现。

有的心理学家是以个体行为是否符合社会规范、社会要求，能否为社会所接受来划分常态与异常的。

最常用的一种标准是以个体能否适应环境来划分常态与异常。若一个人对环境适应良好，没有破坏性，不扰乱别人等，则心理健康；反之，则不健康。

西方心理学家普遍采用心理测验的方法搜集资料，并与其他方面的资料汇集在一起，诊断心理的常态与异常。这些测验有的是测量感知觉和动作的，有的是测量智力的，有的是测量人格倾向的。但是，有些心理测验的信度和效度并不令人满意。

总之，到目前为止，没有一个十全十美的、客观而又一致的标准能将"正常"和"异常"行为准确地区分开来。各种标准均有可取与局限的地方，我们应谨慎使用"心理变态"和"心理不健康"等词语。

综合国内外专家学者的各种观点，一般认为，心理健康者有如下特征：

行为反应适度。一个人的行为符合社会规范，与社会角色相一致；反应强度与刺激强度相一致，不过于敏感，不迟钝，言谈举止、喜怒哀乐均在情理之中。

心理和行为符合年龄特征。心理健康者的心理和行为应与同年龄的多数人相一致。如果一个人的心理和行为与其同龄人的差异相当大，一般被视为心理不健康。青少年过于"少年老成"——像年迈的老人一样，独坐一隅、萎靡不振，或者，成年人具有过多的"幼稚化"的表现，喜怒无常、好吵好闹，经常耍小孩子脾气。这些都是心理不健康的表现。

自我概念正确。心理健康者具有自知之明，能正确认识和评价自我，不仅能了解自己的长处和优势，也能了解自己的短处和劣势，并能努力改正和克服自身的短处和劣势，适应社会发展的要求。

具有自我价值感。心理健康者能体验到自己存在的价值，所定目标和理想切合实际，对自己感到满意。如果总是要求自己十全十美，却又无法做到完美无缺，就会同自己过不去，使自己的心理状态永远无法平衡。

情绪健康。情绪健康在生理上表现为中枢神经系统活动处于良好的和谐状态。在心理上则表现为生活乐观，情绪安定，心怀坦荡，心胸开朗，没有不必要的紧张感与不安感，对他人富有同情心，充满热情，能够充分理解他人对事物的体验，乐于助人，并乐于接受他人的帮助，有充分的自信，充满希望。

善于与人相处。社会交往能力和状况标志着一个人的心理健康水平。心理健康者乐意与人交往，善于与人交往，能与他人保持良好的、和谐的人际关系；能够理解和接受他人的思想和感情，也善于表达自己的思想和感情；在交往中既能悦纳他人，也能愉悦自己。

面对现实、正视现实。心理健康者能和现实保持良好的接触，对于自己在生活、学习和工作中碰到的困难，能用适当的方法妥善解决；对于环境所发生的变化或者遭遇的较大挫折，也能正确对待，不逃避现实；遇到极度喜悦的事件，能适度对待，不忘乎所以。

能自我控制。心理健康者善于控制自己的心理与行为，有明确的行为标准，完成任务的自觉性高，能较好地控制自己的情绪和行为，不为环境所干扰。

二、应激及职业压力管理

应激是一种高度紧张的情绪状态。人们对外界环境的心理反应会使人们消耗体力，最终表现为各种生理状态的变化，如高血压、头痛、溃疡和其他健康问题。这种在环境影响下产生的心理反应和生理反应的综合状态被称为应激。员工如果长期处于应激状态下，那么不仅给员工本人，也会给组织带来深刻的负面影响，如士气低下，效率下降、缺勤、高离职率等。

（一）应激产生的原因

有两种性质的应激。一种是短期的或者偶然发生的，是由出乎意料的紧急情况所引起的应急反应。例如，人们在遇到巨大自然灾害的时刻，客观情况迫使人必须迅速判断外界情况，在一瞬间做出决定，以应付紧张的局面。另一种应激是长期的，是由生活压力引起的。引起应激的原因主要有以下几种。

1．环境因素

外界环境因素对应激的产生有很大影响。研究表明，社会经济变革、家庭生活、居住环境、社区环境等都可能引起应激。例如，家庭不和、邻里关系紧张、居住条件差、社区环境污染、噪声过大等都可能成为引起人们应激的原因。

2．组织因素

除了外界环境因素以外，组织也是引起工作应激的因素。研究表明，组织中引起工作应激的主要因素包括组织政策、组织结构、工作条件和信息处理。而且组织越庞大、越复杂，引起员工工作应激的因素越多。

3．群体因素

群体因素可能成为引起应激的潜在因素。例如，群体内缺乏凝聚力、缺乏社会支持，以及群体内的冲突等都可能导致个体的应激状态。

4．个体因素

在个体因素方面，如角色模糊与角色冲突、工作超负荷与工作低负荷、生活与职业的变化，以及个体差异等都可能引起应激。

对个人来说，应激源有很多。霍尔姆斯（T. H. Holmes）等人指出，个体的应激主要由 43 种不同的事件造成，所有这些事件包含着个人生活的种种变化，要求个人适应这些变化，如表 8–3 所示，这些事件产生不同水平的应激。在这 43 种不同的事件中，一个人在一年内碰到的所有应激事件的应激程度数值全部加起来所得总和是其全年总的应激程度。根据疾病发生与应激程度的相关研究，霍尔姆斯等人把一年中个体所受的总的应激程度为 150 或以上定为生活转折点。如果在一年的生活中，应激总程度在 150～199，那么下一年有 37% 的患病可能；若分值在 200～299，则患病的可能性为 51%；若分值在 300 以上，则患病的可能性为 79%。也就是说，应激程度越高，患病的可能性越大。

表 8–3 生活应激事件

编号	生活事件	应激程度	编号	生活事件	应激程度
1	丧偶	100	19	夫妻争吵增多	35
2	离婚	73	20	抵押借债已超过万元	31
3	夫妻分居	65	21	负债未还，抵押被没收	30
4	拘留	63	22	工作责任改变	29
5	亲人死亡	63	23	子女离开家庭	29
6	个人患病或受伤	53	24	与亲家发生矛盾	29
7	结婚	50	25	个人的杰出成就	28
8	解雇	47	26	配偶找到或失去工作	26
9	分居夫妻恢复同居	45	27	入学或毕业	26
10	退休	45	28	生活条件变化	25
11	家庭成员中有人生病	44	29	个人习惯改变	24
12	怀孕	40	30	与上司发生矛盾	23
13	性生活不协调	39	31	工作时间或环境改变	20
14	家庭添进人口	39	32	搬家	20
15	工作重新调整	39	33	转学	20
16	经济状况改变	38	34	娱乐方式改变	19
17	好友死亡	37	35	宗教活动改变	19
18	改变行业	36	36	社会活动改变	18

续表

编号	生活事件	应激程度	编号	生活事件	应激程度
37	抵押品价值或贷款少于万元	17	41	度假	13
38	睡眠习惯改变	16	42	过圣诞节	12
39	家人团聚的次数减少	15	43	轻度违法	11
40	饮食习惯改变	15			

（二）应激反应与调适

在应激状态下，内脏器官会发生一系列特定的变化：外界刺激信息经大脑中枢传至下丘脑，分泌促肾上腺皮质激素释放因子，又激发脑垂体分泌促肾上腺皮质激素，使身体处于充分兴奋的状态，心率、血压、体温、肌肉紧张度、代谢水平等发生显著变化，增加活动力量，以应对紧急情况。

在应激状态下，人可能有两种表现。一种表现是活动抑制或完全紊乱，甚至可能发生记忆的错乱，也就是我们平常所谓的呆若木鸡、惊慌失措。有时，人在应激状态下时，认知会变得狭窄，容易做出不适当的反应。另一种表现是多数人在一般的应激状态时所表现的情绪状态，即各种力量集中起来，积极活动以应对紧张情况。这时，思维清晰、明确，动作机敏、准确，推动个体急中生智，转危为安，及时摆脱困境。学会考虑在各种“万一”的情况下如何应对，或有针对性地进行应急训练，是避免应激反应的有效途径。

在工作中，员工较少经历应激事件，而在长期和强烈的工作压力之下，常会产生职业倦怠。职业倦怠是一种综合症状，表现在三个方面：情绪衰竭，玩世不恭，成就感低下。情绪衰竭是一种生理、情感耗尽的严重状态，员工感觉自己毫无生机、疲惫不堪，不能满足工作的需要。玩世不恭是对已从事的职业和工作持麻木不仁、冷漠的态度。员工认为自己现在做的任何事情都没有意义，没有价值，并认为他人也是这样想的。成就感低下是指员工在评估自己工作的成就时持消极的态度，认为自己过去没有做过什么事情，将来也不会取得成功。职业倦怠对员工的危害如表 8–4 所示。

表 8–4　职业倦怠对员工的危害

生理状况	行为变化	工作表现
头痛	易激怒	低效率（工作时间长，生产率低）
失眠	情绪不稳定	主动性降低
体重减轻	对挫折的承受力降低	对工作失去兴趣
胃肠功能紊乱	疑心加重	工作能力降低
精力不济、疲劳	更喜欢冒险 企图自我麻醉 （饮酒和服用镇静剂）	思想僵化（钻牛角尖、不灵活）

职业倦怠是可以预防和消除的。我们如果已经为职业倦怠所困，那么要改变现状一般有两个办法：一是寻找一份新工作，重新再来；二是改变自己去适应人、事、物，重新回到原来的工作状态上。前者虽是变换工作，但若不能从心理建设上多下功夫，恐怕过些日子又要重新找工作，故第二个办法——勇于改变自己才是最为重要的。

预防和消除职业倦怠可以采用后文将介绍的预防和克服挫折的方法。此外，暂时离开工作环境，进行短期休息，或者接受心理干预也会起到积极的作用。

（三）职业压力管理

组织对职场中存在的压力进行系统管理的过程，我们称为职业压力管理。职业压力管理通常包括三个部分：一是处理造成问题的外部压力源，即减少或消除不适当的管理因素或环境因素；二是处理压力所造成的反应，即情绪、行为及生理等方面症状的缓解和疏导；三是改变个体自身，即改变不合理的信念、行为模式和生活方式等。

1．职业压力管理的流程

一套完整的职业压力管理方案应该包括：压力评估、管理改进、宣传推广、教育培训和压力咨询等内容。

压力评估就是运用科学、专业的方法和工具来测评员工的压力水平、心理健康水平、压力来源，以及压力对组织的影响和结果（如缺勤、离职）等。它是设计职业压力管理方案的基础。

管理改进是职业压力管理方案的重要内容，其目的在于通过减少、消除造成职业压力的不合理的外部管理因素或环境因素，预防和减轻职业压力。

宣传推广是职业压力预防的重要手段，旨在增强员工压力管理意识，丰富其心理健康知识。宣传推广的具体形式包括组织的内部网络、微信公众号、手册、卡片、海报、书籍等。

教育培训即向员工提供必要的职业压力管理培训，如时间管理、工作与生活协调、职业心理健康等方面的技能培训和知识讲座。

专业的压力咨询可以为员工提供个性化的压力管理建议，帮助他们解决与压力有关的情绪和心理问题。

职业压力管理的核心是减轻员工由压力和心理负担造成的不良影响。虽然职业压力管理并不能彻底消除压力，只能起到缓解、抑制和分散的作用，但是组织在知悉员工压力并以管理的方式进行疏导的过程中，可以对员工的不良情绪反应采取正确的审视态度，这对组织的发展和生命周期的延长无疑是大有裨益的。

2．职业压力应对方法

部分员工在面临职业压力时，会采取一些消极的应对方法，如回避、自责、幻想等。这不仅不能缓解压力，反而会造成恶性循环，导致严重的心理疾病。因此，在人力资源管理实践中，管理者必须采取有效的措施来帮助员工应对职业压力。对于普通员工而言，学会管理压力也是相当重要的。良好的压力管理有助于压力朝向有利的方向发展。“化压力为动力”不是一个愿望、一句口号，而是一个通过科学的手段完全可以达到的目标。

就具体的职业压力管理方法而言，可以从组织和个体两个层面来加以考虑。

（1）组织的应对方法

组织应对职业压力的方法包括以下几种。

① 创造良好的组织文化

一个组织的工作压力处于可接受的水平，这是良好组织文化建立的必要条件，需要在组织文化建立过程中广泛征求员工的意见，使得他们对自己的工作有更多的控制。组织可以将工作中的规章和规范明晰化，以促进员工间、上下级间的沟通和交流。

② 员工参与组织目标的设计

研究显示，组织员工对工作目标、工作预期、上级评价这一类问题常常会产生不确定感。一旦不确定感产生，职业压力就随之产生。要解决这一问题，组织就应该让员工有机会参与到组织目标的设计中。这一举措可以给员工带来更大的自主性和更强的工作责任感。如此一来，压力感就会转化为自主感和责任感，所产生的不良影响也会相应减少。

需要指出的是，在员工参与组织目标设计的过程中，组织要考虑到员工的个体差异：对于那些成就动机相对较高的员工，应增加他们工作内容的丰富性，使其承担更多的工作职责；而对于那些喜欢程式化工作的员工，就可以不额外增加其工作内容的丰富性。

③ 加强组织的内部沟通

加强组织内部沟通有助于减轻员工对自我角色的模糊性和角色冲突，从而大大降低员工对工作的不确定感。组织是以赢利为目标的，产生职业压力是组织中不可避免的现象。但是，有效的内部沟通可以适度地减轻这种压力。

几乎所有组织都强调沟通的重要性，但是对沟通的具体形式并不十分清楚。组织可以通过以下沟通形式来增加组织的内部沟通，如面谈、商务会议、宴会发言、股东大会、培训课程等。

④ 为员工设立明晰的绩效管理目标

员工的目标设置得越具体、越细化、越具挑战性，员工越及时获得反馈，他们的绩效水平往往越高。这是因为目标具体且可行能够增强员工的工作动机，减少员工对工作的不确定感。工作动机的增强和不确定感的减少将极大地提升员工应对压力的信心和能力。

⑤ 建立员工身心保健系统

为组织员工提供身心保健方案，如戒烟方案、饮食方案、锻炼方案等，并将这些方案系统化，构建一个完整的随需应变的反应机制，这将有助于提高员工应对压力的能力。

⑥ 工作安置尊重个体差异

不同的员工对职业压力的承受力不同，不同的工作对个体产生的压力也有所不同。因此，这就需要组织在进行工作安排的过程中充分尊重个体差异，尽量将员工压力承受度与职业压力度匹配起来，从而将职业压力对员工的不良影响降至最低。

（2）个体的应对方法

个体消除压力的应对方法一般可分观念层应对法、制度层应对法、生理层应对法和心理层应对法。

① 观念层应对法

从本质上讲，职业压力是一种主观体验和主观感受。因此，员工自身首先需要从观念上认识到这一点。如果观念层没有保障的话，操作层面上的一些压力应对策略发挥作用的效应就会大打折扣。形成这样的认知，需要员工消除完美主义的思想倾向，合理设定自己的工作期望。这样，员工才能对工作中遇到的职业压力有正确的认识。

② 制度层应对法

职业压力的产生在许多情况下是因为在规定时间内不能完成特定的工作量所产生的。时间是衡量工作绩效最为根本的指标。在现实社会中，很多人不善于管理自己的时间。如果员工能恰当地安排好时间，每天的工作就不会空虚，压力感也就会随之降低。

③ 生理层应对法

生理层应对法主要是指进行适度的非竞技性活动来应对高压力，如散步、慢跑、游泳、骑自行车等。这些体育锻炼有助于个体加强心脏功能、降低心率，从而提高对工作中所面临的巨大职业压力的适应性。

除了适度的运动之外，员工还需要注意调整饮食。很多食品保健专家建议，在较大压力下，个体不宜吃太酸、太辣的刺激性食物，而宜多吃清淡爽口的食物，这是减缓紧张压力的食疗方法。当一个人遇到压力时，与其猛吃一顿，不如喝一杯清淡的茶水更有效果。

在生理层应对法中，还有一种特别重要的方法，就是保证充足的睡眠。众所周知，我们一遇到压力就常会辗转反侧，难以入眠，睡眠质量会下降。充足的睡眠有助于我们恢复精力，也是缓解压力的一剂良方。

④ 心理层应对法

如前文所述，职业压力本质上是一种心理感受。只有从心理层面来缓解压力才能从根本上解决问题。实践证明，通过各种放松技巧，如自我调节、催眠、生物反馈等方法，员工可以减轻紧张感。达到深度放松的境界后，心跳、血压和其他生理状况也会有所改善。例如瑜伽，可调整我们的内心活动，专注当下，消除烦恼，清除潜意识中的垃圾。

三、挫折及挫折管理

在组织管理中，受主客观因素影响，组织目标或个体目标若不能按照预期达成，个体就可能会因此感受到挫折。挫折会带来一系列反应，如果不能妥善处理，就可能会影响员工的心理健康水平，影响组织的正常发展。因此，组织和个体应针对挫折形成一套行之有效的挫折管理方案，减轻挫折给组织和个体带来的不良影响。

（一）挫折概述

在心理学上，挫折是指一种情绪状态，是个体在某种动机推动下所要达到的目标行为受到无法克服的障碍而产生的紧张状态与情绪反应。

挫折既具有消极作用，又具有积极作用。从消极的方面来讲，挫折可以导致人的消极的情绪体验，这种消极的情绪体验影响我们的身心健康。从积极的方面来讲，挫折能给我们以教益、启迪，能磨炼我们的意志，激励我们奋发向上，使我们更加成熟、坚强。

1．挫折产生的原因

引起挫折的原因是多种多样的，我们感受到挫折的程度也因人而异。一般说来，挫折产生的原因主要有外部因素和内部因素两种。

外部因素（客观因素）引起的挫折叫作环境引起的挫折，是由外界事物或情况阻碍人们达到目标而产生的挫折。例如，人际关系紧张、无法胜任工作岗位、管理方式不妥，以及不良的物理环境（如噪声水平高、照明条件差）等，都可能成为挫折的原因。

内部因素（主观因素）引起的挫折称为个体引起的挫折，又可以分为生理因素和心理因素两个方面。生理因素是指个体的容貌、身材和某些生理上的缺陷所带来的限制。这种缺陷导致我们不能胜任某种工作或在工作中遭到失败等，这会引起个体的挫折感。心理因素是指个体在日常生活中，经常产生两种或两种以上的需要，而又很难决定哪一种需要是最强烈的需要，因而产生难以抉择的心理状态，这些也会使我们产生挫折。

2．受到挫折后的反应

我们受到挫折会产生各种反应，一般表现为如下几个方面。

（1）攻击反应

心理学家多拉德（J. Dollard）提出了挫折 – 攻击理论，认为攻击乃是挫折的结果，任何挫折必然会导致攻击行为，攻击行为的产生可预测挫折的存在。攻击行为有直接攻击与转向攻击两类。

个体受到挫折后，会引起愤怒的情绪，并对构成挫折的人或物进行直接攻击。一个人如果受到同事无故的指责，他还之以拳头，这就是直接攻击。直接攻击的形式可以是口头的，表现为嘲笑漫骂、讽刺挖苦、埋怨指责；也可以是大打出手、棍棒相加。

转向攻击有三种形式：第一，个体察觉引起挫折的对象不能直接攻击时，将愤怒情绪迁移到其他人或物上，如有的人在单位受了领导的气，回家后把气撒在妻儿身上，或者故意破坏机器设备；第二，有时个体并不能清晰地知道自己受挫折的原因，如可能是由于日常生活中许多小挫折的累积，也可能是由于内分泌失调或者生病等内部因素的影响，在这种情况下，受挫者将闷闷不乐的情绪发泄到与真正引起挫折不相干的人或物上；第三，个体对自己的容貌、才能、权力和其他各方面缺乏自信时，易把攻击的对象转向自己，责备自己。

（2）退化反应

退化反应也叫“倒退反应”或“回归反应”。这是指个体在遭遇挫折时，采取的一种与自己的年龄和身份很不相称的幼稚的反应形式，恢复了童年时期的习惯与行为方式，是一种退化现象。退化有两种表现，一种是用童年时期的一些习惯与行为方式来应对挫折情境，如成人遇到挫折时，满地打滚、号啕大哭等；另一种是依赖，即把他人的帮助视作解除挫折的唯一途径，缺乏自信，盲目追随他人。

（3）冷漠反应

冷漠反应是指受挫折后，将愤怒的情绪压抑下去，表现为沉默与冷漠。冷漠反应与受到挫折的程度、心理承受能力、自信水平、周围环境压力等都有关系。一般来讲，性格内向、心理承受力弱、自信水平低的人往往以冷漠应对挫折。

（4）妥协反应

个体会采取以下妥协性措施来减轻自己心理上的紧张状态：以种种理由原谅自己，为自己的失败辩护，进行合理化，“酸葡萄心理”就是这种情况；把自己身上存在的不良品质强加在他人身上，从而在一定程度上减轻自己的不安与焦虑，这是表同作用；当认识到所确定的目标与社会的要求相矛盾或受到主客观条件的限制而无法达到时，设置另一个目标取代原来的目标，这是替代反应；受到挫折之后，用意志的力量压抑住愤怒、焦虑的情绪反应，表现出正常情况下的谈笑自若的情绪状态。

（5）固执反应

固执反应是指个体受到挫折时，不愿意接受别人的意见，不肯变通，而是以一种一成不变的方式做出反应。

（二）挫折管理

为了保持身心健康，提高工作效率，在日常的工作和学习中应尽量消除引起挫折的情境，避免受到不应有的挫折。

1．挫折的预防

一般而言，预防挫折有以下几种方法。

消除产生挫折的原因。对于自然因素，有些虽然是不可避免的，但是可以采取措施加以预防，如准确地进行地震预测、暴风雨预报、台风警报等。对于社会因素，组织应尽量引导员工适应环境，加强法制观念，遵守法令，遵守社会秩序、公共道德和风俗习惯等。对于主观因素，员工应客观地评价自己，有自知之明，从自身的条件出发，确定合理的目标。

要正确分析主客观情况，既要看到有利条件，对前景充满信心，也要注意到不利因素，对不利因素的处理要有预备方案。

在做计划的时候，要脚踏实地，一切从实际出发，计划要切实可靠，同时又留有余地；在执行计划的时候要及时检查计划的执行和完成情况。如果具体情况发生了变化，就要根据情况适当调整计划。

建立良好的同事关系和上下级关系，能顺利地沟通思想、交流想法，相互支持，相互帮助，相互信任，相互尊重。

管理者可以适当改善组织结构，调整有碍发挥职工积极性的不合理的管理制度，改善管理制度和工资奖励制度，实行参与制、授权制、建议制等，使员工在一个轻松、愉快、民主的氛围之中工作。

2．挫折的克服

发生挫折以后，个体一般可以采用以下几种方法来克服。

正确对待失败与逆境。挫折是不以人的意志为转移的客观现实。我们应该认识到，任何事物都有两面性，挫折固然会使人受到打击，给人带来损失和痛苦，但挫折也可以磨炼人、教育人，使我们学习到很多书本上学不到的东西，这些东西会使我们终身受益。

适时调整自己的期望值。一个人如果期望值过高，在未能如愿以偿时就会失望，容易产生各种不良情绪，陷于烦恼之中。在我们发现自己原来的目标难以实现时，就要对自己的目标进行调整，使目标切实可行。我们可以把大目标分解成很多具体的、可以实现的小目标，一步步地向大目标迈进，这样就能够不断地体验到成功的喜悦。

接受自己，接受他人。每个人既有优点，也有缺点，世界上没有一个十全十美的人。我们首先要对自己有一个正确的认识和全面的评价，既要肯定自己的优点和长处，同时也要承认自己的不足之处，愉快地接受自己的一切。只做到正确评价和愉快接受自己还不够，我们还要知道怎样避开自己的缺点，发挥自己的优势，争取最大限度地发展自己。同样，我们更要善于接受他人，多看他人好的一面，少一些误解，多一些相互的支持和帮助。

精神宣泄。精神宣泄就是创造一种环境，使受挫者可以自由顺畅地表达受到压抑的情绪。我们在受到挫折以后，心理活动往往会失去平衡，常常以紧张的情绪反应代替理智行为。如果把这种紧张情绪发泄出来，心理活动就可以恢复到理智状态，达到心理平衡。精神宣泄法有多种形式，如找一两个亲近的人、理解自己的人，将心里的委屈和想法全部说出来，对方会给我们心理上的抚慰，鼓起我们奋进的勇气；或者通过写信把内心的不满情绪尽情地表达出来，然后把信寄给自己，过一段时间后再看自己的“宣泄信”，可能会开怀大笑。

改变环境。如果一个人在工作单位和居住环境中遭受到了挫折，其他人容易对他产生刻板印象，会戴着有色眼镜来看他。这些刻板印象的改变往往需要比较长的时间，是一个逐渐淡化的过程，对其工作和发展极为不利。因此，我们可以通过转换环境的方法，以一个新的精神面貌和社会形象投入新的工作，开始新的生活。

四、员工帮助计划

为了帮助员工解决心理健康问题，一些组织设立了员工帮助计划（Employee Assistance Program，EAP）。员工帮助计划最早起源于20世纪二三十年代。当时，美国一些企业注意到员工酗酒问题影响个人和企业绩效，于是有的企业聘请专家帮助员工解决这些问题，建立了职业酒精依赖项目（Occupational Alcoholism Program，OAP），这是员工帮助计划的雏形。到了20世纪六七十年代，美国社会急剧变动，酗酒、吸毒、药物滥用等问题日益严重，家庭暴力、离婚、精神抑郁越来越影响员工的工作表现，于是很多OAP项目进一步扩大范围，把服务对象扩展到员工家属，同时，项目增多，内容也更丰富。如今，员工帮助计划已发展成一种综合性服务，内容包括压力管理、职业心理健康、裁员心理危机、灾难性事件、职业生涯发展、健康生活方式、法律纠纷、理财问题、饮食习惯、减肥等方面。在20世纪90年代末，员工帮助计划的概念和相关活动逐渐由跨国公司和心理学家引入我国内地。目前，一些大中型组织已逐步熟悉并频频应用员工帮助计划。

（一）员工帮助计划的概念

员工帮助计划是指组织为员工设置的一套系统的、长期的福利与支持项目。它通过心理专业人员对组织的诊断、建议和对员工及其家庭成员提供的专业指导、培训和咨询，旨在帮助解决员工及其家庭成员的各种心理和行为问题，提高员工在组织中的工作绩效，改善组织气氛等。

（二）员工帮助计划的种类

人们普遍认为，员工帮助计划不存在统一的标准模式。不同的组织对员工帮助计划有不同的需求和偏好，组织内部的不同部门之间对员工帮助计划的理解和要求也会有冲突。因为员工帮助计划是一种跨学科的项目，心理学家、社会工作者和医务工作者等在一起很难达成一种统一的模式，再加上员工帮助计划在各个国家和地区的发展都出现了不同的形式，因此很难有一个统一的模式。根据不同的标准，本书对员工帮助计划已有的各种形式进行了如下分类。

1. 长期员工帮助计划和短期员工帮助计划

根据实施时间的长短，员工帮助计划可以分为长期员工帮助计划和短期员工帮助计划。一般来说，员工帮助计划作为一个系统项目，应该是长期实施的，持续几个月、几年甚至更久。但是有时候，组织只在某种特定状况下才实施员工帮助计划也是情有可原的。例如，并购过程中由于业务再造、角色变换、组织文化冲突等导致了压力和情绪问题；裁员期间产生了沟通压力、心理恐慌和被裁员工的应激状态；在空难等灾难性事件中，部分员工的不幸会导致组织内悲伤和恐惧情绪的蔓延；等等。这种时间相对较短的员工帮助同样属于员工帮助计划，它们能帮助组织顺利度过一些特殊阶段。

2. 内部员工帮助计划和外部员工帮助计划

根据服务提供者的不同，员工帮助计划可以分为内部员工帮助计划和外部员工帮助计划。

内部员工帮助计划是组织在内部建立的员工帮助计划，配置专门的机构或人员，为员工提供员工帮助计划服务。内部员工帮助计划一般是比较大型和成熟的组织才会建立的，这时，组织已经把员工帮助计划视为管理战略的一个部分。内部员工帮助计划由组织内部的机构和人员实施，所以更加贴近和了解组织、员工的情况，能更加及时有效地发现和解决问题。

外部员工帮助计划由组织之外的员工帮助计划专业服务机构提供。组织需要与员工帮助计划服务机构签订合同，并安排 1～2 名员工帮助计划专员负责联络和配合。一般而言，内部员工帮助计划比外部员工帮助计划更加节省成本，但在员工由于心理问题敏感性和保密性问题引起的对员工帮助计划的信任程度上，前者可能就不如后者了。专业的员工帮助计划服务机构往往会有比较广泛的服务网络，能够在全国甚至世界各地提供服务，这是内部员工帮助计划很难做到的。所以在实践中，内部、外部员工帮助计划往往是结合使用的。另外，在没有员工帮助计划实施经验和专业机构指导帮助的情况下，组织想马上建立自己的内部员工帮助计划是很困难的，所以绝大多数组织都是首先实施了外部员工帮助计划，其次才建立了内部的、长期的员工帮助计划。

（三）员工帮助计划导入的一般程序

1．明确负责员工帮助计划项目的职能部门

作为一套系统、长期的项目，员工帮助计划项目本身涉及诸多环节且环环相连，彼此互为支持和呼应。同时，组织也要考虑员工帮助计划与组织现有资源的匹配和融合，为此需要组织根据自身情况和项目本身的定位，明确项目的责任部门，以便统筹调度和组织实施。

2．成立员工帮助计划导入的专项小组

由负责员工帮助计划项目的职能部门牵头，成立员工帮助计划工作小组推动组织实施。在规模较小的组织中，员工帮助计划工作小组可涵盖在职能部门内部；规模较大的组织往往有其他职能部门人员介入，这些人员来自不同的部门，可以站在不同的角度提供意见。

3．员工帮助计划项目方案的需求分析

员工帮助计划工作小组应根据组织的特性和员工的需求，对员工帮助计划项目进行初步需求分析，为员工帮助计划模式的选定、专业机构的选择做好相应的准备。通常情况下，如果组织倾向于采用外部员工帮助计划，该项工作往往由外部专业机构协同进行。

4．确立员工帮助计划项目目标及编制预算

员工帮助计划工作小组的一项至关重要的任务就是确立项目的预期目标。当然，这个目标的确认需要得到公司高层管理者的最终认同，否则将极大影响项目的最后评估。预期目标可以从短期、中期和长期不同的角度来阐述，具体情况要根据组织的情况和员工需求进行设定。

如同组织导入其他项目一样，成本问题是工作小组考虑的另外一个重要问题。编制项目预算要结合组织的财务状况和年度预算，并尽可能在细化的基础上进行量化。

5．设置专职人员或指定专业机构

对于采用内部模式的员工帮助计划项目，需要设置专员具体负责项目的执行，并对该岗位的工作职责予以澄清和明确，确立相应的工作流程和制度。若采用外部员工帮助计划，则需要甄选具备专业能力和实施能力的外部专业机构，并通过协约形式明确整体合作事宜。

6．建立员工援助系统

任何一种模式的员工帮助计划项目，均需要形成《员工帮助计划项目详细规划书》，并由工作小组对其进行完备的论证，在提交高层管理者批准后实施和执行。实施前的规划书与相关准备工作对员工帮助计划项目的顺利导入有较大影响，一方面容易说服高层管理者并获得最大限度的支持，另一方面容易得到员工的认同和信任。

7．项目评估

根据设定的项目周期，员工帮助计划工作小组将进行效果评估分析，对前期执行过程中存在的缺陷和不足进行修正，同时将评估分析结果和相关建议向管理层汇报，作为组织层面审定后期项目实施和执行问题的相关依据。

案例学习：

案例名称：《管理咨询公司人员流失问题探讨——以A管理咨询公司为例》。

案例来源：吕翠，周文霞．管理咨询公司人员流失问题探讨：以A管理咨询公司为例［J］. 中国人力资源开发，2010（6）：60-63.

案例思考题：

1. 根据作者的调查分析，A公司员工流失的原因有哪些？哪些是主要原因？

2. 较高的员工流失率给该公司带来了哪些负面影响？

3. 围绕A公司较高的员工流失率，作者提出了哪些对策？你觉得这些对策能否解决问题？除了这些对策之外，你是否还有其他建议？

本章小结

人力资源管理中的“留”，即人员保留，其核心任务是留住人才。组织为此需要提供良好的薪酬，营造和谐的员工关系氛围，实施有效的安全与健康管理。员工因向所在组织提供劳务而获得的各种形式的酬劳，都可被视为薪酬。薪酬的给付并不是简单的市场行为。在现代人力资源管理中，薪酬是一把管理上的“双刃剑”，组织必须妥善进行薪酬管理。薪酬管理主要包括薪酬体系设计与薪酬日常管理。在薪酬管理中，及时准确地评价薪酬给付的情况格外重要。组织确定薪酬制度以后，还要随组织内外环境的变化不断进行调整，从而保证正常发挥薪酬的激励功能。

处理好员工关系是人员保留的一项重要工作。员工关系一般包括员工与组织的关系和员工与员工的关系。良好人际关系的建立和发展，一般需要经过定向、情感探索、感情交流和稳定交往四个阶段。影响人际吸引力的因素主要有距离，交往的频率，相似性，需要、性格、气质的互补作用，个性特征，能力与特长，以及仪表的吸引力。管理者为改善组织中的人际关系，可以从以下几个方面努力：加强领导班子建设，完善组织结构，员工参与管理，加强意见交流，培养集体意识。

确保人员安全与健康，是组织健康有序发展的前提。在管理心理学中，人员的心理健康尤受关注。一般认为，心理健康者有如下特征：行为反应适度，心理和行为符合年龄特征，自我概念正确，具有自我价值感，情绪健康，善于与人相处，面对现实、正视现实，能自我控制。

应激和挫折是影响个体心理健康的两个重要因素。应激是一种高度紧张的情绪状态，个体如果长期处于应激状态下，那么不仅会给个体，也会给组织带来深刻的负面影响。要消除应激带来的负面影响，就需要进行压力管理。一套完整的压力管理方案应该包括：压力评估、管理改进、宣传推广、教育培训和压力咨询等内容。除了应激，挫折也会影响员工的心理健康。挫折是指一种情绪状态，是个体在某种动机推动下所要达到的目标行为受到无法克服的障碍而产生的紧张状态与情绪反应。受到挫折后的反应主要有：攻击反应、退化反应、冷漠反应、妥协反应、固执反应。发生挫折以后，个体一般可以采用以下几种方式应对：正确对待失败与逆境；适时调整自己的期望值；接受自己，接受他人；精神宣泄；改变环境。

为了帮助员工解决心理健康问题，一些组织设立了员工帮助计划。员工帮助计划是指组织为员工设置的一套系统的、长期的福利与支持项目。它通过心理专业人员对组织的诊断、建议和对员工及其家庭成员提供的专业指导、培训和咨询，旨在帮助解决员工及其家庭成员的各种心理和行为问题，提高员工在组织中的工作绩效，改善组织气氛等。

思考与练习

1. 薪资和福利有什么不同?
2. 论述 P-M 离职模型的内容。
3. 简述影响薪酬满意度的因素。
4. 结合自身情况，谈谈如何进行人际交往?
5. 如何预防和克服挫折?
6. 何为员工帮助计划？它有什么作用？它的导入程序是什么？

本章参考文献

课外拓展

1. 刘姣，姜冬梅．员工薪酬满意度、忠诚度、心理契约关系研究［J］．内蒙古科技与经济，2018（24）：42-44.

2. 李其原，陈泓任．管理心理学视野下的 TSR 流失现状分析：以四川保险电销中心为例［J］．重庆科技学院学报（社会科学版），2013（4）：91-92.

3. 邵爱国，韦洪涛．促进企业基层员工稳定就业的对策研究［J］．人民论坛，2012（32）：127-129.

4. 韦文琦，刘霜，马婧婧．管理心理学理论推动下的 EAP 时代变迁［J］．人力资源管理，2014（6）：27-28.

第九章

时间管理心理

学习目标

- ⊙ 认识时间的特征
- ⊙ 理解时间管理的重要意义
- ⊙ 熟悉时间管理的原则
- ⊙ 掌握时间管理的方法
- ⊙ 尝试设计个性化时间管理工具

知识导图 >>>

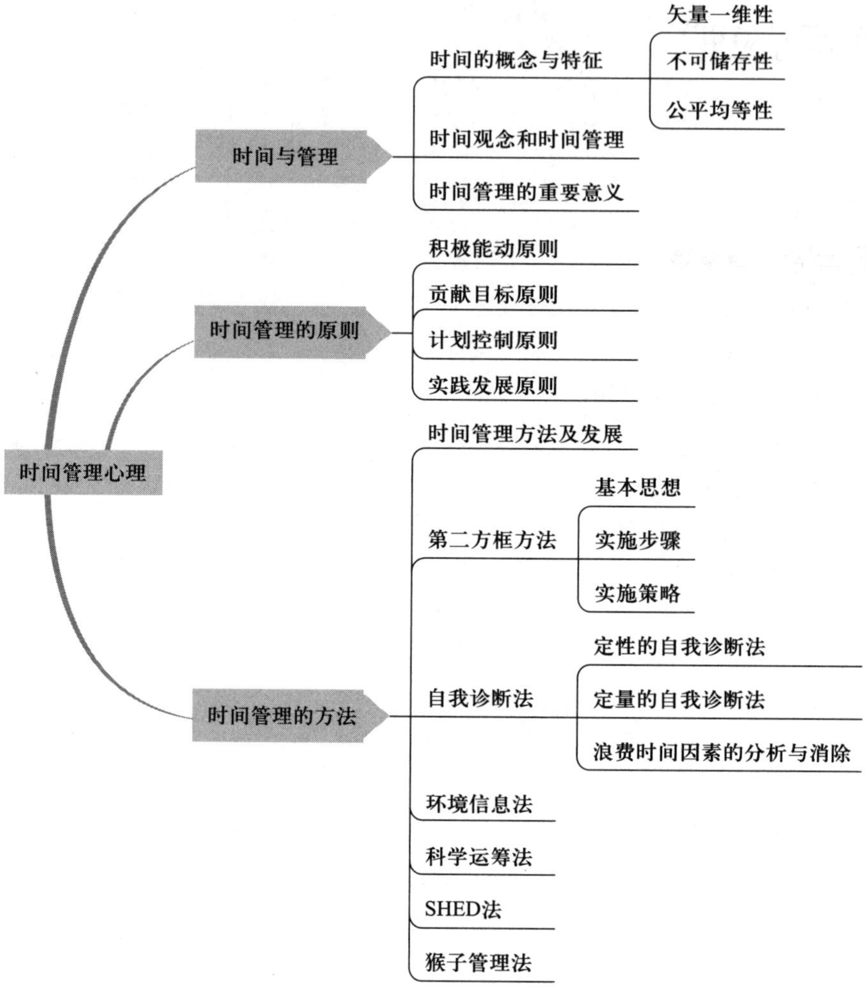
时间管理心理
时间与管理
时间的概念与特征
矢量一维性
不可储存性
公平均等性
时间观念和时间管理
时间管理的重要意义
时间管理的原则
积极能动原则
贡献目标原则
计划控制原则
实践发展原则
时间管理的方法
时间管理方法及发展
第二方框方法
基本思想
实施步骤
实施策略
自我诊断法
定性的自我诊断法
定量的自我诊断法
浪费时间因素的分析与消除
环境信息法
科学运筹法
SHED法
猴子管理法

章前引例 >>>

谁的时间管理做得更好①

“新任务导向型”的小王

小王下午在做 PPT 的时候，同事过来说：“我们开会讨论一下给客户的提案吧。”小王看看 PPT，觉得可以开完会再做，就去开会了。等开完会，重新打开 PPT 的时候，小王还要回想：刚才做到哪里了？

这时，领导打电话：“给我准备几份相关材料的复印件。”小王放下电话就去给领导复印资料。

这样忙忙碌碌，等到下班的时候，小王的 PPT 还没有做完。他只好等别人下班之后，自己加班工作。

“高效完成导向型”的小李

小李学习过时间管理的知识，在做 PPT 的时候，同事说：“我们开会讨论一下给客户的提案吧。”小李说：“这个 PPT 今天下午一定要提交，我大约还要 1 个小时才能完成。现在 2 点，我们 3 点开会，好吗？你可以把要讨论的议题和建议列出来，到时候我们集中精力讨论。”同事同意了小李的提议。

小李继续做 PPT。这时，领导打电话：“给我准备几份相关材料的复印件。”小李问：“什么时候要？”领导说：“明天我见客户要带着。”小李说：“好的，我下班前给您送过去。”然后在待办事项上记录下这个任务，继续做 PPT。

下午 3 点，小李的 PPT 基本做完，还差一点收尾。他记录下后续的内容计划，然后去开会，开完会顺便给领导复印了资料。离下班还有半小时，小李完成了 PPT 的收尾工作。

思考题：

（1）看完小王和小李的两个案例，你有什么感受？

（2）如果对号入座，你是小王还是小李？

（3）谁的时间管理做得更好？为什么？

分析要点

① 来源于虎课网，有修改。

微课导学

所有目标的实现都是有既定时限要求的。无论是组织目标、群体（部门）目标，还是个体目标，都不例外。时间要素，是组织不可忽视的要素之一。所有的组织活动都依附在时间资源之上，并受其制约。因此，在组织管理过程中，管理者要充分考虑到时间资源的管理与开发。尽管在特定情境下，时间本身是固定的，不会因为被管理而增多，但是，成功的时间管理可以提高时间的有效使用率和单位时间的价值。时间管理的主体既可以是管理者，也可以是被管理者；既可以是个体，也可以是群体或组织。在这个过程中，包含着大量的心理现象和规律，而这些就是本章所要关注和介绍的内容。

第一节　时间与管理

时间是管理中稀有、珍贵且特殊的资源，是一切活动得以进行的前提条件，最大限度地开发和利用时间资源是管理的重要内容。同时，时间资源的价值体现和利用程度，必须依靠有效的管理。本节将介绍时间的概念与特征、时间观念和时间管理，以及时间管理对组织和个体的重要意义。

一、时间的概念与特征

物质、运动、时空三位一体，密不可分，时间是运动着的物质存在的一种客观形式，时间是物质运动的顺序性、间隔性和持续性，是物质运动过程的顺序更替和前后联系的表现。时间是客观存在的，是无限性和有限性的辩证统一，具有矢量一维性、不可储存性、公平均等性。

（一）矢量一维性

时间是个矢量，它的运动总是具有一定的方向，而且以其固有的方向进行，即时间只能依照过去、现在、未来这一方向发展，不可逆转，在宏观上具有无限性。时间的矢量一维性表明人类最大的自由在于创造未来，不在于改变过去。过去和未来的联结点是现在，因此，无论是个体还是组织，在为其生存发展而努力时都必须立足于现在，必须具有强烈的抓住机遇、珍惜现在的时间意识。另外，现在的任何时候，必定有过去和未来与之相关联，在立足于现在的同时，还必须对过去予以尊重与关注，不知历史者，注定重蹈其覆辙；必须放眼未来，对未来做出长远的预测和计划。由此，个体或组织在致力于其生存和发展时，必须具有强烈的超越现在、确定未来发展战略的时间意识。

（二）不可储存性

时间是一种客观存在，无论你用还是不用，它都照样流逝；无论你愿意还是不愿意，它都按一定的速率被消耗。世界上没有时间的收藏家，只有时间的使用者。时间无法被储存，在微观上具有有限性。时间的不可储存性，促使个体对生命有限的觉醒，从而去探索和确立自己人生的使命或目标，把自己的精力和活动聚焦于实现目标和人生价值，按轻重缓急合理地分配、利用自己的时间，正确地做正确的事，遵循重视效能而不只是效率的原则；促使组织对时间具有一种特殊的认识，即特别强调时间是管理当中关键性的、前提性的资源，对它采用一种不同于其他管理要素或资源的方式进行管理。德鲁克说，时间是最稀有的资源，如果不管理时间，那就什么也无法管理。美国时间管理专家麦肯齐（A. Mackenzie）也说，最好的时间创造者是正确的管理，有效利用时间和正确地实施管理是不可分割的。

时间的不可储存性，自然会强调把握机会和机遇的重要性，“机不可失，时不再来”。在当今社会环境快速变化、市场竞争日趋激烈的背景下，认识、发现、把握甚至创造机会和机遇是非常重要的。

（三）公平均等性

人人都是时间的消费者。时间对每一个人都一视同仁、公平均等。时间的公平均等性促使人们认识到，造成时间有效利用上的个体差异的原因，关键在于自我管理。时间面前人人平等，任何人都没有足够的时间，但是每个人都拥有自己的全部时间。因此，如何使用时间至关重要。在分析自己浪费时间的因素时，管理者容易首先归咎于外在的影响，如电话打扰、突然造访者和临时会议等。继续分析下去，他们才会找出很多个人的、内在的影响，如犹豫不决、拖延，缺乏自我约束，未能制订计划、确立目标和授权等。

二、时间观念和时间管理

认识时间的本质及其特征，深切感受时间的价值，形成时间是珍贵资源的观念，是时间管理的基础。不同的时间观念有着不同的时间管理内容，会产生不同的时间管理效能。受特定的历史条件的影响，人类在不同时代有着不同的时间观念和时间管理思想（如表 9–1 所示）。

表 9–1　不同时代的时间观念和时间管理思想

时代	历史条件	时间观念	时间管理思想
古代	农业为主的生产方式； 对自然的依赖； 生产力低下	周而复始的循环运动； 取之不尽，用之不竭； 视时间为常量	朴素的惜时意识； 顺其自然地用时； 时间紧迫感不强
近代	工业为主的生产方式； 人类主体性的提升； 社会竞争加剧	单向不可逆的直线运动； 机不可失，时不再来； 视时间为常量	在生产中进行时间运动研究； 重视把握时机和效率； 时间紧迫感较强

续表

时代	历史条件	时间观念	时间管理思想
当代	信息技术革命的影响； 相对论的提出和太空技术的进步； 对知识等无形资源的深刻认识	螺旋式上升的复合运动； 特殊形式，珍贵资源； 视时间为变量	把时间作为资源加以开发利用； 时间管理上升为一门学科； 时间效益和人的价值的体现

如上所述，时间是管理中稀有、珍贵且特殊的资源，是一切活动得以进行的前提条件，最大限度地开发和利用时间是管理的重要内容。同时，时间的价值体现和利用程度，必须依靠有效的自我管理和组织管理。时间和管理互为条件，密不可分，时间管理是管理的重要内容。

三、时间管理的重要意义

时间与每一个人都息息相关，时间管理对每个人人生价值的实现都有重要影响。个体从出生、学习成长、工作生活到衰老死亡的整个人生岁月都是在时间长河中度过的，一个人的人生价值也是在时间之流中得以实现并将在时间之流中得以流传。

时间管理是管理者工作有效性的前提基础。各行各业的管理者，由于其本身作用的重要性和关键性，其时间管理的效果不仅影响其本人工作绩效，而且还会直接或间接影响其他更多人的工作绩效，进而影响整个组织的绩效。此时，管理者若能科学地运用和管理时间就显得特别重要。

在我国，随着改革开放的深入，“时间就是金钱，效率就是生命”的口号已被越来越多的管理者认同，但我国管理科学的理论和实践水平还有待提高，时间管理在实践中尚有许多值得改进之处。在我国的组织中，从时间管理的角度粗略划分，存在四种类型的管理者：第一种是“撞钟型”管理者，他们“当一天和尚撞一天钟”，工作被动、消极，得过且过，无效率无效能；第二种是“事务型”管理者，他们整天忙于各种事务、应酬，忙个不停，但常常是做表面文章，没有目标和成果，有效率但无效能；第三种是“工作狂型”管理者，他们全身心地投入工作，往往以牺牲家庭或自己的健康为代价，虽然工作有效率、有效能，但不能持久或不能实现价值的平衡，有其局限性和弊端；第四种是“效益型”管理者，他们高瞻远瞩，以长久贡献为使命，积极进取，正确地做正确的事，既有效率又有效能，而且能实现可持续发展。在现实情况中，前三种管理者居多，第四种相对较少。因此我们需有紧迫感。

自20世纪90年代以来，随着科技日新月异的发展，世界经济日趋全球化和一体化，我国顺应世界和时代的发展，实行了社会主义市场经济体制。在经济转型过程中，市场经济体制更强调管理者及其所在组织的自主应变性，能在瞬息万变的市场竞争中运筹帷幄、把握时机、果断决策、创造财富，谋求组织的生存和可持续发展。

因此，加强时间管理将对个人、组织和社会的进步起到积极的作用。开展时间管理的调查研究、教育培训有助于我国企事业单位及其管理者提高绩效。

第二节 时间管理的原则

时间的矢量一维性、不可储存性和公平均等性决定了时间管理的独有特点，并需遵循一些原则。

一、积极能动原则

积极能动原则是指管理者能够主动选择和确立自己的人生价值，并为实现自己的人生价值选择积极的生存发展方式，发扬人性的优点和创见，改善人性的缺点和陋习，善于利用客观环境中的有利条件，能动地对待客观环境中的不利因素。

柯维（S. R. Covey，如图 9–1 所示）在其《高效能人士的七个习惯》一书中，用关心圈和影响圈来说明积极能动原则[①]，即把时间和精力投入自己的影响圈——关心且通过主观努力能有所作为的事情，而不是关心圈——关心但却无能为力的事情，能动地由内向外发展，通过主观变化来影响外界客观环境发生积极变化。

图 9–1 柯维

我们每个人在生活中都有自己关心的事情，如我们的健康，我们的子女、家庭，我们的工作、事业、投资，以及国际形势等，这些事情就属于我们的关心圈。关心圈内的事情，有些事情是我们关心但无能为力的，如国际形势；而另一些事情是我们既关心又可以有所作为的，如我们的工作。后者就属于我们的影响圈。

积极能动原则就是要求我们把自己的时间、精力放在影响圈内，在自己能有所作为的事情上下功夫。这样，我们的精力从本质上看是积极的、扩展的和增大的，逐渐使自己的影响圈扩大从而成为积极能动的人。

如果我们将自己的时间、精力集中在关心圈内的那些无法控制的事情上，如他人的弱点，环境中的问题，就会令我们形成怨天尤人的态度、消极适应的处事方式和与日俱增的受害感。这一切的变化带来的最终结果是我们的影响圈越来越小，并逐渐令我们成为消极归因的人。

---

① 柯维．高效能人士的七个习惯．[M]．顾淑馨，等译．北京：中国青年出版社，2002：73–79.

二、贡献目标原则

德鲁克说过：有效的管理者总是把注意力放在贡献上，他不只看到自己的工作，还会抬起头来，把目光朝向目标。贡献目标原则就是要求我们在确定生命价值或人生目标后，把自己的时间精力集中在自己的优势上，集中在能做什么的影响圈内。在影响圈内，明确体现自己生命价值的具体目标，寻找目标实现的载体——组织（选择什么样的行业或谋求什么样的职业），在组织中围绕个人目标和组织目标，为贡献成果而努力。

贯彻贡献目标原则就是要实现正确地做正确的事，使自己成为自我领导者，在时间管理中不仅重视效率，而且重视效果。德鲁克说，管理是把事情做正确，领导是做正确的事。举例来说，如果管理是高效率地攀爬梯子，那么领导则应该决定这架梯子倚靠在正确的墙壁上。

三、计划控制原则

计划控制原则的要义就是把重要的事放在首位，统筹安排自己的工作、学习、生活等各种活动，根据个人或组织的目标和使命，确立优先顺序，合理分配时间，并在实施过程中，排除各种干扰，能动地应对各种变化，确保计划的圆满完成。

没有计划等于计划失败，没有自我控制就等于被环境控制，所以计划控制原则非常重要，而计划的实施依赖有效的自我控制，尤其是要学会选择“先做什么，后做什么”，以及“在哪些事情上投入更多或更少的时间”。

四、实践发展原则

实践发展原则要求管理者根据外在环境、时代和科技的发展，根据自身角色的变化，不断学习新的时间管理的方法和技术，并在实际工作中加以运用、完善、创造。信息技术和网络通信的飞速发展，已对我们的工作、学习和生活的方式产生了深刻的影响，要求我们以一种新的眼光来审视时间管理，发展时间管理的方法。例如，行事历的形式，已从原来的印刷本，发展到商务通和 Outlook 等软件；联络方式从信函到 E-mail，再到微信、QQ、微博等；数字信息储存工具从软盘到光盘、优盘、移动硬盘，再到网盘、云笔记。组织的绩效考核可以借助网络信息系统做到每天考核，只要管理者愿意，就可以随时检查下属的工作情况，关注兄弟部门的工作进展，并予以配合支持。团队会议可以借助网络跨时空进行。借助网络，居家办公已在某些行业、某些工作中成为可能。总之，网络带来了在线政务、在线商务、在线教育、在线娱乐等形式，为时间管理提供了新途径。

第三节　时间管理的方法

时间的有限性和重要性使得古今中外的先哲们都认识到进行时间管理的必要。无数的智者就“如何有效管理时间”这一问题贡献了自己的看法，留下了许多智慧。概括起来，时间管理的方法有如下类别。

一、时间管理方法及发展

纵观时间管理方法的发展，大致可分为四代。每一代时间管理方法都是在前一代的基础上，推动我们更成功地管理我们的生活。

第一代时间管理方法可以用备忘录和列清单来表示它的特点。备忘录就是把所有要做的项目列出来，制作成一个工作任务清单，做完一项标记一项，以此种方式进行时间的分配和使用管理。第一代时间管理方法隐含的态度是“备忘录和清单中的事项都是要完成的”，其典型的不足是，没有考虑到有限时间分配的问题。

第二代时间管理方法可以用日程表和行事历来表示它的特点。在开始工作任务之前，列出清单，在每一项任务之前定一个完成期限。例如，早晨 8 时—9 时做什么、9 时—10 时做什么，下午 1 时—2 时做什么，每一项任务都有开始和结束的时间，在这个时间段中完成规定的某项任务。这个方法有时候也称行事历时间管理法。第二代时间管理方法体现出个体对时间资源有限性的认识，以及对时间该如何分配的考虑。

第三代时间管理方法可以用 ABC 分类时间管理法来表示它的特点。它反映了现代时间管理理念中的重要思想，即阐明价值、确定优先，体现了“20/80 定律”，即“为获取 80% 的工作效果，把时间集中于 20% 的关键事情”。ABC 分类时间管理法要求个人或组织把面临的所有任务，按其轻重缓急，分为 A、B、C 三类，确定优先次序，抓住影响大局的工作重点予以突破。然而，分类的标准是什么呢？是按照先来后到，还是按照长官意志？都不是。而是以重要性和紧急性为标准。所谓重要性，是指某项任务对于实现总体目标具有重要意义，对工作的成败具有决定性影响。所谓紧急性，是指在时间上刻不容缓，不如期完成就会造成损失，影响全局。最重要的事不见得是最紧急的，最紧急的事也不一定是最重要的，只有既重要又紧急的事才可以列入 A 类；一般重要和一般紧急的任务列为 B 类；而那些无关紧要的任务则列为 C 类。一般而言，A、B、C 三类任务占总工作量的比例分别为 20%～30%、30%～40%、40%～50%。而对这三类任务的时间分配量应该倒过来，在 A 类任务上投入 60%～80% 的时间，在 B 类任务上投入 20%～40%，在 C 类任务上尽量不投入。ABC 分类时间管理法重视目标、价值，排列优先顺序，强调“效率”，为我们进行有效的时间管理做出了重要贡献，但它也有不足：它主要是一种危机管理，维持不了持久的“效能”。

第四代时间管理方法以第二方框方法为主要代表，发展出自我诊断法、环境信息法、科学运筹法、SHED 法、猴子管理法等时间管理方法。

二、第二方框方法

（一）第二方框方法的基本思想

第二方框方法可以用时间管理矩阵来阐明，如图 9–2 所示，确定一个活动的两个因素——紧急性和重要性。紧急性意味着需要我们立即去注意它，它是“现在”。例如，正在响铃的电话是紧急的，大部分人不能忍受让电话响着而置之不理。紧急的事通常是看得见的，它们对我们来说是燃眉之急，需要我们采取行动。紧急的事通常就在我们面前，而且做起来常常是愉快的、容易的和有乐趣的，可是它们往往是不重要的！

	紧急 →	→ 不紧急
重要 ↓	Ⅰ 活动：危机管理；追切的问题；限期完成的工作 结果：压力；精力消耗，健康透支	Ⅱ 活动：准备工作；预防措施；制订计划；发展关系；增进能力 结果：有远见；有纪律；有控制；平衡；危机少
↓ 不重要	Ⅲ 活动：造成干扰的事；一些电话、信件；一些报告、会议；许多迫在眉睫的事；符合他人期望的事 结果：牺牲目标和计划；短期行为；感到受害，失去控制；肤浅或破碎的关系	Ⅳ 活动：忙碌琐碎的事；一些电话、信件；浪费时间的活动；愉快的活动；逃避性的活动 结果：完全不负责任；依赖他人或组织；无建树、无贡献；被解雇

图 9–2　时间管理矩阵

重要性则与结果有关。如果某事是重要的，那么它会有助于我们的使命、我们的价值和最终目标的达成。重要而不紧急的事需要更多的主动性、更多的积极能动性。我们必须主动行动以抓住机会完成。我们要对什么是重要的有一个清楚的概念，否则，我们就很容易在紧急的事上投入过多精力。

在图 9–2 中，第一方框既紧急又重要，它涉及重要的结果，需要立即加以注意。我们通常把第一方框中的活动称为“危机”或“问题”。

第二方框中的任务是有效的自身管理的核心，涉及不紧急但重要的事，诸如拓展人脉以发展关系，战略思考以制订计划，学习提升以增进能力等，这是一些我们知道需要完成却很少抽时间去做的事情，因为它们是不紧迫的。德鲁克认为，效率高的人不是一个心中装满问题的人，而是一个一心注意机会的人。他们喂饱机会而让问题挨饿；他们预防性地思考。他们也有第一方框中的危机和紧急的事情，需要立即去注意，但是情况相对较少；他们集中力量于重要而不紧急，但有高度影响的、能提高自己能力的第二方框中的事物，从而使产出和生产能力保持平衡。

（二）第二方框方法的实施步骤

第二方框方法的实施是以价值、成果、贡献为中心，以原则为指导，以周为单位组织安排个人的整个生活。它的实施有以下四个关键步骤：

1．认同角色

先写下我们的主要角色。如果没有真正认真考虑过我们在生活中的角色，则可以写下我们此时想到的东西。我们有作为一个个体的自我角色，有作为一个家庭成员的一种或多种角色——丈夫或父亲、妻子或母亲、儿子或女儿等，也有工作中的一些角色，如研究人员、部门经理、公司董事等，还有一些在学术或社团事务中的角色，如学术顾问、社团理事等。这些角色指明我们希望经常投入时间和精力的各个领域。

2．选择目标

接下来考虑我们在今后七天里每项角色中应取得的两三个重要的结果，这就是目标。目标最好是用结果表达，而非单纯的活动。其中，有些目标应反映第二方框的活动。最理想的是把这些短期目标同我们的个人使命表中确定的长期目标关联在一起。

注意在选择目标时，不能忘记自我更新类活动，主要有身体、智力、精神和社会四个方面。身体方面的自我更新主要有营养、锻炼、就医等；智力方面的自我更新主要有读书、思考、写作等；精神方面的自我更新主要有价值深思、动机激发、娱乐休闲等；社会方面的自我更新主要有服务、协作、交往等。这四个方面旨在给自己"加油充电"，更新自我，"磨刀不误砍柴工"。

3．安排日程

现在，带着目标来安排下一周的日程，为达到这些目标做出时间规划。可以根据个人及组织的实际情况，能动地把每个目标放到一周中的一个具体时间段，并把其中体现第二方框活动的目标列为本周优先完成事项。即使我们已确定了在一周内完成这些所有重要目标的时间，也可以关注剩下的尚未安排活动的空余时间段。安排日程还能让我们自由和灵活地处理预料之外的事情，在需要时调整任务，处理与他人的关系，从容应对自然而来的事情，因为我们已经能动地组织了一周内要完成的关键任务。

4．每日调整

做完每周安排后，每日计划就会更多地起到调整当日的活动、安排活动的优先次序和应对未预料到的事项的积极作用。

（三）第二方框方法的实施策略

第二方框方法的实施策略就个人而言主要有：学会委托，选择忽略，学会说“不”。

1. 学会委托

委托对个人或组织来说都意味着成长。具备委托他人的能力是管理者和生产者两种角色之间的主要区别。如图 9-3 所示，假设在没有损失效率的情况下，一名生产者可以投入 1 个小时的力量，生产出 1 个单位的结果；而一名管理者投入 1 个小时的力量，可以通过有效委托生产出 10 个、50 个或 100 个单位的结果。

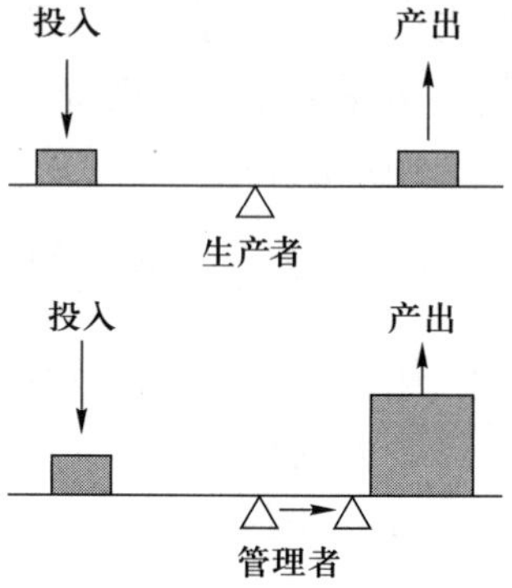

图 9-3 生产者和管理者之委托示意图

管理主要是移动保持平衡的支点，其有效性的关键之一是委托。委托主要有两种：听差式委托和管家式委托。听差式委托通常表现为“去做这个，去做那个，做完后告诉我”。管家式委托则将焦点放在结果而不是方法上。被委托者在方法上可以自行选择而只对结果负责。管理者在进行管家式委托时必须预先明确所求结果、指导方针、人力物力、责任归属、奖惩后果五个方面的内容，并予以支持。通过管家式委托，管理者可以向右移动平衡的支点而增加管理者的杠杆力量。

学会委托，培养和发挥了下属的应对能力，能够使他们主动帮助管理者应对处理第一、第三、第四方框中的活动，特别是第一方框中的活动。管理者缩小了第一方框的范围，就能够为第二方框的活动提供更多的时间，从而进入一个良性的循环。

2. 选择忽略

麦肯齐在《新时间管理法》中写道：虽然有些问题显得非常紧急，但是如果置之不理，它们就会自行消失，忽略这样一类问题有利于优先处理那些更重要的事情。选择忽略也意味着将一些活动相对合并，集中处理。“20/80 定律”也揭示了“重要的少数和不重要的多数”原理。选择忽略一些不重要的事项，能使管理者对第三方框紧急而不重要的活动做出有限反应，对第四方框的活动时间投入相应减少，从而为进行第二方框的活动赢得时间。

3. 学会说“不”

要成为一个有效的管理者，将首要的事放在首位并且保证得以持久贯彻，就必须学会对一些不重要的事说“不”，以及对自己或他人说“不”。学会说“不”将大大减少第三、第四方框的时间、精力的投入，为实施第二方框方法赢得时间。

三、自我诊断法

对众多的管理者来说，时间应该用在什么地方和时间实际消耗在什么地方往往不一样。正如麦肯齐所指出的：在各种管理者当中，只有 1% 的管理者感到时间够用。这就要求众多的管理者在懂得应该如何分配使用时间的基础上，对自己实际的时间消耗进行记录并分析诊断，从定性、定量两个角度来改善自己的时间管理。

（一）定性的自我诊断法

第一步，盘点分析我们在日常生活和工作中使用时间的类型。拓展阅读中的问卷提供了一个很好的分析框架，可帮助我们了解自己的时间使用风格或类型。

拓展阅读

时间使用类型问卷

这里列出了20个项目，每个项目有3种答案。你需要在实际采用的一种处理方式上打“√”。如你有其他的处理方式也可以写下来。

1. 星期日的早晨醒来时，你发现外面下雨了，而且天很暗，你将怎么办？

（1）你本来就喜欢早晨睡懒觉，一看今天休息，解除了上班的约束，天又在下雨，干脆躺着睡吧。你的第一个念头就是睡，不想起来，也不考虑其他事情。

（2）你本想立即起床，但你已养成了喜欢在床上多躺一会儿的习惯，于是在心中对自己说：再躺5分钟吧！

（3）你按照以往的生活规律，从容而有次序地穿衣起床。

2. 吃完早饭后，你还有一段自由时间，然后才去上班，你将怎样利用这段时间？

（1）你无所事事，没考虑安排什么，或是发呆、喝茶，或是玩玩手机，时间不知不觉地过去了。

（2）你准备安排干点什么但又无从做起，想做这个又想做那个。

（3）你按照预先写好的工作计划进行，充分利用这一段自由时间，并收到了较好的效果。

3. 上班后，面对纷繁复杂的工作，你将怎样开始？

（1）你持开放式的态度，来什么工作就干什么工作，事先无准备，也不用计划干到哪儿，没人找我就喝茶、玩手机。

（2）你尽自己最大的努力来安排并紧张地进行工作，但时时有人打断你的工作进程。因此，你经常抱怨时间不够用，一天忙得很。

（3）你首先把一天的工作按重要的程度、价值的大小、时间的紧迫进行冷静分析，排出一天工作的先后顺序，并能坚定不移地执行，排除任何人的干扰，哪怕只完成了前两件重要的工作。你感到每天都比较轻松。

4. 当你的工作忙得不可开交的时候，感到有些力不从心了，你将怎样处理？

（1）你开始有些泄气，认为自己能力有限，你开始“当一天和尚撞一天钟”了。

（2）你有干劲，有使不完的力气，但时间太少了，你仍不想辜负领导的信任，拼命地干，力求多干一些工作。

（3）你开始反思自己的工作时间分配是否得法，找出可以节约时间的方法，如把应由他人完成的工作委托给他人去做，从效率和效益的观点出发重新安排自己的时间。

5. 当你发现自己近来浪费时间的现象太多时，有何感受？

（1）你感到无所谓。

（2）你感到很痛心。

（3）你感到应当从现在起减少浪费时间。

6. 当一件工作摆在你的面前时，你将怎样处理？

（1）你采取推诿的态度来看待工作，没有时间限制就拖延。

（2）你立即着手进行这项工作。

（3）你分析这项工作是否必须自己去做，如自己做，将在何时完成，达到什么程度。你开始有了一个小计划。

7. 当发现工作时时被人打断时，你会怎么办？

（1）你听之任之，任凭其发展下去，来者不拒，海阔天空地漫谈，津津有味地闲聊。

（2）你抱怨他人浪费了自己的很多时间，让你什么工作也干不成，但你毫无办法改变这种状况。

（3）你开始采取措施，分析原因。若越级找你的人多，说明授权不够，下级职责不清。你开始规定严格的接待时间，或者采取“隔离”的措施和“绝缘”的方法。

8. 当你开会的时间太多，每天都有很多会议时，你如何处理？

（1）你每次会议必到，并全程参会。

（2）你对一些会议不感兴趣，并认为是一种负担，但自己出于礼貌不能直接拒绝，因此在会议中经常溜号。

（3）你以会议对组织和自己的目标是否有影响、是否有贡献为依据，决定是否参加会议，谢绝参加对组织和个人均无贡献的（纯应酬性质的）会议。

9. 当你外出旅行时，在旅途中，你会怎样打发时间？

（1）你同车上的人闲聊、打扑克或睡觉。

（2）你海阔天空地想，回忆往事或不知道干什么。

（3）你有计划地运用旅途中的时间思考一些问题，阅读一些书刊或构思一些文章等，总会有所收获。

10. 当工作或学习的效率不高时，你怎么办？

（1）发扬连续作战、拼命刻苦的精神，继续坚持工作或学习，有一股干劲。

（2）休息一下，活动活动，轻松轻松，以利再战。

（3）暂时停止工作和学习，转换一下大脑的兴奋中心，待效率最佳的时刻到来时，再高效率地学习和工作。你不以工作时间的长短为准绳，而是以效果大小为标准。

11. 在与人谈话时，对方已离题太远，你会怎么办？

（1）随声附和，继续说不必要的话，毫不控制，唠叨不休。

（2）你对对方的谈话毫无兴趣，经常溜号。

（3）你提醒对方，取得谈话的主动权。你也会说自己还有一个会（或有访客），请尽快结束谈话。你会询问对方有什么事需要自己办。

12. 当工作出现了失误或失败时，你会怎样处理？

（1）你不认为是自己的失误，再出现这种状况时，你还会这么做。

（2）你沉浸在痛苦的回忆中，总是叹息后悔。

（3）你总结了经验，着眼于未来，并心中暗暗下定决心，今后杜绝这种现象的发生。

13. 你如何阅读？

（1）无明确目的，见什么看什么，并常读出声来。

（2）你能一边阅读一边选择。

（3）你会有明确目的地阅读，运用快速阅读法加强自己的阅读能力，并能掌握阅读的技巧。

14. 你在主持开会时有人迟到了，你会如何处理？

（1）你感到无所谓，因为你自己开会就不遵守时间，八点开会九点到。

（2）你大发雷霆，开始训斥迟到的人：为什么不遵守时间，让大家等你一个人。

（3）你会在会后了解迟到的原因，告诫对方今后要按时到会，养成遵守时间的习惯，下不为例。

15. 当你要写一份总结报告，写的过程大约需要10个小时时，你怎样开始？

（1）制订一个写作计划，每天写2个小时，5天内写完。

（2）你立即开始动笔写总结报告，连续写10个小时。

（3）你用2～3天的时间进行思考，列出写作提纲，然后连续写下去，一气呵成。

16. 在做报告或讲课时发现听讲的人睡觉、不注意听或互相说话的声音很大，你会怎么办？

（1）你好像没看见一样，继续进行“精彩”的长篇演说。

（2）你大为恼火：为什么不注意听我讲话？你大声地训斥说话或睡觉的人，直到整顿好会场的纪律，再继续报告。

（3）你开始意识到自己的讲话不受欢迎，大家对它不感兴趣，自己讲了很多不必要的话。你立即采取措施，一是结合实际，讲大家感兴趣的问题；二是赶快结束讲话，因为再多讲一分钟，就多浪费大家一分钟的时间。

17. 你有一件工作（如编写年度计划）需要布置下去，你会采取什么办法？

（1）召开一个会议，通知主管人员参加。

（2）下发一个文件进行通知。

（3）电话通知主管人员（或召开电话会议）。

18. 每天晚上（或早晨），你将如何安排第二天的工作时间？

（1）不考虑，对时间支出无定量安排。

（2）心中和口头安排第二天的工作顺序和所用的时间。

（3）书面写出第二天的时间安排计划（先安排最重要和紧迫的工作）。

19. 你喜欢什么样的生活？

（1）你喜欢按部就班、平静如水的生活。

（2）你喜欢匆匆忙忙、精神紧张的生活。

（3）你喜欢轻松愉快、节奏明显的生活。

20. 你的手表经常处于什么状态？

（1）常常慢。

（2）比较准确。

（3）经常比标准时间快一些。

第二步，对诊断结果进行计算。一般采取评分的办法，对诊断后的结果进行定性分析。试按照选（1）（2）（3）分别得1、3、5分计算结果。60分以下者，为放任型时间管理（失败型）；60～80分者，为自发型时间管理（一般型）；80～100分者，为自觉管理型时间管理（成功型）。

第三步，我们在诊断出自己的时间管理的类型后，就要针对自己得分低的项目进行有意识的改进，有意识、有目的地改进处理问题的方式，从而使时间管理实现由放任管理到自发管理再到自觉管理的逐步提高，最大限度地提高时间的利用率和有效性。

（二）定量的自我诊断法

定量的自我诊断法就是进行工作时间记录，根据工作时间记录对自己时间的实际消耗做出分析、评估，诊断出自己浪费时间的因素，进而能够有针对性地学习消除浪费时间因素的方法，改善自己的时间管理。德鲁克大力主张通过记录时间、分析时间、安排时间来管理自己，并认为这是有效时间管理的基础。然而，有效的工作时间记录的方式各有千秋。这里介绍麦肯齐设计的每日工作时间记录范例。

麦肯齐认为，每日工作时间记录要做到：

1. 列举当天要完成的目标或者最重要的任务

根据第二方框方法列出每日目标。目标尽可能以达到什么结果而不是以进行什么活动的形式来表达。例如，“使销售计划获得一致同意”而不是“召开销售会议”。在确定目标时应遵循四条标准：可测性（能够知道是否达到了目标），可达性（目标是可以完成的），需求性（确保完成目标的意义），变通性（以备遇到难以控制的情况）。列出的目标忌不切实际或无进取性。在每日目标确定之后，为每个目标设定完成时限，并记录，以便对照分析。

2. 每15分钟记录一次所进行的各项活动

应该在从事某项活动的“当时”记录，记录必须详细，不能省略细节。不能依赖记忆，事后或全天结束后再记，这样做可能陷于“寻找各种被打扰的原因”，以致最后可能会失去时间记录的真实性和精确性，有损于工作时间记录的预期目的。

3. 确定每项活动的优先顺序

正如前面提到的，在实际的一天生活中，不仅有实现目标的活动，也有突如其来的活动，面对这些交织在一起的活动，就必须确立各项活动的优先顺序。建议根据第四代时间管理方法进行排序：1= 重要而不紧急的活动；2= 重要且紧急的活动；3= 紧急而不重要的活动；4= 不重要也不紧急的活动。

4. 评价各项活动

评价主要是指针对各项活动的时间使用进行得失分析。然后根据评价结果确定出时间使用上的改善途径或方法，如委托授权、选择忽略，或说“不”。评价最好在活动结束后立即进行。

（三）浪费时间因素的分析与消除

进行自我诊断的目的就在于通过定性、定量的方法来发现时间的计划消耗与实际消耗之间的差异，分析差异存在的原因，找出浪费时间的原因。在找到原因后，必须努力对原因进行分析，并找出解决办法。将各项解决办法按其重要性排列优先顺序，会有助于增加采取某些改进措施的可能性。浪费时间的原因包括“内部的”和“外部的”，“内部的”是指由管理者自身产生的原因，而“外部的”是指由他人或周围环境产生的原因。

麦肯齐在《新时间管理法》一书中列举了有关导致时间浪费现象的具体因素。他发现：不同国家、不同组织、不同层次的管理者在时间浪费的因素上具有明显的相似之处。最常见的五种导致时间浪费的因素依次为：① 电话打扰；② 突然造访者；③ 会议（未预定的和预定的）；④ 突如其来的危机；⑤ 缺少目标、优先次序和最后时限。表 9–2 中列举了因“电话打扰”所致时间浪费的具体原因，同时针对这些原因给出了具体的解决方法。

表 9–2 因“电话打扰”所致时间浪费的原因分析及解决方法

原因		解决方法
内部的	1. 不了解严重性	做电话时间记录。对电话来源、内容和原因做出评估
	2. 处理电话无计划	制订阻挡、委派、合并的计划
	3. 喜欢社交	在其他场合进行社交，严守工作的优先次序
	4. 自负	客观地看待自己，不要过高估计我们对他人的作用
	5. 很想接电话	把为工作和为社交而打的电话加以区别
	6. 没有躲避电话的计划	闭门谢客，秘书阻挡，固定时间打电话
	7. 想保持消息灵通	认识到下属想要使上级及时了解他们正在做的每一件事
	8. 对细节感兴趣	认清卷入细节的危险，从例行公事和细节中解脱出来
	9. 安装和使用自用电话	授权
	10. 缺乏授权	更多地授权，询问相关事件的直接负责人
	11. 未列出讨论项目	自己来组织，做出通话计划，列出讨论要点
	12. 下属依赖性太强	拒绝替他们做出决策，鼓励创新精神，允许犯错误

续表

原　因		解决方法
内部的	13. 事实不完备	事先准备
	14. 唯恐冒犯他人	不要过于敏感，集中精力于优先安排的工作
	15. 缺乏自我约束	制订计划，实施，监督进度，给秘书或助手指定监督责任
	16. 无法结束谈话	学会并使用以下谈话技巧： ——预先限制谈话时间（“是的，我只能谈几分钟。”） ——暗示谈话结束（“某某，在我们挂上电话之前……”） ——直告对方（“对不起，某某，现在我必须要挂电话了。”）
	17. 不切实际的时间预算	请秘书提醒或在电话前放置 3 分钟计时器，记录时间
	18. 缺乏管理自己秘书的能力	自我学习提高，训练秘书或调换经验丰富的秘书
外部的	19. 阻挡电话无效	分析问题，制订阻挡计划，与同事讨论、沟通以避免冒犯，与秘书讨论以增进其理解和信心，支持秘书实行计划
	20. 没有秘书	根据需要配备秘书，培养助手承担部分工作
	21. 打错的电话	给相关人员配备电话号码簿
	22. 职责不清	澄清职责
	23. “详尽答复”政策	认识到这是对时间和才能的浪费，修改或取消这个政策
	24. 落后的电话系统	改进使之符合要求

时间浪费的原因是多方面的，表 9–3 按管理职能划分列举了管理者最常见的时间浪费原因。当管理者了解到自己浪费时间的原因之后，就能很快确定它们是否集中在某个或某些管理职能上，这有助于管理者在后续工作中进行有针对性的改进。

表 9–3　常见的导致时间浪费的原因

管理职能	常见的导致时间浪费的原因
决策	① 仓促决策；② 优柔寡断或拖延；③ 要求得到所有事实；④ 由委员会决策
计划	① 试图完成过多的工作或不切实际的时间预算；② 自己不确定最后时限；③ 危机型管理；④ 搁置未完成的任务；⑤ 经常变换优先次序；⑥ 没有目标、优先次序或每日计划
组织	① 多头领导；② 混淆职责与职权；③ 重复劳动；④ 个人做事混乱或办公桌上杂乱无章
人力	① 职员对工作感到困惑；② 人员配备不足或过多；③ 人员未经训练或不胜任
指挥	① 没有应变措施；② 不能驾驭争执；③ 不能协调合作；④ 缺乏激励；⑤ 无效的授权；⑥ 陷入日常事务；⑦ 凡事都要插手

续表

管理职能	常见的导致时间浪费的原因
控制	① 电话干扰；② 突然造访者；③ 信息资料不全面；④ 没有标准或进度报告；⑤ 缺乏自我约束；⑥ 过度控制；⑦ 错误或无效的行为；⑧ 宽恕不称职的行为；⑨ 不善拒绝
信息	① 频繁的会议；② 不足或过多的信息联系；③ 不倾听意见；④ 为了社交

四、环境信息法

环境信息法要求用形象鲜明的格言和警句，造成一种具有强烈的时间观念的外部环境，使人们处于持续的兴奋状态，逐步增强时间观念，从而培养进行有效的时间管理的行为习惯。

个人或组织如何营造一个时间观念强的环境呢？方式是多种多样的，关键是采用多种方式使人们能随时接触到有关时间管理的信息，时刻提醒自己，以刺激和增强人们对时间观念的高度注意。例如，美国著名作家伦敦（J. London），在他的房间的床头、衣架、镜子等地方贴着一串串的小纸条，每张纸条上都写着各种美妙的语句、节约时间的警句和生动的比喻，以便在睡觉、穿衣、洗漱时都能看到，随时提醒自己。

五、科学运筹法

科学运筹法是一种统筹兼顾、科学安排的组织计划或时间计划方法，它的中心内容是通过时间事件网络分析，明确各项工作在时间上的相互关系，厘清关键事件和关键路线，根据主次缓急，加以科学统筹安排，以便有效地对工作进程加以控制和掌握，最有效地实现目标。

科学运筹法是一种不断发展的方法，经历了从 20 世纪初甘特（H. L. Gantt）提出的图表系统法（即“甘特图”，如图 9–4 所示）到分项预算编制，再到计划评审法的过程。科学运筹法常被应用于一些复杂的大项目的计划控制，如国防、航天、建筑等。同时，其原理也可以应用于日常生活、工作、学习。

从图 9–4 可以看到，面对一项大的复杂工程或项目，首先，必须对其进行细分，分成任务 A、B、C、D、E 等，每项任务又可以分成 1、2、3、4、5 等分项目，明确并画出各分项目之间的网络关系。其次，对每项任务、每个分项目进行时间估计。时间估计需要考虑多种情况，一般有三种估计值：“乐观的”时间，是指如果在诸事都顺利进行的情况下所需的时间估计值；“最可能需要的”时间，是指完成任务所需要的时间估计值；“悲观的”时间，即假设在合乎情理地碰到运气不好（并不是重大灾难）的情况下所需的时间估计值。对三种估计值再进行不等重加权即得到对每个分项目进行时间估计的预算。最后，找出其中的关键事件和关键路线，并对此进行统筹安排组织，重点控制，确保总计划按进度完成。

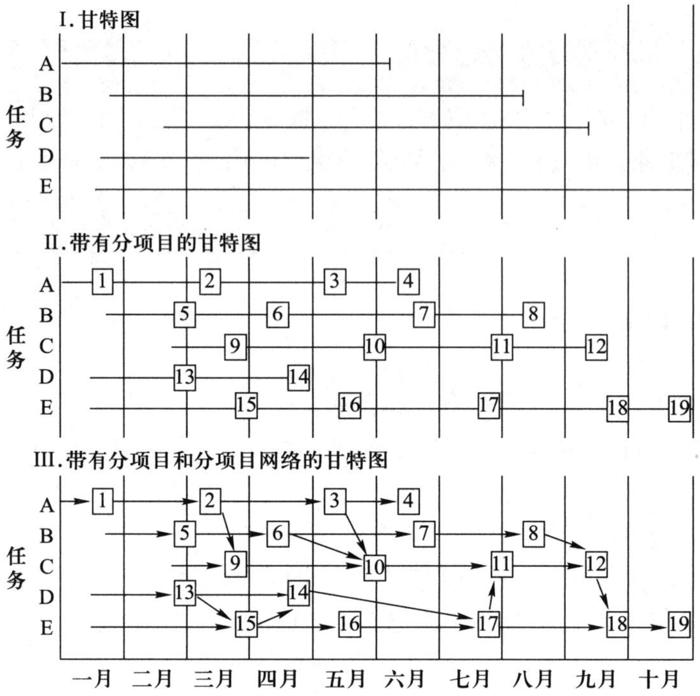

图 9-4 甘特图

六、SHED 法

摩根斯坦恩（J. Morgenstern）在《如何高效管理你的时间和空间——“舍”与“得”的生活智慧书》① 中介绍了 SHED 法来打造简约生活。英文单词 shed 的词义是剥落、去除、摆脱等，发音有点类似“舍得”。该书借用 SHED 指一种放弃代表过去的东西而获得成长和前行的转变过程。SHED 可以分为四个步骤：

S，分离财富（separate the treasure）。放慢脚步，体味对财富的情感寄托，然后找出那些能为我们注入活力的物品和责任，那些对于人生新篇章具有价值的东西。明确：什么是我们真正值得拥有的人生财富？

H，舍弃杂物（heave the trash）。锁定有保留价值的事物，彻底放弃代表过去且与如今不相干的杂物。扔掉各种损耗精力的杂物，给自己来一次时间和精力的释放。明确：什么是让我们沉重不堪的生活杂物？

E，拥抱真我（embrace your identity）。抛开身外之物认识自我，倾听内心，发掘最纯粹、最真实的自我。明确：抛开身外之物，我们究竟是谁？

D，勇往直前（drive yourself forward）。根据确定的未来主题开始填充我们的时间和空间。明确：人生的终极目的地在何方？

---

① 摩根斯坦恩．如何高效管理你的时间和空间：“舍”与“得”的生活智慧书［M］．陈燕茹，译．重庆：重庆出版社，2010．

这四个步骤能指引我们积极应对变化，顺利过渡，最终走出迷茫和困惑。只有通过放弃那些失效的、无关的、沉重的物品和责任，放弃那些我们为之所累的事物，才能释放空间从而发现下一个目标，积蓄前行的力量和勇气。SHED法可以使我们理解和割舍对有形领域（如空间表和时间表）的难解情结，从而卸下无形的重负（如不健康的观念、想法和行为）。

SHED法创造性地提出时间、空间、习惯的三维工作生活管理法，一旦我们确立了“时间”“空间”“习惯”这三个坐标点，工作就井然有序，生活就轻松精彩。SHED法告诉我们要“舍得”，只有学会舍弃，才能腾出时空，才能积聚力量，才能活得自在。

七、猴子管理法

前面介绍的时间管理法侧重从个体的角度去展开，而在组织管理过程中，上下级之间、部门之间互相影响，管理者常常忙得不可开交，他们如何来管理自己的时间呢？

《哈佛商业评论》在1974年第11、12月期上刊载了安肯（W. Oncken, Jr.）和沃斯（D. L. Wass）的《管理时间：谁背上了猴子？》一文。该文用“背上的猴子”来比喻“受下属制约的时间”，认为管理者要做好时间管理，关键是要管好“背上的猴子”，处理好下属递交的“问题”，避免被这些问题占据大部分的时间。安肯和沃斯主张，管理者在管理好“背上的猴子”的同时，还要与下属建立信任，培养和授权下属，“赢得时间”以喂养好自己的“大猩猩”，实现自己最重要的使命和目标。

为了避免“猴子最后出现在经理的背上”，安肯和沃斯就管理者对下属的管理提出了如下几个规则：

① 不要主动去解决下属的问题。下属有问题找管理者沟通时需提前预约，而不是在走廊里遇到就可以直接谈话。

② 尽快让一个问题得到解决或是直接消灭它，不要让它耽搁下去使得事态发酵，这样会浪费更多的时间。

③ 给自己设定一个时间，努力在这个时间范围内向下属提供帮助。

④ 和下属应进行面对面沟通或电话沟通，绝不能通过电子邮件。面对面沟通或电话沟通虽然有些花费时间，但是有相互的信息反馈。通过邮件，管理者通常很难获得这种反馈，最终为了方便，还是会直接给出解决方案，下属就很容易认为自己搞不定的事情总有上级兜底。

⑤ 清楚工作任务的责任划分后，管理者就应要求下属在确定的时间节点前给出相应的推进结果——即下属要在规定的时间内，通过自己的努力来推动任务的开展或解决问题，而不是依靠他人的帮助。

该文已成为时间管理的经典文章，这在一定程度说明，“猴子管理法”深得管理者的认同和喜欢，有助于管理者做好时间管理，帮助他们更有效地利用时间，并获取成功。

案例学习：

案例名称:《基于时间的企业自主创新管理：以海尔为例》。

案例来源：王雄．基于时间的企业自主创新管理：以海尔为例［J］．湖南商学院学报，2013，20（2）：49-52.

案例思考题：

1．何为基于时间的自主创新？

2．在海尔公司的例子中，时间在自主创新中的作用如何？

3．海尔公司基于时间的企业自主创新管理，对我们有何启示？

本章小结

时间是物质运动的顺序性、间隔性和持续性，是物质运动过程的顺序更替和前后联系的表现，具有矢量一维性、不可储存性、公平均等性。

加强时间管理将对个人、组织和社会的进步起到积极的作用。开展时间管理的调查研究、教育培训有助于我国的企事业单位及其管理者提高绩效。时间管理主要遵循积极能动原则、贡献目标原则、计划控制原则、实践发展原则。

时间管理方法的发展大致经历了四代，每一代时间管理方法都推动我们更成功地管理我们的生活。第四代时间管理方法以第二方框方法为主要代表，发展出自我诊断法、环境信息法、科学运筹法、SHED 法、猴子管理法等时间管理方法。管理者可以以周为单位，通过认同角色、选择目标、安排日程和每日调整四个步骤来实施第二方框方法。

我们可以通过定性和定量两个角度对自己时间管理的效能做出诊断，找出自己浪费时间的因素和环节，并分析其产生的原因，努力改善和提高时间管理水平，这是时间管理的自我诊断法。环境信息法对增强时间观念有重要价值。科学运筹法对制订时间计划有重要价值。SHED 法可以分为四个步骤：分离财富，舍弃杂物，拥抱真我，勇往直前。猴子管理法认为，管理者要做好时间管理，关键是要管好“背上的猴子”，避免被下属递交的问题占据大部分的时间。管理者在管理好“背上的猴子”的同时，还要与下属建立信任，培养和授权下属，“赢得时间”以喂养好自己的“大猩猩”，实现自己最重要的使命和目标。

思考与练习

1．如何理解时间与管理密切相关、互为条件？

2．时间管理的原则有哪些？

3．结合实践，谈谈如何诊断时间管理的效能并优化时间管理的方法。

4．结合自己的观察，就你所在的组织在时间管理上存在的问题、原因和解决方法与同伴展开讨论。

本章参考文献

课外拓展

1. 米尔顿，箫笙．电子邮件的管理　企业如何管理电子邮件并使其成为一种用以节约时间、降低成本的项目管理工具［J］．中国质量，2012（5）：63-66.

2. 陈涛．时间成本管理：企业提效的倍增器［N］．财会信报，2015-06-15（B7）.

3. 姜妍．现代企业的时间管理研究［J］．中国管理信息化，2019，22（1）：125-126.

4. 曲军．日本企业的时间管理［J］．企业管理，2020（2）：23.

第十章

信息管理心理

学习目标

- 了解信息在管理中的作用
- 熟悉信息沟通的过程
- 掌握信息沟通的类型与个体差异
- 尝试克服信息沟通中的障碍
- 充分认识决策的心理过程
- 掌握小型互动式会议的组织流程

知识导图

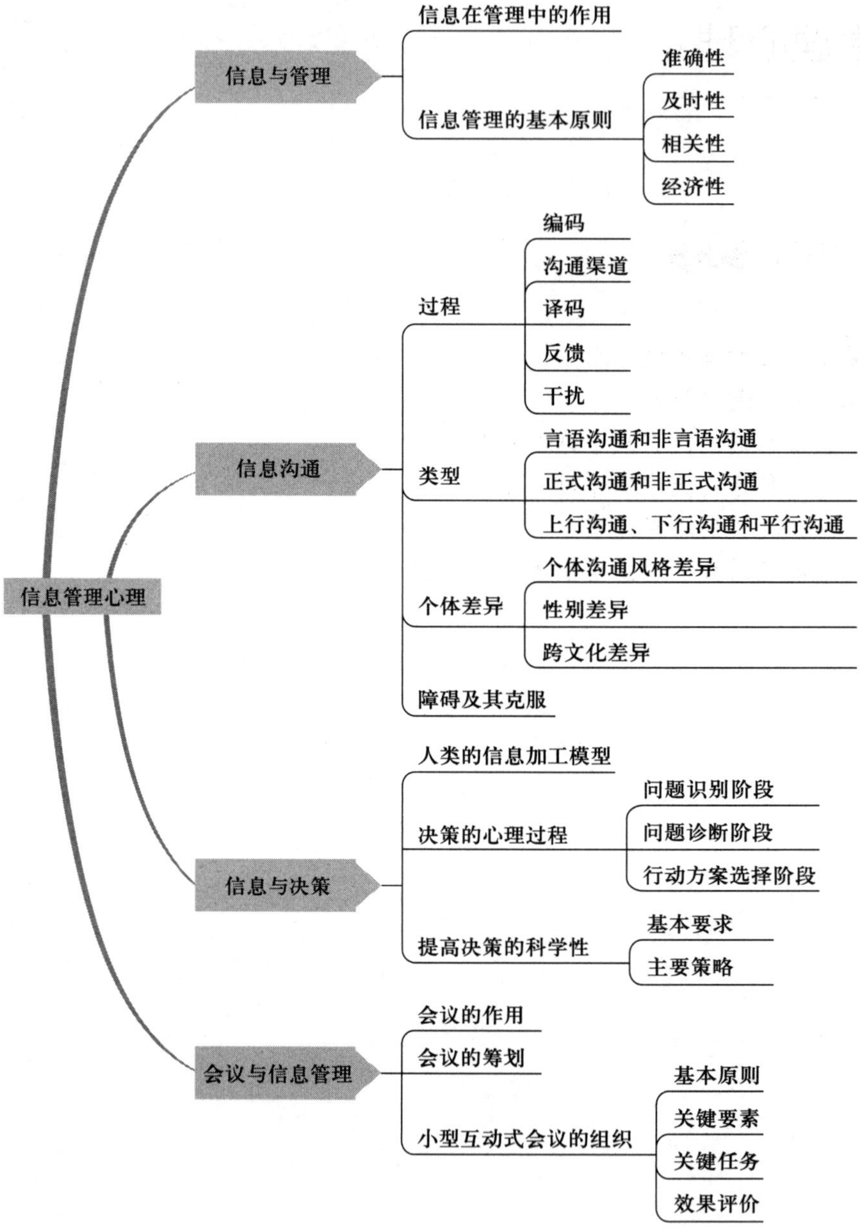
信息管理心理
信息与管理
信息在管理中的作用
信息管理的基本原则
准确性
及时性
相关性
经济性
信息沟通
过程
编码
沟通渠道
译码
反馈
干扰
类型
言语沟通和非言语沟通
正式沟通和非正式沟通
上行沟通、下行沟通和平行沟通
个体差异
个体沟通风格差异
性别差异
跨文化差异
障碍及其克服
信息与决策
人类的信息加工模型
决策的心理过程
问题识别阶段
问题诊断阶段
行动方案选择阶段
提高决策的科学性
基本要求
主要策略
会议与信息管理
会议的作用
会议的筹划
小型互动式会议的组织
基本原则
关键要素
关键任务
效果评价

章前引例 >>>

公主的月亮①

公主病了，她娇憨地告诉国王，如果她能拥有月亮，病就会好。国王立刻召集全国的聪明智士，要求他们想办法拿到月亮。

大臣说："月亮远在三万五千里外，比公主的房间还大，而且是由融化的铜所做成的。"

魔法师说："月亮有十五万里远，是用绿奶酪做的，而且是皇宫的两倍大小。"

数学家说："月亮远在三万里外，又圆又平像个钱币，有半个王国大，还在天上，不可能有人能拿到它。"

国王又烦又气，只好叫宫廷小丑来弹琴给他解闷。小丑问明一切后，得到了一个结论：如果这些有学问的人说的都对，那么月亮的大小一定和每个人想的一样大一样远。所以当务之急便是要弄清楚公主心中的月亮到底有多大多远。

于是，小丑来探望公主，并问公主："月亮有多大？""大概比我拇指的指甲小一点吧！因为我只要把拇指的指甲对着月亮就可以把它遮住了。"公主说。"那么，有多远呢？""不会比窗外的那棵树高！因为有时候它会卡在树梢上。""用什么做的呢？""当然是金子！"公主斩钉截铁地回答道。

比拇指指甲还要小，比树还要矮，用金子做的月亮当然容易拿啦！小丑立刻找金匠做了个小月亮穿上金链子，给公主当项链。公主高兴极了，第二天病就好了。

思考题：

（1）从这个寓言故事中，你得到了怎样的启示？

（2）有效的信息沟通有什么样的作用？

分析要点

① 瑟伯．公主的月亮［M］．西蒙特，绘．邢培健，译．2 版．海口：南海出版公司，2011.

微课导学

信息是系统的灵魂，因为信息反映了系统和要素运动的状态与特征。组织和所有要素的正常运行都需要依赖要素与要素、要素与系统、要素与环境之间的信息交换。在人力资源管理中，信息交换的过程就是沟通的过程。只有通过沟通获取到足够多的信息，个体、群体或组织才能做出科学的决策。一般而言，科学决策系统由信息系统、智囊系统、决策系统和反馈系统组成。其中，信息系统是最基本的环节。对决策涉及的信息掌握得越具体、越充分，就越有助于做出正确的决策。此外，相对于组织而言，信息系统无疑就是一个子系统，子系统的有效运行会促进组织的运行，这依赖对信息系统的有效管理。鉴于在信息管理中，沟通是重要环节，为此，本章将着重介绍信息沟通、信息与决策等方面的内容，同时还将介绍会议这一常见、高效的信息沟通渠道。

第一节　信息与管理

在当今世界，信息化的浪潮一浪高过一浪，以信息革命为主要标志的人类社会的发展进入了一个新的信息时代。从工业经济到信息经济，从工业社会到信息社会，在这个动态的演进过程中，信息化逐步上升成为推动世界经济和社会全面发展的关键因素，成为人类进步的标志。

一、信息在管理中的作用

我国古代兵家的“知彼知己”观点，可以说是最早的信息管理的思想。《孙子兵法·谋攻》写道：“知彼知己者，百战不殆；不知彼而知己，一胜一负；不知彼，不知己，每战必殆。”即了解敌我双方的情况是战争胜利的关键，只有掌握环境、时机各方面的信息，才能真正地把握战争的主动权，赢得胜利。在现代组织中，信息的沟通与利用越来越发挥出巨大的功能与效用。目标管理中如果缺少了信息，就会产生出不切实际的目标，结果导致失败；人力资源管理中如果没有信息，就无法对人进行全面的了解，无法挖掘人的潜能，也不能做到人尽其才。从我国古代对信息的重视到现代组织中的信息利用，我们都可以看出信息在管理中起着很重要的作用。

信息是一种战略资源，虽不是唯一的资源，却是重要资源之一，管理的过程是通过信息流实现的。从本质上说，管理就是通过信息来协调系统内部环境、外部环境与系统目标的关系，从而放大系统的功能，提高生产力。

管理的水平、效果与信息的质量、利用程度息息相关，没有信息的参与就无所谓管理。我们知道，管理的五大主要职能是决策、计划、组织、控制和协调，每一项管理职能都要有信息来支撑。近年来，信息技术和通信技术不断发展，从个人电脑、互联网到移动互联网，从物联网到智慧地球，从智能终端到云计划，信息技术已经成为工商、教育、卫生、文化、政务等高效运营和取得成功的基础，数字化生存已经从预测慢慢变成现实。电子商务、在线教育、远程医疗、在线娱乐等正在如火如荼地发展，改变着人类的生活和社会的管理。信息技术和数字革命促进了组织的转型，为数字化组织的出现创造了条件。

数字化组织与顾客、供应商、员工等之间的所有商业关系几乎都可以实现数字化或借助数字化。核心组织过程可以通过遍及整个组织或连接多个组织的数字化网络来实现。关键组织资产（知识资产、核心竞争力、财务和人力资产）通过数字化进行管理。在数字化组织中，任何支持关键组织决策的信息在任何时间、任何地点均可得到。数字化组织在感知和响应它们的环境方面比传统企业快得多，它们足够灵活，所以能在多变的环境中发展，在动荡时期中存活。

组织管理的数字化，都是建构在一个高效运行的信息管理系统基础之上的。按流程来划分，信息管理系统一般可以分为上游系统、本地系统、下游系统：上游系统是供应链管理系统，本地系统是组织资源计划系统，下游系统是客户关系管理系统。按组织内部职能来划分，信息管理系统一般包括市场信息（子）系统、生产信息（子）系统、人力资源信息（子）系统、财务信息（子）系统等。按管理层级来划分，信息管理系统一般包括高层战略、中层管理、基层操作等层面的信息系统。

综上所述，信息对组织管理有着不可替代的重要作用。做好信息管理，是做好组织管理不可或缺的一部分。

二、信息管理的基本原则

进行信息管理时，组织需遵循以下几个基本原则。

（一）准确性

准确是信息的生命，只有准确的信息才能保证分析和判断的正确性，如果信息失真，将会造成错误的判断，甚至会导致错误的决策。因此，信息管理的第一步就是要确定输入信息的准确程度，应该确保输入的信息准确无误。为了保证信息的准确性，组织就要树立实事求是的科学态度，进行踏实认真的调查工作，以高度的责任心来进行信息沟通。对输入的信息，也应经过一定的加工程序，使之去伪存真，准确地反映出客观事物、活动的变化和特征。信息的加工过程需要投入人的智力、观点、技能等，这就有可能使原来输入的信息发生变化，甚至有可能降低原有的准确性，对此应有充分清醒的认识。

（二）及时性

客观事物总是不断变化，在任何一个阶段，事物变化都会产生信息，信息具有十分强烈的时效性，因此信息管理要有明确的时间概念。及时准确地收集和加工处理信息，是提高管理效率的基础，而信息的收集与加工处理都需要时间，因而不可避免地产生时间延迟。也就是说，信息流相对于物流具有滞后性，滞后时间越短，管理效率就可能越高；而当滞后时间超过一定的限度后，组织所掌握的信息就不能反映现实的运动状态，也就不能继续作为决策的依据。用计算机辅助组织管理，建立起组织的管理信息系统，会减少信息流的滞后现象，管理者能够迅速准确地获得管理所需的全面信息，准确把握生产经营活动的动态变化，为适时管理提供可能。

（三）相关性

大千世界，我们生活在充满信息的社会中，信息联结着寰宇中的万物。任何信息管理都不可能对新出现的所有信息进行处理与加工，信息管理系统要根据不同部门的需要提供不同的有效信息，而不要让无用的信息淹没真正有用的信息。因此，信息管理部门在收集信息时就应该有明确的目的，先要考虑信息有没有作用，有多大作用。在加工处理信息时，信息管理部门要有目的地保留一些有关的信息，尽量压缩多余的信息。这样，通过信息管理部门收集、加工、传递出来的信息就能在很大程度上符合实际管理的需要，节约大量的人力、物力和时间，使信息管理发挥出最大的效用。

（四）经济性

信息管理也要关注经济效益，即应该研究信息的价值与费用之间的关系。获取信息当然会产生费用，但应尽量减少这种费用，管理者应该在确保决策需要的前提下，以最少的费用获取最大的信息价值。当然，在信息管理的实际工作中，还存在着许多问题，如有些组织采用先进的信息处理手段，可以收集和储存许多信息，但其利用率却不高，所花代价又过大，就会形成人力和财力的浪费。所以，信息管理部门必须考虑信息处理的成本与效益的问题，可以采取一些有效的办法来改善情况，如成立信息库或信息管理中心，提高设备利用率，降低管理费用。

在这些基本原则的基础上，有些管理学家还提出了信息管理的几项要点：一是信息收集制度化，即应使收集者明确信息收集的时间、质量和数量，保证重要信息的收集不出现遗漏；二是信息形式标准化，即信息的表述形式要有统一的标准；三是信息传递规范化，即应该对信息传递的方式、途径、方向、路线等有明确的规定，以避免信息传递中的拥挤、排队和阻塞现象；四是信息内容系统化，即把收集的零乱分散、规格不一的信息在加工时进行统一整理，将其共同纳入一个系统；五是信息储存档案化，即随着信息的不断增加，为了便于今后的信息检索，就必须建立信息档案。

第二节 信息沟通

未来的组织竞争将是管理的竞争，竞争的焦点就在于每个组织内部成员之间及其与外部组织之间的有效交流。在现代信息社会，信息沟通成为管理的本质与核心之一。

一、信息沟通的过程

信息沟通是一个过程，这一过程包含信息发送者、信息沟通渠道和信息接收者等要素。在沟通过程中，个人、群体或组织会将某种信息传递给另一个人、群体或组织。图10-1反映了信息沟通的整个过程，整个过程包含如下几个要素或关键环节：

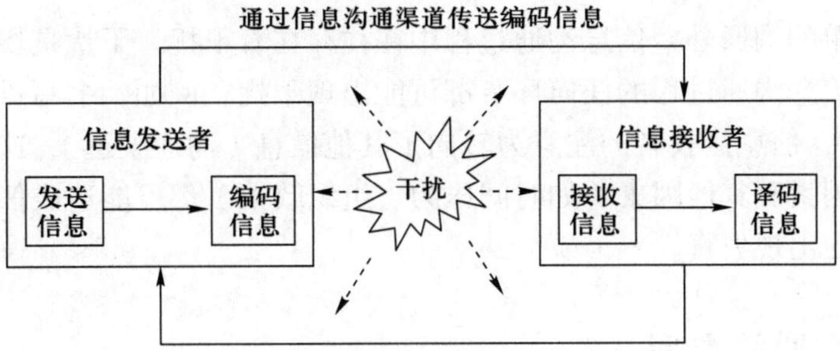

图 10-1　信息沟通的过程 ①

（一）编码

信息沟通的双方可以是个人、群体，也可以是整个组织。信息发送者的任务是将其观点转变成一种可以传递的能够为信息接收者所理解的形式。编码是将想法转化成信息接收者所能理解的书面或口头形式的过程。例如，在写信或与人交谈时，对措辞的推敲实际上就是我们进行信息编码的过程。编码对沟通的畅通格外重要。

（二）沟通渠道

已经编码的信息会通过一条或多条沟通渠道到达信息接收者手里。沟通渠道包括电话线、广播、电视信号、光纤、电缆、邮路等。图片、文字等可视信息，可以通过信使、航运快递服务和电子方式进行传递；口头信息则可以通过电话、广播、电视或面对面的沟通进行传递。

（三）译码

信息接收者一旦收到信息，译码的过程就随即开始。译码就是将这些信息还原为信息发送者想要表达的意思，包括领会口头语言、理解书面语言、解释面部表情等。如果信息接收者准确破译了这些信息，他就能理解信息发送者所想表达的意思。

---

① GREENBERG J，BARON R A.Behavior in organization［M］. 7th ed. New York：Prentice Hall，2000：293.

（四）反馈

信息被译码后，信息接收者在此基础上回应信息发送者，向他传递新的信息，这就是反馈。接到反馈可使信息发送者判断其发送的信息是否已被真正理解。反馈使信息接收者确定信息发送者是否真正关注他的意见，从而开始新一轮的信息传递。

（五）干扰

除了特别简单的沟通外，信息沟通过程中往往存在着干扰。干扰是指影响信息清晰度的各种因素。在信息沟通过程的任何环节都可能出现干扰。例如，书写过于潦草（编码），无法理解（译码），信息接收者的注意力转向了其他信息（沟通渠道），这些都可能降低沟通的效果。干扰因素和其他因素（如时间压力、组织政策）都可能造成信息在从一方传递到另一方的过程中出现失真。

二、信息沟通的类型

信息沟通可分为言语沟通和非言语沟通，正式沟通和非正式沟通。在组织系统中，信息沟通分为上行沟通、下行沟通和平行沟通。

（一）言语沟通和非言语沟通

言语沟通是通过语言来传达和接受观点的过程。与同事面对面的交谈、与供应商的交涉、回复上级的电子邮件、查阅公司网站，都属于言语沟通的范畴。我们可以通过语言进行沟通，也可以不通过语言来传递信息，即进行非言语沟通。在组织的运作中，言语沟通和非言语沟通都占有一席之地，发挥着自己的作用。

1. 言语沟通

言语沟通包括口头交流和书面交流两种。口头交流包括面对面的谈话、电话交谈等。面对面的谈话能提供大量的信息，极具个人特点，而且提供了即时反馈的可能性。

最常见的书面交流是邮件往来。此外，员工手册也是有效的书面交流形式。员工手册是一份介绍组织基本信息的文件，通常包括组织背景、行业性质、组织规章的概要。员工手册的功能主要体现在解释组织政策、阐明组织目标和表达组织理念等方面。

一般来说，沟通时使用多条渠道较为有效。口头交流可以引起人们当前的注意，进行即时的双向沟通；书面交流则使人们对信息的保持更为持久。当信息含糊不清时，电话交谈、面对面的会议等方式就要比留便条、写备忘录更有效。在信息清晰明了的情况下，书面交流的效率更高。

2. 非言语沟通

除了言语沟通，我们日常得到的许多信息来自非言语沟通。手势、体态、身体距离、眼神交流都体现出人与人关系的远近亲疏。与此同时，非言语沟通还存在着地域与国家的差别。

非言语沟通可以提供给我们很多不同的信息。在组织中，一般来说，非言语沟通线索主要有三个方面：着装方式与风格、时间的使用方式和空间的利用方式。

（1）着装方式与风格

衣着是一种无声的语言。在开口说话前，我们的服饰就已经在向他人传达自己的种种信息。着装得体虽不能弥补工作上的缺陷，但向他人表示出了尊重和态度。在不同的行业中或者在同一组织的不同岗位上，不同的着装方式往往表现出其地位的差异。

（2）时间的使用方式

组织中非言语沟通的一个重要沟通线索是对时间的使用。在众多不同的组织中，地位高的个体往往通过使他人等待来表现自己的时间比他人的更有价值。一般来说，等待见某人的时间越长，被等的人在组织中的地位越高。

（3）空间的利用方式

空间的利用作为非言语沟通的又一个重要沟通线索可以说明很多问题。一个人在组织中的地位可通过他所占用的空间来体现。通常，一个人拥有的空间越大，他在一个组织中的权力也越大。

空间不仅体现着我们在组织中的地位，空间的分配方式也体现了这一点。一般来说，组织中职位高、资历深的人喜欢通过桌椅的摆放将自己与造访者分隔开来。办公室的布置和座位的不同也反映了各个职位的不同。

空间的使用在群体交往中具有象征意义。举行会议时，坐在桌首的人通常是群体的领袖人物。有关研究表明，那些崭露头角成为领袖人物的人常常是那些碰巧坐在上座的人。显而易见，一个人在沟通中坐的位置对其在沟通中发挥的影响力起着非常重要的作用。坐在上座可以清楚地观察到所有的人，并为别人所看清楚。因此，领导者倾向于坐在上座。组织同样也通过对空间的使用来展现其自身的价值和重要性。

言语沟通和非言语沟通都是重要的信息来源，在实际运用中，它们共同发挥作用，并相互补充。

（二）正式沟通和非正式沟通

正式沟通是组织内规章制度所规定的沟通方式。非正式沟通是通过非正式渠道进行的沟通。正式沟通和非正式沟通在组织中的运用都很广泛。

1. 正式沟通

正式沟通的基本过程在不同的情境中大同小异。组织的结构会深刻影响信息沟通过程。组织结构是一个组织中正式规定的各部门间的关系模型，往往决定着谁将与谁沟通，以及谁不与谁沟通。组织结构可以通过组织的正式沟通网络来展现，如图 10–2 所示。

图 10–2 中的每一个方框都代表了从事某一特定工作的人，整张图表现了彼此之间规定了的、相对稳定的、正式的沟通渠道。每一个成员都对某一工作的开展负责，所以一旦组织中的某人离开，其位置就必须有人替代。连接其中各方框的是显示谁必须对谁做出

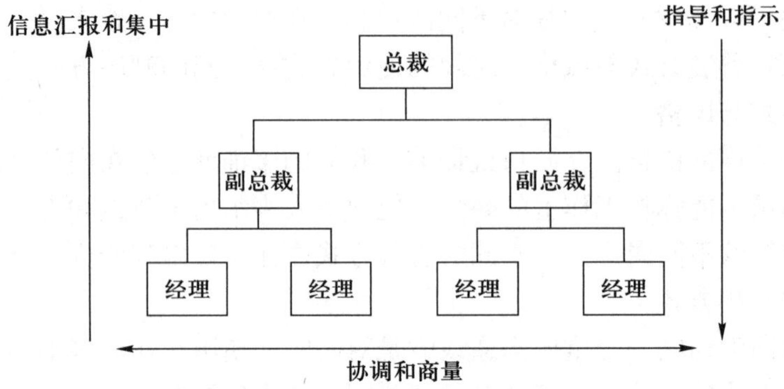

图 10-2 组织的正式沟通网络

应答的关联线。每个人都对与自己相连的更高一级负责，同时每个成员也都对那些位置比自己低一级的人负责。图 10-2 显示了人们需要完成的事情，以及为了使组织运作顺利而必须与其进行沟通的对象。自上而下，更多是指导和指示；自下而上，更多是信息汇报和集中；左右之间更多是协调和商量。

2．非正式沟通

在组织中，我们往往倾向于与那些与自己有共同点或年龄、工作年限相近的人进行沟通，因为这样不会感到拘束。渐渐地，组织中便形成了众多非正式的沟通网络。这种非正式沟通网络的覆盖面很广，在组织中成为信息沟通的重要渠道。在很多组织中，中层管理者往往将非正式沟通网络视为比正式沟通网络更好的信息源。非正式的沟通发生在组织结构之外。与正式沟通网络不同的是，非正式沟通网络由组织各层的个体所构成。在这些群体中，人们可以告诉他人自己想说的事情。

非正式沟通网络打破了正式的组织疆界，小道消息就是一种非正式信息传播途径。它通常是通过口头传播的，所以传播速度快。小道消息的另一个重要特征是：在传播的过程中会出现不同程度的失真，从而可能造成混乱。不过，小道消息也并非一无是处。组织成员间非正式的社会交往不仅可以提高工作团队的凝聚力，也可以为成员提供良好的接触机会，还能使工作环境具有激励性。事实上，有很多小道消息是准确的。在极端事件中，毫无依据、未经证实的信息往往可以迅速传播，这就是流言。它们往往建立在猜想、过于活跃的想象和自说自话的想法之上，而不是以事实为依据的。流言所承载的信息往往很有趣且模棱两可，这种似是而非的性质使流言在众口相传中很容易被添油加醋。有时候，不利于组织的流言常常代价高昂。在面对流言时，管理者要以无可辩驳的事实立即予以回击，并尝试把成员的注意力引向其他方面。

（三）上行沟通、下行沟通和平行沟通

从图 10-2 中可以看出，信息的传递可能是上行的（即从低层向高层流动），可能是下行的（即从高层向低层流动），也可能是平行的（即在平级之间流动）。不同类型的信息在一个等级系统中有着各自不同的传播方向。

1．上行沟通

在组织中，信息从低层流向高层（如从下属流向主管），称为上行沟通。上行沟通使管理者掌握着正在发生的事，因为各类向上流动的信息包含着改进工作的建议、职位报告、对与工作相关事件的反应和新的想法等。

上行沟通不是下行沟通的简单倒置。沟通双方地位的差别造成了一些重要的分野。例如，上行沟通比下行沟通的发生率要小得多。研究发现：70% 的流水线工人与其主管的沟通频率低于一个月一次。深入研究表明：管理者与其上级的沟通不到其沟通总量的 15%。当人们进行上行沟通时，他们的谈话比起同伴间的讨论来要简短得多。另外，上行沟通常常受到失实的严重困扰。下属经常报喜不报忧，夸大业绩，少谈过失，以此来获得上司的赏识。

2．下行沟通

下行沟通包含着指导、指挥和命令，即向下属传达信息，告诉他们该去做哪些事。下行沟通从一个层次到下一个层次，逐渐到达最低层。然而，信息在通过不同层次时，常常会失真，特别是口头信息。因此，最有效的下行沟通技巧在于直接针对易受信息影响的人们，即召开小型群体会议和面向特定群体印发书面资料。

3．平行沟通

以协调为特征的信息的平行流动称为平行沟通。与沟通双方处于不同层次的垂直沟通不同，平行沟通所涉及的个体是同一个管理层级的。由于双方不存在过多的社会障碍，因此同级间的沟通往往更直接，发生的频率更高。不过，平行沟通有时也会出现问题，例如，不同部门的人可能会感到彼此在为宝贵的组织资源进行竞争，因而用敌视与竞争替代完成任务所需的友善与合作。

三、信息沟通中的个体差异

个体沟通的方式千差万别，即便两个人讲的是同一件事，但是描述得可能大相径庭，而且这种由沟通方式造成的信息差异可能会使听众产生不同的反应。这些差异是建立在个人风格、性别和跨文化基础上的。

（一）信息沟通中的个体沟通风格差异

个体沟通风格是指个体与他人沟通时所采取的一贯方式。通常来说，一些人的沟通方式会比另一些人的更有效。沟通的效果不仅取决于沟通的对象，而且与所在的环境也有关系。

个体的沟通风格是通过后天的学习获得的，也是可变的。沟通专家为我们描述了六种主要的沟通风格（如图 10–3 所示），多数人都可以从中找到自己所属的类型。①

---

① MCCALLISTER L. "I wish I'd said that!" How to talk your way out of trouble and into success［M］. New York：Wiley，1994.

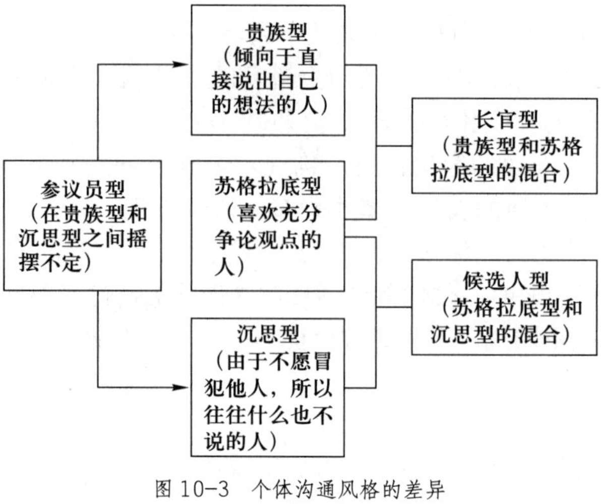

图 10-3 个体沟通风格的差异

1．贵族型

贵族型个体倾向于一点也不过滤自己的想法，常常将自己的想法脱口而出。他们说话简洁，实话实说。

2．苏格拉底型

苏格拉底型个体信奉三思而后行的原则。他们乐意享受争论的过程，不畏惧卷入难缠的争执。他们注重细节，并经常加以探讨。

3．沉思型

沉思型个体十分在意沟通中所建立的人际关系。他们不愿冒犯别人，是相当好的听众。他们要么什么也不说，要么说一些对方爱听的事。为了不说出可能引起冲突的话，他们甚至不惜撒个小谎。

4．长官型

长官型个体会明确地告知他们的想法，并说得非常具体。他们有一种优越感，喜欢控制讨论。可以说，这种沟通风格是贵族型和苏格拉底型的混合。

5．候选人型

候选人型是苏格拉底型和沉思型的混合。候选人型个体热情向上、富有支持性，同时也表现得善于分析和闲谈。他们以大量信息作为沟通基础，并乐此不疲。

6．参议员型

参议员型兼具贵族型和沉思型的特点，但不是两种的混合，而是根据实际需要在两种风格之间摇摆不定。

每一种沟通风格都有自身的优势和劣势，它们没有好坏之分，仅仅是不同而已。每个人都有可能拥有一种以上的沟通风格。不过，我们总是倾向于使用某种风格。有效沟通始于对个人风格的了解和对他人风格的正确评估。我们通常希望他人与自己有着同样的沟通风格。当彼此了解深入时，我们会变得越来越接受他人的沟通方式和风格，并将其在不知不觉中融于自身。

（二）信息沟通中的性别差异

男性和女性在沟通方面存在差异吗？社会语言学家的研究表明，男女在沟通方面的基本区别在于：男性在与女性交谈时，会强调和提升自己的地位；而女性则倾向于贬低自己的地位，努力在自己和他人之间建立积极的关系。在表达上，男性更喜欢说“我”，女性则乐意说“我们”。同样，男性试图展现自信，喜欢夸耀，在他们的眼中，提问是弱者的表现；女性则倾向于隐藏她们的自信，并喜欢提出问题。女性乐于倾听和给予援助，而男性倾向于提供建议。男性常抱怨女性“感情用事”，女性则埋怨男性“目中无人”。男性在表达自己的想法时往往缺乏委婉、亲切的态度，更直接和一针见血。女性将男性的直率误读为缺乏同情心也是出于同样的原因。

研究发现，有权力的人往往会欣赏那些和自己的语言风格相近的人。在多数组织中，男性往往掌握着权力，而女性的意见常常受到误解，其贡献也经常被忽视。在沟通会议上，向男性管理者彬彬有礼地提出异议的女性可能看上去很服从，至少对男性是如此。其结果是，她的贡献并不会被摆到桌面上来。然而一个敢于打破这种局面，表达自己观点的女性在一些男性眼里是固执己见、过于自信的人。同样，她的贡献也将大打折扣。在这两种情况中，性别差异不仅易导致沟通中的冲突，而且易使女性员工不能充分发挥其能力。

（三）信息沟通中的跨文化差异

经济全球化产生了众多的跨国企业和组织。在这些企业和组织中，拥有不同文化背景的人们共同工作和生活，他们有着不同的认知模式、行为习惯，使用着不同的语言，这些往往成为他们彼此之间沟通不尽如人意甚至被误解的原因。

1．认知模式

不同文化背景的人看世界的方式不完全相同，因此所属文化的不同也常常会导致沟通的不顺畅。在认知层面，某些定型观念和刻板印象会使得跨文化沟通难以顺利进行，而沟通双方在价值观方面的差异则容易造成信任的危机。

2．行为习惯

在非语言交际层面上，不同的文化心理和习惯极易造成沟通的不顺利。例如，日本人认为交谈时直视对方的眼睛是不敬的行为，而欧美人则认为谈话时保持彼此眼神的接触是尊重对方的表现。

3．语言因素

作为文化的载体，语言有着特殊的内涵。在一个组织中，多种语言的运用可能使语言的使用主体在进行沟通时出现语义、语用两方面的误会，引起文化冲突，从而影响组织内部和谐人际关系的建立。例如，外方老板看到中方员工工作努力，称赞说“You are hard-working.”，中方员工回答“You flatter me.”，令对方莫名其妙，甚至十分困惑。造成这一现象的主要原因有：

第一，语义的差别。不同人所理解的词语意义是不同的，对于来自不同民族文化的人来说这种差别来得更大。

第二，词语内在含义的差别。在不同的语言中，同一词语的意义是不相同的。例如，日本人在说“はい”（是）时，可能不是在表示同意，而是表示“我正在听着”的意思。

第三，语调的差别。在一些文化中，语调的变化取决于交谈的环境。在不同的环境中人们说话的方式是不同的。如“你走？”“你走。”“你走！”。

四、信息沟通中的障碍及其克服

在实际工作中，组织中的沟通并非一帆风顺，总会出现这样或那样的障碍。正确了解信息沟通中的影响因素，对于我们在工作中通过改变沟通方式、提高工作效率具有非常重要的价值。

（一）信息沟通中的障碍

美国著名管理学家罗宾斯（S. P. Robbins）认为，影响有效沟通的障碍主要有以下四类：信息过滤、选择性知觉、情绪影响和语言。此外，研究者指出，信息沟通的障碍还有：空间距离、组织结构、文化和媒介。

1．信息过滤

信息过滤是指信息发送者通过有意操纵、整合使信息对接收者或发送者更有利，如果一位管理者告诉上级的信息都是上级想要听到的，这个管理者就是在有意过滤信息。造成信息过滤的主要原因是人员的素质。同时，组织结构的层级数在客观上也会增加信息过滤的机会。

2．选择性知觉

选择性知觉是指信息接收者会根据自己的需要、动机、经验、背景、兴趣和其他个人特点有选择地接收信息，这往往导致信息接收者看不到事实的真相，容易造成误解。

3．情绪影响

情绪会使我们在沟通中无法进行客观而理性的思维活动，而做出情绪化的判断。在接收信息时，接收者的情绪会影响他对信息的解释。不同的情绪感受可能使个体对同一信息的解释完全不同。极端的情绪体验可能阻碍有效的沟通。

4．语言

在语言方面，信息发送者和信息接收者会因为受教育水平、生活背景和职务不同而造成对同一词汇的理解不同，从而导致在信息沟通中出现障碍。

5．空间距离

上下级之间的空间距离会影响彼此面对面沟通的机会，常常因此导致信息传递的障碍或误解，而且这些误解不太容易被澄清。

6．组织结构

合理的组织结构有利于信息沟通。过于庞大的组织规模不仅容易使信息传递失真，还会影响信息传递的及时性，最终影响工作效率。组织结构的不合理也会造成组织内部正式沟通渠道存在缺陷和漏洞，从而不可避免地影响组织目标的实现。

7．文化

沟通双方的背景文化差异、沟通的微观环境中的文化氛围和组织的规则差异等都是在文化方面造成沟通障碍的主要原因。

8．媒介

沟通双方缺乏良好的沟通媒介，如中间人和各种沟通工具、设备、手段和通道等。在沟通时选择了不合适的媒介也会造成信息被误读或者不被理解。

（二）如何克服信息沟通中的障碍

要克服以上这些障碍，首先，组织的管理者要对信息沟通的重要性有足够的认识，健全组织的沟通体制，充分考虑组织的行业特点和人员心理结构，结合正式沟通网络和非正式沟通网络的特点，畅通信息渠道，改善信息质量。其次，要在整个组织中塑造良好的沟通氛围。再次，要努力提高组织成员的综合素质，提升其准确、完整地传递信息和理解信息的能力。最后，还要不断学习掌握沟通的技能与技巧，及时调整和改进沟通的方式与方法。具体来说，克服信息沟通中的障碍可以从以下几个方面着手。

1．使用简单、清晰的语言

当我们与同一领域的人进行沟通时，行话的使用是不可避免的，但在大多数情况下，行话或不必要的正式语言的使用可能会成为信息沟通的障碍。

除了避免行话外，沟通时应注重语言的简练和准确，这是因为个体很容易理解内容不多的消息。一个聪明的信息发送者尤其会注意这一点，并懂得如何通过传达信息来引导他的听众。

2．做积极、专注的听众

正如我们努力使他人明白我们的想法一样，我们自身也要做一个好的听众。通常情况下，个体在听的过程中常专心于或注意到与自己有关的部分。

倾听并非一个被动的过程。我们不只是单纯地接收来自他人的信息，也会对此做出回应。因而，倾听也是一个主动的过程。一个好的听众应善于提问，并且在能理解意思时以点头或其他形式给对方以必要的反馈。

在某一环境中，避免分心，将注意力集中到他人所说的内容上是十分重要的。当听他人说话时，要避免一下子得出结论或是评价他们的观点。在全面了解以后，再下结论也不迟。做一个好听众意味着要确保自己知晓说话者想表达的主要观点。

良好的倾听技能在增进有效的组织沟通方面具有重要的作用。发展倾听技能要求我们能区分所听到的各项内容，即具备促进倾听效果的各种技能。这些技能可以细分为六项，即 HURIER 模型，如图 10–4 所示。[①]HURIER 代表的是有效倾听的基本技能：倾听（hearing）、理解（understanding）、记忆（remembering）、解释（interpreting）、评估（evaluating）和反应（responding）。研究证明，倾听是一项重要的沟通技能。越善于做一

---

① BROWNELL J. A model for listening instructions：management applications［J］. ABCA bulletin，1985，48（3）：39–44.

个好听众的人，在组织中得到快速晋升的可能性越大，成为一个好的管理者的可能性也越大。

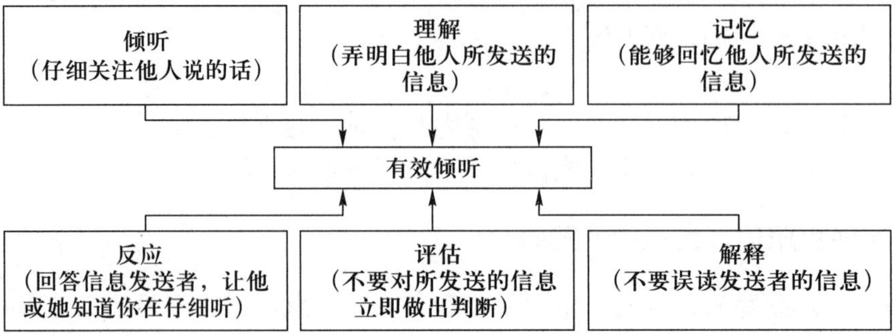

图 10-4　有效倾听的六项技能

3．控制信息的流动

当信息沟通网络的任何一个部分都要处理过多的信息时，沟通的速率自然就慢了下来。由于大多数管理者都要面对超负荷的信息，所以往往会忽视一些信息，还可能出现信息的歪曲和遗漏。以下几项具体措施可以帮助我们更有效地管理信息。

我们可以通过信息筛选来控制信息流，以免过多的信息流向可能超负荷的部门或个人。公司的行政助理、报社的编辑常常承担起这一重要职责。可以通过对信息进行轻重缓急的排列来应对信息超负荷，以避免在系统中因一时要求太多而导致混乱。

对于由于超负荷造成的信息歪曲和遗漏，一种有效的策略是重复，即将信息以另一种形式或通过其他渠道再次进行传递。例如，一位经理在与下属沟通一则重要信息时，可以先口头告诉下属，再发一份书面备忘录。另一种有效的策略是确认，保证所接收信息的准确性。

4．给予和接受反馈

出于各种原因，组织中的人们常常不愿意或不能与其上层管理者交流思想。问题的部分原因在于上行沟通渠道的缺乏和对现存渠道的忽视。那么，管理者如何从其员工处获得信息，并增进上行沟通呢？

第一种方法是使用建议系统。员工的好建议常常很难到达组织上层，因为这些有想法的员工通常不知道怎样才能接触到可以支持他们想法的人。意见箱的设立可以为员工的想法提供一条直达组织上层的通道。对于建议系统而言，要想得到预期的效果，就必须让每个人都相信：他们受到了公正的对待。

第二种方法是使用热线电话或在公司内网上设置建议模块，鼓励员工说出自己的想法，并回答他们的问题。这样做不仅向员工显示了组织对他们的关心，也有利于上层得到好的建议。

第三种方法是为处在组织不同层次而很少有机会在一起的员工提供沟通的机会。如利用早、午餐时的非正式聚会来讨论组织内部正在发生的事，这种轻松的气氛有利于促进员工之间的交流。又如，员工同公司主管一同聚会也可以使处于不同管理层级的人建立某种联系。

第四种方法是员工调查。员工调查可以收集有关员工态度及其对组织运作关键领域的看法。有一定时间间隔的问卷调查可以帮助组织洞悉员工态度上的变化，并将调查结果及时告知员工。事实证明，这种方法极为有效。

5．增进关系，做一个支持性的信息沟通者

有效的沟通者必须采取支持性的沟通。准确、诚实的信息沟通可以建立和增进彼此的关系。沟通时，我们对他人的态度直接影响着与此人的关系和信息沟通的质量，甚至工作绩效。因此，为了获得更多的信息，在与他人沟通的过程中，我们要努力做到：对事不对人，诚实地说出自己的想法，做出自己的决定，使用有效的语言继续谈话。

6．使用技术来提高信息沟通效率

现代商业沟通比以往任何时候都更加依赖先进的技术。无论是在组织中还是在家庭中，互联网已被广泛使用。目前，通过网络会议提高沟通效率已成为日常。组织使用网络会议不仅在金钱和时间的花费上比坐飞机、坐高铁更实惠，而且即便在会议开始前一分钟做出会议安排也能显得从容不迫。

第三节 信息与决策

科学决策是建立在某种客观规律基础上的，是在掌握了充分的信息和对有关情况进行深刻分析的基础上，用科学的方法来研究，并评估各种方案，从中选出最优方案，达到最佳效果的决策。可见，要使决策过程做到科学化，就先需要充分和及时的信息，同时需要高效率的信息管理。因此，为各种决策提供可靠、适用的信息，便成了信息管理中最重要的工作。

一、人类的信息加工模型

自 20 世纪 50 年代以来，由于信息论、控制论、计算机科学和语言学等学科的发展，认知心理学的研究开始兴盛起来。认知心理学主要研究人类认知的信息加工过程，采用信息加工观点，把人看作信息加工系统，通常用模型来表示人类心理过程和结构的某些主要方面。图 10–5 是威肯斯（C. D. Wickens）提出的人类信息加工模型。[①] 人类的大脑从外在环境中接收刺激，先经过感觉器官的接收器来登记、储存，这一过程时间非常短。在注意的作用下，形成知觉，即把生物的能量变成大脑可以理解的信息，所以知觉需要经过工作记忆的加工，并调动长时记忆，过往的经历、价值观、知识等（包括偏见），都可能影响知觉。知觉可以直接或通过工作记忆做出决策和反应选择，最后形成反应执行。反应又可以起到反馈作用，形成新的刺激。整个信息加工的过程受注意资源的影响，主要包括知

① WICKENS C D，HOLLANDS J G. Engineering psychology and human performance [M].3rd ed. New York：Prentice Hall，1999.

觉、工作记忆、决策和反应选择、反应执行等环节。

图 10–6 是研究者构建的信息系统加工模型。① 该模型把人类的信息加工过程和以信息

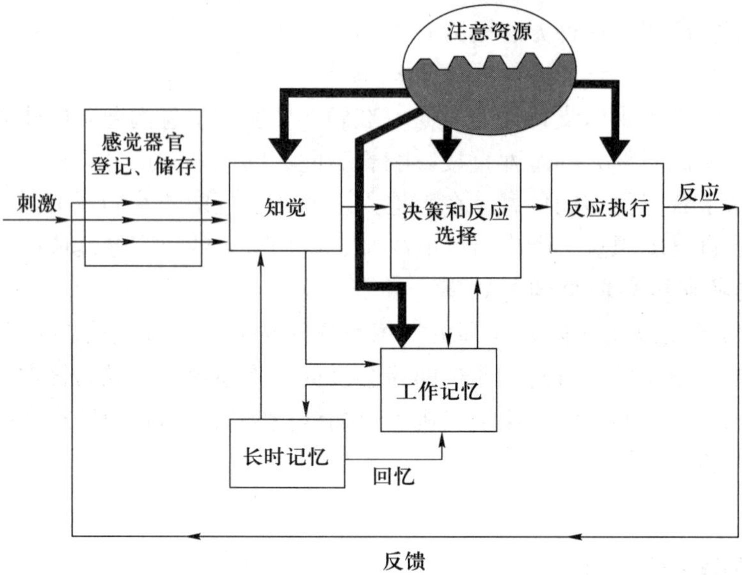

图 10–5 威肯斯提出的人类信息加工模型

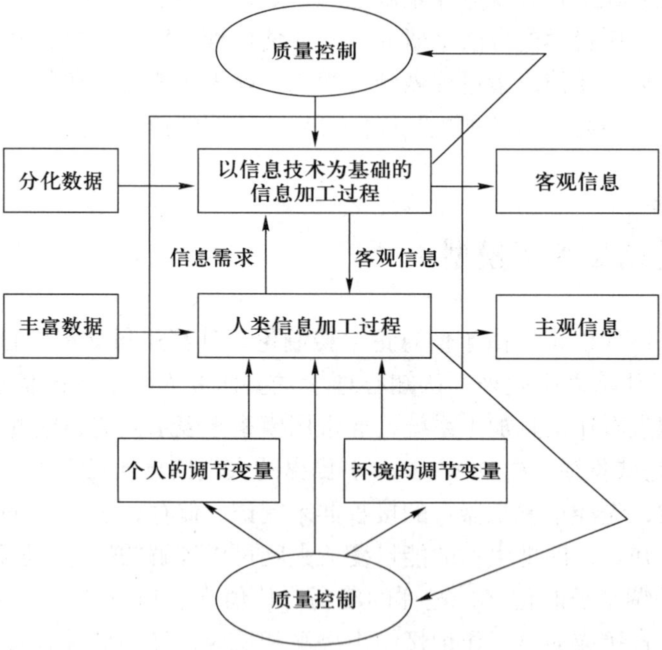

图 10–6 信息系统加工模型

① JOHNSTONE D，TATE M，BONNER M. Bringing human information behaviour into information systems research：an application of systems modeling [J].Information research，2004，9（4）：191.

技术为基础的信息加工过程加以整合，并对输入数据和输出信息的类型加以区分，输入数据为分化数据，则输出的信息为客观信息；输入数据为丰富数据，则输出的信息为主观信息。这两个加工过程是互动的。人类信息加工过程还受到个人的调节变量和环境的调节变量影响，而质量控制又影响着调节变量，同时也影响着人类信息加工过程和以信息技术为基础的信息加工过程。

认知心理学家通过把人比作计算机，建立起信息加工的认知理论。在将电脑和人脑的信息加工进行类比时，我们应该注意到，即使是最高级的计算机也无法具有人脑意识活动的主观能动性、社会性和以自我意识为核心的主观世界。

二、决策的心理过程

决策有着不同的类型。根据决策的层次，决策可以分为战略性决策、战术性决策和日常业务性决策；根据决策的条件和后果，决策可以分为确定型决策和非确定型决策。无论是何种类型的决策，其心理过程都可以分为以下三个阶段，而每一阶段都与信息管理有关。

（一）问题识别阶段

问题识别阶段的主要任务是确定问题所在，提出决策目标，包括确定问题和设立目标两步。确定问题是指通过调查研究、预测和信息反馈等方法，发现问题所在，并对问题进行分析。在明确要解决的问题之后，就要进一步明确问题要解决到什么程度，达到什么样的目标。设立目标非常重要，任何决策总是为了达到一个既定的目标。没有目标就无从决策。

（二）问题诊断阶段

问题诊断阶段的主要任务是发现、探索和制订各种可能的行动方案，包括收集信息和制订方案两步。

收集信息是指收集与决策有关的各方面情报，情报信息量的大小、正确与否直接影响到决策质量的高低。情报工作的第一个功能就是为决策服务，决策不能没有足够的信息，否则便成了无米之炊。为使决策不失误，管理者必须有丰富可靠的信息情报来源、迅速的信息传递、准确的信息研究，这是决策科学化的重要物质技术基础。

制订方案是在收集信息的基础上，寻找达到目标的有效途径。一般来说，制订的方案应有几种，因为如果只有一种方案，就没有比较与选择的余地，也就无所谓决策了。为了能使管理者设想出可供选择的多种方案，管理专家提倡使用“头脑风暴法”“对演法”“缺点列举法”等多种训练思维能力的方法，取得了显著的效果。

（三）行动方案选择阶段

行动方案选择阶段的主要任务是从各种方案中选出最合适的方案，包括方案评估、方案选择、模拟试验和决策四个环节。

方案评估是指对制订的一些比较好的方案，进行定性、定量、定时的系统分析，评估各预选方案的近期、中期和远期的效能价值，研究方案的可行性、风险性和应变方案的可靠性。通过进一步的分析、评估、比较研究之后，选出 2 ～ 3 个方案供决策人挑选。这一工作一般由智囊团进行，经常采用可行性分析和决策技术（如树型决策、矩阵决策、统计决策）。

方案选择是指由决策人在智囊团对各方案进行分析评估的基础上，权衡利弊，根据目的性、可行性和时效性的原则，选定一个最佳方案。担负这一职责的主要领导者要具备良好的思维分析能力、敏锐的洞察力和判断决策素质。

模拟试验是按决策人选定的最佳方案进行小规模生产、小规模试验，以进一步检验最佳方案的效果和可行性，并为再次修改完善最佳方案提供各种必要的试验数据。

决策就是确定最佳的可行方案，并使一整套配套措施同时出台，这时，决策人必须毫不动摇地进行贯彻、落实和检查工作。决策过程很复杂，不同类型的决策包含的步骤不完全相同，一般包含八个基本步骤，有些决策会合并或跳过某个步骤。例如，在管理层遇到资金不足的问题时，决策的步骤如图 10-7 所示。

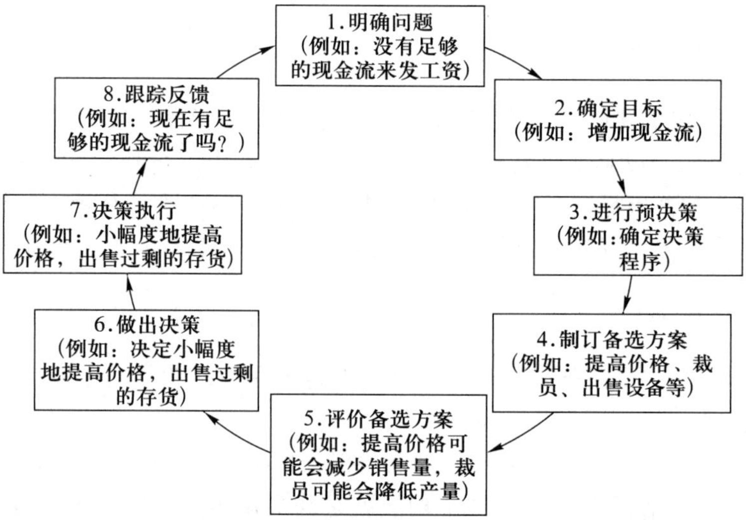

图 10-7　决策的八个基本步骤

三、提高决策的科学性

（一）决策科学性的基本要求

1. 决策思想科学化

管理者按照科学思想进行决策，是决策科学化的决定性因素。决策思想科学化要求决策要有合理的决策标准、系统的决策观念、差异性的思维逻辑、民主的决策风格。一个足够满意的决策标准所要求的是：决策目标的实现有助于改善系统内某些方面的状况，而不损害整体利益；管理者对实现决策目标的主客观条件已做出了充分的分析与利用；管理者最后拍板选用的决策方案是最优的。

差异性思维逻辑要求管理者对于不同类型的决策选用不同的逻辑去思考。确定型决策要求管理者在决策前先做探索性实验，将主观概率同客观概率相结合，以减少决策的不确定性因素；风险型决策要求管理者敢于承担风险，同时又要尽可能地将风险降到最低限度，要求准备好备用方案，以便不测事件发生时随机应变。

2．决策程序科学化

决策程序科学化的直接目的是使决策行为规范化、条理化。在此基础上，才能提高决策效能，收到预期效果。

3．决策方法科学化

现代决策已经形成了两类相互区别、相互补充的科学决策方法："软"技术和"硬"技术。前者是指依靠大量专家的知识、经验、智慧，运用社会学、心理学的理论，做出科学判断的定性分析方法；后者是指借助运筹学、系统分析和电子计算机的知识，通过数理分析来进行判断的定量分析方法。管理者在决策时，应该将两种方法结合起来，即把发挥专家的经验与智慧同运用数学模型进行系统分析结合起来，结合实际探索出一套科学而适用的决策方法、技术和手段。

4．决策体制科学化

现代决策体制在宏观上完整的结构一般由五大系统组成，即决策系统、智囊系统、信息系统、执行系统和监督系统。决策系统是决策体制的核心，由负有决策责任的管理者所组成，只有它才有权力就一定范围内的有关问题做出决策。智囊系统是专门为管理者决策服务的研究咨询系统，是广泛开发智力、协助决策系统决策的组织形式，一般由各种不同专业的自然科学专家和社会科学专家组成。其主要任务是对接收的某项决策进行咨询，采用现代运筹与预测方法，利用信息系统提供的数据资料，对决策问题从不同角度、不同侧面进行系统研究。信息系统是设立在各级决策系统周围，专门搜集、统计、储存、检索、传布、显示有关情报资料信息的组织机构。执行系统执行决策系统的各项决策指令并付诸实施。它是一个从低级到高级，保证决策正确逐步实施的系统。监督系统对执行系统贯彻执行决策系统的指令情况进行各方面的检查监督，并帮助决策系统实现自我调节，以保证指令顺利贯彻执行和决策目标的顺利实现。由这五大系统建立起来的决策体制能够保证管理者决策信息广泛、咨询充分、执行分散、决策集中、监督独立、反馈及时，从而有利于实现决策的民主化和科学化。

（二）提高决策科学性的主要策略

1．决策目标要准确、简明

为了使决策目标准确，组织必须在概念、时间、条件、数量等方面有一个清晰的界限和标准，避免用一般性的口号来代替决策的具体目标。决策目标也不宜太多，应该尽量简明。对多目标的处理有两条原则：一是在满足决策需要的前提下尽量减少目标个数。因为目标越多，选择标准就越多，选择方案就越困难。减少目标的方法有：剔除从属目标，并把类似的目标归并为一个目标；通过同度量求和，求出平均值或构成综合函数的方法，形成一个单一的综合目标。二是分析各个目标的重要性的大小，可以把全部目标分为“必须达到的”和“希望达到的”两大类。目标按重要性分类排序之后，选择方案时就不会因感到目标众多而无从下手了。

2．决策信息要具体、充分

对有关信息掌握得越具体、越充分，就越有助于做出正确、明确的决策，所以，没有健全的信息收集与加工系统，就不可能有正确的决策。

随着知识经济时代的发展，人们已经越来越普遍地让计算机参与和承担这一系统中的大部分工作。对决策信息的分析、处理的速度越来越快，也越来越准确，由此，带来了决策效率的极大提高。依靠现代化的信息技术来处理信息和进行决策，已成为信息社会的重要标志。

3．对不同类型的决策要有不同的选择原则

世界上没有任何一种决策方法是包治百病的“灵丹妙药”，相反，正确决策的最大窍门就在于对信息进行最有效的利用，并且寻找到解决问题的最佳途径和最佳方法。不同类型的决策行为要遵循不同的原则。例如，对于确定型决策，既然结果是确有把握的，决策就应根据已有信息选择最佳方案。不仅如此，管理者还要竭尽全力去实现最佳结果，决心不大，实施不力，就会贻误时机。纵然决策是选中了最佳方案，也会因为时过境迁、事态变化而得不到最佳结果，这是确定型决策失误的常见原因。对于不确定型决策，因为我们掌握的决策条件太少，决策的后果不确定，所以要慎重考虑，“摸着石头过河”，多方案并进。

4．要掌握群体盲思的规避策略

较之个体决策，群体决策能调动更多的知识和信息，参与决策的人对决策会有更深刻的理解，这样就愿意在决策实施中承担更多的责任。但是，群体决策也存在着浪费时间、引发人际关系紧张和冲突等问题。当一个群体内聚力过强的时候，还会出现“群体盲思”。群体盲思是指人们为了维护所谓的团结一致，不愿意对群体的决定提出质疑，整个群体自我封闭，没有批判性的反思。在政府的决策中，常发生这种现象。例如，1986 年，在“挑战者”号航天飞机发射之前，美国太空总署（即美国国家航空航天局）有许多次成功发射的记录。现场指挥发射的官员自我感觉良好，他们不理睬工程师提出的忠告，在“按时发射”的巨大压力下，共同支持发射的决定，最后“一致通过”了发射决定，结果酿成惨剧。群体盲思如出现在组织经营决策中，会造成灾难性的后果。

规避群体盲思的方法有：

广开言路。领导者要鼓励成员对所有的方案表示怀疑，避免在方案不成熟时就达成一致。有时可以故意引发争论，帮助发现方案中的错误。

小组讨论。让两个小组共同进行决策。如果两个小组的意见相左，那么在它们的争论中会发现一些重要问题。

允许有缺点。群体成员承认决策中存在缺点和局限性，他们就会比较容易接受反面的信息了。

召开第二次会议。在实施决策之前，再召开一次会议，鼓励大家对决策方案进行质疑，或提出新的方案。

第四节　会议与信息管理

《现代汉语词典》（第 7 版）对“会议”有两种解释：一为“有组织有领导地商议事情的集会”，如全体会议、工作会议等；一为“一种经常商讨并处理重要事务的常设机构或组织”，如中国人民政治协商会议等。会议可以实现信息的传达和交流，对于做出决策、解决问题、实现组织目标具有重要作用。然而会议利用不好，也会产生负面的效果。

一、会议的作用

会议是当今社会生活中的一项重要内容。会议的历史由来已久，可以说有了人类社会，就有了会议。联系历史，可以发现会议的诸多功能。首先，会议是创造精神产品的重要形式。历史上人类的许多思想、观念、大政方略，包括那些改变社会历史进程的决定，往往是在某个会议中产生的。其次，会议还具有决策功能、分权功能、交流功能、协调功能、显示功能和晓谕功能。不论是政府部门主持的行政性会议还是学术界主持的学术性会议，都是为了实现某种交流。此外，适当召开会议对于联络、交流感情，促进人际关系的和谐有极大的作用。

二、会议的筹划

筹划一次会议，需要花费不少的人力和物力。为了节约起见，凡是不必召开的会议，就不应该召开。因此，在决定召开会议以前，管理者先要弄清楚这次会议所要研究的问题是否可以用其他的方法来解决。如果可以通过交流文件、个别交谈、打电话或发电子邮件等方法来解决问题，就不要召开会议。在确定会议必须召开以后，管理者应该明确这次会议的目的。按照会议的目的，可以将会议分为以下四种：传达会议，即由管理者将某种情况向与会者进行传达；讨论会议，即与会者积极地交换意见，提出各种看法；情报会议，即利用会议的方式及时收集资料和情况；混合目的会议，这种会议具有多种目的，在会上要解决多方面的问题。

筹划一次会议，首先，要考虑会议成本，即会议所投入的人力、物力、财力能否收到预期的产出。如果成本过高，得不偿失，则要考虑取消会议或采用其他方式。其次，在确定召开会议后，要发出关于召开会议的通知。这种通知可以是口头的，也可以是书面的，如通知信、报刊广告、电子邮件等。通知的内容大体上应该包括：会议的目的、议程、开会时间、开会地点、会议发起人或发起单位的名称、发出通知的日期等。最后，要根据到会人数的多少，及时布置会议场所。会议场所应该尽量排除外来的干扰，使与会者能够在讨论问题时集中思想，便于听、便于看、便于交换意见。在会议场所要安排好座位和主席台，准备好会议用的文件、文具等。如果会期较长，还需要对与会者的食宿、交通、保健等事务进行必要安排。开会时，应由会议发起人或发起单位的一名负责人作为主席。网络会议能让远隔千里的人一起讨论问题。很多应用程序能通过手机等移动终端使在不同地点的成员参加会议。由于这种方式比召集面对面的会议更方便，网络会议开始日益普及。

为了开好会议，会议的主席可以按照以下的程序掌握会议的进程。① 引导与会者讨论会议的议题。会议主席应明确指出议题的关键所在，并提供有关这些问题的必要材料，说明会议的目的，使与会者把注意力集中到所要讨论的问题上。② 引导与会者发表意见。会议主席可以用各种方法，引导与会者对议题提出意见和看法，并进一步引导讨论。③ 总结。会议主席对于与会者所提出的意见，应该进行比较、鉴别、综合和分析，使意见和想法集中起来，最后对整个会议进行总结，把已经得到同意的结论重新阐述一次。会议的进行，应当注意严格控制发言时间，按照通知中所规定的会议议程进行。如果与会者要做出决议，那么会议的议程也可以变动。如果会议议程中所列的事项太多，一次会议不能解决，则可以在下次会议中予以解决。

三、小型互动式会议的组织

在组织中，绝大多数的会议是3～30人参加的小型的“任务型”会议。任务型会议就是与会者坐到一起要完成某项工作任务的会议。这类会议需要共同磋商，求同存异，解决问题。因此互动参与，群策群力非常重要。①

（一）小型互动会议组织的基本原则

要成功组织一次小型互动会议，需遵循如下五条基本原则：① 必须有一个共同的内容注意点；② 必须有一个共同的过程注意点；③ 必须有人负责维持一个开放而平衡的会议环境；④ 必须有人负责保护与会者不受到人身攻击；⑤ 一般情况下，开会时每个人的角色必须明确，责任必须清晰。

（二）小型互动会议组织的关键要素

要成功组织一次小型互动会议，就应抓住如下关键要素：

1．领导者角色分离，设立主持人

一般的会议中，领导者往往扮演双重角色：行使权力决策、调节会议过程。但这样

① 多伊尔，斯特劳斯．开会的革命：会议效率倍增的学问［M］．刘天佑，译．北京：国际文化出版公司，2003．

往往造成与会者会投其所好，不能发挥与会者的创造性和群策群力，领导者不能真正了解各位与会者的想法和智慧。所以，要把领导者的双重角色分离，领导者保留自己行使决策权的角色，但以与会者身份参会，而且发表意见，不抢先、不独断；另一方面，设立主持人，把会议过程的调节者的职责分配给主持人。

2．设立记录人

常见的会议记录者是记录讨论结论或决议。但我们常常会发现，在会议中，有人喜欢发言，有人不喜欢发言；或者就一点内容，多人重复讲、反复讲；或者新的点子想法冒出时，生怕忘掉，急着发言，抢话题等。如何避免发生这些情况呢？就是要设立记录人，即真正把与会者的发言要点实录下来，如“头脑风暴”式，暂不评判。让每个与会者觉得都有机会、有责任去参与，不担心遗忘而抢着说，能看到已有的发言记录从而避免重复发言。进而可以深度讨论，形成组合有效的方案。为做到这点，我们建议会议座位布置如图 10–8 所示。注意，在图 10–8 中，领导者是坐在与会者之中的。墙上是半开的白纸，可以多张展开，便于记录，便于整理标注，也便于保存。也可使用较大的电子屏幕来呈现记录的信息。

图 10–8 会议座位布置示意图

3．明确每种角色的职责，并有效行使职责

（1）主持人

主持人是会场上的服务人员，应始终保持中立，不在会场上发表自己的意见，也不评论他人的观点，兼会议引导员、会议警察、会议司仪的功能于一身，其职责是帮助与会者把精力集中在会议任务上，就会议有序开展提供方法和程序方面的建议，保护与会者免受人身攻击，并保证每个人都有参与讨论的机会。主持人还负责会前和会后的有关事务。要行使好主持人的职责，就应注意以下技巧：通过自我介绍清楚阐释自己的角色；会议开始前让与会者明确讨论问题和会议程序；不回答有关会议内容的问题；态度积极，鼓励发言；不要讲话太多；支持记录人的工作；不要怕出错。

（2）记录人

记录人也是一个立场中立的服务人员，其职责是记录与会者的发言要点。记录人必须记录发言者的原话，不能随意更改或曲解。记录过程既是收集信息形成会议第一手资料，又是让与会者放心大胆、有序地畅所欲言。要行使好记录人的职责，就应注意以下技巧：通过自我介绍清楚阐释自己的角色；听关键字，抓基本意思和主旨，不要一字不落地记录；写清楚，要让与会者能看明白；不要怕写错字；在关键处画圆圈；变化颜色，用不同的颜色突出重点和进行分类；在重点内容下画线、画星号、打箭头、标数字等。记录人会后要负责对会议记录进行整理和保存，还要对会议记录整理成一个会议纪要，以便跟踪和回顾。

（3）与会者

与会者是会议的积极参与者，最重要的职责就是围绕会议任务、会议议题发表自己的真知灼见，并展开讨论，群策群力。与会者还要监督主持人和记录人始终保持中立，并确保记录人准确记录会议内容。与会者可以对会议程序提出建议，也可以否决主持人的建议，从总体上决定会议进程。

（4）领导者

领导者也是会议的积极参与者，虽不能主导会议，但仍然拥有其他权力和职责，如：做出最后的决策；给会议提出有关要求和规定；若对会议进展不满可收回对会议的主导权；设定会议议程；为自己的观点辩护；敦促与会人员接受任务和要求；等等。

从主持人、记录人、与会者和领导者的角色和职责可以看出，这些角色既互相分工、各司其职，又互相约束、控制纠偏，确保会议可以有效进行。

如果与会者人数不一样，那么如何分配这几种角色呢？一般建议：当与会者人数只有2～3人时，每个人都身兼数角色，可以自我主持和记录；与会人数有4～7人时，可以让一个人（不是领导者）既当主持人又当记录人；与会人数有7～15人时，可以安排两个人，分别做主持人和记录人；与会人数有15～30人时，需要一位经验丰富的主持人，需要制定一些规则，如举手发言，每一个人都进行一次发言后，其他人才可以做第二次发言等。会议要以比较正规的方式进行，自发性不能太强。这时，与会者可以分成几排围坐。总之，角色分工、互动制约是原则，具体安排可以灵活应对，确保会议的互动、有序、高效。

4．有效落实会议讨论形成的决议

针对任务分析问题、群策群力、提出解决方案、形成会议决议，只是会议的第一步。第二步就是要明确责任人、行动计划、截止时间、跟踪措施等，要能落实会议决议才行。否则，会陷入“会议病”的恶性循环中。

（三）小型互动会议组织中的关键任务

组织一次小型互动会议，要在不同的时间节点完成不同的任务。

会议前，需做到：认真计划，厘清何人、何事、何时、何地、何因等问题；准备并预先发放议程表；提前到会场，整理会议室。

会议开始时，要做到：按时开始；让与会者进行自我介绍，陈述对会议的期望；清楚解释会场角色；检查、修订和确定议项顺序；设定时间限制；回顾上次会议确定的行动项目。

会议中，需努力让与会者把精力集中于同一问题。

会议结束时，要完成如下任务：确定行动项目，即何人、何事、何时；检查会议记录；设定下次会议的时间和地点，并拟出初步议程；对会议进行评价；宣布会议结束；打扫和整理会议室。

会议后，还要做好如下工作：准备会议备忘录；跟踪行动项目的执行情况，并开始计划下次会议。

（四）小型互动会议的效果评价

会议结束后，我们应对会议效果进行评价。评价结果将有助于我们不断改进会议的组织工作，促进下次会议的开展更加有效。判断一次小型互动会议的开展是否成功，可从如下两个方面采集信息，并逐项评价：

第一，看会议的结果。可就如下问题进行阐述：达到了预期目的吗？完成了什么任务？解决了什么问题？做出了什么决策？方案或决策有无创新？

第二，看会议的过程。可重点回答如下问题：问题是怎样解决的？决策是如何做出的？群体合作得怎么样？与会者对会议的感觉如何？会上是集思广益，还是一言堂？会议过程愉快吗？与会者得到激励或收获了吗？

案例学习：

案例名称：《管理沟通在人力资源管理中的应用——以山西喜跃发集团为例》。

案例来源：裴敏．管理沟通在人力资源管理中的应用：以山西喜跃发集团为例[J].企业科技与发展，2019（9）：239-240.

案例思考题：

1. 在喜跃发集团的人力资源管理中，沟通体现在哪些方面？
2. 喜跃发集团在管理沟通方面，最主要的特点有哪些？
3. 以喜跃发集团为例，阐述管理沟通的价值和技巧。

本章小结

信息贯穿于管理活动的全过程，决策、计划、组织、控制和协调都离不开信息。信息管理需遵循准确性、及时性、相关性和经济性原则。

信息沟通可分为言语沟通和非言语沟通，正式沟通和非正式沟通，上行沟通、下行沟通和平行沟通。有效沟通的障碍主要有：信息过滤、选择性知觉、情绪影响、语言、空间距离、组织结构、文化和媒介。克服沟通障碍的方法主要包括：使用简单、清晰的语言；做积极、专注的听众；控制信息的流动；给予和接受反馈；增进关系，做一个支持性的信息沟通者；使用技术来提高信息沟通效率。

决策的心理过程分三个阶段：问题识别阶段、问题诊断阶段、行动方案选择阶段。提高决策科学性的主要策略有：决策目标要准确、简明，决策信息要具体、充分，对不同类型的决策要有不同的选择原则，要掌握群体盲思的规避策略。

会议可以实现信息的传达和交流，对于做出决策、解决问题、实现组织目标具有重要作用。然而会议利用不好，也会产生负面的效果。因此，会议前要认真筹划，会议过程中要按照一定程序掌握会议的进程。

思考与练习

1. 信息在管理中有哪些作用？
2. 说明信息沟通的过程。
3. 信息沟通有哪些类型？信息沟通的障碍有哪些？如何克服它们？
4. 举例说明决策的心理过程。
5. 什么是群体盲思？如何规避群体盲思？谈谈你对科学决策的看法。
6. 筹备一场会议，要充分考虑哪些因素？如何成功地组织一场小型互动式会议？

本章参考文献

课外拓展

1. 何华．惠己悦人，成功沟通：论管理心理学在沟通管理中的应用［J］. 赤峰学院学报（汉文哲学社会科学版），2007（1）：97-98.

2. 刘洋．组织沟通管理方法浅析：以南京市云谷山庄为例［J］. 文存阅刊，2018（10）：175.

3. 褚怡．基于人际维度的内部审计沟通问题研究：以J企业为例［J］. 经营与管理，2020（1）：94-98.

4. 周怡帆．如何在数字时代的背景下做好与顾客的品牌沟通：以淘宝商家的“旺旺”沟通为例［J］. 品牌研究，2020（1）：136-138.

5. 任文明．海外中资企业跨文化沟通管理研究：以中乌天然气管道合资公司为例［J］. 管理观察，2020（14）：40-41.

第十一章

环境管理心理

学习目标

- ⊙ 了解环境、管理环境的内涵
- ⊙ 熟悉组织中环境管理的内涵
- ⊙ 说明各类环境对组织管理的影响
- ⊙ 认识跨文化管理、幸福文化管理的意义
- ⊙ 掌握跨文化管理、幸福文化管理的策略或措施

知识导图

- 环境管理心理
  - 环境与管理
    - 环境的界定
    - 管理环境
    - 环境管理
  - 物理环境管理
    - 自然物理环境管理
      - 自然物理环境的主要构成
      - 自然物理环境的管理措施
    - 人工物理环境管理
      - 照明环境及管理
      - 声音环境及管理
      - 色彩环境及管理
  - 心理环境管理
    - 人际心理环境管理
      - 人员密度及管理
      - 人际关系及管理
    - 群体心理环境管理
      - 群体规范及管理
      - 群体士气及管理
      - 群体凝聚力及管理
      - 非正式群体及管理
    - 组织心理环境管理
      - 组织文化的概念
      - 组织文化的形成
      - 组织文化的作用
      - 组织文化的管理
  - 组织文化管理实践
    - 跨文化管理
      - 跨文化管理的必要性
      - 跨文化差异
      - 跨文化冲突
      - 跨文化管理的策略与措施
    - 幸福文化管理
      - 幸福的概念
      - 幸福文化管理的意义
      - 幸福文化管理的措施

章前引例

海底捞的组织文化：对待员工要尊重、信任①

一家公司想做大做强，其背后离不开强大的绩效和文化机制。谈到组织文化，相信很多人都会想到海底捞——靠着强大的组织文化，俘获了众多员工和顾客的心。

海底捞对员工的尊重，不仅是给予高福利，也会尊重员工的每一个想法。为顾客提供眼镜布、头绳、塑料手机套……这样一个个想法，都是来自员工。并且，这一个个点子，被复制到了每一家分店。

海底捞的授权机制也是其组织文化的一大核心。海底捞通过有效的授权和放权来激发员工的自豪感和凝聚力。区域经理有百万以上的自主权，普通员工能够根据情况判断，自主决定是否给客人免费送一些小菜。

海底捞对每个分店的考核只注重两项：一是顾客满意度，二是员工满意度。因为在创始人张勇的理念里，只要顾客满意了，员工满意了，利润就不是问题。

思考题：

（1）海底捞营造了一种什么样的组织文化？

（2）海底捞的组织文化促进了员工哪些绩效行为的产生？

（3）组织文化在影响员工行为方面的本质是什么？

分析要点

① 来源于搜狐网，有修改。

微课导学

环境是与系统相对的一个概念。系统边界之外且对系统有影响的因素，都可视为环境的一部分。组织作为系统，包含很多要素，这些要素本身也是系统，是相对于上一级系统而言的子系统。那么，以人力资源这一子系统为例，组织内部有很多要素（子系统）都与其有联系，并可能会影响人力资源作为组织子系统的功能实现。这些对人力资源有影响的组织内的其他要素，都可视作环境的一部分。在某种意义上，组织内部的各要素之间互为环境。本章关注的环境，主要是指相对人力资源而言，在组织内部的环境。从组织的角度来说，这里的环境，也是构成组织的一部分，可被视作要素或要素的集合。环境对系统和要素的运行有着重要的影响，营造好的环境，必然有助于人力资源管理目标的实现，相应地，也有助于组织目标的达成。本章中的环境管理心理指的就是在对组织内部的环境进行管理的过程中发生的心理现象和规律。

第一节　环境与管理

要理解环境管理心理的范畴与内涵，我们就需先了解环境的概念及其与组织管理之间的关系。

一、环境的界定

按照系统论的观点，环境是指系统边界以外所有对系统有影响的因素的集合，系统与系统之间可以互为环境。环境是相对于主体而言的，确定一个系统为主体之后，对其有影响的其他系统都可被视为其环境的一部分。也就是说，如果把企业视作主体，那么国家的法律制度就可以视作环境的一部分；但若把国家视作主体，法律制度就是国家这个系统的构成要素，就不能被视作环境的一部分了。概括来说，环境是一个相对的概念，取决于“系统是什么（即主体是谁）”“边界在哪里”。系统在运行发展过程中不断地与环境进行物质、能量、信息的交换，因此，环境能在一定程度上影响系统。但不是所有的外部条件都是环境，与系统无关的外部条件不能称为该系统的环境。例如，对于某员工而言，他/她所在的班组和车间是他/她的环境，因为他/她与自己所在的班组和车间进行着物质、能量、信息的交换，班组和车间能影响他/她的发展；而非洲的某个原始部落就不是这个员工的环境，因为该部落对他/她几乎没有什么影响。

系统是由很多要素构成的，每个要素本身也可被视为系统。相比上级系统，这个要素被称为子系统。换言之，相对于某个子系统，对其有影响的其他子系统可被视为环境的一部分。在实践中，对于某个系统构成要素形成的相对于某个子系统的环境，我们往往称为内部环境；而该系统边界之外的环境则称为外部环境，即存在于系统（主体）周围的条件和状况的集合体，也是影响系统（主体）表现或功能实现的外部因素的总称。内部环境在更多意义上是相对于系统（主体）的上一级系统而言的，对该上级系统而言，构成内部环境的诸多要素，均可被视作构成要素。

二、管理环境

任何管理都要在一定的环境中进行，这个环境就是管理环境。鉴于本书重点介绍的是组织管理过程中的心理现象及其规律，因而本书将所探讨的环境限定为人力资源管理环境。根据管理对象的差异，管理环境又可分为个体管理环境、群体管理环境和组织管理环境。

在罗宾斯（S. P. Robbins）等人主编的《组织行为学》一书中，管理环境被定义为对组织绩效起着潜在影响的外部机构或力量。他认为，管理环境是组织生存发展的物质条件的综合体，它存在于组织界限之外，并可能对管理者的行为产生直接或间接的影响。罗宾斯等人同样把管理环境分为外部环境和内部环境。外部环境是指组织之外的客观存在的各种影响因素的总和，它不以组织的意志为转移，是组织管理必须面对的重要影响因素。内部环境是指组织内部的各种影响因素的总和。罗宾斯等人认为，外部环境制约管理活动的方向和内容，无论什么样的管理目的，管理活动都必须从客观实际出发；内部环境随着组织的诞生而产生，对组织的管理活动产生影响，决定了管理活动实施的方式与方法，而且在很大程度上影响组织管理的成功与失败。

通常而言，管理的外部环境可分为一般环境和特殊环境：一般环境包括政治与法律环境、社会文化环境、经济环境、科学技术环境等；特殊环境包括行业环境、竞争环境、需求市场环境、供应市场环境等。管理的内部环境，按照环境的性质，一般可分为物理环境和心理环境。物理环境可分为自然物理环境和人工物理环境；心理环境可分为人际心理环境、群体心理环境和组织心理环境。正如前文所述，本章将重点介绍组织管理的内部环境。

管理强调控制，控制需要改变。对于组织而言，外部环境的可控性一般较低，对于外部环境，往往只能加以适应而无法控制或改变，可供管理的空间相对较小。因此，本章谈及的管理环境，主要是指组织管理的内部环境。准确地说，这部分内容涉及的环境是相对于组织内部的个体和群体而言的，是构成组织这个系统的所有“会影响到个体管理和群体管理效果”的要素的总称。考虑到人力资源管理是重点，因此，本章中的环境将特指组织内部的，相对于人力资源要素之外的，并且对人力资源管理有影响的那部分因素。

三、环境管理

所谓环境管理，就是通过对系统外部的环境因素进行控制或改变，以促进系统目标更好达成的过程。环境管理的最终目的是促进系统目标（如获得效率与利润、实现可持续化发展）得以达成。在本书中，环境管理的直接目标是促进个体对工作更满意、更热情，对群体更有归属感，对组织更忠诚；或是促进群体内部的气氛更和谐、更具凝聚力，使群体间的行动更一致、更有战斗力。换言之，下文中涉及的环境管理主要还是对组织内部的影响人力资源管理的各种环境因素进行控制或改变。

第二节 物理环境管理

一、自然物理环境管理

气温、自然景观是自然物理环境的一部分，对组织中个体的心理与行为都会产生影响。

（一）自然物理环境的主要构成

1．气温、气压与心理

气温对人的情绪影响很大。通常，气温在20～22℃的情况下，我们会感到心情舒畅；在18～20℃时，我们工作和学习的效率最高。当气温超过34℃时，我们不仅大汗淋漓、酷暑难耐，而且心情烦躁，易产生过激行为。气温过低则令人萎靡不振。当气温降到10℃以下时，我们会感到心情沉闷，情绪低落；气温低于4℃时，我们的思维效率较低，工作质量下降。

气压也会影响人的情绪。低气压会使人烦躁不安。尤其是神经症患者，易出现情绪波动、失眠等症状；抑郁症患者会病情加重，有时甚至出现冲动行为。低气压也是心脑血管疾病的诱发因素，容易发生中风、心绞痛、心肌梗死等严重情况。

之所以会产生以上变化，是因为气温和气压直接影响人体的散热方式，并使机体的新陈代谢发生改变，从而引起体温变化。在正常情况下，天气寒暖的适度变化不易对人体发生不利影响。只有在气温或气压过高或过低时，才会使人体感到不适，引发工作效率的下降。

为此，组织中的管理者要尽可能地为员工创造条件，避免因气温、气压过高或过低带来的不利影响。如设计适合的工作服，夏装要有利于散热，冬装要有利于保暖；设计厂房时要注意门、窗的位置，保证日照和通风，同时辅以电扇、空调等设备，创造出适宜工作的气温、气压条件。

2．自然景观与心理

山水花草等自然景观会在一定程度上影响我们的心理状态。世界上不少国家都有着长寿地区，那里的长寿老人特别多，而这些长寿地区的自然景观往往是宁静安逸、山清水秀、鲜花盛开的。现代旅游业飞速发展，人们对旅游越来越感兴趣的原因固然很多，但对名山大川的真情向往，并且在游山玩水中频频感受到增强体质和陶冶性情的乐趣，是其中的主要原因。

优美的自然景观还有利于我们提高工作效率，激发创作灵感。许多科学家、文学家、画家和音乐家，就经常在风景如画的环境中产生创作冲动。例如，世界圆舞曲之王施特劳斯（J. Strauss），有一次在阿尔卑斯山的维也纳森林里欣赏了飞鸣的流泉、低吟的微风、芬芳的空气和悦耳的鸟语之后，创作出了风靡全球的《森林圆舞曲》；现代女作家冰心的许多作品是在大海的怀抱中产生的；大诗人郭沫若曾多次说过，他的家乡四川省乐山地区的秀丽风光，从小陶冶了他的性情，每当置身于壮丽山河的怀抱中时，他便会诗兴大发、才思泉涌。

山水花草等自然景观既然能对我们的生活与工作发挥积极的影响，我们在生活和工作中就会积极地追求这些优美的景观。例如，在庭院、居室中布置假山、盆景和风景画，模拟和展现名山大川的美丽风景；在工作环境中养花植草，造成宜人的景观气氛；在节假日外出旅游观光，参加爬山登高的体育比赛；等等。事实证明：以优美的山水花草布置的环境在消除员工的疲劳感、提高工作效率方面大有用武之地。

（二）自然物理环境的管理措施

对自然物理环境的管理措施主要是美化自然物理环境。美化自然物理环境是改造环境的积极措施，美化的方法可以不拘一格，但美化的目的都是相同的，即为了创造出更为适宜的生活环境，改善工作条件。在我国目前的情况下，各类组织对自然环境的美化工作大致包括三个方面：

一是花园化，即在厂区内开展植树造林活动，扩大绿化面积，栽培各种花卉，从而优化组织外部环境。

二是自然化，即通过各种方式方法，把厂区和车间内各种非自然化的痕迹（如烟囱、管道、吊车、机器等）尽可能地冲淡或掩盖起来，让厂区和车间等生产区域显得更接近于大自然。因为在接近于大自然的情况下，员工会感到轻松愉快，减少疲劳感，提高劳动生产率。

三是调节室内温度、湿度和色彩。员工在适宜的温度、湿度和色彩中，生理和心理的感受都会良好，能力也能得到比较充分的发挥，因此各类组织在美化环境时就往往把温度、湿度和色彩等物理因素调节到最适合员工工作的程度。

拓展阅读

企业车间里的人造气候

在苏联，曾经有一些工厂的车间里布置着一种特殊的“人造天空”。早上，天棚呈现蔚蓝色；随着时间的推移，天棚上慢慢呈现出中午时天空的颜色；快下班时，天棚上又会出现一片夕阳西下的景色。天棚色彩的这种调节和变化，使工人们感觉到一天中的时间变化，减轻他们整天与机器接触容易产生的迟钝感，对减轻心理疲劳也起到良好的作用。

在美国，有些企业在车间里进行了环境改造。当工人感觉疲劳时，便开动阴离子发生器，向车间内输送类似瀑布、山林、海滨空气的“人工电气候”，具有净化空气、除尘、消除疲劳的功能。实践证明，其效果也是非常显著的。

二、人工物理环境管理

（一）照明环境及管理

合适的采光是我们从事工作和生产的必要条件，光照太弱或太强都会降低工作效率，影响工作质量，引发视疲劳，甚至损害视力。

科学合理的照明一般涉及两个因素：照明强度和照明分配。实验表明，人们在得不到充分光照的条件下看东西，很快就会发生视疲劳，甚至造成动作错误。增加了照明强度之后，人们的视疲劳现象就显著减少了。

工作环境中不仅要有科学合理的照明强度，而且需要合理的照明分配。照明分配和眩目有密切联系：照明分配不合理，光线过分强烈或集中，就会造成眩目。实验证明，做精细工作时，眩目在 20 min 内就会使差错率明显增加。眩目不但会导致视疲劳，而且会影响能见度。在工作环境中，可以用以下几种方法来消除眩目：尽量采用间接照明，如用灯罩罩住强光源，或者把强光源安装在视线不及的地方，利用反射光达到光线的均匀分布；让员工佩戴护目镜或眼罩等。

（二）声音环境及管理

1．噪声

噪声是指干扰人们休息、学习和工作的声音，可引起人们的心理和生理变化，泛指嘈杂、刺耳的声音。噪声会对人的生理、心理造成各种影响。一个人如果经常处于噪声的干扰下，就会出现精神烦躁，易怒，严重时甚至会导致精神失常。根据科学研究，当噪声达到 60 dB 时，55.17% 的人会感到不适；当噪声达到 70 dB 时，97.17% 的人会感到不适；当噪声达到 80 dB 时，所有的人都会感到不适。① 也有研究表明，噪声达到 100 dB 时，人就会觉得烦躁难受；当噪声达到 130 dB 时，耳朵就会有疼痛的感觉；当噪声达到 160 dB 时，耳膜将出现破裂；当噪声达到 170 dB 时，还会出现“噪声致死”。

噪声还可能降低帮助行为发生的可能性。马修斯（G. Matthews）在其 1975 年进行的实验中发现，被试所处环境的噪声越大，其对他人提供帮助的可能性越小。马修斯认为：当人们处于噪声之下时，最迫切的希望是尽快摆脱噪声，消除因此造成的烦躁，因而对他人是否需要帮助就变得不在意了。

我们如果长期处于持续的噪声环境中，就可能受到非常严重的不良影响，尽管这种影响可能是缓慢的、不易觉察的。科恩（S. Cohen）等人于 1973 年对住在一栋居民楼房里的儿童进行了阅读能力和听觉辨别能力测定。这栋楼房位于高速公路旁边，噪声水平相当高，而且低层住户感受到的噪声比高层住户更高。这些儿童在这栋楼房里至少居住了 4 年。测定结果表明，所在楼层感受到的噪声越大，儿童的阅读能力和听觉辨别能力越差。

随着工业的发展和科技的进步，人们为了消除噪声而采取了许多行之有效的措施，归

① 朱祖祥．工程心理学［M］．上海：华东师范大学出版社，1990：446．

纳起来大致可分为四个方面：一是规定噪声的等级和标准，规定在各种环境中所能容许的噪声的最高限度，尽可能地用光信号代替声音信号；二是在必须要用声音信号的场合，尽量用低频的、悦耳的信号取代高频率的刺耳信号；三是不断改进生产设备，禁止生产、销售和使用噪声超标的机器设备；四是对噪声传播的途径加以控制，在声源传播的方向上设置障碍或增加消耗，即采用隔声、吸声和消声等措施。如果在声源和传播途径上无法采取措施，或者是已经采取了控制措施，但是仍不能符合要求，就要对噪声环境中的工作人员进行个人防护，如佩戴护耳器等。

2．音乐

与噪声相反，音乐在人们的生活和工作中经常发挥着积极的作用。音乐由音质、旋律和节奏组成。每当人们听到优美动听的乐曲时，就会感到无比的舒畅愉快，这种现象的产生与人体内细胞本身的节奏有着密切的关系。在人体中，以细胞为基础的“微振”是无处不在的，如脑电波、肠胃蠕动、心脏跳动、自主神经活动等。当外界声音的节奏与人体内部的这种微振的节奏达到和谐时，人们就会产生舒畅和愉快的感觉。

拓展阅读

音乐的作用

1901 年，在美国举行过一次大规模的自行车比赛。比赛整整进行了一个星期。在比赛过程中，庞大的乐队在看台上间歇地演奏了一些轻快的乐曲，使比赛充满着紧张、欢快的气氛。在场的一位心理学者发现：每当乐队演奏时，自行车奔驰的速度就明显地加快，平均速度为 31.4 km/h；而没有乐队演奏时，自行车的速度明显放慢，平均速度仅为 28.6 km/h。音乐对参赛者起到了巨大的鼓舞作用。

在这件事的启发下，心理学家和管理者进行了许多实验，如在一个车间内安装播放音乐的装置，在一个月内，每隔一天就播放美妙的音乐。测试结果表明，同从前不播放音乐的月份相比，实验期间，车间的劳动生产率提高了 8%，废品率下降了 10%；在进行实验的这个月里，同没有播放音乐的日子相比，播放音乐的日子里劳动效率提高了 5%，废品率降低了 13%；在音乐停播一星期后，劳动效率马上下降了 6%，废品率上升了 9%。

通过一系列的实验，人们真正意识到了音乐对提高劳动生产率的潜在作用，进而也更自觉地在生产中运用音乐来减轻疲劳感，提高工作热情。在美国，已经出现了一种被管理心理学家称为“文雅的劝说者”的专用音乐，它有轻快优美的旋律，并经过科学的编排。这种专用音乐在机场、商场、医院候诊室等处播放后，人们往往更显得文雅友好和彬彬有礼。美国一家消费品制造公司的研究表明，播放这种音乐后，秘书的打字错误率能降低 39%；在超级市场里播放后，顾客平均要多停留 3 min。

苏联彼尔纽电话机厂是较早把音乐运用到生产过程中并取得很大成功的企业。该厂的装配车间在播放了两年的音乐之后，有一次突然停放了一星期。工人们就发出了不少议论，甚至抱怨说：“工作不像有音乐时那么轻松，需要花费更多的体力了。”“工作日好像变长了。”“没有音乐，工作失去了节奏，人也变得迷迷糊糊了。”从这个事例中我们可以看出，人们一旦形成了对音乐的依赖，是多么难以忍受没有音乐的工作环境啊！

为了使音乐更好地起到提高工作效率的作用，我们需要注意以下两个问题。

一是播放什么音乐。有人进行过调查，在回答“你最喜欢的音乐作品是什么”时，268人中有127种不同的回答。因此，要想确定大家都喜欢的一首或几首乐曲是很困难的。根据经验，大多数人在工作时喜欢听小型乐队演奏的节奏明快的乐曲。许多实践已经表明，在生产时间内不宜播放整部的交响音乐，也不宜播放节奏过于缓慢和忧伤的抒情曲。

二是何时播放的效果最佳。不少研究表明，员工最迫切需要音乐的时间是上午工作了2～3 h之后和下班前的1～2 h。每次播放音乐的时间不宜超过30 min。一个工作日的全部播放时间不宜超过2.5 h。还有人认为，用轻快动听的音乐迎接员工上班是很有益处的，它会给人一种即将迎接战斗的体验，激发员工的高昂情绪。

（三）色彩环境及管理

不同的颜色会产生不同的心理效果，从而影响人的行为。

第一，人们对色彩的心理效应有较高的一致性，这使得通过色彩变化来安抚人的情绪成为可能。美国有不少警局的看守间的墙壁都漆成了绿色或粉红色，事实证明，一些失去理智的疯狂者在绿色或粉红色的环境中会神奇地平静下来。

第二，颜色与工作效率有很大的关系。不同的颜色能给人们以不同的生理和心理感受，而这些感受又直接影响到人们的工作热情与干劲。在暖色的房间里，人们更容易兴奋，更加生机勃勃；而在冷色的房间里，人们更平静、舒坦。

拓展阅读

颜色的心理效应在组织中的运用

以前，装运箱为了耐脏而被漆成黑色或深灰色，工人们搬运起来往往感到特别沉重。在心理顾问的指导下，有关部门把装运箱改成浅黄色，工人们搬运起来就感到轻松多了。

管理心理学家在调查中发现：工作环境如果灰暗，往往会产生压抑感，从而影响工人的干劲，使他们容易感到疲劳。如果用暖色（如奶黄色）粉刷一下工厂的墙壁，即使维持原来的照明强度，也会给人以舒适亮堂的感觉，有助于提高生产效率。但是，对于办公室人员来说，冷色似乎更合适。蓝色和绿色给人一种宁静的感觉，能使办公人员的思想更加集中。同时，工作觉得吃力时，看到绿色或者蓝色墙壁会给眼睛带来一种安抚感，缓解用眼疲劳。

美国有一家锁厂的工伤事故特别少，据调查，这与该工厂使用颜色得当有很大的关系。这家工厂用黄色代替红色作为危险的信号。工厂里的机器不是漆成暗灰色，而是漆成鲜亮的颜色。这样做是为了使工人容易发现机器上是否沾有灰尘，加强机器保养。同时，工厂还把机器的防护套和导管漆成绿色，使工人的用眼疲劳得到适当的缓解。

第三，不同的颜色还能造成不同的空间感。例如，浅蓝色、浅黄色、乳白色能使人感到房间宽大。在住房条件紧张的情况下，人们已越来越喜欢用上述颜色粉刷墙壁，因为这能使房间在人的心理感觉上变得大一些。飞机、火车、汽车等交通工具的内部也都对应地被漆成上述颜色，这能提高旅客的舒适感。

拓展阅读

颜色为什么会影响人的心理？

为什么颜色会对人的心理产生如此显著的作用？千变万化的色彩，本属于自然界中的客观存在，无所谓感情色彩。但人们在认识、改造自然的长期过程中，逐步在心理上对自然界中的不同色彩产生了特定的心理反应，这时候的色彩对人来说就有了感情因素。例如，人们长期在白天接触阳光，在夜晚接触灯光，因而对红色和橙色就容易产生温暖、幸福之感；长期接触树木、禾苗，因而对绿色就产生了生长、希望之感；长期接触丰收的稻、麦、菽、黍，因而对黄色就产生了成熟、充实之感；经常接触泥土、石块、重金属，因而对黑色、棕色就产生了沉重、艰辛和稳重之感；经常接触绚丽的花卉，则对鲜艳明亮、缤纷协调的混合色彩产生出一种生机勃勃、活泼可爱之感。以上这些感觉的长期存在并且代代相传，便形成了种种颜色的象征意义。例如：红色象征革命、热烈、牺牲、豪迈；绿色象征和蔼、悠闲、和平、娴雅；黄色象征温暖、高贵、显赫、豪华；蓝色象征和平、温和、冷静、深沉；白色象征轻快、纯洁、真挚；黑色象征沉重、悲哀、神秘。

在工作环境的色彩布置中，我们应该有意识地运用不同颜色的象征意义，创造出一种最能调动起人们积极情绪的色彩环境。值得一提的是，颜色用得适当还可以避免吸引昆虫。美国一家奶酪制造厂把一块窗户的玻璃涂成蓝色以阻挡紫外线。他们意外地发现，苍蝇不再集结在这块玻璃上，而邻近的未涂成蓝色的玻璃上依旧满是苍蝇。相反，蚊子似乎喜欢蓝色。在第二次世界大战期间，美军把在霍乱流行地区工作的海军穿的衬衫由蓝色换成白色，结果，穿白色衬衫的士兵比穿蓝色衬衫的士兵被蚊子咬的次数少得多。

第三节　心理环境管理

心理环境可分为人际心理环境、群体心理环境和组织心理环境。

一、人际心理环境管理

（一）人员密度及管理

人员密度会对人的心理产生影响。在人员密度过小的环境中（如草原、沙漠等），长时间的独处会让人们体验到孤独；而在人员密度过大的环境中（如拥挤的车厢、熙熙攘攘的街道等），人们会产生拥挤感，觉得烦躁。

1．孤独

孤独对人类行为的影响受到了广泛的注意，但对此做的研究相对来说比较少。随着海洋、宇宙空间的开发，人们越来越重视这个课题了。例如，在外层空间中，宇航员在狭小的航天器里孤独地待上几天、几个星期甚至几个月，这种孤独对他们有何影响？是否会使其正常的能力减弱，影响对航天器的操作？我们所了解的有关孤独的效应大部分来自航海家、探险家，从这些报告中我们发现了一致的结果。处于孤独的前几天最难应对，会产生孤独无助和害怕的感觉。航海家邦姆巴德（A. Bombard，又译邦巴尔，曾一人航海 65 天）说，如果一个人能克服最初一个星期的孤独影响，他生存下去的概率就大大地增加了。

这个时期过去之后，孤独就会影响个体的知觉，能使人产生幻觉。邦姆巴德曾在晚上听到巨大的噪声。有位航海家还看到有个人站在船头说自己是哥伦布船上的水手，并指导他如何驾驶船。这个阶段常常伴随着迷信和毫无根据的想象。例如，与无生命物体谈话（邦姆巴德与洋娃娃进行过交谈），对任何有生命的东西产生强烈的爱。例如，有人在单独航海时发现了一只蜗牛，并把它作为宠物和朋友。

在孤独的最后一个阶段，长期孤独的个体会变得害怕与人类同伴进行交往和交谈，因为担心自己表现出愚蠢和神经错乱。

但上述报告多是经验之谈，缺乏实验的控制。因此，我们有时很难得出结论，认定孤独是产生这些行为的原因。

沙赫特（S. Schachter）总结了有关报告，对孤独得出了三点结论。第一，孤独所产生的痛苦程度与孤独的时间不是线性关系。在一段时间内，由孤独所产生的痛苦会增加，但不久就开始下降。一旦经历长时间的孤独，个体就进入了类似精神分裂症的冷漠状态：这时的个体没有什么情感，对环境不做出任何反应。第二，孤独者常常想到其他人，梦中也会出现其他人，甚至产生有关其他人的幻觉。第三，那些说自己会在头脑中思考物理或智力游戏的被试，比没有这样做的被试会表现出较少的不安和冷漠。

管理者在进行工作设计时，尽可能不要让单个员工在封闭的环境下独立工作，避免孤独感的产生。塔维斯托克研究所的研究就能充分地说明这一点。塔维斯托克研究所是英国伦敦的一个研究所，该所以特里斯特（E. L. Trist）为首的一批研究人员在一个煤矿进行技术改革。该煤矿原来采用短壁法采煤，即手工采煤。采煤工 6 个人组成一个班，一般都是自愿结合，班组内部非常团结。塔维斯托克研究所的技术改革主要是改短壁法为长壁法，即采用传送带采煤。结果就不得不改变原来小组集体工作的办法而进行明确的个人分工，让单个矿工在不同的作业面上独立工作。这样，分工细了，技术比较简单，按理说效率应该会提高。但是，技术的改革反而造成了出勤率下降、士气低落、生产率下降。其原因主要是技术改革取消了班组，工人单独在封闭的矿道内采煤，导致工人产生了孤独感。

2．拥挤

拥挤是组织中普遍存在的环境问题。作为客观性定义，拥挤是指个人实际拥有的空间狭小。拥挤与人口密度有关：人口密度越大，越拥挤。作为主观性定义，拥挤是人们在没有足够的空间且行为受到限制时所产生的心理感受。

一些研究表明，拥挤有可能增加死亡。研究者对一个国家的监狱与精神病院进行调查发现，死亡率随着人口密度的增加而上升。拥挤会诱发心理的不健康：人口密度高的地区，心理疾病发病率较高；随着地理位置向郊外的推移，心理疾病的发病率逐渐下降。

拥挤对于任务有负面影响，特别是对复杂任务的负面影响更大。一个实验要求被试在不同拥挤状况下完成迷津，结果发现在高拥挤情境下，被试的平均错误次数为 37.44 次，在低拥挤情境下的平均错误次数为 34.20 次。

拥挤可能造成人与人之间的冷漠，抑制助人行为。住在不拥挤的低层建筑物中的学生，比住在拥挤的高层建筑物中的学生表现出更多的亲社会行为，如借钱给他人、提供帮助等。

客观的拥挤和主观的拥挤（即拥挤感）是有一定区别的。在拥挤程度相同的环境中，有的人感到拥挤不堪，有的人则不觉得拥挤。对此，米尔格莱姆（S. Milgram）提出了感觉超负荷理论。该理论认为，拥挤是刺激的一个来源，拥挤程度较大，对个体的刺激也较大。不同个体承受刺激的负荷量是不同的，有的人喜欢高强度的刺激，有的人喜欢低强度的刺激：不同的人有不同的适宜刺激水平。当拥挤产生的刺激超过个体的适宜刺激水平时，个体就会体验到超负荷。超负荷使个体不安、紧张、不愉快，中断注意力，隔断对外部刺激的接受，干扰正常的工作能力，从而产生了拥挤感。在日常生活中，我们也会有这样的感觉：有的人适宜刺激水平比较高，人越多就越兴奋，不会感到拥挤；有的人则讨厌人多热闹的场合，更喜欢清静。

拥挤感和人员密度有密切的关系，但这样的关系不是线性的。鲍姆（A. Baum）等人做了这样的研究：让两组学生住进面积相同但是结构不同的宿舍，A 宿舍有一条走廊、一间休息室、一间浴室；B 宿舍分隔出了几个套房，每个套房有三间寝室、一间休息室、一间浴室。结果发现，住在 A 宿舍的人比住在 B 宿舍的人感到更拥挤，因此对他人不友好，人际交往也很少。鲍姆等人认为，人与人的相互作用超过了所希望的数量，即当情境迫使个体不得不进行超量的社交时，个体就会产生拥挤感，并开始产生回避人际相互作用的倾向。

这样的研究对工作环境的管理有很大的启发：对工作场所做适当的分隔，减少不必要的人际互动等，有助于避免拥挤感的产生。

（二）人际关系及管理

人际关系是指人与人之间通过交往与相互作用而形成的直接的心理关系，主要表现为心理距离的远近、对他人的心理倾向及相应的行为等。梅奥通过霍桑实验，提出了人际关系理论，证明了良好人际关系对提高员工生产效率具有重要作用。梅奥发现，要形成良好的人际关系，善于沟通就非常重要。良好的沟通不仅可以了解到员工的需求，更可以改善上下级之间的关系，从而使员工更加自愿地努力工作。倾听是一种有效的沟通方式。具有智慧的管理者会认为倾听别人的意见比表现自己渊博的知识更重要，他们善于帮助和启发员工表达出自己的思想和感情，善于聆听员工的意见，激发员工的创造性思维。这样，不仅可以使员工增强对管理者的信任感，还可以使管理者从中获取有用的信息，更有效地组织工作。适时地赞誉员工也是管理中极为有效的手段。管理者在公开的场合对有贡献的员工给予恰当的称赞，会使员工增强自信和使命感，从而努力创造更佳的业绩。采用“与人为善”的管理方式，不仅有助于营造和谐的工作气氛，而且可以提高员工的满意度，使其能继续坚持不懈地为实现组织目标而努力。

在组织中，任何一名员工都应努力学会处理人际关系，不断提高相应的技能。在组织管理实践中，我们可以通过以下几种方法来与不同的人交往：

首先，学会和领导相处。领导希望下属能忠诚地拥戴他，听他指挥，所以，我们要讲诚信、讲义气，要敬重领导。在与领导的相处中，谦逊是相当重要的。谦逊意味着我们有自知之明，懂得尊重他人，有向领导请教、学习的意向，意味着“孺子可教”。

其次，学会和同事相处。对同事不能太苛求，要友好待人。任何人日后都可能成为我们重要的工作伙伴，甚至变成领导，所以千万不要预设立场，因他今日不是个重要角色就忽略他的存在。同时，不要随便听信他人的闲言碎语，让自己保持一个开朗的胸襟，真诚地与同事相处。

再次，学会和下属相处。领导要多关心、帮助下属，对下属要坦诚，努力使下属感到受尊重、被重视。这么做会有助于缩小下属对领导产生的心理距离，增进相互之间的了解，从而激发下属的工作积极性。

最后，学会与竞争对手相处。在我们的工作中，处处都有竞争对手。当我们超越对手时，没必要蔑视对方，因为对方也在寻求上进；当对方更优秀时，不必存心添乱找碴。与竞争对手相处，我们要保持大度开明的宽容风范和温暖豁达的积极态度。

员工自己要努力提升人际交往技能，组织也要有所作为、积极作为，例如，通过心理培训或拓展训练，帮助每一名员工提升他们的人际交往能力，致力于为组织中的每位员工营造出友善、和谐的组织文化。

二、群体心理环境管理

在组织活动中，除了人与人之间的交往之外，还有人与群体的交往活动。这类活动中也存在特定的心理学现象和规律。

（一）群体规范及管理

群体规范是指群体多数成员共有行为方式的总和，包括制度、法规、纪律、道德、习惯、信念和信仰等，对群体成员有约束作用。

一般而言，群体规范可以分为两类。一类是正式规范，即由组织明文规定的员工应遵循的规则和程序，如岗位规范、操作规程等。另一类是非正式规范，即不由组织正式规定，而是员工在工作与生活过程中约定俗成的行为准则，是群体成员在相互交往过程中，在模仿、暗示、依从的基础上形成的。

无论是正式群体还是非正式群体，都存在着规范。同时，无论正式规范还是非正式规范，都能带来一种无形的压力，潜移默化地影响着个人的行为和人格发展，会起到调节成员活动的作用。

鉴于群体规范的这种影响力和作用，组织管理者应充分了解群体规范的优势与劣势，并积极应用一些好的规范来优化实践中的管理行为，或针对某些不好的规范进行改革以规避一些负面影响。20 世纪 60 年代后期，美国管理心理学家皮尔尼克（S. Pilnick）分析了群体规范与组织利益之间的关系，并提出了“规范分析法”作为改进群体工作效率的工具。这种方法包括三项内容：第一，明确规范内容。管理者要调查、了解群体业已形成的规范的内容，特别是了解起消极作用的规范是什么，并听取对这些规范进行改革的意见。第二，制作规范剖面图。管理者要将规范进行分类，如分为组织荣誉、业务成绩等，制作规范剖面图，并给每类规范定出理想的给分点。这种理想的给分点与实际评分的差距，称为规范差距。第三，进行改革。改革应从最上层的群体开始，逐级向下。管理者在确定优先改革的规范项目时，应先考虑规范对组织影响的大小，不能把规范差距大的项目列为优先改革的项目。

拓展阅读

群体标准形成的过程

20 世纪 30 年代，美国心理学家谢利夫（M. Sherif）使用自主运动错觉研究了群体标准形成的过程。他以哥伦比亚大学、纽约大学的一些学生为被试，要求他们独自或以两三人的群体参加实验。房间完全黑暗，通过一个金属箱的小孔可以看到一个小光点。

他对被试说：当房间全黑时，我就给一个信号，先说预备，然后呈现一个光点。过一段时间后，光点开始运动。你们一看到光点运动就按键。几秒之后，光点消失。你要告诉我光点运动的距离，并使你的判断尽可能准确。

谢利夫的实验发现，个体一旦形成知觉模式，就始终认为光点是按一定距离来回运动的。在没有其他信息的情况下，个体会建立自己的标准。当一个被试形成了自己的标准并与他人的标准不一致时，个体会通过相互的影响而确立了一个标准。同时，群体中形成的这一标准是相当牢固的，每个个体都会调整自己的标准去适应群体标准，不会恢复到群体测试之前自己所确定的标准上。看来，群体建立的标准比个体在特殊情境里的知觉更有力量。

从谢利夫的实验不难看出，群体标准的形成是受模仿、暗示、依从等因素影响的。因为群体在讨论时，一个人会受到其他人的暗示，从而影响自己的判断；或者少数人在大多数人的压力下，为了避免自己被孤立而产生依从，模仿他人、再现他人的行为和意见，从而形成统一的看法。正是这种一致性的意见，保证了群体活动的一致性。

（二）群体士气及管理

群体士气又叫团队精神，由群体的工作精神和成员对组织的积极态度组成。克瑞奇（D. Krech）等人认为，一个士气高昂的群体具有以下七种特征：群体的团结来自内部的凝聚力，而非外部的压力；群体内的成员没有分裂为互相敌对的小群体的倾向；群体本身具有适应外部变化的能力，并具有处理内部冲突的能力；群体成员有强烈的认同感和归属感；群体内的每一位成员都明确掌握群体的目标；群体内成员对群体目标及管理者，都抱有肯定、支持的态度；群体内成员都承认群体的存在价值，并具有维护它继续存在的意向。

群体士气是群体成员的群体意识，它与群体凝聚力有密切关系。士气高昂的群体，凝聚力就强；士气低落的群体，凝聚力就会下降。高昂的群体士气虽不一定提高组织的绩效，但要想提高组织绩效，提高群体士气就是不可缺少的重要条件。

美国心理学家戴维斯（K. Davis）研究了群体士气与生产效率的关系。他认为，群体士气与生产效率的关系可能出现三种情况：第一，群体士气高，生产效率也高。这是由于员工在组织里既获得了满足感，又体会到组织目标与个人的需要相一致，员工能无所顾忌地去实现组织目标。第二，群体士气高，生产效率低。这是由于员工在群体里虽然获得了满足感，但组织目标与个人的需要不匹配，于是出现了“和和气气地怠工”的现象，缺乏紧张工作的气氛。第三，群体士气低，生产效率高。这是因为管理者过分强调物质条件和金钱刺激，使员工为了获得某些物质需要而提高生产效率，然而由于忽略了员工的心理需求，高生产效率的情况也只能是暂时的。除了戴维斯讲的这三种情况，还有一种情况即群体士气低，生产效率也低。这是由于员工在群体内没有满足感，而且组织目标与个人的需求也不能发生联系，员工对生产没有兴趣，于是出现了“当一天和尚撞一天钟”的现象。由此可见，对于一个组织而言，要想取得可持续发展，始终保持较高的生产效率（或效率），就应努力采取措施，提高群体士气。

（三）群体凝聚力及管理

所谓群体凝聚力，指的是群体对其成员的吸引力，包括群体成员之间的相互吸引力和群体成员对群体的满意程度。对于一个群体而言，凝聚力往往受如下因素的影响：

一是群体的领导方式。群体的管理者有其各自的领导方式，不同的领导方式会对群体凝聚力产生不同的影响。心理学家勒温（K. Lewin）等人研究发现，采用“民主型”领导方式的小组比采用“专制型”和“放任型”领导方式的小组，成员之间更友爱，思想更活跃，态度更积极，群体凝聚力更高。

二是群体成员的一致性。这里的一致性是指群体成员的共同性或相似性。如果群体成员有共同的目标、共同的需要、共同的兴趣爱好，则成员之间的行为表现容易达成一致，群体的凝聚力更强。应该说，群体成员的一致性是群体凝聚力的基础。

三是群体规模。群体规模是影响群体凝聚力的一个重要因素：群体规模过大，成员之间相互接触的机会相对减少，彼此的关系会比较淡薄，易造成意见分歧，从而降低群体凝聚力；群体规模过小，群体力量不足，就会影响任务的完成。因此，群体的规模应既能保证群体的工作机能，又能维持群体凝聚力。一般，群体规模以七人左右为宜。

四是外部压力的影响。外部压力是影响群体凝聚力的一个重要因素。研究表明，当群体遭到外部压力时，群体成员会尽弃前嫌，紧密地团结起来一起抵抗外来威胁，从而有利于增强群体成员的团结精神，提高群体凝聚力。

五是群体成员需求的满足。任何一个人加入某一个群体，总是希望群体能满足其一定的需求，既包括物质上的需求也包括精神上的需求。群体越能满足个人的需求，对成员的吸引力就越强。

六是群体内部的奖励方式。群体内部的奖励方式对群体成员会产生不同的心理影响，进而影响群体凝聚力。只强调个人成功，对个人进行奖励，势必造成群体成员之间的矛盾。研究证明，个人奖励和群体奖励相结合的方式易增强成员的集体意识和工作责任感，有利于增强群体凝聚力。

七是群体的地位。某群体在其他群体中的地位、等级越高，群体凝聚力就越强。如果群体地位高，群体内有较多的晋升机会，有更多的薪酬，有更大的发展可能性，群体凝聚力就更强。

八是群体目标的达成。有效地达成群体目标会使群体内成员产生自豪感，增强凝聚力，凝聚力反过来也会促进群体目标的达成。

九是信息的沟通。信息沟通渠道越畅通，凝聚力越高；相反，凝聚力越低。

一个好的群体，其凝聚力一定高，从而会有很高的群体士气、明确的动机和较强的抗干扰的力量。有高度凝聚力的群体比缺乏凝聚力的群体的生产效率要高。

然而，群体凝聚力并不总是有利于提高生产效率。只有在群体目标与组织目标一致时，增强凝聚力才有利于提高生产效率。反之，当群体目标与组织目标背道而驰时，高凝聚力反而会使生产效率下降。

（四）非正式群体及管理

非正式群体是指在活动中自发形成的未经任何权力机构承认或批准而形成的群体。非正式群体的存在多是基于社会交往的需要。在正式群体中，由于我们社会交往的特殊需要，依照喜好、心理距离等，就会出现非正式群体。非正式群体没有定员编制，没有固定的条文规范，因而，往往不具有固定的形式。由共同利益偶然在一起的人们，同一个学院的伙伴，工厂或学校中存在的一些“小集团”“小圈子”等都属于非正式群体。

非正式群体对于组织意味着什么？是有利的，还是不利的呢？研究表明，非正式群体对组织的影响大致可分为四种情况。第一，积极型，即对组织目标、正式群体的建设和成员的成长起积极作用，如技术人员自发形成的攻关小组、技术能手小组等。第二，消极型，即对组织目标、正式群体的建设和成员的成长起消极作用，如有的非正式群体经常聚在一起发牢骚。第三，中间型，即对于组织目标、正式群体的建设和成员的成长没有明显的积极作用或消极作用，如业余诗词协会、篮球队等。第四，破坏型，即对组织目标、正式群体的建设和成员的成长有明显的破坏、干扰作用，如有些非正式群体鼓励成员怠工、破坏工具、赌博、打架等。

需要指出的是，非正式群体的群体作用性质不是固定不变的，是可以发生转化的。例如，积极型非正式群体，如果引导不利，或对其采取不正确的态度，那么可能会使其作用发生转化；消极型非正式群体经过适当的工作，也可能转为积极型非正式群体。非正式群体的作用往往不是绝对积极或绝对消极，如有些非正式群体的作用对组织是不利的，但可能对正式群体有一定积极作用。研究证明，群体可以满足个人的安全需要、归属的需要、尊重的需要、自我确认的需要，还有助于个人增强自信、力量感等。非正式群体的作用是正式群体无法代替的，因此，管理者应正确对待非正式群体，防止和克服其消极影响，利用其积极作用，使它们充分发挥作用。

三、组织心理环境管理

对组织内的个体和群体而言，组织自身各种特质的集合，构成了影响个体行为表现或活动开展的环境。在该环境中，有一部分会被个体注意到和感知到而成为实际影响心理事件发生的环境，我们称为组织心理环境。组织文化是最主要的组织心理环境，并因此备受关注。

（一）组织文化的概念

根据霍夫斯泰德（G. Hofstede，如图 11-1 所示）的定义，文化是一个环境中人的“共同的心理程序”。组织文化是文化的一种特殊类型。组织文化直接来源于组织的经营活动，不同的组织由于规模结构、经营内容、组织形式、成员素质不同而呈现出不同的组织文化。即使同一个组织，在其不同发展阶段，组织文化也会存在明显差异。由此可见，组织文化依赖组织的存在，没有组织就没有组织文化；同样，没有组织文化亦不可能有独具特色的组织：组织文化赋予一个组织区别于其他组织的特征。

图 11-1 霍夫斯泰德

对于组织文化的内涵及其组成，学界有不同的认识和理解。其中，最具代表性的观点有如下三种。

1．三层次说

三层次说认为，组织文化是由三个层次的内容构成的。第一个层次是文化的外显层或物质层，如办公室、机械设施、产品、标志等物质形态的文化；第二个层次是制度文化，如规章制度、行为规范、条文规定等制度形态的文化；第三个层次是核心层或称为精神文化，指组织的价值观、使命、愿景等精神形态的文化。这三个层次的内容综合起来，就是组织文化。

2．二元说

二元说认为，组织文化是由组织中的物质文化与精神文化两个方面的因素组成的。物质文化是指可见的、有形的、外显的物质，又可称为外显文化或表层文化，如机械设施、厂容厂貌、技术设计、商品包装等；精神文化是看不见的、无形的，又称为隐形文化或深层文化，如组织中的共同价值观、信念、工作氛围等。

3．精神文化说

精神文化说认为，组织文化是以价值观为核心的，包括信念、作风、行为规范在内的各种精神现象。它体现在物质形态之中并发挥其影响和制约作用，但不能把物质形态的事物包括在内。

可见，对组织文化的理解有狭义和广义之分。精神文化说是一种狭义的理解，只强调非物质形态的部分；三层次说和二元说则是相对广义上的理解，将一些物质形态的事物纳入组织文化。在本书中，我们倾向于更广义地理解组织文化。

（二）组织文化的形成

对于组织文化如何形成和发展，长期以来有不同的观点。有的研究者认为组织文化是随着组织发展而自然形成的，难以改变；有的研究者认为组织文化是由组织的创建者确立的，不能更改；也有的研究者认为组织文化是组织适应竞争的产物，应与时俱进。组织文化一旦形成，就有其一定的历史背景和合理性，无须拘泥于产生的方式或适合性。

重要的是，如何使组织所倡导的文化真正被组织及其全体成员理解和接受，自觉或不自觉地体现在各自的行为中，并在这一过程中不断调整和优化组织的文化和行为，这是组织需要关注的问题。许多组织尽管拥有经过深思熟虑后的组织文化描述，但长期苦于无法使其真正产生预期的影响力，主要原因还是没有找到有效内化组织文化的正确方法。组织文化是需要塑造的，塑造的过程就是实现有效内化的过程。

1. 影响组织文化形成的因素

为什么一个组织中的众多个体会共享基本的态度、价值观和愿景？下面几个因素是影响这种情况的关键所在。

（1）组织的创建者

组织文化的形成可以（至少部分）追溯到组织的创建者。这些人通常精力充沛，信念坚定，并且对于整体组织的运作有着清晰的预期。因为他们总是冲锋在前，而且在最初的人力资源配置上起着关键的作用，因此，他们的态度和价值观很容易为新雇员所接受。结果，这些态度和价值观逐渐成为整个组织的共识，而且只要组织创建者仍在其位，它们就不会退出历史舞台。在某些情况下，即使组织的创建者不在其位了，他（她）的价值观仍然对整个公司的文化起着驱动作用。例如，克洛克（R. Kroc）创建麦当劳快餐连锁店是基于这样的信念：应该以适宜的价格在洁净、家庭化的环境中为顾客提供可口的美食。今天，克洛克虽不在麦当劳了，但麦当劳仍保持着其关键的价值观。相似的是，迪士尼（W. Disney）以健康家庭为核心概念的价值观至今仍在公司里焕发着勃勃生机，而且也使得迪士尼公司声名远扬。

（2）组织的发展历程

同样，组织文化的发展历程通常也是组织在外部市场环境中的成长历程。每一个组织都必须在整个行业、在整个市场中找到自己的位置。在这些组织早期的奋斗历程中，某些价值观和行事风格可能更有效。例如，某一公司可能认为为顾客提供质量上乘的产品是自己独特的市场切入点，为此，它可以培养出一个核心的顾客群来拓展自己的业务。由此，该公司可能逐渐形成以高质量为核心的共识。同时，另一个公司可能发现以有吸引力的价格出售质量普通的产品是最有效的经营模式，结果自然就形成以价格为主导的组织。正是通过这样的（以及其他无数的）途径，组织文化在与外部环境的相互作用下逐渐成形。

（3）组织成员间的交往

毫无疑问，组织文化的发展与组织内部成员之间、团队之间的相互交流不无关系。在广义上，组织文化包括了组织成员对各类事件、行为的共同的观念。组织文化反映出组织成员对于不同的事物和行为的相似的理解。换言之，组织成员正是以这种方式逐渐在一些关键（即那些与组织工作有关的）问题的看法上达成一致。

（4）组织管理措施

组织可以通过适当的管理措施促进组织成员获得一系列相似的经历，起到维系文化的作用。组织特定的人才甄选、员工培训、岗位晋升、绩效评估、员工奖励等方面的管理措施，可以保证组织雇用的员工与组织文化相适应，以保持组织文化的活力。

（5）自上而下和自下而上

罗迪斯（A. Rhoades）是组织文化创建的资深专家，捷蓝航空公司的组织文化便是由他主导创建的。这个创建过程经历了两个阶段：

一是自上而下阶段。首先，罗迪斯召集所有的高层领导和经理开会，讨论“公司为什么要存在”（使命），以及“其核心的价值观是什么”。会议进行了两天，争论得非常激烈。一部分人认为，公司要创造利润；另一部分人认为，公司应以文化价值观为追求，利润是自然而然的结果。最后，会议确定了“把人性带回航空业”的使命和“安全、关怀、正直、乐趣、激情”五大核心价值观。为什么召集高层领导和经理讨论呢？因为高层领导和经理思考的立足点常比较高远，只有他们共同参与讨论、达成共识，才有助于组织文化的执行。

二是自下而上阶段。在公司高层领导和经理厘清了公司的使命和核心价值观并达成共识后，如何把这些使命和核心价值观变成员工的思想和行为准则呢？这时就要发动公司所有员工参与讨论：在捷蓝航空公司，什么样的具体行为表示“安全”“关怀”“正直”“乐趣”“激情”。通过讨论，员工为每一条价值观确定出几条可衡量、能体现行业、公司乃至团体特征的行为标准。只有把价值观行为化，组织文化才能真正落地。否则，就容易成为管理者的期望和贴在墙上的口号，员工没有办法去落实和内化。

罗迪斯认为，组织文化中的价值观和行为标准都确立之后，组织的领导者要带头示范，同时，在人力资源管理过程中要把它们作为最基本的决策标准，特别是在招聘和裁员中，要能以此为准绳，这是非常重要的。持续如此，以这些价值观为核心的组织文化必将能落地生根、开花结果。

2. 组织文化的传播工具及传播方式

组织文化是通过什么方式在员工之间进行传播的呢？依赖哪些传播工具？在组织文化传播的过程中，组织可以利用标志、传奇、行话、仪式、规章制度等工具进行传播。

（1）标志

首先，组织通常依靠标志来传播自己的文化，这些标志有着具体的物理形态，并蕴含着特定的意义。例如，一些公司会建造醒目的建筑物来显示公司强大的实力、辉煌的业绩和稳重的风格，而另一些公司则利用标语、口号来表达自己的文化。这些口号，有一些很快被改变，但有一些则成为经典并源远流长。例如，通用电气公司的“进步才是我们最重要的产品”以及福特公司的“质量就是工作的全部”。公司的商务用车甚至商用飞机通常也传递着组织文化中的一些特定信息，如谁是公司内大权在握的人。一项有趣的研究证实了这一点。在该研究中，研究者向人们呈现一些公司前台（接待处）的图片，然后让他们通过图片来评价这些公司。结果发现，不同的图片投射出不同公司的组织文化在人们心目中的形象。例如，图片中公司的前台如果绿化做得好，有大量的花卉和植被，人们通常会认为该公司的组织文化比较崇尚“和谐友善”的同事关系；前台如果摆满了奖杯，人们会认为该公司的组织文化比较崇尚“成功”的价值观。以上的研究结果表明，物理形态的标志是传播组织文化的有效工具。

（2）传奇

组织中流传的种种传奇（即传说，无论是正式渠道还是非正式渠道）传播着组织文化。传奇通常透射出组织文化中的一些核心价值观，讲述这些传奇可以有效地传播并强化这些价值观。然而，传奇并不仅指公司的一些重大事件，如谁曾经凭一己之力拯救了整个公司的命运，也可能只是一些小故事。这些小故事，因为人们津津乐道，于是便成为传奇。

（3）行话

公司内部一些独特的日常用语（行话或者俚语）也有助于组织文化的传播，从而帮助成员形成对公司的认同感。例如，IBM 的员工多年来形成了自己的行话，他们将磁盘驱动器称为“硬文件”（hard file），把电路板称作“平面板”（planar boards），这些语言习惯能反映组织文化中的独特之处；人力资源从业者会经常提到一些令我们感到陌生的名词，甚至还开发出一套用于其内部工作的专业语言，而这些专门的名词术语作为一种基本要素能使得业内的个人迅速融入共同的文化或亚文化。

（4）仪式

组织可以通过各种仪式来传承自己的文化。实际上，这些仪式可以视为承载组织基本价值观和承诺的赞歌。这好比婚礼象征着夫妻双方对婚姻的承诺，总统的就职演讲象征着一个国家新领导的诞生。组织的各类仪式也发挥着类似的重要作用。例如，一个会计师事务所举办晚会来庆祝公司迁入更高档的办公楼，其意义在于向大众宣布公司“进入了一个新时代”或者“迎来了一个重要的时刻”。此类仪式对于组织内外的人都有着特殊的意义。

（5）规章制度

组织文化传播的一条重要途径是规章制度。一些组织针对全体员工制订了详细而明确的制度。例如，玛氏公司的创建者马尔斯（F. Mars）最早提出的“马尔斯五法则”至今仍引导着公司的发展，它们是：质量（即提高产品质量，人人有责），责任（即每个员工都应当对自己的行为和决定负责），共享（即创造让人人都受益的环境），效率（即几乎所有工厂从不停产），自由（即让每个员工都有掌握自己命运的机会）。这些规章制度往往融合了组织的重要价值观。

（三）组织文化的作用

组织文化对组织行为发挥着重要的作用，这种作用有积极的，也有消极的。

1．积极作用

第一，有助于建立内部的组织精神和团队意识。组织文化对员工的思维、目标、道德、价值观、经营理念等具有重要的导向作用，它促使组织成员的价值观念、思想意识、行为取向与组织的整体价值观、思想、行为进行整合，使组织成为每位员工利益的共同体，让员工对组织有一种归属感和认同感，这就是组织精神。组织精神用其信念、价值观去感染员工，将这种精神内化成员工自己的思想，使员工为组织目标自觉地采取行动甚至做出自我牺牲。这样，组织内上下一致，形成一种特殊的团队意识。因此，塑造优秀组织文化的实质就是形成内部的组织精神和团队意识。

第二，有助于组织展示、强化内部的行为标准。这对组织中的新成员来说十分重要，同时对组织中已有成员行为的规范也有帮助。从本质上来说，组织文化对组织成员的言谈举止有导向作用，它能使组织成员明白在特定的情境中该说什么和该做什么。在这种意义上，组织文化保持了组织行为的一致性和稳定性，无论是同一个员工在不同的时间，还是不同的员工在同一个时间，都有一个统一的行为标准。例如，如果某公司的文化特别强调顾客满意度，其员工必定对自己的业务活动有清楚的标准：尽量使顾客满意。

第三，有助于组织建立、协调各种内部关系。主要表现在：组织文化中的价值观为组织成员所共享，为组织成员建立了共同语言，并规定了成员之间应当存在的各种良好关系，使他们能够有效地进行交流沟通，协调彼此之间的关系。这样可以减少组织内部各部门之间的隔阂，形成良好的人际关系。例如，英特尔公司对纪律与平等的强调、海尔公司的“日清日高”管理法等，都在一定程度上起到了协调组织内部关系的作用。

第四，有助于组织塑造、形成良好的工作气氛。组织文化把个人目标同化于组织目标，把建立共同的价值观当成管理上的首要任务，从而引导员工的理想追求。组织文化中的共有价值观一旦形成，就会对组织成员的行为起到强有力的规范作用，影响并约束成员的行为。另外，组织文化不仅对组织内已有成员有强制性的规范作用，而且对新加入成员的行为有很大的强制性，就像一只无形的手拉着新成员朝一个既定目标前进，乃至过一段时间后，新成员会完全融入这个文化。正是组织文化的导向作用、规范作用和融合作用，形成了组织文化的凝聚功能，提高了组织的群体士气，进而改善组织的内部环境，形成良好的工作氛围。

此外，组织文化在人力资源管理过程中也起到吸引、筛选新员工和激励、挽留老员工的作用。中国素有“道不同不相为谋”“志同道合”“士为知己者死”的理念，如果某企业的组织文化中的价值观和工作氛围是应聘者所认同的，应聘者就更加愿意加入该企业。同样，对员工而言，如果企业的组织文化中的价值观和工作氛围是员工非常喜欢和认同的，就可能会感受到更大的工作意义、成就感和幸福感，从而更愿意与企业一起长远发展。反之，则不然。

2．消极作用

不是所有的组织都适用同一种模式的组织文化，也不是具有了组织文化就能帮助培植组织精神、协调组织内部关系。组织文化在组织发展过程中也可能会带来一些障碍，阻碍组织目标的实现。

第一，组织文化容易对组织变革造成障碍。一些组织有着深厚的组织文化，当组织面对稳定的环境时，组织文化对组织的生存、发展极为有利；当环境发生了改变，要求其合并、转型、进一步提高生产效率时，原有的组织文化可能会难以适应新环境，束缚组织的发展，成为变革的巨大障碍。因此，在变革时期，管理者必须审时度势，不能用“过去成功”的措施应对当下变幻莫测的环境的挑战。

第二，组织文化容易对组织成员的多元性造成障碍。从文化上来讲，每个来自不同文化背景的组织成员都有着该地区、本民族的价值观念、性格特征，他们可以为追求个人与组织利益而发挥其本土化优势，使组织在多变的市场竞争中处于有利地位。但是，成员一旦进入了某个组织，就会积极寻求个人与组织之间的适合度。这个“适合度”是指成员的态度与行为是否与组织文化相容。例如，组织中谁的绩效评估最高，谁将会得到晋升机会，原因是什么。成员以此找到一种参照体系。所以，组织文化过滤了成员的多元性，不利于组织成为一个多文化、异质的群体。从成员的个性来讲，每个人带到组织中的独特的思维方式、情感特征、能力品质会促使组织技术得到创新，促使管理模式尽快适应竞争环境。但是，处于强劲组织文化中的成员容易被塑造成同一的、失去个人优势的统一体，这不利于组织在决策上集思广益创造优势，容易使组织失去新鲜活力。

第三，组织文化容易造成组织兼并、收购方面的障碍。随着社会经济的发展，一些组织需要拓展领域，尝试多样化经营战略。从经济学角度出发，组织兼并应更多地考虑融资优势和产品协同性。但从现代管理角度出发，更应该考虑组织文化的相容性，它可以使兼并后的组织中的成员更好地服从管理，建立良好的职业道德。如果组织文化不相同，被兼并的组织中的成员将难以适应新的组织文化的约束，容易产生心理挫折，削弱组织凝聚力，甚至会拖垮兼并者。因此，在实施兼并时，如果组织文化相差太大，那么建议兼并者最好及早终止兼并。

（四）组织文化的管理

组织文化管理的本质就是一个“确定什么样的核心价值观念来作为组织文化要传递的精神或理念内容”以及“选择用什么样的方式、渠道或工具来传递某些特定价值观念”的过程。

根据不同的价值观念，组织需要采用不同的方式、渠道或工具来传递组织文化。换言之，针对特定的组织文化内容，需要进行不同方式的管理。在组织文化管理中，跨文化管理是一种常见的类型，而幸福文化管理则是目前日益被各种组织重视的一种类型。鉴于此，本书将专门设置一节来介绍这两种类型的组织文化管理。

第四节 组织文化管理实践

在组织文化管理中，跨文化管理与幸福文化管理是当前人力资源管理中的热点。

一、跨文化管理

伴随经济的全球一体化，组织的跨国或跨地区经营已十分普遍。国家与国家、地区与地区之间的文化差异，使得组织面临着迥然不同的员工。为此，组织管理必须充分考虑到不同文化背景下，员工在心理与行为上的差异。跨文化管理是指组织在全球化经营中，对子公司所在国或地区的文化采取适当的管理方法，在跨文化条件下克服任何异质文化的冲突，并据此创造出组织独特的文化，从而形成卓有成效的管理过程。

（一）跨文化管理的必要性

自改革开放以来，我国经济迅速发展，并日益呈现三种趋势：一是跨国企业和组织越来越多；二是向海外拓展的企业和组织越来越多；三是国内跨地区经营的企业和组织越来越多。不同的国家、地区之间存在文化差异，文化冲突问题日益频繁。要解决这一类问题，组织就迫切需要跨文化管理。

1．进驻我国的跨国企业需要跨文化管理

其他国家或地区的企业在我国进行经营管理时必然要受到我国的管理。一方面，这些企业要遵守我国的法规、制度；另一方面，其管理体制必须与我国的文化相适应。因此，如何最大限度地保留母国企业的组织文化基因，同时适应我国文化的管理模式，是所有当前在我国开展业务的跨国企业亟须解决的问题。

文化差异具有双向性。本土员工对跨国企业的管理方式和组织文化需要一个适应的过程。因此，加强本土员工的跨文化沟通与培训也是一个重要话题。

2．向海外拓展业务的我国企业需要跨文化管理

随着我国企业整体实力的增强，越来越多的企业走出国门，成为跨国企业。这些企业同样需要了解其他国家或地区的文化，并能够主动适应、调整、优化自己的组织文化，以保障组织的跨国经营更加顺利。鉴于此，积极探索我国企业的跨文化管理，具有重要的现实意义。

3．跨地区经营的企业需要跨文化管理

绝大多数企业首先面对的是国内的市场。随着产品、服务的市场占有率的提高，有些企业可能会选择在本国内的其他地区建立分公司，降低由于物理距离所增加的运输成本。另外，人力资源的优势也可能吸引某些企业在当地建立分公司。例如，由于劳动力成本的上升，相当数量的东部沿海地区的企业开始向中西部地区转移。

我国是一个地域广阔和民族众多的国家，也会存在区域间的文化差异。如上海企业到新疆办厂，双方就可能因风俗习惯等不同而产生一系列矛盾和问题。可见，跨地区经营的企业也需要跨文化管理。

（二）跨文化差异

1. 文化差异的概念

文化差异是指不同的文化背景使得特定人群之间遵循不同的价值评判标准和行为准则，从而使他们对于特定事物具有不同的态度和行为。例如，在中国，荷花象征夫妻"和合"；在日本，荷花被视为丧气。又如，在中国，人们以中秋赏菊为乐；在意大利，人们视菊花为晦气。再如，在美国，直率和坦诚被认为是美德；在拉丁文化中，人们总是避免使对方感到窘迫。

2. 文化差异的内容

从内容来说，跨文化差异主要表现在以下几个方面。

（1）沟通方式

语言是人们赖以沟通的主要方式。不同的国家或地区往往有不同的语言系统，这就决定了来自不同国家或地区的人们在沟通方式上具有差异。语言是文化的镜子，它不仅是简单的字符排列，而且包含着丰富的知识、历史、情感和态度。稍有不慎，人们就会产生沟通障碍。

除了语言外，沟通障碍还来自非语言方面。非语言沟通是指借由面部表情、目光接触，以及身体的位置、姿势和运动等进行的信息沟通。非语言信息往往"只可意会，不可言传"。在不同文化中，同一行为可能有着不同的含义。

（2）民族与宗教

全世界有着数千个民族以及形形色色的宗教。在拉丁美洲、非洲、中东、东南亚等地区，宗教更是渗透到个人、家庭、社会的方方面面。宗教凝聚着一定的历史和文化。每种宗教都有着自己独特的偏好和禁忌，这些偏好和禁忌决定了人们在认知方式、行为准则和价值观上的差异。

研究当地的宗教有助于跨国或跨地区组织的管理者更好地理解当地人与自己的行为差异，并据此做出正确的决策。

（3）教育

无论正规教育还是非正规教育，都在文化的传递中扮演着重要角色。各国或各地区的教育体系、教育水平也应该被组织管理者重视。

在人力资源管理过程中，教育水平对人才招募和培训有着重要的影响。许多企业在教育水平不高的国家或地区投资建厂，往往会因为找不到足够的技术人员和管理者而发愁。此外，为了使分公司的管理水平和生产技术水平达到母公司要求的标准，企业往往要花费大量的时间和经费对当地员工进行系统的培训。

（4）社会关系

文化的差异也会表现在社会关系上，社会关系会影响子公司的管理。例如，由当地人担任子公司的经理，可能会因裙带关系而牺牲原则，把不称职的亲属安排在重要的工作岗位上，或以高价购买亲属生产的产品。这些因素都会给跨国企业的经营管理活动带来不利影响。

（5）风俗习惯

在人类几千年的历史发展中，不同的国家、地区或民族有着自己独特的风俗习惯，并表现出独特的消费传统、偏好和禁忌。在跨文化管理过程中，管理者必须“入乡随俗”，如此才能“适者生存”。

（6）价值观

不同的文化背景有着不同的价值观。价值观支配人们的行为，影响人们对事物的看法。例如，审美的标准、时间的观念，都会因地区或民族的差异而表现出不同的特征。这些价值观上的差异，常常会使跨国或跨地区的管理者感到困惑和苦恼。

（三）跨文化冲突

文化冲突是跨文化管理中常常会遇到的问题。文化冲突是指不同形态的文化或者文化因素之间相互对立的过程，简而言之，就是当文化差异未受到合理控制或管理时引起的以剧烈对抗形式表现出来的文化摩擦。一般而言，文化冲突对管理效率具有破坏性。

文化冲突源自文化差异，但文化差异不等于文化冲突。文化差异具有稳定性，在一定时期内将长期存在，而且文化差异不一定会给企业的管理效率造成负面影响。只有当文化差异未受到合理控制或管理时，才会发展成文化冲突并对企业的管理效率产生破坏性，所以企业没有必要投入巨大精力去改变组织内的文化差异。相反，合理地利用文化差异反而会起到意想不到的促进作用。

1. 文化冲突的诱因

当跨国或跨地区管理者处于另一种文化时，面对形形色色的陌生行为，常常会产生一种不安和敌意的心理，一旦产生导火索，文化冲突就会即刻发生。归纳起来，影响文化冲突的因素主要有以下四种。

（1）种族（民族）优越感

新进入某文化区域的跨国或跨地区管理者，易带有一种种族（民族）优越感，即认定自己的种族（民族）优于其他种族（民族），认为自己的文化价值体系比其他文化价值体系优越，处处以自我为中心，总是将自己的观点强加给当地员工。这种种族（民族）中心主义必将遭到抵制，引发冲突，甚至引起怨恨。

（2）管理方式不当

跨文化管理是一门艺术。在某国或某地区被证明是好的管理方法，不一定适用于另一国或另一地区。真正有效的管理应该与当时、当地的具体情况相适应，特别是与该国或该地区的文化相适应。因此，一个聪明的跨国或跨地区企业的管理者，不仅要具备在本土经营和管理组织的能力，更要具备在不同文化环境中从事综合管理的能力。如果片面地以自我为中心，死守教条，不知变通，势必导致管理上的失败。

（3）不同的感性认识

感性认识是通过感觉器官对客观事物进行局部的、现象的和外在的认识。一个人独特的感性认识是在特殊文化背景中通过亲身经历而获得并发展起来的，因此感性认识存在某种惯性，它的变化常跟不上环境的变化。在处于另一种文化环境时，这种惯性常常导致错误的估计和判断。

（4）沟通误会

跨文化差异会造成沟通差异。人们对于时间、空间、事物、人际关系、风俗、习惯、价值观等的不同认识，会给有效沟通带来障碍，从而导致误会，甚至演变为冲突。

2．文化冲突的不良影响

跨国或跨地区管理者如果不能很好地解决以上四个问题，就常常会引发文化冲突，而文化冲突往往会带来一系列不良影响。

（1）破坏跨国或跨地区管理者与当地员工之间的和谐关系

管理是“管”与“理”的有机统一。如果跨国或跨地区管理者不相信当地员工，只“管”而不“理”，这样下去，管理者与员工之间的心理距离就会变得更加疏远，可能会导致双方极度保守、沟通中断、非理性反应、怀恨在心等后果。这可能使得组织中的人际关系变得过于紧张。

（2）降低组织运行的效率

文化冲突往往会影响组织的内部管理和外部经营。在内部管理上，人们不同的价值观、不同的生活目标和不同的行为规范必然导致管理费用的增加，增大组织协调的难度，甚至造成组织的低效率运转。在外部经营上，文化冲突的存在使得跨国企业很难以积极、高效的组织形象应对市场竞争，往往在竞争中处于被动地位，丧失许多市场机会。这都会导致组织运行效率降低。

（3）影响组织战略的实施

文化冲突和集体意识的缺乏往往会导致组织程序紊乱，信息阻塞，各部门职责不清，相互争夺地盘。子公司与母公司的离心力加大，使得母公司对子公司的控制难上加难，从而造成企业结构复杂，运转不灵，反应迟钝，非常不利于组织战略的实施。

（四）跨文化管理的策略与措施

1．跨文化管理的策略

文化冲突会对跨国或跨地区经营的企业产生不良影响。为此，企业必须采取相应的策略来将文化冲突降低至最低。针对跨文化冲突管理，加拿大著名的跨文化组织管理学家阿德勒（N. J. Adler）提出了解决组织内跨文化冲突的三种策略。

（1）凌越

凌越是指组织内的一种民族或文化凌越于其他文化之上，扮演着统治者的角色；相对而言，另一种文化在组织内的影响微乎其微。凌越的实质是一种文化占领或统治另一种文化。这种情况往往是跨国或跨地区企业直接将母公司的组织文化强行注入子公司，对子公司所在当地的文化进行消灭，只保留母公司的组织文化。这种策略一般适用于强弱文化对比悬殊，并且当地员工能对母公司的文化完全接受的情况。但从实际情况来看，采用这种策略的组织非常少。

（2）妥协

妥协是指两种文化的折中。妥协不是一方向另一方投降，而是不同文化之间的互动，其实质是让两种文化共存。这种情况往往是子公司同时保留母公司的组织文化和当地的文化，两种文化共存，相互容忍对方的缺点，相互协调、相互补充。在这种策略下，既不是母公司文化占领导地位，也不是当地文化占领导地位。这种策略一般适用于强－强或弱－弱文化联合，两种文化的优缺点都比较明显，并且能够相互补充。这种情况也比较少见，因为两种不同的文化常常很难协调，冲突难免发生。

（3）融合

融合是指不同文化在承认、重视彼此间差异的基础上，相互补充、协调，从而形成一种和谐的组织文化，其实质就是创新。这种情况往往是母公司的组织文化与子公司当地的文化进行有效的整合，通过各种渠道促进不同的文化相互了解、适应、融合，从而在母公司文化和当地文化的基础上构建一种新型的组织文化，作为子公司的管理基础。这种新型文化既保留着强烈的母公司的文化特点，又与当地的文化环境相适应，既不同于母公司的组织文化，又不同于当地的文化，而是两种文化的有机整合。从实际情况来看，跨国公司大都采用了这种策略。

2．跨文化管理的措施

解决或降低文化冲突，不管采取哪种策略，都离不开一些有效的措施。

（1）认识跨文化差异

如前所述，文化冲突多源于组织中存在的文化差异，因而要进行跨文化管理，就要先认识文化差异。

认识文化差异具有两层含义：一是要认识当地文化如何影响当地员工的行为；二是要认识母国文化如何影响母公司派去的管理者的行为。要认识其他文化，就必须先认识自己的文化。只想了解当地文化而不想了解自己的文化，是不够的。

把不同类型的文化差异区分开来，就可以有针对性地提出解决文化冲突的办法。一般而言，因管理风格、方法或技能的不同而产生的冲突，可以通过互相传授和学习来克服，较容易改变；因生活习惯和风俗的不同而产生的冲突，可以通过文化交流来解决，但需要较长时间；因基本价值观的差异而产生的冲突，往往较难改变。

（2）选拔跨文化管理者

要解决文化差异问题、做好跨文化管理，就有赖于一批高素质的跨文化管理者。因此，跨国或跨地区企业在选派管理者，尤其是高层管理者时，除了要能够贯彻总部的战略，忠实代表和维护总部的利益，具有丰富的专业知识、管理经验和较强的管理能力之外，尤其要具备在多元文化环境下工作所必需的特定素质。因此，在忠诚和才干的标准之外，选拔跨文化管理者时应侧重于考察其能否承受不同文化的冲击，能否善于控制和调节自身去适应不同的文化，是否具备对不同文化的适应和协调能力，包括民族优越感倾向、对多元文化的体验、认识承受能力、行为承受能力、专门的文化知识、一般的文化知识、文化行为和人际交往的敏感性等。

对我国而言，胜任跨文化环境下的管理人才资源还相当有限。人才是跨国或跨地区企业最宝贵的资源，已成为组织竞争力的核心。制约我国企业跨国经营的人才瓶颈主要是外语沟通能力弱，对外国文化（尤其是拉丁美洲、非洲等地）了解偏少。这就需要加强国际文化交流与合作，要多与国内外组织开展培训交流。

（3）开展跨文化培训

跨文化培训是减小文化差异，避免和解决文化冲突问题的最基本、最有效的手段。跨文化培训有两个主要内容：一是系统培训有关母国的文化背景、文化本质和有别于其他文化的主要特点；二是培训外派管理者对当地文化特征的理性分析能力。

另外，在培训的时间上应该注意：大多数组织对驻外人员提供的培训有四类，即出发前培训、到任后培训、归国前培训和归国后培训。有关调查发现，许多组织容易忽视归国后培训，如果外派时间短暂则关系不大，但如果时间比较长，则有必要进行归国后培训。因为接受过两种不同的文化熏染，可能会出现一些冲突。一个完整的培训系统应该有着细致而人性化的考量。

（4）加强跨文化沟通

人与人之间的误解、冲突大多是由沟通不良引起的。语言的不同，文化背景的差异，加剧了沟通的困难性。因此，不同文化背景的人在相处时，必须建立跨文化沟通的机制。组织管理者需要有意识地建立各种正式的与非正式的、有形的与无形的跨文化沟通组织与渠道。

（5）促进跨文化融合

经过前几项措施，管理者能够提高对不同文化的鉴别和适应能力，并将在认识文化共性的基础上，建立与企业跨国或跨地区经营战略相一致的组织文化。这种组织文化把每个员工的行为与企业的经营业务和宗旨结合起来，加强母公司与子公司的联系，增强企业在不同国家文化环境中的适应能力。显然，成功地建立这种组织文化，要求企业通过文化的识别、选择与认同，把带入企业的不同文化有效融合在一起。文化选择的一般规律是选择那些与自身组织文化相契合的内容，同时兼顾选择和吸纳外来文化中优秀的内容。只有融合不同文化中的优秀内涵，才能真正做到优势互补。文化认同是文化选择的结果，是组织的黏合剂和基本价值观。因此，文化认同是跨国企业内跨文化差异的价值观形成和发展的重要动力。

文化的多元化将给跨国或跨地区企业增添新的生机和活力，企业要充分利用个体的差异和群体成员之间的差异来提高企业的创新能力、适应环境变化的能力，即通过跨文化管理使不同语言、不同文化和不同价值观的个体协调融合在同一个企业里。企业全球化融合了世界上不同的语言、文化和价值观，形成了协同配合的组织，因此所产生的新管理，超越了非全球化企业的组织模式，为全球化企业提高了生产力，增加了财富。

二、幸福文化管理

近代哲学家边沁（J. Bentham）将“最大多数人的最大幸福”作为伦理判断准则。追求幸福是人们所追求的终极目标之一。在边沁眼中，这个终极目标，是不证自明的，它就是事实。

因此，一个组织之所以存在或进行管理，其根本的目标和终极意义就是追求幸福的最大化。从这个角度来说，组织管理的终极目标也应是“使人获得幸福与快乐”。广义的幸福企业应是能够为人类创造幸福的企业，狭义的幸福企业就是能够让客户和员工产生幸福感的企业。追求幸福应成为组织管理的中心任务之一。

许多有着社会责任感的企业，越来越认识到成为幸福企业的重要性，于是在组织文化中开始强调幸福文化的塑造。我们把这种致力于追求幸福文化的管理，称为幸福文化管理。

（一）幸福的概念

1．什么是幸福

（1）中文词源的意义

幸，作形容词，意为“幸，吉而免凶也”（《说文解字》）；作动词，意为使……欢乐、愉快或欣喜，庆幸，“愿大王以幸天下”（《汉书 · 高帝纪下》）；作名词，意为幸福，“大丈夫得死于疆场者，幸也，吾何恨焉”（《三国演义》）。

福，本义福气、福运，与“祸”相对。“祸兮福所倚，福兮祸所伏。”（《老子》）“福，祐也”。（《说文解字》）祐，本义保佑，旧指天、神等的佑助。“自天祐之。”（《易 · 系辞上》）古称富、贵、寿、考等齐备为福，与“祸”相对。福者，备也。“备者，百顺之名也。”（《礼记 · 祭统》）作动词，赐福，保佑。“小信未孚，神弗福也。”（《左传 · 庄公十年》）

五福，指长寿、富贵、康宁、好德、善终。长寿是命不夭折而且福寿绵长；富贵是钱财富足而且地位尊贵；康宁是身体健康而且心灵安宁；好德是生性仁善而且宽厚宁静；善终是能预先知道自己的死期，临命终时，没有遭到横祸，身体没有病痛，心里没有挂碍和烦恼，安详而且自在地离开人间。

幸福是指一种持续时间较长的对生活感到满足、感到生活有巨大乐趣并自然而然地希望持续久远的愉快心情。《现代汉语词典》（第 7 版）这样解释幸福：① 使人心情舒畅的境遇和生活；②（生活、境遇）称心如意。

在中文里，还有一些词与幸福有关联，其中，“快乐”最为密切。快，喜也，从心，高兴舒服的意思。乐，五声八音总名，感于物而动，有如下含义：欢喜，快活，快乐；使人快乐的事情；对某事甘心情愿，乐此不疲；笑。快乐：指感到幸福或满意。

从释义来看，我们对“幸福”有多角度的理解：第一，幸和福都有其反面，所谓吉凶，祸福，没有凶祸即幸福；第二，既有天神的护祐，也有现实的富有，似乎既有先天的命，也有后天的运；第三，在中国人的心目中，福是多方面标准，如五福临门；第四，强调以心为中心，既有让人心情舒畅的境遇和生活（外在条件），又有人对境遇和生活的称心如意（内在反应）；第五，一种状态，情绪的快乐和认知的满意。

（2）英文词源的意义

研究“幸福”的英文文献中有几个词：happiness，well-being，hedonic，eudemonia。

happiness（幸福、快乐）：state of well-being characterized by emotions ranging from contentment to intense joy（一种以情绪从满足到强烈欣喜为特征的幸福状态）；emotions experienced when in a state of well-being（在幸福状态下体验到的种种情绪）。

well-being（幸福、康乐）：a contented state of being happy and healthy and prosperous（一种快乐、健康、繁荣而满足的状态）。

hedonic（快乐、享乐）：devoted to pleasure（快乐的追求，有享乐的、快乐论的意思）。

eudemonia（幸福，康乐）：a contented state of being happy and healthy and prosperous（一种快乐、健康、繁荣而满足的状态）。

从英文释义可以发现，well-being 和 eudemonia 基本同义，都强调快乐（心理）、健康（生理）、繁荣（社会）等多方面的满足状态；happiness 是处于 well-being 状态下的情绪表现；hedonic 比较侧重于 pleasure，即快乐和愉悦。所以，在英文文献中，大多数时候，happiness 和 well-being 是通用的，主观幸福感用 subjective well-being（SWB）表示。

幸福研究包括两种取向：hedonic 取向，追求快乐的生活（pursuit a pleasure life）；eudemonia 取向，追求美好的生活（pursuit a good life）。

2. 心理学对幸福的理解

对于幸福，先贤学者们已经探究了数千年，然而近几十年来，研究者才开始对幸福进行一些严谨的实证研究。研究所取得的成果集中在幸福的原因，以及幸福对个体和社会的益处方面。心理学家和经济学家是幸福研究的引领者，同时这一领域还吸引着教育工作者、生物学家，以及不断增加的政府人员和政策制定者的兴趣。

（1）马斯洛：自我实现的人

马斯洛提出了需要层次理论。在马斯洛看来，满足各种各样的需要，是人一切行为的动机，也是幸福的源泉，人的幸福都来自需要的满足，如果没有满足需要，人既不可能有生理健康的幸福，也不可能有心理健康的幸福。马斯洛特别关注对健康者和精英的研究，关注人如何发挥自己的潜能，追求自我实现，甚至是超越自我。马斯洛认为，能够自我实现的人，将得到最大的幸福。

（2）罗杰斯：机能健全的人

罗杰斯（C. R. Rogers）提出了全面发展或机能健全的人的概念。一个人发展越全面、机能越健全，就会越频繁地体会到幸福感。

罗杰斯从“应然”层面上提出了机能健全的人应具有的特征：第一，经验的开放性。对一切经验采取开放态度，个体毫无拘束地体验所有的情感和经验，不封闭自我。第二，存在主义的生活方式。对生活有着新鲜感，生活于存在的每一瞬间。第三，信任自己的机体。机能健全的人在考虑问题时是全面的，并且能迅速做出行动。第四，富有自由感。机能健全的人是“意志自由”的人，他们的决定都是出自个人的意愿，不受外部的强制或内部的压抑。他们能享受生活中的个人权力感，相信未来是由自己主宰的。第五，高创造力。机能健全的人富有创造力和创新能力，不会消极地适应社会和文化传统。

（3）威尔森：最多优势的人

1960 年，威尔森（W. Wilson）提出一个主张：需求的迅速满足会产生幸福，需求一直不能被满足则产生不幸福；幸福的实现程度取决于适应或抱负水平，而适应和抱负水平又受过去经历、与他人的比较、个人价值观和其他因素的影响。①

1967 年，威尔森进一步提出论断：具有最多优势的人最幸福。所谓幸福的人就是一个年轻、健康、受过良好教育、收入高、外向、乐观、无忧无虑，并具有高度自尊、适度抱负水平等特征的人。

（4）希斯赞特米哈伊："沉浸"体验幸福

希斯赞特米哈伊（M. Csikszentmihalyi）提出了"心流"的概念，即我们全神贯注地做事时进入的完全忘我的状态。

当任务难度和一个人的技能水平相匹配时，活动可以被看作快乐的，因为满意状态可使我们达到一种"心流"的境界。在这种境界下，我们可以体验到幸福。如果任务太容易，就容易产生厌倦；如果任务太难，就容易产生焦虑。

（5）迪纳：主观幸福感

从早期对幸福感的哲学理解到现代对主观幸福感的阐释，幸福感的概念有了很大的演变。早期的幸福感研究具有很大的理论和思辨色彩，仅局限在哲学层面。对幸福的研究历经三个阶段：第一阶段是用外界标准界定的幸福，认为幸福是基于观察者的价值体系和标准，而不是基于行动者的主观判断。第二阶段是用情绪体验界定的幸福，认为幸福就是愉快的情绪体验，通过比较积极情绪和消极情绪谁占优势来进行判断。第三阶段是个体自我评价的幸福，认为幸福是行动者个人对生活质量的整体评估，这就是主观幸福感。

迪纳（E. F. Diener）给主观幸福感做出了一个经典的定义。他认为，主观幸福感是指个体根据自定的标准对其生活质量的总体评估，它是衡量个体生活质量的重要综合性心理指标。该定义重视个体的主观评价，重视个体的主观感受，对生活质量与心理健康评价有着重要的影响。主观幸福感的核心概念与操作指标是生活满意度、正性情感水平和负性情感水平。这些也是主观幸福感的三个维度。

（6）奚恺元：撬动幸福

芝加哥大学教授、幸福学研究的知名学者奚恺元（C. K. Hsee）非常认同主观幸福感的研究范式，并在影响主观幸福感的外在变量属性上进行了深入研究，尤其是在自然可评估性和抗情感适应性等方面。

自然可评估性是指某种事物在没有任何参照和从来没有被人们学习和认识的情况下，不同数量或质量的该种事物能够引起不同主观感受的难易程度。按照自然可评估性的不同，大体能够将世上的事物分为两大类：一类是自然可评估性高的 A 类事物，如温度、睡眠质量、健康、性生活、食物、社会关系（如与亲友交流）等；另一类是自然可评估性低的 B 类事物，如珠宝首饰、豪车、名表、高档服装、名包、豪宅、身高等。就幸福而言，在既定的财富水平下，我们应该尽量提高 A 类事物的品质。不断提高 B 类事物的品质，虽然能提高某些个体的幸福水平，却不能有效地提高国民的整体幸福水平。

---

① WILSON W R. Correlates of avowed happiness [J]. Psychological bulletin，1967，67（4）：294-306.

情感适应性是指无论某种刺激给我们带来的情感反应是正向的还是负向的，随着时间的推移，或者随着经历同样刺激的次数的增多，我们所体验到的情感反应都会逐渐弱化，并且趋于原有的幸福水平。在人生旅途中，无论经历多少大喜大悲，人们的情感反应总是渐渐减弱，即产生情感适应性。人们对不同事物的情感适应能力大相径庭。

对于幸福而言，我们应该将有限的资源（诸如财富和时间等），尽可能用于获取那些不易引起情感适应的有利资源，而回避那些易引起情感适应的不利外部因素。

（二）幸福文化管理的意义

幸福，古今中外，人类共求。随着我国经济的发展和人民物质生活水平的不断提高，我们对精神生活的需求凸显，对幸福的关注和渴求也越强烈。提升员工的幸福感已经成为优秀组织的愿景。对组织而言，开展幸福文化管理具有如下几个方面的重要意义：

1．提高个体幸福感

从个体层面而言，不管是基层员工，还是高层经理，抑或是组织负责人，内心深处都有对幸福的渴望。组织开展幸福文化管理就是将幸福视作组织管理的目标之一。围绕这一目标，组织了解、尊重并竭力满足员工的各种需求，这必将有助于个体体验到更多的满足感，并因此获得幸福。

2．提高组织生命力

有越来越多的组织，把幸福作为自身发展的宗旨之一。

海亮集团是浙江省首家获得“全国企业文化示范基地”称号的民营企业。该集团的董事长认为，随着企业规模的不断扩大，管理层逐渐认识到，光有具体制度已不足以管理好一个大型集团，只有用独特而优秀的组织文化凝心聚力，创造顾客、股东、员工、伙伴、社会合作多赢的局面，才能打造一个和谐幸福的百年企业。为此，海亮集团提出打造以经营文化、创新文化、党建文化、责任文化为主要内容的“幸福文化”。这一文化体系在集团快速发展阶段起到了“引领发展方向、凝聚奋斗力量、激发创新活力、树立良好形象”的作用，使企业在风云变幻的市场竞争中始终保持良好的发展势头①。

幸福已成为很多组织发展的宗旨，也是这些组织获得可持续发展的生命力所在。组织层面的幸福研究是一个承上启下的选择，它既可以兼顾个体层面的幸福研究，又可以作为社会层面的幸福研究的基础。

（三）幸福文化管理的措施

提高员工的幸福感，组织可以从以下两个方面着手：

1．将幸福文化纳入组织文化建设的核心内容

组织文化建设就是赋予组织以灵魂，把组织人格化。组织文化是以人为本、追求幸福最大化，还是以挣钱为本、追求利润最大化，对组织管理的方方面面都有影响。许多组织

---

① 同高．用“幸福文化”打造百年企业：中企联授予海亮集团“全国企业文化示范基地”称号［J］．中外企业文化，2012（1）：44–45．

已将“建设幸福企业”作为使命。如阿里巴巴公司信奉的准则是客户第一，员工第二，股东第三，不是跟着资本和利润走，而是跟着客户需要和价值走，把员工的幸福感作为重要的目标。

2．不断完善人力资源管理工作

人力资源部是现代组织中非常重要的部门，扮演组织的战略伙伴、变革推手、管理专家、员工伙伴、文化宣推等角色，从战略落地、组织架构、岗位设置、用人标准、招聘选拔、培训发展、领导沟通、绩效管理、员工关系、职业发展等方面，多层次、多角度、高频地与员工互动，充当员工和高层管理者之间的桥梁，同时又和一线管理者保持互相合作的关系。人力资源部的工作会直接影响员工的幸福感。

如何让员工持久地快乐？奚恺元建议，组织管理者需要在以下三个方面下功夫：第一，为员工创造良好的工作环境，并提供合理的薪酬。第二，改变薪酬的发放形式，在保持薪酬总体水平不变的情况下，尽可能让员工体会更多的快乐。例如：与其一年只发一次年终奖，不如在奖金总额不变的前提下拆分为季度奖予以颁发；不要总是以现金形式对员工进行奖励，可以用等额的资金购买员工平时根本不舍得破费但又十分想要得到的商品或服务来奖励员工；在以实物奖励员工的时候，明确一种实物即可，不要提供过多的选择。第三，打造能更多产生“心流”体验的工作。例如，让工作变得更有意义；对于过于简单的工作，要增加工作的内容或进行轮岗；对员工的表现要给予及时而准确的反馈；在招聘的时候，不仅要考虑应聘者的知识技能与工作的匹配程度，还要考虑应聘者的性格特质与工作特性的匹配程度。

员工福利政策与员工的工作满意度之间的关联也非常紧密。例如，弹性工作时间、居家办公计划、员工持股计划、灵活的休假政策、培训主管提供适当的表扬和反馈、提供员工需要的培训等，这些都可能提升员工的工作满意度。

案例学习：

案例名称:《苏州固锝——幸福企业建设的中国范本》。

案例来源：曲庆，富萍萍．苏州固锝：幸福企业建设的中国范本［J］．清华管理评论，2019（6）：108-114.

案例思考题：

1．固锝的幸福企业文化主要体现在哪些方面？

2．“科学管理和幸福企业建设是推动固锝发展的两个车轮，两者相辅相成”，对于文中的这句话，你是如何理解的？

本章小结

在本章，环境主要是指相对人力资源而言，在组织内部的环境。环境管理就是通过对系统外部的环境因素进行控制或改变，以促进系统目标更好达成的过程。环境管理心理是指在对组织内部的环境进行管理的过程中发生的心理现象和规律。

物理环境可分为自然物理环境和人工物理环境。气温、自然景观等都是自然物理环境的一部分，对组织中人的心理与行为会有显著的影响。人工物理环境是指人工创造的照明、声音、色彩等工作环境。

心理环境可分为人际心理环境、群体心理环境和组织心理环境。组织中的人员密度、人际关系可视为人际心理环境；群体规范、群体士气、群体凝聚力可视为群体心理环境；组织文化则是组织心理环境中最重要的部分。

在组织文化管理中，跨文化管理与幸福文化管理是当前人力资源管理中的热点。其中，跨文化管理是指组织在全球化经营中，对子公司所在国或地区的文化采取适当的管理方法，在跨文化条件下克服任何异质文化的冲突，并据以创造出组织独特的文化，从而形成卓有成效的管理过程。由于不同的国家或地区之间文化差异的存在，文化冲突问题日益频繁。要解决这一类问题，迫切需要跨文化管理。解决组织内跨文化冲突有三种策略：凌越、妥协和融合。解决或降低文化冲突，不管采取哪种策略，都离不开一些有效的措施。常用的措施有：认识跨文化差异；选拔跨文化管理者；开展跨文化培训；加强跨文化沟通；促进跨文化融合。

越来越多的企业逐渐认识到成为“幸福企业”的重要性，于是在组织文化中开始强调幸福文化的塑造。对组织而言，开展幸福文化管理有助于提高个体幸福感，有助于提高组织生命力。开展幸福文化管理，可采取如下两种方法：将幸福文化纳入组织文化建设的核心内容；不断完善人力资源管理工作。

思考与练习

1. 影响员工绩效的物理环境因素有哪些？影响员工绩效的心理环境因素有哪些？
2. 论述组织开展跨文化管理的必要性与措施。
3. 何为幸福？心理学家对幸福的理解有哪些？
4. 论述组织开展幸福文化管理的意义与措施。

本章参考文献

课外拓展

1. 王雪梅，赵立雨．管理心理学视角下的企业文化建设［J］．内江科技，2006（1）：28.
2. 钱翔．在德中资企业海外经营的跨文化冲突类型及策略分析［J］．中国商论，2020（15）：92-93.
3. 张烽．试论组织管理中和谐心理环境的构建［J］．郑州大学学报（哲学社会科学版），2009，42（4）：96-98.
4. 马浩．幸福企业：手段抑或目的［J］．清华管理评论，2016（Z1）：62-65.
5. 彭凯平．幸福企业的范式［N］．工人日报，2019-01-18（5）.

主要参考文献

[1] FING P F, TSUI A S, LIU J, et al. Pursuit of whose happiness: executive leaders' transformational behaviors and personal values [J]. Administrative science quarterly, 2010, 55(2): 222-254.
[2] GADD K. TRIZ for engineers: enabling inventive problem solving [M]. Chichester: John Wiley & Sons, Inc., 2011.
[3] KAUFMAN J C, STERNBERG R J. The Cambridge handbook of creativity [M]. Cambridge: Cambridge University Press, 2010.
[4] 彼得森．打开积极心理学之门 [M]．侯玉波，等译．北京：机械工业出版社，2016.
[5] 范庭卫，朱永新．先秦道家管理心理学思想及其现代价值 [J]．苏州大学学报，1998(3)：21-27.
[6] 格林柏格，巴伦．组织行为学：第 7 版 [M]．范庭卫，等译．南京：江苏教育出版社，2005.
[7] 李喜先，等．国家创新战略 [M]．北京：科学出版社，2010.
[8] 罗宾斯，库尔特．管理学：第 11 版 [M]．李原，孙健敏，黄小勇，译．北京：中国人民大学出版社，2012.
[9] 吕翠，周文霞．管理咨询公司人员流失问题探讨：以 A 管理咨询公司为例 [J]．中国人力资源开发，2010(6)：60-63.
[10] 彭凯平，窦东徽，刘肖岑．幸福科学：问题、探索、意义及展望 [J]．清华大学学报（哲学社会科学版），2011，26(6)：116-124，158-159.
[11] 钱小东，张海涛．中国企业组织结构对组织创新气氛的作用机制研究 [J]．企业经济，2017，36(2)：37-44.
[12] 塞利格曼．真实的幸福 [M]．洪兰，译．沈阳：万卷出版公司，2010.
[13] 邵爱国．企业“用工短缺”及其解决之道探析 [J]．人民论坛，2013(8)：84-86.
[14] 邵爱国，韦洪涛．促进企业基层员工稳定就业的对策研究 [J]．人民论坛，2012(32)：127-129.
[15] 邵爱国，朱永新．中庸之道与现代人力资源管理 [J]．中国人力资源开发，2005(6)：58-61.
[16] 邵爱国，朱永新，刘润刚．如何更有效：当前再就业培训系统的探索与优化：以苏州为例的扎根研究 [J]．中国人力资源开发，2018，35(7)：81-91.
[17] 汤兆云．国外公共管理学派中“人性假设”理论变迁 [N]．中国社会科学报，

2020-03-30（7）.
[18] 王凤彬，等．企业组织与管理制度[M]．北京：机械工业出版社，2012.
[19] 杨秀君．目标设置理论研究综述[J]．心理科学，2004（1）：153-155.
[20] 张俊，李善姬．现代企业员工的离职管理[J]．中国人力资源开发，2008（10）：101-103.
[21] 朱永新．创新教育论[M]．南京：江苏教育出版社，2001.
[22] 朱永新．管理心智：中国古代管理心理思想及其现代价值[M]．北京：经济管理出版社，2005.
[23] 朱永新．人力资源管理心理学[M]．北京：人民教育出版社，2010.
[24] 朱永新．中华管理智慧[M]．苏州：苏州大学出版社，1999.
[25] 朱永新．中国古代学者论意志本质[J]．心理学报，1996（2）：201-208.
[26] 仲理峰．心理资本对员工的工作绩效、组织承诺及组织公民行为的影响[J]．心理学报，2007，39（2）：328-330.